Kurzgefaßtes System der
Gesellschaftslehre.

Von

Dr. Othmar Spann,
o. ö. Professor der Nationalökonomie und Statistik
an der deutschen technischen Hochschule in Brünn.

Berlin 1914.
J. Guttentag, Verlagsbuchhandlung,
G. m. b. H.

Vorwort.

Die Bezeichnung dieses Buches als kurzgefaßtes „System" der Gesellschaftslehre könnte in mehr als einer Hinsicht zu anspruchsvoll erscheinen und bedarf daher der Rechtfertigung.

Zunächst fehlt in diesem Buche die durchgängige Auseinandersetzung mit der heute so umfangreichen Literatur der Gesellschaftslehre. Nun gehört ja eine solche Auseinandersetzung nicht gerade zur Darstellung eines begrifflichen Systems, dennoch wäre sie der lehrhaften Aufgabe des Buches förderlich gewesen und hätte zur Klärung der gegenwärtig so verworrenen Lage beitragen können. Wenigstens zum Teil darf ich mich hierfür übrigens auf meine dogmengeschichtliche Arbeit „Wirtschaft und Gesellschaft" berufen (Dresden, O. V. Böhmert, 1907 — als deren 2. Band das vorliegende Buch zugleich anzusehen ist); indessen strebte jene Arbeit vorwiegend nur methodologische Kritik an, kann daher keine volle dogmengeschichtliche Ergänzung des vorliegenden „Systems" bieten. Zur Entschuldigung möge mir hauptsächlich dienen, daß selbst sehr knappe Darstellungen und Besprechungen fremder Theorien unmöglich waren, sollte es bei dem bescheidenen Umfange des Werkes bleiben, den ich mir als unerläßliche Bedingung einer allgemeineren, über engste Fachkreise hinausgehenden Wirkung desselben zum Ziele setzen mußte. Einigermaßen habe ich diesen Mangel dadurch zu mildern gesucht, daß ich eine kleine Übersicht über die wichtigsten Richtungen gleich eingangs zu geben versuchte; ferner dadurch, daß ich am Ende einzelner Abschnitte kleine Auswahlen wichtiger Literatur gab, die im Texte in der Regel allerdings nicht berücksichtigt ist, dem Leser aber wenigstens ermöglicht, andere Ansichten kennen zu lernen. Daß in solch engem Rahmen keine Gleichmäßigkeit erreicht werden konnte, versteht sich von selbst. Für alle Unterlassungssünden, die ich hier begangen haben mag, muß ich daher von vornherein um freundliche Nachsicht bitten. Absichtliche Zurücksetzung irgend einer Richtung lag mir jedenfalls fern; bei dem ganz ungleichen Wert der heutigen, namentlich der ausländischen Literatur mußte die Auswahl notwendig öfters etwas willkürlich werden. Erst nach Abschluß der Handschrift erschienen, oder wurden mir bekannt, folgende wichtigen Werke, die ich daher leider nicht mehr berücksichtigen konnte: Berolzheimer, Moral uud Gesellschaft, München 1913; Ehrlich, Grundlegung der Soziologie des Rechtes, München 1913; Gierke, Die Staats- u. Korporationslehre der Neuzeit (IV. Bd. des „Genossenschaftsrechtes"), Berlin 1913; Klein, Das Organisationswesen der Gegenwart, Berlin 1913; Michels, Probleme der Sozialphilosophie, Leipzig 1914; Vierkandt, Das Wesen der histor. Kausalität, Ztschr. f. Sozialw. 1912; Max Weber, Über einige Kategorien der verstehenden Soziologie, Logos Bd. IV (1913) — eine stattliche Reihe, die zeigt, daß nicht nur Liebhaber Gesellschaftslehre treiben, und deren sich wahrlich keines jener Fächer zu schämen hätte, die schon lange Bürgerrecht auf akademischem Boden erworben haben. — Die einzige Ausnahme in der dogmengeschichtlichen Behandlung habe ich bei der Theorie der Nation gemacht; hauptsächlich deswegen, weil die Begriffe hier polemisch viel schärfer und gründlicher entwickelt werden können. Zugleich rechtfertigt die große Wichtigkeit des Gegenstandes eine solche Sonderstellung.

Mit all dem hängt der zweite Mangel dieses Werkes zusammen, die Ungleichmäßigkeit der Behandlung einzelner Stoffgebiete. Worauf es mir am meisten ankam, war die Darstellung und Begründung der Einheitstheorien (Individualismus, Universalismus usw. — 3. Buch), die Herausarbeitung des Gesamtaufbaues der menschlichen Gesellschaft (2. Buch) und die Klärung des Systems der gesellschaftlichen Wissenschaften (5. Buch), überhaupt die Übersicht, die Zusammenfassung, das Begriffliche und Methodische. Waren durch das Streben nach Übersicht und Zusammenfassung Wiederholungen schwer zu vermeiden, so trat dadurch andererseits das begrifflich Schwierige notwendig mehr in den Vordergrund als anderes, weil es mehr Erörterungen verlangte. Auf diese Weise sind z. B. die Einteilungen und Arten des Handelns, das allgemeine

Wesen der Organisation ausführlicher zur Abhandlung gekommen, einzelne wichtige Anstaltsformen wie Familie, Kirche, Staat dagegen überaus knapp; ja Gebiete wie Unehelichkeit, Prostitution, Kriminalität, Sprache, Recht, Politik konnten kaum gestreift oder fast nur begrifflich behandelt werden. Um diese Ungleichmäßigkeiten wie den Umfang des Buches nicht noch zu vermehren, habe ich auch auf meinen Lieblingswunsch verzichten müssen, die Verbindung der Nationalökonomie mit der Gesellschaftslehre ausführlich darzustellen, die Fruchtbarkeit einer solchen Verbindung an einzelnen Grundfragen aufzuzeigen. Dies muß ich mir nun für später vorbehalten. Daß aber eine innige Beziehung wirklich besteht, und nicht nur in methodischer Hinsicht, hoffe ich dennoch schon mit dem Wenigen nachgewiesen zu haben, was ich im Rahmen des vorliegenden „Systems“ darüber sagen konnte.

Einer besonderen Rechtfertigung bedarf es noch, daß ich der heute fast allein herrschenden empiristisch-realistischen Behandlung der einzelnen Gebiete der Gesellschaftslehre — z. B. der Urgeschichte und Ethnologie der Familie, der Sprache, des Staates, der Religion usf. — so sehr als möglich aus dem Wege gegangen bin.

Dazu zwang mich der heutige Zustand dieser Forschungen, welche fast nur entwicklungsgeschichtlich, „psychogenetisch“ orientiert sind, daher hauptsächlich in der Völkerkunde (auch in der Kinderpsychologie) den Stoff finden, aus dem sie frühere Entwicklungsstufen und primitivere Zustände rekonstruieren. Fürs erste stehe ich nun demgegenüber auf dem Standpunkte, daß Eines die entwicklungsgeschichtliche, genetische Forschung, ein Anderes die beschreibende, zergliedernde und theoretische Gesellschaftslehre ist. Für die Gesellschaftswissenschaften muß immer das eigene kristallene Fundament der reinen Begriffe ihrer Gegenstände allein maßgebend bleiben. Gegenwartserfahrung, Statistik, Beschreibung und in zweiter Linie noch die Geschichte der Kulturvölker bilden daher ihre wahren empirischen Ausgangspunkte. Was die Familie, der Staat, die Kirche, die Religion, die Kunst ihrem Wesen nach sind, und welche Funktionen sie in der Gesellschaft haben, darüber kann uns keine urgeschichtliche Darstellung, nur die eigene Begriffsarbeit Aufklärung verschaffen.

Zweitens aber muß ich die methodische Richtigkeit der bisherigen Darwinischen, auf der Völkerkunde fußenden Betrachtungsweise, wie sie namentlich durch Spencer, Schäffle, Wundt u. v. a. gepflegt wurde, sehr in Zweifel ziehen. Ist heute schon in der Naturwissenschaft der Darwinismus in wesentlichen Stücken erschüttert, wenn nicht entthront, um wieviel mehr Ursache hat die Gesellschaftswissenschaft, auf ihrem Gebiete mit der Anwendung seiner Grundsätze vorsichtig zu sein. Schon das ist nicht richtig, in den Zuständen der Naturvölker grundsätzlich frühere Entwicklungsstufen zu sehen. Was uns heute als primitiv entgegentritt, ist nicht immer das geschichtlich, noch weniger das logisch frühere, es gibt auch Entartungen, rassenmäßige Minderwertigkeit, pathologische Verbildungen. Solche Entwicklungsforschungen sind daher oft sehr zweifelhafter Art. Vor allem aber sind es die Grundsätze der Darwinischen Betrachtungsweise selbst: Auslese durch den Kampf ums Dasein und Variation des Nachkommenden, die, wenn sie schon auf naturwissenschaftlichem Gebiete heftig bestritten werden, auf gesellschaftswissenschaftlichem Gebiete von vorneherein nur einen weit engern Sinn, nur einen uneigentlichen, übertragenen Geltungsbereich haben. Die Arbeit, welche bis jetzt die völkerkundlich gerichtete Gesellschaftslehre leistete, muß aus diesen Gründen jedenfalls in großem Maßstabe als verfehlt betrachtet werden, denn sie beruht auf kritikloser Anwendung jener Darwinischen Sätze. Daher, so glaube ich, muß die Gesellschaftslehre diesen Weg zunächst einmal ganz verlassen und mit eigener Begriffsarbeit beginnen.

Aber das Übel reicht noch weit über die rein methodischen Verfehlungen hinaus. Der Darwinismus, so weit er Gesellschaftslehre und Weltanschauung, also mehr sein will als eine rein naturwissenschaftliche Theorie, ist im Verein mit dem historischen Materialismus zum eigentlichen Kulturschaden der modernen Epoche geworden. Beide Theorien sind barbarisch im buchstäblichen Sinne des Wortes: der Darwinismus, indem er der Welt ihre metaphysische Wurzel, der historische Materialismus, indem er den Kulturinhalten der Gesellschaft ihre eigene ethische Würde absprechen will. Es ist eine innerste Entwertung der Welt und des menschlichen Lebens, welche jener durch die grobe Mechanisierung aller Entwicklung bewirkt (und nur notdürftig durch das verworrene Ideal der „Höherbildung des Menschen“ verkleistert); und welche dieser durch Zurückführung der höchsten Kulturinhalte auf die Wirtschaft noch ins einzelnste fortsetzt. Haben nun in der Naturwissenschaft die Mendelschen Gesetze, indem sie die Beständigkeit der Arten an die Stelle ihrer ursprünglichsten Veränderlichkeit setzen, jenen Darwinischen Entwicklungsmechanismus in Frage gestellt, so daß die Entstehung der Arten heute so unklar ist, wie je; so bedarf es zur Entthronung des historischen Materialismus keines Mendel, bloß einer starken Zugabe an philosophischer Bildung. Von Platon bis Kant und Hegel ist jeder Philosoph ein Mendel, der die Macht hat, den ökonomischen (samt dem Darwinischen) Materialismus zu zerstören. Heute aber bringen es neuere Kantianer fertig, sowohl Kant wie den historischen Materialismus zu predigen und den paradoxen Feldruf „Kant und Marx“ auszugeben — ein trauriges Akrobatenstück widerspruchsvollen Denkens.

Dies alles hat es verursacht, daß das vorliegende Buch andere als die bisherigen Wege ging. Die reine Begriffsarbeit auf der einen Seite, die systematische Anknüpfung an die Philosophie auf der andern — das muß jetzt in den Vordergrund treten. Aber auch wenn einmal ein weitschichtiger beschreibend-empirischer Unterbau der Gesellschaftslehre vorhanden sein wird, wird beides immer an erster Stelle bleiben müssen. Denn Beschreibung ist ohne Begriffe nicht möglich und die Urbegriffe der Gesellschaft, unseres größeren Ich, nicht ohne Philosophie.

Brünn, im Januar 1914.

Othmar Spann.

Inhalt.

Vierter Teil. Die Ersatzvorgänge.

Drittes Buch.

Die Einheitstheorien der Gesellschaft: Individualismus, Universalismus, Abgeschiedenheitslehre.

Viertes Buch.

Philosophie und Gesellschaftswissenschaft.

Fünftes Buch.

Das System der Gesellschaftswissenschaften.

Erstes Buch.

Einleitung. Methodische Vorfragen der Gesellschaftslehre.

I. Kapitel. Von der Würde der gesellschaftswissenschaftlichen Erkenntnis.

Wer es vermag, seinen Blick entschleiert zu den Gebilden, die wir menschliche Gesellschaft nennen, zu erheben, der erschaut eine Welt von solch vielverzweigtem Gefüge und erstaunlichem Inhalt, wie sie uns selbst die Gebirge und die Himmelskörper im Raume nicht darstellen. Denn die Natur ist uns fremd und nur in symbolischer Ahnung zu erschließen. Die menschliche Gesellschaft aber liegt als die Vergegenständlichung unseres eigenen Innern offen vor uns da.

Welche architektonische Größe zeigt schon allein der Staat, der nur Ein Bestandteil der Gesellschaft neben manchen andern ist! Indem er, von Bezirken und Provinzen aufsteigend, in Bezirksverwaltungen, Statthaltereien, Ministerien und Krone sich aufbaut, befaßt er auch die verwaltenden Verbände der Gemeinden und Städte unter sich; und indem er zugleich seine Tätigkeit in vielen beratenden Körperschaften, Räten und Parlamenten vorbereitet, gestaltet er sich und seinen Willen zu Gesetzgebung, Regierung, Verwaltung und Rechtspflege und sichert mit Polizeigewalten und Heereskörpern sich selbst wie den Erfolg seiner Tätigkeit nach innen und außen. Diese Gliederungen überbauen sich und setzen sich ins Gigantische fort im Ganzen des menschlichen Gesellschaftswesens, welches in Wissenschaft, Kunst, Religion, Moral, Ehe die mannigfachsten Lebenszwecke, in Geselligkeit, Verein, Kirche, Familie, Staat die mannigfachsten Organisationsformen, in Recht und Sprache, Politik und Krieg, in Wirtschaft, Technik und Erziehung die mannigfachsten Hilfsgestaltungen, Vorsorgen und Mittel für jegliche Art von Zielerreichung schafft.

Es ist aber nicht nur der Bau und das Gefüge, was uns beim Anblick dieser Welt in Staunen versetzt. Noch mehr greift uns das ans Herz, was als die sittliche Natur aller gesellschaftlichen Erscheinungen zu erkennen ist. Sittlich im weitern Sinne nenne ich das, was wir selbst wollen und tun und was sich daraus ableitet. Wir selbst sind es nun, die solch weit verzweigtes Leben erzeugen, wir selbst sind es, die in seine Vielfältigkeiten mit unserm Wollen und Wesen hineinverwoben und hineingeschaffen sind. Denn es ist ganz allein unser Tun und Handeln, unser Denken und Fühlen, unser Erzeugen und Verzehren, was all jene Welt, damit aber unser eigenes Ich, ans Licht bringt.

Hier ist der Punkt, wo sich die gesellschaftlichen Wissenschaften von allen übrigen Wissenschaften scheiden: die Beschäftigung mit unseren eigenen Schöpfungen wird, ohne Überschwang darf es gesagt werden, zur Pflicht. Da es unsere eigene Natur ist, die sich hier vergegenständlicht und zugleich sich selbst schafft, da wir selbst es sind, die sich in diesen gotischen Dom eingebaut finden, wir selbst in jedem Augenblick aufs neue daran mitbauen und dadurch auch unser eigenes Wesen und Sein erwirken, wird die Kenntnis der Welt der Gesellschaft wichtiger als selbst der Natur, die über unser eigenes Ich niemals Aufschluß geben kann. (Denn Biologie und selbst Psychologie sagen uns nur von äußeren Lebensbedingungen, nichts von den Normen und Inhalten des Geistes.) Wer heute nicht weiß, daß der Blitz ein großer elektrischer Funke ist, wer die wichtigsten Grundtatsachen der Physik, Chemie, Biologie nicht kennt, den nennen wir nicht gebildet. Dennoch muß man einsehen, daß es ein geringerer Verlust ist, diesen Dingen unbelehrt gegenüberzustehen, als vom Wesen und von den Erscheinungsformen, die uns in Staat und Gesellschaft umgeben, und worin die Wurzeln unseres Daseins beschlossen liegen, nichts zu wissen. Nicht ein äußerer Gegenstand ist es, wie die Natur, sondern ein innerer, den wir verstehend nachbilden können, unser eigenes Ich, das wir hier wiedererkennen müssen. Die Gesellschaft gleicht einem wunderbaren Spiegel, der unsere eigene Wesenheit widerstrahlt. Wir sehen uns darin nochmals in einer andern, wahreren Gestalt, und erkennen eine sonst verschleierte geistige Heimat.

Dieser besonderen Würde der gesellschaftlichen Wissenschaft, welche sich von der ethischen Natur ihres Gegenstandes herleitet, entspricht auch eine methodische Sonderstellung. Die gesellschaftswissenschaftliche Erkenntnis schöpft aus dem Erlebnis; wir erkennen, indem wir unsern Gegenstand von innen her verstehen. So fordert sie gleich der Philosophie neben der logischen auch innere Anstrengung — eine Persönlichkeit. Obgleich die Gesellschaftslehre wie die Naturlehre theoretischer (nomothetischer) Art ist, kann darum die Eigenart ihres Gegenstandes nicht spurlos an ihrem innern logischen Aufbau vorübergehen. Davon wird später noch zu handeln sein.

Warum die gegenwärtige Zeit, selbst im Rahmen der Fachwissenschaft, die allgemeine und grundsätzliche Betrachtung der Gesellschaft so wenig gepflegt hat, will ich hier nicht untersuchen. War sie ja bis vor kurzem überhaupt allem Philosophischen abgewandt. Ist es mit der Wendung zum Bessern, die sich nun überall ankündigt, ernst, so wird es der erste große Schritt der nächsten Zukunft sein, die Kenntnis von Staat und Gesellschaft tiefer in die allgemeine Bildung hineinzutragen. Der Anfang aber muß wie immer von der philosophischen Spitze ausgehen. Es kann nicht verhehlt werden, daß sich heute selbst die philosophisch Gebildeten nur kümmerlich von einigen gesellschaftsphilosophischen Brosamen nähren, wie sie etwa beim ethischen Studium der deutschen klassischen Philosophie abfallen. Mit der Einsicht, daß Gesellschaftslehre zur Ausgestaltung jeder wahren Bildung nötig ist, wird sich auch das wenden. Denn jede Philosophie, wenn sie nicht auf vollendete Weltflucht geht und in der Wirklichkeit nur Schein sieht, drängt zur Ethik und muß dahin drängen, weil das Ethische die zweite Natur des Menschen ist, in der Gesellschaft aber seine Vollendung findet. Daher haben die Philosophien von Platon und Aristoteles, von Kant, Fichte, Schleiermacher, Schelling, Hegel (die Aufklärung gar nicht zu erwähnen) stets zugleich einen Schwerpunkt in der Staatstheorie gesucht.

Unsere Zeit, welche die Gedankenrichtungen jener Philosopher wieder einzuschlagen sich anschickt, wird ihnen vornehmlich auch auf diesem Wege folgen müssen.

II. Kapitel. Wie ist Gesellschaftslehre neben den einzelnen Gesellschaftswissenschaften möglich?

I. Kurzer Überblick über den gegenwärtigen Stand der Schulen und Methoden in der Gesellschaftslehre.

Trotz vielfältiger wissenschaftlicher Arbeit, welche seit Hegel und Comte auf dem Gebiete der Soziologie oder, wie wir sie nennen wollen, der Gesellschaftslehre geleistet wurde ist es zu einer allgemein anerkannten Klärung ihrer Begriffe zu einer Bestimmung ihrer Grundlagen und zur Ordnung ihres überaus großen Stoffes noch immer nicht gekommen Die Hauptgegensätze sind in Deutschland heute folgende.

Die einen, die an Comte, Spencer, Schaeffle anknüpfen wollen die Gesellschaftslehre als allgemeine Wissenschaft von der Gesellschaft begründen, die zu den bisherigen gesellschaftlichen Einzelwissenschaften (wie Volkswirtschaftslehre Rechtswissenschaft, Staatslehre, Statistik) selbständig hinzutreten soll; die andern, geführt von Simmel, wollen die Gesellschaftslehre als Sonderwissenschaft von den sozialen Formen begründen. Ob jene allgemein gedachte Gesellschaftslehre nur in irgend einem Sinne synthetische Zusammenfassung und Vereinheitlichung der gesellschaftlichen Einzelwissenschaften sein soll („Prinzipienlehre der Einzelwissenschaften") oder ob sie im gesellschaftlichen Ganzen als solchem einen eigenen Gegenstand findet, ob sie endlich beide Richtungen einzuschlagen hat, bleibt bei den meisten Verfassern unklar und unentschieden. Immerhin wäre die Soziologie oder Gesellschaftslehre darnach die allgemeine Gesellschaftswissenschaft, welche nun allerdings im Einzelnen wieder der verschiedensten Auffassung und Begründung unterliegt. Besonders in methodischer Hinsicht begnügt man sich meistens nicht, diese Gesellschaftslehre in der ihr als Geisteswissenschaft angemessenen Weise zwar in Anknüpfung an Philosophie und Ethik, aber selbständig, d. h. nach der ihrem Gegenstande eigentümlichen Methode zu betreiben; sondern man sucht an Naturwissenschaften, deren methodische Unzulänglichkeit und geringere Würde man verkennt, methodische und sachliche Anlehnung. Es lassen sich da die biologische oder organische, die psychologische, die physikalisch-mechanische, die rassentheoretische Richtung unterscheiden. Ähnlicher Art ist ferner die ethnologische Richtung, welche in vergleichend-völkerkundlicher Betrachtung den notwendigen empirischen Unterbau schaffen zu können glaubt. Endlich sind die erkenntnistheoretisch gerichteten Versuche der Begründung einer Gesellschaftslehre, welche der neuesten Zeit angehören, wichtig. Folgender kurze Überblick möge über die wichtigsten Werke und Verfasser orientieren. Eine scharfe Abgrenzung der Richtungen ist allerdings keineswegs möglich.

Das umfangreichste Schrifttum hat die **organische Richtung**, die schon auf Comte (Soziologie, 2 Bde., dtsch. von V. Dorn, Jena 1907) zurückgeht. Folgende Angaben mögen eine kleine Auswahl bieten: Herb. Spencer, D. Prinzipien d. Soziologie, dtsch. von Vetter, 4 Bde., Stuttgart 1877 ff.; René Worms, Organisme et société, 1896; A. Schäffle, (auf induktivem Gebiete bis jetzt noch immer der fruchtbarste deutsche Soziologe), Bau u. Leben des sozialen Körpers, 2. Aufl., 2 Bde., Stuttgart 1896, war nur äußerlich Vertreter dieser Methode, die er zuletzt in seinem „Abriß der Soziologie“, Tübingen 1906, ganz beiseite ließ; P. v. Lilienfeld, Gedanken ü. d. Sozialwissensch. der Zukunft, 5 Bde., Mitau 1873 ff.; ders. Zur Verteidigung der organischen Methode in der Soziologie. 1898; Otto Gierke, Das Wesen der menschlichen Verbände. Rektoratsrede, Berlin 1902

Eine eigene Gruppe der organischen Schule bilden jene Soziologen, welchen der Vertrag und das Recht die charakteristische Eigenschaft des sozialen Körpers („Kontraktsorganismus“) ist: Ardigò, Sociologia (Opera filos), Bd. IV), 5. A., Padua 1908; Fouillée, La science sociale contemp. 3. éd. 1896; de Greef, Les lois sociologiques, 1893.

Gegen die organische Schule: C. Menger, Untersuchungen über die Methode der Sozialwissenschaften (usw.), Lpz. 1883, S. 139 ff.; Bouglé, Les sciences sociales en Allemagne, Paris 1896, S. 5 ff. u. ö.; Tarde, La théorie organique des sociétés, i. d. Annales de l'institut international de Sociologie. 1898; Fr. H. Giddings, Principles of Sociology, New-York and London 1896, S. 420 u. ö; Th. Kistiakowski, Gesellschaft und Einzelwesen, Berlin 1899, Kap. I u. II; O. Hertwig, Die Beziehungen der Biologie zur Sozialwissenschaft. Festrede, Berlin 1899; Albert Hesse, Der Begriff d. Gesellsch. i. Herbert Spencers Soziologie, i. Conrads Jahrb. f. Nationalökonomie, 1901/I; Rudolf Eisler, Soziologie, Lpz. 1903 (Webers Katechismen) S. 44 f.; E. V. Zenker, Die soziologische Theorie. Berlin 1903, S. 47 ff.; Barth, Unrecht und Recht der organ. Gesellschaftstheorie. Viertelj. f. wiss. Philos. 1900.

Die **rassentheoretische** Richtung wurde begründet durch: Gobineau,

Essai sur l'inégalité des races humaines, Paris 1853, Versuch über die Ungleichheit der Menschenrassen, deutsch von Schemann, Stuttgart 1898, 4 Bde. Der Grundgedanke seiner Lehre ist: Es gibt drei Grundrassen: die schwarze, gelbe und weiße; die andern Rassen sind nur Mischformen. Alle bisherige Kultur ist von der weißen Rasse geschaffen worden, aus welcher wieder die Germanen und Iraner besonders hervorragen. Der Gesamtverlauf der Weltgeschichte ist als Aufeinanderfolge von Rassenherrschaften und Rassenmischungen zu erklären. Insbesondere sind alle modernen abendländischen Völker nur in dem Maße Kulturvölker geworden, als das germanische Element bei ihrer ethnischen Mischung zur Herrschaft gelangt ist. So haben die Slawen wegen starker gelber Beimischung einen geringeren Blutwert. — G. hat stark Schule gemacht. Einige seiner wichtigsten Anhänger sind: Lapouge, Race et milieu social, Paris 1910; in Deutschland wurde seine Lehre weitergebildet und vertreten besonders durch: Chamberlain, D. Grundlagen des 19. Jahrhunderts, 1. A. 1899 (seither viele Auflagen) und durch Woltmann, Politische Anthropologie, Lpz. 1903; derselbe, Die Germanen i. d. Renaissance, 1905; Schemann, G.'s Rassenwerk, Stuttgart 1910; Wilser, Rassen und Völker 1912. Im Dienste dieser Richtung arbeitet das von Woltmann begründete Organ: Politisch-anthropologische Revue (1902 ff.); gemäßigt vertritt diese Richtung: Ratzenhofer, Soziologie, Lpz. 1907. — Dagegen wenden sich: Schallmeyer, Vererbung und Auslese, 2. A., Lpz. 1910 und Plötz, Die Tüchtigkeit unserer Rasse, 1895; vgl. ferner dessen Aufsätze im Archiv f. Rassen- und Gesellschaftsbiologie seit 1905; Steinmetz, Der erbliche Rassen- usw.- Charakter, Vierteljahrsschr. f. wiss. Philos. u. Soz. 1902.

Nur den Rassen**kampf** als treibende Kraft der gesellschaftlichen Entwicklung (nicht die Rasse als biologischen Faktor) stellt in den Vordergrund: Gumplowitz, Grundriß der Soziologie, 2. A., Wien 1905, dem Ratzenhofer (s. oben) und der Amerikaner L. F. Ward, (Reine Soziologie, dtsch. von Unger, Innsbruck 1907) vielfach gefolgt sind.

Die **psychologische** Richtung: Tarde, Les lois de l'imitation, Paris 1890, dtsch. von Hammer unter dem Titel: „Die sozialen Gesetze" 1910 („La société c'est l'imitation"); E. Waxweiler, Esquisse d'une Sociologie, Fascicule 2 des Notes et Memoires. Institut de Sociologie. Institut Solvay, Bruxelles, Lpz. 1906 (Soziologie ist die Lehre von der sozialen Affinität); Rümelin „Über den Begriff der Gesellschaft" (in „Kanzlerreden", Tübingen 1907), Gothein, Münsterberg, Hellpach u. a. gehören mehr oder weniger entschieden dieser Richtung an.

Eine eigene Untergruppe bildet die **Massenpsychologie,** deren Gegenstand die „Kollektiv- oder Massenseele" ist. Diese besteht in eigentümlichen Erscheinungen, die durch geistige Vereinigung vieler Individuen bedingt werden. Man denke etwa an einen Volksauflauf. Vorherrschaft des Instinktiven im Handeln, unbewußter (weniger intellektueller) Regungen, Orientierung aller Gefühle und Gedanken der Masse in gleicher Richtung durch Suggestion und Ansteckung, Tendenz zur unverzüglichen Verwirklichung der suggerierten Ideen charakterisieren vornehmlich die Masse. — Vgl. Le Bon, Psychologie des foules, 2. éd., Paris 1900, dtsch. von Eisler (Psychologie der Massen), Lpz. 1908 (Le Bon ist zugleich Rassentheoretiker Gobineau'scher Richtung); Sighele, Psychologie des Auflaufs (etc.), dtsch. von

Kurella, 1897. — Eine ähnliche Sonderstellung nimmt die von Lazarus und Steinthal begründete **Völkerpsychologie** ein, die neuerdings mehr ethnologisch und entwicklungsgeschichtlich arbeitet. Vgl. W. Wundt, Elemente der Völkerpsychologie, Lpz. 1913; O. Stoll, Das Geschlechtsleben i. d. Völkerpsychologie, Lpz. 1908.

Die **physikalisch-mechanische** Richtung, welche die Gesellschaft als Mechanismus betrachtet und nach mechanischer und mathematischer Analogie erforschen will, knüpft gleichfalls an Comte an, der neben dem organischen auch das mechanische Element der Betrachtung pflegte (die „soziale Physik" unterschied er in eine „soziale Statik" und „Dynamik"). Vgl. Patten, The theorie of social forces, 1895; Winiarski, Essai sur la mécanique sociale, Revue philos. 1898; zugleich der oben genannte L. F. Ward. — Auch die Nationalökonomen der mathematischen Schule (Walras, Cournot, Clark, Pareto, Schumpeter) sind hierher zu rechnen. — Der mechanischen Richtung verwandt ist ferner Emile Durckheim (Les règles de la méthode sociologique, 5. A., Paris 1910, dtsche. Ausgabe, Lpz. 1908), welcher die sozialen Tatsachen wie gegebene Dinge betrachtet wissen will („objektive Soziologie").

Ethnologisch arbeiten vornehmlich: Bastian, Der Völkergedanke im Aufbau einer Wissenschaft vom Menschen, 1881; Post, Grundriß der ethnologischen Jurisprudenz, 2 Bde, Oldenburg 1894; Letourneau, La sociologie après l'éthnographie, 2. A., Paris 1884; Grosse, Die Formen der Familie und die Formen der Wirtschaft, 1906; Schurtz, Altersklassen und Männerbünde, 1902; Achelis, Soziologie, 2. A., 1902 (Sammlung Göschen); endlich Vierkandt mit den beiden vortrefflichen Arbeiten: Natur- und Kulturvölker, Berlin 1896; ders., Stetigkeit im Kulturwandel, 1908.

Auf **erkenntnistheoretischem** Wege versuchten Begründungen der Gesellschaftslehre oder doch der allgemein sozialwissenschaftlichen Methodenlehre: Stammler, Wirtschaft und Recht, Lpz. 1896, 2. A., 1906 (die „Regelung", d. i. Recht, Konvention usw. als Form des sozialen Lebens, macht das Wesen des Sozialen aus: „Soziales Leben ist äußerlich geregeltes Zusammenleben"); Natorp, Sozialpädagogik, 2. A., Stuttgart 1904 (gleicher Standpunkt wie bei Stammler). — Ferner Simmel, dessen Arbeiten aber zugleich sozialpsychologischen Grundton haben und dem methodisch Vierkandt folgt (Näheres s. unten). — Weiterhin sind methodologisch wichtig: Max Weber, Roscher und Knies und die logischen Probleme der Nationalökonomie, Schmollers Jahrb. 1905 u. 1906; ferner seine neueren logischen Arbeiten im „Archiv f. Sozialwissenschaft"; „Über einige Kategorien der verstehenden Soziologie" Logos, Bd. IV (während der Drucklegung erschienen); v. Gottl, Zur Herrschaft des Wortes, Jena 1902; Artikelreihe: „Zur sozialwissenschaftlichen Begriffsbildung" im Archiv f. Sozialwissenschaft 1906 u. 1907.

Von **sonstiger** neuerer bedeutsamer Literatur möge noch genannt werden: Dilthey, Einleitung in die Geisteswissenschaften, Bd. I, 1883; Fr. v. Wieser, Macht und Recht, Lpz. 1910; Verhandlungen der deutschen Soziologentage, Bd. I, Tübingen 1911, seither alle zwei Jahre ein Band; Tönnies, Gemeinschaft und Gesellschaft, 2. A., Berlin 1912 (positivistisch-naturalistisch); Chatterton-Hill, Individuum und Gesellschaft, Tübingen 1912. — Auch Jak. Burckhardts

Weltgeschichtliche Betrachtungen (2. A., Berlin 1910) sind nicht nur von geschichtsphilosophischer, sondern auch gesellschaftswissenschaftlicher Bedeutung.

Die wichtigste Literatur der **Einzelgebiete** wird im Laufe des Textes gegeben werden. Hier sei nur auf die von Alfred Weber herausgegebene Sammlung „Schriften zur Soziologie der Kultur" hingewiesen, die eben zu erscheinen beginnt. Ihre Aufgabe soll sein, „Kulturorganisation, Kulturinteressen und Lebensströmungen" darstellend zu untersuchen und so der Forschung neue stoffliche Unterlagen zu bieten (Verlag Diederichs, Jena, 1913 ff).

Mit der **Geschichtsphilosophie** setzt die Soziologie gleich Paul Barth, Die Philosophie der Geschichte als Soziologie, Tl. I, 1897; und verschiedene Abhandlungen in den Vierteljahrsheften f. wissenschaftl. Philosophie und Soziologie. — Dagegen wendet sich vom logisch-methodologischen Standpunkte aus mit richtigen Beweisgründen Rickert in der Abhandlung „Geschichtsphilosophie" des Sammelwerkes „Die Philosophie im Beginne des 20. Jahrh." (Festschr. f. Kuno Fischer), 2. A., Heidelberg 1907, S. 372 ff..

Das Wesen aller dieser Richtungen dürfte durch ihren Namen und die wenigen beigegebenen Erläuterungen einigermaßen angedeutet sein. Für Näheres muß auf die **dogmengeschichtliche Literatur** verwiesen werden (die allerdings auch nicht sehr viel bietet). Siehe darüber: P. Barth, Philosophie der Geschichte als Soziologie, Lpz. 1897; O. Spann, Wirtschaft und Gesellschaft, Dresden 1907; Gothein, Art. Gesellsch. im Handwörterb. der Staatsw., 3. Aufl., Jena 1910; René Maunier, L'économie politique et la sociologie, Paris 1910; F. Squillace, Die soziologischen Theorien, dtsch. von R. Eisler, Lpz. 1911 (orientiert über die große Menge ausländischer Schriftsteller, ist aber wissenschaftlich kaum brauchbar). — Eine gute, einführende Übersicht bei Menzel, Naturrecht und Soziologie, Wien 1912. — Sehr reichliche Literatur- und Definitionsübersicht endlich bei: Eisler, Wörterb. der philosoph. Begriffe, Art. Soziologie, Berlin 1910, 3. Aufl.

Schließlich muß ich noch, um Verwechslungen, welche die von mir gebrauchte Bezeichnung „Gesellschaftslehre" für Soziologie hervorrufen könnte, vorzubeugen, auf die **Stein-Mohlsche Gesellschaftslehre** näher eingehen. Diese hat einen engeren Umfang als die allgemeine Gesellschaftslehre oder Soziologie im Sinne dieses Werkes.

Lorenz v. Stein und Robert v. Mohl versuchten in den vierziger Jahren des vorigen Jahrhunderts eine Wissenschaft zu begründen, als deren Objekt gedacht wurde die zwischen Volkswirtschaft und Staat liegende Summe persönlicher Abhängigkeitsverhältnisse, wie sie hauptsächlich durch Besitz (Klassenbildung), Arbeitsweise und Familie gegeben sind. Das Objekt dieser Gesellschaftslehre war also, ganz ungefähr gesprochen, die „bürgerliche Gesellschaft". Diese geht als Gegenstand wissenschaftlicher Behandlung eigentlich auf Hegel zurück. — Gegen den Stein-Mohlschen Versuch wandte sich Treitschke, indem er der Wissenschaft der Politik und überhaupt den Staatswissenschaften jene Aufgabe zuschrieb, welche die neue Disziplin für sich in Anspruch nahm; während später namentlich durch die sozialistischen Schriftsteller sowie durch die historische Schule in der Jurisprudenz und in der Nationalökonomie, in hohem Maße aber auch durch die klassische deutsche Philosophie, besonders die Rechtsphilosophien von Ahrens, Krause, Stahl der so gefaßte Begriff der Gesellschaft in die volkswirtschaftliche und sozialwissenschaltliche Literatur eindrang. Die Gesellschaftslehre sollte auch eine „Gesellschaftszweckmäßigkeitslehre" in sich schließen, was später von großer Bedeutung für das Aufkommen der Sozialpolitik (d. h. ja wörtlich: Gesellschaftspflege) war. Der Versuch einer „Gesellschaftslehre" war keineswegs unfruchtbar. In ihm stecken, wie man auch sonst darüber denken mag, bedeutende induktive Werte, was übrigens auch Treitschke anerkannte (indem er ihre Aufgaben einer erweiterten Wissenschaft der Politik zuwies). Schäffle hat die Tatsachen, welche Stein und Mohl ins Auge faßten, als ideelle Verbindung der Menschen schlechthin, d. i. als „Massenzusammenhänge" bestimmt und so seiner Soziologie eingegliedert. Simmel, Soziologie 1908) und Schmoller („Grundriß d. allg. Volkswirtschaftsl. 1904") haben sie als gesellschaftliche „Bewußtseinskreise" in nicht unähnlicher Weise behandelt. Die „Gesellschaftslehre" war also nichts Phantastisches, sondern hat dauernde Wirkungen auf die deutsche Wissenschaft ausgeübt; der systematische Gedanke aber, auf dem sie beruhte, war verfehlt.

Vgl. Hegel, Enzyklopädie der philosophischen Wissenschaften u. Rechtsphilosophie; Lorenz v. Stein, D. Sozialismus u. Kommunalismus d. heutigen Frankr. 1842: derselbe, System d. Staatswissensch., Bd. I 1852, Bd. II Gesellschaftslehre 1856; R. v. Mohl, Geschichte u. Literatur d. Staatswissensch., I. Bd. 1855; Treitschke, Gesellschaftswissenschaft, Lpz. 1859; Karl Dietzel, Die Volkswirtschaft u. ihr Verhältnis zu Staat u. Gesellschaft, Frankfurt a. M. 1864; Spann, Wirtschaft u. Gesellschaft, Dresden 1907, S. 90 ff.; v. Philippovich, Das Eindringen der sozialpolitischen Ideen in die Literatur (in dem Sammelwerk: Entwicklung d. deutschen Volkswirtschaftslehre im 19. Jahrh.), Lpz. 1908; E. Grünfeld, Lorenz v. Stein u. d. Gesellschaftslehre, 1910.

Allen bis jetzt genannten Gruppen steht gegenüber Simmel, von dessen Anhängern A. Vierkandt (Die Stetigkeit im Kulturwandel, Leipzig 1908; Die Soziologie als empirisch betriebene Einzelwissenschaft; Monatsschrift für Soziologie, I. [einziger] Jahrgang, Leipzig 1909) und L. v. Wiese hervorgehoben seien. Simmel leugnet die Möglichkeit, die Gesellschaft als Ganzes einer eigenen wissenschaftlichen Betrachtung zu unterziehen, er will die Soziologie lediglich als neue soziale Einzelwissenschaft gelten lassen. Und zwar sieht er ihre Aufgabe in der Schaffung einer Lehre von den sozialen Formen, d. h. „in der Feststellung, systematischen Ordnung, psychologischen Begründung und historischen Entwicklung der reinen Formen der Vergesellschaftung"[1]). Solche Formen

---

[1]) Soziologie. Untersuchungen über die Formen der Vergesellschaftung Lpz. 1908, S. 9.

sind: Über- und Unterordnung, Konkurrenz, Nachahmung, Arbeitsteilung, Vertretung, Parteibildung, Gleichzeitigkeit des Zusammenschlusses nach innen und des Abschlusses nach außen, quantitative Bedingtheit der Gruppen u. a. m. Diese Formen sind den verschiedensten sozialen Gruppierungen gemeinsam. Der Erforschung der „Inhalte" hingegen, die sich dieser Formen bedienen, haben sich die bisherigen gesellschaftlichen Einzelwissenschaften bemächtigt, welche dadurch die gesellschaftlichen Erscheinungen so unter sich aufgeteilt haben, „daß eine Soziologie, die die Totalität dieser Erscheinungen . . . umfassen wollte, sich als nichts anderes ergeben konnte, denn als eine Zusammenfassung jener Wissenschaften" (ebenda Seite 9). Die formale Soziologie im Sinne Simmels hingegen wird auf diese Weise zwar gleichfalls zu einer gesellschaftlichen Einzelwissenschaft, aber zu einer solchen mit eigenem Gegenstande, nämlich den Vergesellschaftungsformen oder Wechselwirkungsweisen. Es ist ersichtlich, daß gerade das, was den eigentlichen soziologischen Bestrebungen seit Comte und Hegel (denn dessen Geschichts- und Rechtsphilosophie gehört hierher) als treibende Kraft zugrunde liegt: das Bestreben nach einer allgemeinen Wissenschaft von der Gesellschaft, die eine nicht nur zusammenfassende, sondern selbständige Theorie des gesellschaftlichen Ganzen ist — daß alles das in Simmels Soziologie wieder keinen Gegenstand findet.

II. Wesen und Hauptaufgaben der Gesellschaftslehre.

1. Entwicklung des Begriffs der Gesellschaftslehre. In solcher Weise etwa stehen heute die Parteien einander gegenüber. Erfreulich ist dieser Zustand in keiner Hinsicht. Erkenntnistheoretisch und den Erfolgen nach kann die Richtung Simmels ebensowenig befriedigen wie der Standpunkt, die Gesellschaftslehre methodisch auf die Biologie oder andere empirische Wissenschaften zu gründen, wenn auch anerkannt werden muß, daß auf dem letzteren Wege immerhin viele nützliche Arbeit geleistet wurde. Ich werde nun versuchen, dieses ablehnende Urteil zu begründen, indem ich in Kürze meinen eigenen Standpunkt

sowohl gegen die formalistische Auffassung Simmels wie gegen die methodischen Verfehlungen der letztgenannten Richtungen polemisch entwickeln möchte.

Gesellschaftslehre oder Soziologie ist die allgemeine Gesellschaftswissenschaft; aber nicht als Synthese aller gesellschaftlichen Einzelwissenschaften gedacht, sondern als jene Wissenschaft, deren einheitlichen Gegenstand die menschliche Gesellschaft als Ganzes bildet. Die Hauptfragen und Aufgaben dieser Wissenschaft sind dann folgende:

Erstens. Was ist überhaupt „Gesellschaft"? Was macht ihre allgemeine Wesenheit aus? Diese Frage stellt die Aufgabe, einen allgemein gültigen Gesellschaftsbegriff zu bilden.

Zweitens. Wie gliedert sich die Gesellschaft nach verschiedenen Teilgebieten oder Arten ihrer Erscheinungen (als Wirtschaft, Recht, Staat usw.) und welcher ist deren organischer Zusammenhang? — Diese Frage geht auf die Besonderungen des Wesens der Gesellschaft oder, anders ausgedrückt, auf die Erkenntnis des Aufbaues und Inhaltes des gesamten Gesellschaftskörpers, also seines formellen Gefüges und seiner sachlichen Gliederung in Lebensinhalte. Indem wir Wirtschaft, Recht, Staat, Politik, Religion als gesellschaftliche Erscheinungen betrachten, ist es die Gliederung des gesellschaftlichen Ganzen in Zweige oder Teile, die uns als Problem entgegentritt.

Wir nennen diesen Begriff von den Besonderungen der Gesellschaft den sachlichen, inhaltlichen oder materialen Gesellschaftsbegriff; während der erstgenannte als allgemeiner oder formaler Gesellschaftsbegriff zu bezeichnen ist. — Im sachlichen Gesellschaftsbegriffe liegt natürlich auch die Aufgabe beschlossen, das Wesen der einzelnen Erscheinungsarten sowie ihre Wechselbeziehungen untereinander zu erforschen.

Drittens wäre die Veränderlichkeit und Entwicklungsgesetzlichkeit des gesellschaftlichen Ganzen wie seiner Besonderungen zu erforschen — eine Aufgabe, die auf Begründung einer Theorie der geschichtlichen Entwicklung (Geschichtstheorie, Geschichtsauffassung) geht, im Rahmen dieses Werkes aber nicht behandelt werden soll.

Die vorstehenden Aufgaben- und Begriffsbestimmungen lassen sich auch in folgende Sätze bringen:

1. Der Begriff der Gesellschaft, der in einen formalen und sachlichen zerfällt, ist der Hauptbegriff der Gesellschaftslehre und ihr eigentümliches Problem, welches sie zu einer selbständigen Wissenschaft macht.

2. Der Gesellschaftsbegriff als Hauptbegriff der Gesellschaftslehre ist zugleich der oberste und zentrale Begriff aller Gesellschaftswissenschaften überhaupt und daher das höchste Problem in ihrem methodischen und systematischen Aufbau. Von ihm aus begründet sich und um ihn gruppiert sich das System der gesellschaftlichen Einzelwissenschaften.

In Buch 1—4 unserer Untersuchungen werden wir es nur mit dem ersten Satze zu tun haben; die im zweiten Satze bezeichneten Aufgaben werden Gegenstand des 5. Buches, des „Systems der Gesellschaftswissenschaften" sein.

Die folgenden methodologischen Erörterungen können von Lesern, die solchen abgeneigt sind, überschlagen werden. Die unten (Buch 2 und 3) ausgeführten Analysen müssen sachlich bewähren, was hier nur als methodisch richtig und logisch möglich nachzuweisen ist.

2. Der Einwand gegen die Möglichkeit einer allgemeinen Gesellschaftslehre. Gegen diese Bestimmung des Wesens der Gesellschaftslehre wendet sich der herkömmliche Einwand, der ihre Möglichkeit als eigene Wissenschaft überhaupt leugnet. Simmel hat ihm eine strengere methodologische Form zu geben gesucht. Dieser Einwand sagt: Die Welt ist schon verteilt. Alle Gebiete der Gesellschaft: Wirtschaft, Recht, Staat, Politik usf. werden schon von gesellschaftlichen Einzelwissenschaften, der Volkswirtschaftslehre, Jurisprudenz, Staatstheorie, der wissenschaftlichen Politik, Statistik, Völkerkunde, Geschichte, theoretisch wie schildernd und geschichtlich erforscht. Was soll dann noch für eine allgemeine Erforschung übrig bleiben? „Gesellschaft" setzt sich doch nur aus jenen Sondererscheinungen zusammen. Sind diese erforscht, so bleibt höchstens eine zusammenfassende Darstellung (man hat sie „Philosophie der sozialen Einzelwissenschaften" genannt, ähnlich wie moderne Dilettanten die Philosophie als zusammenfassende Erörterung der Ergebnisse sämtlicher Wissenschaften ansehen). Eine solche Sammeldarstellung, so wird dann mit Recht gefolgert, ist vielleicht möglich, begründet aber keine eigene Wissenschaft. Also: es gibt keine allgemeine Gesellschaftslehre, auch keinen all-

gemeinen Gesellschaftsbegriff, nur Begriffe jener Einzelerscheinungen der Wirtschaft, des Staates usw. Im besondern macht Simmel geltend, daß gesellschaftliche Erscheinungen stets Gesamtzustände, Komplexe aus Teilen seien. Für die Komplexe als solche, deren Elemente ja bereits allseitiger Erforschung unterliegen, gebe es aber keine selbständige Gesetzmäßigkeit! „Ist die Gesellschaft nur eine in unserer Betrachtungsweise vor sich gehende Zusammenfassung von einzelnen . . ., die die eigentlichen Realitäten sind, so bilden diese und ihre Inhalte auch das eigentliche Objekt der Wissenschaft, und der Begriff der Gesellschaft verflüchtigt sich[1]." Dieser Einwand ist bei Simmel allerdings nur mi Einschränkungen gemeint. Aber so viel bleibt davon bestehen: daß der Begriff des Gesamtzustandes überhaupt nur zum praktisch-methodologisch zulässigen Hilfsbegriff und dadurch die allgemeine Gesellschaftslehre eine bloße Sammeldarstellung ohne eigenen Gegenstand wird.

Diese ganze Betrachtungsweise ist verfehlt. Als letzte Teile oder eigentliche Realitäten der Gesellschaft erscheinen danach die Menschen. Nähme man das ernst, so gäbe es auch keine Wirtschaftswissenschaft, sondern nur eine Psychologie, denn nur Menschen, nicht die Gesamtzustände Wirtschaft, Staat usw. bilden ja die alleinigen Realitäten und Gegenstände der Forschung. Man muß also in der Gruppierung, in der Zusammenfassung jener „Realitäten" zu einem Gesamtzustande das Eigentümliche, das Primäre sehen, das als solches Gegenstand gesellschaftswissenschaftlicher Forschung ist. Wie man ohne diese Annahme (daß der Gesamtzustand — z. B. Wirtschaft — spezifischer Gegenstand der Erkenntnis sei) überhaupt die Möglichkeit selbständiger gesellschaftlicher Wissenschaften, die doch schon jahrhundertelang da sind, erklären will, ist mir unfaßbar.

Jeder Gesamtzustand (Kollektivding, Ganzes) besteht gar nicht aus Elementen, welche die eigentlichen „Realitäten" wären. Ja, er ist streng genommen gar keine Zusammen-

---

[1]) Simmel, Über soziale Differenzierung S. 10, Lpz. 1905. 2. anast. Neudruck von 1890; vgl. auch Probleme der Geschichtsphilosophie, Lpz. 1892, S. 34 ff. (seither 3. Aufl. 1907).

fassung solcher selbständiger Dinge, vielmehr selbst ein Ding. Der Gesamtzustand hat, sofern man ihn als eine Einheit erfaßt, nur Eigenschaften schlechthin, nicht dinghafte Bestandteile, die etwas für sich wären, nicht eigentliche Teile in dem Sinne, daß sie etwas Selbständiges, und damit das allein Reale wären. Daß diese „Eigenschaften" in anderen Gesamtzuständen (z. B. dieselben Menschen statt in der Volkswirtschaft in der Religionsgemeinschaft) wieder da zu sein scheinen, ja als Dinge „für sich" betrachtet werden können (so das einzelne Glied der Volkswirtschaft biologisch, als Individuum) — das erst läßt uns jene „Eigenschaften" überhaupt als (scheinbar) dinghafte Bestandteile erscheinen. Anders würden wir auf diese Denkweise gar nicht kommen. Erst diese Täuschung, daß das, was vorher als Eigenschaft eines Ganzen erscheint, in andern Zusammenhängen wieder hervortrete, verführt zur Vorstellung eines dinghaft-selbständigen Teiles, wodurch dann das Ganze plötzlich fälschlich als bloße Zusammensetzung, als Summe von Teilen erscheint. Ein Beispiel. Daß die Volkswirtschaft aus Menschen bestehe, möge einmal angenommen werden (es ist aber nicht richtig, denn vielmehr ist sie ein System von Leistungen, die als Nutzen- und Schadenstiftungen usw. zusammenhängen); augenscheinlich ist es aber dann schon falsch, daß „dieselben" Menschen wieder in der Religionsgemeinschaft hervortreten. Es sind nicht dieselben psychischen Potenzen, nicht dieselben Bedürfnisse und Handlungsweisen, welche nun als Bildungselemente oder Glieder des religiösen Gesamtzustandes wiedererscheinen. Also: Wenn ein Gesamtzustand ins Auge gefaßt wird, ist immer das Ganze das Primäre, welches eigene Eigenschaften und Gesetzmäßigkeiten in seiner Struktur aufweist. Diese Eigenschaften als reale Teile zu betrachten, ist ja an sich zulässig, aber nur wenn man dabei an gliedhafte, nicht an selbständige Dinge, die für sich reagieren, denkt, also rein an die Einheit des Gesamtzustandes. Den gleichen Sachverhalt zeigen alle andern Gesamtzustände. „Fluß", „Wald", „Armee", das sind Einheiten (Ganze) mit Eigenschaften. Daß Wassertropfen, Bäume, Menschen ihre Teile sind, das ist eine Anschauung, die wir nur aus anderen Betrachtungen, in anderen Zusammenhängen gewinnen, nämlich aus solchen, die ganz außerhalb der Untersuchung der Begriffe Fluß, Wald, Armee liegen. Es ist ja richtig, daß die verschiedenen Inhalte der Kollektivbegriffe Fluß usw. schließlich aus der Verschiedenheit der Teile, die diese Einheiten bilden, sich ableiten. Wesentlich bestimmend für diese Kollektivbegriffe ist aber gar nicht die „selbständige" (d. h. anderweitig erschlossene und auch nur in andren Zusammenhängen wirkliche) Existenz der Teile, sondern nur ihre spezifische Zusammenfassung zum Ganzen. „Wasserspiel" und „Regen", „Baumschule" und „Wald", sind eben etwas ganz verschiedenes, ebenso „Volkshaufe", „Markt", „Fabrik", „Nation", trotzdem in allen Fällen die letzten „Teile" die gleichen sind, nämlich: Wassertropfen, Bäume, Menschen. Der Zusammenhang oder, noch besser, die Einheit in einem Ganzen ist also das Wesentliche; der Begriff des dinghaft-selbständigen Teiles ist, sofern er der Betrachtung der Erscheinung als einem Ganzen widerstreitet, unangebracht. Daß diese „Teile" in anderen Gesamtzuständen andere kausale Wirkungen haben, ist für die Untersuchung des ersten Gesamtzustandes bedeutungslos, denn jedes eigentümliche Ganze hat neue Eigenschaften. Das Ganze ist eben nicht eine bloße Summe von Teilen (kein bloßer Haufen, kein Aggregat), sondern eine eigene Einheit, die Einheit ist damit allein dinghaft, was in andern Zusammenhängen aber dinghaft ist (die Teile), hört in ihr auf, es zu sein. **So sind auch die gesellschaftlichen Gesamtzustände nicht bloße Sammelbegriffe, sondern echte Kollektiva, und ebenso ist es erkenntnistheoretisch möglich, ja notwendig, daß die Gesellschaft als solche eine kollektive Einheit bilde und damit einheitlicher Gegenstand der Erkenntnis, eigentümlicher Gegenstand einer selbständigen Gesellschaftslehre sei!**

An anderer Stelle (Der logische Aufbau d. Nationalökonomie, Ztschr. f. d. ges. Staatsw. 1908) habe ich diesen Begriff des Kollektivdinges ausführlicher begründet.

Die ganze Auffassung ist keineswegs neu. Sie ist uns nur infolge unserer gänzlich empiristisch-mechanischen Bildungsrichtung allzu ungewohnt. Schon Aristoteles hat das Wesen des Gesamtzustandes klar erkannt und jeder philosophisch höher gebildeten Zeit war die gleiche Einsicht geläufig. Sein berühmtes Wort, daß das Ganze notwendig früher sei als der Teil (*τὸ γὰρ ὅλον πρότερον ἀναγκαῖον εἶναι τοῦ μέρους*[1])) erschöpft bereits den Tatbestand. Natürlich ist nicht ein Vorangehen in der Zeit gemeint, sondern einfach die logische Priorität. „Wenn der ganze Leib dahin ist," heißt es bei Aristoteles weiter, „gibt es auch nicht mehr Fuß noch Hand, außer dem Namen nach . . . denn die begriffliche Bestimmung eines jeden Gegenstandes liegt in seinem Werke und seinem Vermögen, dasselbe auszurichten [d. h. also: in seinem Verhalten, seinen Eigenschaften], so daß, wo er diese nicht mehr hat, man auch nicht sagen kann, daß er noch derselbe ist, sondern nur, daß er noch denselben Namen führt[2])." Diese Schlußfolgerung ist unwiderleglich. Außerhalb des Ganzen ist jener „Teil" gar nicht mehr dasselbe wie früher, sondern überhaupt etwas ganz anderes! Oder wie wir früher umgekehrt sagten: in einem ganz andern Zusammenhange erscheint etwas als dinghaftes Wesen, das es aber im gegebenen Gesamtzustande nicht mehr ist. Der Gesamtzustand ist etwas Selbständiges mit eigenen Eigenschaften, d. h. er ist logisch früher als diese. So ist am toten Körper die Hand nicht mehr Hand, sondern etwa eine Summe Fleisch und Knochen. Umgekehrt aber auch: die Hand am lebenden Körper ist nicht „Fleisch und Knochen", sondern: ein Funktionselement, ein Kräftepunkt im Gesamtsystem „Körper", eben — „Hand". Ebenso ist außerhalb der Volkswirtschaft der Mensch nicht mehr jener Träger wirtschaftlicher Handlungen und Willensakte, die als Faktoren des volkswirtschaftlichen Ganzen erscheinen, sondern eine biologische (tierische) oder psychologische Wesenheit für sich. Umgekehrt ist er daher als Glied der Volkswirtschaft n i c h t biologische oder psychologische Wesenheit, sondern Glied, Eigenschaft dieses eigenen Ganzen. Hieraus ergibt sich klar die methodologische Möglichkeit, die sozialen Einzelwissenschaften, welche Sondergebiete des Gesellschaftsganzen behandeln, durch eine allgemeine Betrachtung zu ergänzen, die sich auf das Ganze als solches bezieht. In-

---

1) Politik I, 1, § 11 b, Ausg. von Susemihl, Lpz. 1879.

2) „*Ἀναιρουμένου γὰρ τοῦ ὅλου οὐκ ἔσται ποὺς οὐδὲ χείρ, εἰ μη ὁμωνύμως . . .*' „*διαφθαρεῖσα γὰρ ἔσται τοιαύτη, πάντα δὲ τῷ ἔργῳ ὥρισται καὶ τῇ δυνάμει, ὥστε μηκέτι τοιαῦτα ὄντα οὐ λεκτέον τὰ αὐτὰ εἶναι ἀλλ' ὁμώνυμα*" (a. a. O.).

dem aber die Simmelsche Richtung das verneint, entgleitet ihr das Ganze der Gesellschaft, und sie muß, da sie doch eine Lücke fühlt, den bisherigen sozialen Teilwissenschaften eine neue hinzufügen.

Im Hinblick auf die oben erwähnten biologischen und anderen Sonderrichtungen ferner folgt aus dem Bisherigen, daß alle gesellschaftliche Wissenschaft weder die Biologie, noch die Psychologie, noch die Mechanik, noch sonst ein Wissen, das spezifisches Wissen von den Teilen (den Individuen) ist, zu ihrer Grundlage machen kann. Sie betrachtet Ganze als solche, und die Kenntnis von den Teilen in anderen Beziehungen und Reaktionen ist für sie, obzwar praktisch unentbehrlich, so doch nur als Hilfswissen wichtig, nicht als Grundlage, nicht als gesellschaftswissenschaftliche Erkenntnis. In diesem methodologischen Lichte erscheinen also nach dem strengen Begriffe des Gesamtzustandes die biologischen, rassentheoretischen, psychologischen und anderen Grundlegungen der Gesellschaftslehre.

3. Der Formbegriff im besondern. Nach dieser Prüfung des Einwandes gegen die Möglichkeit einer allgemeinen Gesellschaftslehre sei es erlaubt, noch kurz den Formbegriff ins Auge zu fassen, mit dessen Hilfe Simmel Soziologie als Einzelwissenschaft begründen zu können glaubt, weil auch andere Verfasser (Dilthey, Stammler) durch fehlerhafte Auffassung über das Wesen des Formalen in der Gesellschaft zu folgenschweren Irrtümern geführt wurden. Simmel stellt die „Inhalte" der Zweckverfolgungen und Wechselwirkungen (d. h. der Vergesellschaftungen selbst) den formalen Gesetzen dieses wechselweisen Wirkens oder Vergesellschaftens entgegen. Jene sollen den Gegenstand der besonderen Sozialwissenschaften, diese den der Soziologie bilden. Gerade diese Gegenüberstellung von Form und Inhalt ist wenig glücklich und durchaus nicht zur Begründung einer Soziologie als besonderer Gesellschaftswissenschaft geeignet. Genau besehen werden nämlich die „Inhalte" von gar keiner theoretischen Gesellschaftswissenschaft erfaßt; vielmehr ist die Betrachtung der Inhalte stets rein ethisch, politisch, technologisch, privatwirtschaftlich oder sonstwie teleologisch; erst durch ihren „formalen" Charakter kann eine Gesellschafts-

wissenschaft theoretisch werden. Man sehe sich doch einmal z. B. die nationalökonomische Werttheorie daraufhin an. Wenn diese den Satz aufstellt: die Güter werden nach dem Grenznutzen geschätzt (d. i. dem kleinsten Nutzen, den in einem gegebenen Vorrat jener Teil stiftet, der zuletzt zur Bedürfnisbefriedigung herangezogen wird), so sagt sie, daß man beim Schätzen, Wertvergleichen immer jene Größe als Einheit verwendet, d. i. nach bestimmter formaler Gesetzmäßigkeit verfährt, daher jene kleinste Nutzengröße, der Grenznutzen, eine gewisse, geradezu rechnerisch zu erfassende Rolle spielt; die „Inhalte" bleiben also außer Betracht, ja es gibt nicht einmal einen eigentümlichen Inhalt des wirtschaftlichen Nutzens, da die Wirtschaft nicht nur der Vitalität, sondern allen Bedürfnissen dient, also selber grundsätzlich farblos ist. Es sind somit „formale" Gesetze der Verknüpfung von Handlungen, die in der Nationalökonomie aufgestellt werden! Auch andere nationalökonomische Gesetze erweisen sich als rein formale. In Thünens Gesetz der relativen Rationalität der Landbausysteme und ihrer abnehmenden Intensität bei wachsender Entfernung vom Marktorte sind rein „formale" Beziehungen geschildert; denn welche „Inhalte", welche Systeme dabei angewendet werden, ist für das gesetzmäßig gegebene Verhältnis der geringeren Intensität bzw. Rationalität gleichgültig. Das gleiche zeigt die Staatstheorie. Staat ist eine „Form", die nur als Form spezifisch ist, im übrigen aber für alle Zweckinhalte des Lebens dienen kann, nicht etwa nur für Schutz und Sicherheit.

Es muß daher abgelehnt werden, daß die formale Natur des Gegenstandes der von Simmel angestrebten „Soziologie" allein eigen wäre. Diese fehlt nirgends, und der ganze Gesichtspunkt erweist sich daher als unrichtig. Die scheinbaren „Inhalte" Wirtschaft, Staat, Recht, Politik, Sprache — das sind lauter spezifische Formen, die für alles dienen können, keine Inhalte. Der Formbegriff Simmels verwirrt nur, er bringt Kraut und Rüben durcheinander. So kommt es, daß Simmels im übrigen sehr verdienstvollen und geistreichen Einzeluntersuchungen größtenteils psychologischer und nur zum andern Teil gesellschaftswissenschaftlicher Art sind. Auch diese letztern sind nicht schlechthin einheitlich, „formal". Vieles davon hat z. B. Schaeffle in seiner vergleichenden Organisationslehre, Entwicklungslehre, Lehre von den Massenzusammenhängen, in seiner sozialen Raum- und Zeitlehre behandelt.

Sachlich ergibt sich nun die Aufgabe: die Gesellschaft als einheitlichen Gegenstand der Erkenntnis zu erweisen durch die Deduktion eines formalen Gesellschaftsbegriffes, die Ableitung einer Einheitstheorie der Gesellschaft (wie sie Individualismus oder Universalismus bieten), sowie endlich durch die Ableitung der Besonderungen oder Zweige des Gesellschaftslebens, d. i. des materialen Gesellschaftsbegriffes.

Dieser logisch richtige Vorgang der Darstellung wäre pädagogisch sehr schwierig. In pädagogischer Rücksicht wird sich die Darstellung am besten, mit den Erfahrungsinhalten des Gesellschaftslebens beginnend und von da zu den abstrakteren Begriffen und Theorien fortschreitend, aufbauen. Wir beginnen daher mit dem sachlichen oder materialen Gesellschaftsbegriffe, (2. Buch) betrachten dann die Einheitstheorien der Gesellschaft, (3. Buch) womit die Elemente für den formalen Gesellschaftsbegriff von selbst gegeben sind, ebenso wie für die Erkenntnis des gesamten Systems gesellschaftlicher Wissenschaften, das zuletzt für sich kurze Behandlung finden soll.

Zweites Buch.

Der Aufbau der Gesellschaft.

Erster Teil. Der formelle Aufbau oder das Gefüge der menschlichen Gesellschaft.

I. Kapitel. Schematischer Überblick über das Gefüge der Gesellschaft.

1. Die Elemente. Schreitet man in der Zergliederung der gesellschaftlichen Erscheinungen bis auf die letzten Bestandteile fort, so endet man schließlich bei zwei Elementen, über welche hinaus nichts mehr reicht, was „Gesellschaft" ist. Es sind dies: die seelischen Erregungen in Gestalt von Sinnesempfindungen, Gedanken, Gefühlen und Willensakten — Erscheinungen, die wir als Empfindung schlechthin, im weitesten Sinne des Wortes bezeichnen wollen; und das nach außenhin in unmittelbaren Wirkungen zum Ausdruck kommende Handeln. Der Mensch empfindet, und erfährt auf dieser Grundlage eine Vergesellschaftung, eine seelische Verbindung mit andern; er handelt, und geht damit wieder Verknüpfungen ein. Gesellschaft ist seelisches und handelndes Verbundensein; Empfindung und Handlung sind die zwei letzten Bestandteile jeder gesellschaftlichen Erscheinung, jeglichen gesellschaftlichen Lebens.

2. Die Grundvorgänge. Prüft man, auf welche Weise sich diese Elemente verbinden, zu einander gesellen, so findet man, daß jedem Element eine eigentümliche Art der Verbindung entspricht. Was in Freundschaft, Liebe, religiöser Entflammung, Erörterung, Kunstgenuß u. dgl. geschieht, ist

Austausch von Empfindungen mit reflexartiger Wirkung von Stärkung, Erweckung, Veränderung eben dieser Empfindungen. Dieser gegenseitige Widerhall im Austausch bedeutet eine eigentümliche Verbindung der betreffenden Gefühle, Gedanken, Willensregungen. Den Vorgang dieser Verbindung nennen wir: Vergemeinschaftung. Vergemeinschaftung ist nicht mechanisches Aneinanderreihen der Elemente, sondern innere seelische Verankerungeines Menschen in einem andern durch Widerhall (Reflex) des Empfindens. Näher wird dies später zu betrachten sein. Jetzt handelt es sich nur um die Erkenntnis des formellen Geschehens.

Anders als die Empfindung verhält sich das Element des Handelns. Zusammenwirken, gemeinsames Tun mehrerer kann nicht durch inneren Widerhall geschehen, sondern lediglich durch mechanisches Ineinandergreifen, äußeres Aneinanderreihen der Handlungen. Innere Vergemeinschaftung der Empfindungen und äußerliche, mechanische Gemeinsamkeit der Handlungen sind daher streng auseinanderzuhalten. Die Sprache hat für gemeinsames Handeln viele Ausdrücke, welche das Fehlen innerer Teilnahme dabei kennzeichnen: Hilfenerteilung, Beistand, Beteiligung, Werkverknüpfung, Werkhilfe, Gewerkschaft, Geschäftsverbindung, Aufgabenteilung, Arbeitsgenossenschaft — gleichwohl sind die meisten davon nur schwer verwendbar. Ich wähle, weil das im buchstäblichen Sinne sehr bezeichnende Wort „Gewerkschaft“ leider schon für Sonderbedeutungen zu sehr festgelegt ist, das Wort Genossenschaft, das auch jetzt schon vorzugsweise zur Bezeichnung äußerer (nicht innerer) Verbindung der Menschen gebraucht wird; so als „Genossenschaft mit beschr. Haftung“, „Produktivgenossenschaft“, „Einkaufsgenossenschaft“, „Konsumgenossenschaft“ u. a. Die Verbindung des Handelns mehrerer heißt dann: Vergenossenschaftung.

Die Vergenossenschaftung von Handlungen ist verschiedener Art, je nachdem sich die einzelnen Handlungen in verschiedene Verrichtungen, die einander ergänzen, teilen, wie z. B. die Arbeiten, die in einer Fabrikswerkstätte vollzogen werden; oder ganz gleiche Handlungen vieler Einzelner auf dasselbe Ziel gerichtet sind, z. B. wenn viele Wähler abstimmen. Die erstere Art der Vergenossenschaftung heißt arbeitsteiliges oder verkettetes, die letztere gleichgerichtetes oder verbündetes Handeln. Davon im einzelnen später.

Als Ergebnis fassen wir zusammen: Die Grundvorgänge der Gesellschaftsbildung bestehen im eigentümlichen (spezifischen) Verbinden der Elemente. Empfindungen vergemeinschaften sich, Handlungen vergenossenschaften sich. Vergemeinschaftung ist innere, Vergenossenschaftung äußere Verbindung.

3. Gebilde. Die Vorgänge der Vergemeinschaftung können auch nach ihrer zuständlichen Seite hin betrachtet werden. Dann stellen sie sich als System gegenseitig verbundener Akte dar. Z. B. erscheinen die Vorgänge des Sichbefreundens als Freundschaft. Ein solcher mehr oder weniger beständiger Zustand zeigt eine Gegenständlichkeit oder Objektivität, welche die Vergemeinschaftungsvorgänge zum Gemeinschaftszustand, allgemeiner: den Vorgang zum Gebilde macht. Gebilde sind daher die Grundvorgänge als verstetigte angeschaut, als in einem gewissen Gleichgewichtszustande befindliche betrachtet; oder anders gesagt: die Ergebnisse der Grundvorgänge. Die Vergemeinschaftungsvorgänge ergeben die Gemeinschaften als Gebilde. Freundschaft, Schüler- und Lehrerschaftsverhältnis, Forscher- und Kritiker-, Künstler- und Zuhörerverhältnis — das sind Gemeinschaften, zuständliche Gebilde der betreffenden Vergemeinschaftungsvorgänge.

In gleicher Weise bildet die Vergenossenschaftung von Handlungen zuständliche Systeme, gegenständliche Verflechtungen oder Gebilde, die Genossenschaften. Die Vergenossenschaftung arbeitsteiliger Handlungen ergibt die Verkettung oder Arbeitsteilung, jene gleichgerichteter Handlungen das Bündnis.

Zusammengefaßt: geistige Gemeinsamkeit ergibt das Gebilde der Gemeinschaft, handelnde Gemeinsamkeit das Gebilde der Genossenschaft.

4. Hilfsvorgänge und Hilfsgebilde. Das Wesen der Gemeinschaft ist Widerhall, Reflex. Zu seinem Zustandekommen kann schon der Anblick von Gebärden, Mienen, Handlungen anderer Menschen genügen, weil er uns fremde seelische Zustände erschließt. Das ist aber nur der grundsätzliche, einfachste Tatbestand. Praktisch muß in der weit-

aus größten Zahl der Fälle ein eigenes Handeln eintreten, welches das Innewerden der fremden seelischen Inhalte vermittelt. Dieses Handeln ist mitteilendes Handeln oder zuständlich betrachtet die Mitteilung.

So sehen wir zum Vergemeinschaftungsvorgang das mitteilende Handeln als allgemeinen Hilfsvorgang hinzutreten, welcher die formale, neutrale Vollziehungsbedingung der Vergemeinschaftung ist. Mitteilendes Handeln geschieht durch Gebärde, Sprache, Schrift, Druck, Zeichen und vieles andere symbolische oder darstellende Handeln. Es ist in keiner Weise selbst Inhalt, sondern nur Vermittlung, daher seinem Begriffe nach (was sagen will: im Wesen, nicht rein in der Wirklichkeit) neutral oder formal.

Ist mitteilendes Handeln Hilfsvorgang, so ist das System solcher Handlungen zuständlich betrachtet ein Gebilde, die Mitteilung, und zwar ein Hilfsgebilde.

Ein Hilfsvorgang zweiter Art ist jener, der sich nicht auf die formale Vollziehung (das Innewerden), sondern auf die Sicherung der Wiederkehr aller Vorgänge und Bedingungen bezieht, die zur Bildung der Gemeinschaft gehören: das organisierende Handeln. Es geht auf die Verstetigung der Vergemeinschaftungsvorgänge, auf ihre Sicherstellung als Vorgänge, die sich wiederholen werden oder sollen. Wir können es daher auch vorkehrendes, bahnendes, veranstaltendes Handeln nennen. Veranstaltung ist nicht ganz neutral wie die Mitteilung, sondern beeinflußt die Gemeinschaft auch inhaltlich. Das Gebilde des veranstaltenden Handelns (als zuständliches System von Handlungen betrachtet) heißt Anstalt oder Organisation, es kann auch Vorkehrung oder Bahnung genannt werden. Beispiele für Gebilde veranstaltenden Handelns sind: Staat, Kirche, Vereine und Verbände aller Art.

Das Wesen der Genossenschaft ist mechanisches Ineinandergreifen der Handlungen. Dazu bedarf es als Hilfsvorgang der Mitteilung nicht. Das klingt überraschend, denn bei jeder Art gemeinsamen Handelns ist Verständigung ja unentbehrlich. Dennoch ist Mitteilung nur ein Hilfsvorgang der Gemeinschaftsbildung, denn Mitteilen heißt Innewerden, und Innewerden ist etwas Geistiges, ein Vorgang von Vergemeinschaftung. Das gemeinsame Handeln ist erst Ausdruck von geistiger Gemeinschaft, der Genossenschaft liegt Gemeinschaft zugrunde. Daher: Mitteilung dient der Gemeinschaftsbildung, Gemeinschaft ist Grundlage der Genossenschaft. So ist Mitteilung zwar ein praktisch unentbehrlicher, aber nur mittelbarer Hilfsvorgang der Vergenossenschaftung. Was für das Verhältnis der Mitteilung zur Genossenschaft gilt, gilt natürlich auch für ihr Verhältnis zur Veranstaltung, denn diese ist gleichfalls nur eine Art des Handelns.

Dagegen liegt es klar am Tage, daß der Hilfsvorgang des veranstaltenden oder organisierenden Handelns ebenso für die wiederkehrende Gemeinschaftsbildung notwendig ist, wie für die wiederkehrende Genossenschaftsbildung. Die Bedingungen für wiederholtes Zusammenwirken müssen ebenso, ja noch genauer und dringender sichergestellt werden. Arbeitsteiliges Handeln, z. B. in einer Fabrik, verbündetes Handeln, z. B. der Parteien in der Politik, ist nicht denkbar ohne Vorkehrungen, welche das Abgestimmtsein aufeinander sicherstellen und so freie Bahn für gemeinsames Tun schaffen. Bei sehr vielfältigem Zusammenwirken wird Veranstaltung sogar an sich nötig sein, selbst ohne Rücksicht auf Wiederkehr, was bei der Gemeinschaft nicht der Fall ist. — Mitteilung und Veranstaltung haben nicht die gleiche Funktion als Hilfsvorgänge und -Gebilde. Veranstaltung oder Organisation ist also ebensowohl Hilfsvorgang für stetige, wiederkehrende Vergemeinschaftung wie auch für Vergenossenschaftung. In beiden Fällen ist sie ferner, wie erwähnt, nicht bloß neutrale Vollziehungsbedingung gleich der Mitteilung, sondern zugleich Beeinflussung und Mitbestimmung des vergemeinschafteten oder vergenossenschafteten Inhaltes.

Anmerkung. Zu den bisher behandelten Arten des Handelns kommt noch das gegensätzliche oder feindselige Handeln hinzu (Wettbewerb, Kampf), das aber keine fruchtbare Verbindung eingeht, keine eigentliche Vergenossenschaftung und kein Gebilde erzeugt.

5. Die Hilfsmittel des Handelns oder die Güter. Das Handeln kommt in der Regel ohne besondere Mittel, mit deren Hilfe es das erstrebte Ziel erreichen könne, nicht aus. Wir nennen sie Hilfsmittel oder Güter. Ob es nur Güter stofflicher Art gibt, wie Werkzeuge, Maschinen,

Vorräte, Bauten, oder auch solche unkörperlicher Art, wie Kenntnisse, Rechte, Verhältnisse, bedürfte einer besonderen Untersuchung. (S. unten 2. Teil Kap. III III.) Hier ist es wichtig, die Güter in ihrer Eigenschaft als nur uneigentliche Bestandteile der Gesellschaft zu erkennen, weil sie weder selbst Element, noch Gebilde (einer Vergemeinschaftung oder Vergenossenschaftung) noch Hilfsgebilde sind, sondern als Hilfsmittel des Handelns nur mittelbare Bestandteile, nur Hilfsbestandteile. Wenn in der Nationalökonomie heute zumeist die Güter als echte Bestandteile der Wirtschaft behandelt werden, so verwischt man damit den Gegensatz, in dem sie zu Empfindung wie Handlung als den allein aktiven Elementen stehen; diese letztern machen erst die an sich toten Naturdinge zu ihren Hilfsmitteln indem sie sie zur Mitwirkung an der Wirtschaft heranziehen.

Alle Art von Handeln bedarf der Güter, nicht nur das eigentliche Zweckhandeln, auch das Handeln bei den Hilfsvorgängen des Mitteilens und Veranstaltens. In Anbetracht der Güter ist es aber gleich, ob sie dem Zweckhandeln oder dem Hilfshandeln dienen, denn ihre gesellschaftliche Natur besteht ohnehin nur in Diensten (Funktionen) für das Handeln. Daher sind Mitteilungsgüter (z. B. einer Buchdruckerei) ebensogut wirtschaftliche Güter wie Kleidung oder Nahrungsmittel.

6. Die Artung der Elemente. Von grundlegender Wichtigkeit ist die Tatsache, daß die Elemente jeder Gesellschaft, Empfinden und Handeln, nicht in ein für allemal festgelegter und gleicher Weise gegeben sind, sondern stets nur in wechselnder, ja genau genommen, nur in individueller Bestimmtheit oder Artung verwirklicht werden. Die Artung des Empfindens im weitesten Sinne nenne ich Empfindungsweise oder Begabung (Charakter, im biologischen Sinne Rasse), die des Handelns Handlungsweise oder Technik.

Die bestimmte Denkweise, Gefühlsweise, Willensstärke, das Gedächtnis, die sinnliche Empfindungsweise der Organe bilden den Inbegriff der Begabung. Die Begabung führt auf den Begriff der Rasse; sie ist in dieser Fassung weder ein psychologischer, noch ein biologischer, sondern ein rein gesellschaftlicher Begriff. Er betrifft eben nur die Artung des geistigen Elementes der Gesellschaft, nicht die psychologischen Gesetzmäßigkeiten, noch die biologischen des organischen Lebens, denen es unterliegt.

Die Artung des Handelns ist verschieden, je nachdem das Handeln eigene Kraft und fremde Hilfsmittel (Güter) verschieden aufwendet. Diese Verschiedenheit der Handlungsweise begründet den Begriff der Technik des Handelns, welcher ebensowenig technologisch wie jener der Begabung psychologisch ist. Der Begriff der Technik bezeichnet aber auch nicht einen eigenen Zweig gesellschaftlicher Erscheinungen, ein eigenes Erscheinungsgebiet der Gesellschaft, wie z. B. Wirtschaft, Recht, Staat. Vielmehr ist er ein bloßer Vergleichsbegriff, welcher sich auf die jeweilige Verschiedenartigkeit des Handelns bei verschiedenen Völkern, zu verschiedenen Zeiten gründet. Wirtschaft, Staat, Recht sind in eigenen Erscheinungen der Gesellschaft aufzuzeigen — wer kann dagegen zeigen, wo die „Technik“ ist? Würde jemand auf Lokomotiven, Hochöfen, Dampfmaschinen hinweisen, ginge er fehl. Denn das sind Hilfsmittel, Güter des wirtschaftlichen Handelns im Verkehrswesen, in der Eisenerzeugung usw. Es ist nur diese bestimmte, besondere Beschaffenheit des wirtschaftlichen Handelns und seiner Hilfsmittel, welche auffällt und als die Artung oder „Technik“ des Handelns Hervorhebung findet — kein eigenes Zweckgebiet wie die Wirtschaft oder der Krieg und Ähnliches. „Technik“ ist nicht ein Was, sondern ein Wie des Handelns. Handlungsweise oder Technik, Empfindungsweise oder Begabung sind also bloße Vergleichs- oder Differentialerscheinungen, nicht eine eigene Gattung gesellschaftlicher Erscheinungen selbst.

7. An einem Beispiel möge nun das Dargestellte zusammenfassend veranschaulicht werden. Ein Verein, etwa ein politischer Diskutierklub, stellt nach dem Bisherigen dar: erstens eine Gemeinschaft, sofern die Mitglieder im Austausch von Gefühlen und Gedanken miteinander verbunden sind; zweitens eine Genossenschaft, sofern auch ein gemeinsames Handeln der Mitglieder (z. B. Agitationshilfe bei Wahlen) stattfindet; drittens eine Anstalt oder Organisation, sofern er die Mitglieder in sich zusammenfaßt, was durch die vorkehrenden Handlungen der Veranstaltung von Ver-

sammlungen, Bestellung von Vortragenden u. dgl. geschieht. Diese Veranstaltungen erscheinen deutlich als Hilfsgebilde der Vergemeinschaftung und Vergenossenschaftung. Viertens kann der Hilfe der Mitteilung bei der Gemeinschaftsbildung, die dann auch der Genossenschafts- und Anstaltsbildung zugrunde liegt, nicht entbehrt werden. Fünftens endlich können auch die Güter als Hilfsmittel des Handelns zur Veranstaltung, zur Gemeinschafts- und Genossenschaftsbildung nicht fehlen. Ein Versammlungsraum, Beleuchtung, Druckschriften, Bücher und viele andere Güter sind dafür notwendig. Im Mitgliedsbeitrag kommt die Höhe dieses Güterbedarfes zum Ausdrucke. — Schließlich ist auch die Artung der geistigen Inhalte, Begabungen, die in der Gemeinschaft zur Entwicklung gelangen, ebenso die Handlungsweise, z. B. der Vereinsorganisatoren (Organisationstechnik usw.), durch Vergleiche mit anderen Fällen in ihrer Eigentümlichkeit bestimmbar.

8. Die Ersatzvorgänge. Zu allen bisher behandelten Formen des Empfindens und Handelns und ihrer Verbindungen kommt noch eine Art von Vorgängen hinzu, die Ersatzvorgänge, wie sie in der Erziehung, dem geistigen Ersatz, und dem Bevölkerungswesen, dem leiblichen Ersatz, vorliegen. Die Ersatzvorgänge sind nicht durch die Wesenheit der Gesellschaft selbst, sondern durch Naturursachen, durch Tod und Geburt, bedingt. Diese Vorgänge gehören daher nicht zum formellen Gefüge der Gesellschaft, sondern sind selbständig zu untersuchen.

Nach dieser bündigen Übersicht ist es nötig, Gemeinschaft und Genossenschaft, die wirklichen Grundgestaltungen der Gesellschaft, genauer zu betrachten.

II. Kapitel. Das Empfindungsgebilde oder die Gemeinschaft.

I. Die gesellige Gemeinschaft.

Es ist die allgemeinste Täuschung, welcher verhängnisvollerweise auch die Gesellschaftsforscher unterliegen, daß der Mensch entweder aus sich selbst heraus Gemütsempfindungen, Gefühle, Gedanken, Willensregungen dauernd erzeuge (Individualismus, Rationalismus); oder daß er im Gegenteile darin durchaus von seiner Umgebung abhängig sei (Milieu- oder

Umweltlehre). Beides ist nicht richtig. Der Mensch erzeugt seine geistige Welt wohl auf Grund seiner eigenen inneren Kräfte und Fähigkeiten, auf dem Grund und Boden seiner eigenen Anlagen, seiner eigenen Wesenheit, aber durch fremde Mithilfe, mit fremden Mitteln. Diese fremden Mittel sind: die Gedanken, Gefühle, Bestrebungen, Empfindungen anderer Menschen. Das Innewerden derselben bedeutet weit mehr als bloßen „Anblick", bloße „Kenntnisnahme", „Erfahrung": es ruft durch Reflex oder Widerhall die gleichen oder ähnlichen Vorgänge im Innewerdenden hervor, es ist ein eigenes Miterleben, ganz genau gesagt: ein Selbsterleben — durch fremde seelische Inhalte veranlaßt und daher mitgeschaffen. (Allerdings kann es der eigenen Fähigkeit des Innewerdenden nicht entraten.) Das heißt es, wenn der Sprachgebrauch sagt: „Wir werden bewegt", „Es ergreift uns". Ein Kunstwerk, ein Gebet, ein philosophischer Gedanke, eine Heldentat, Leiden und Freuden, Tun und Denken anderer Menschen — die bewegen uns. Wir fühlen, denken, schauen und tun alles mit, und indem so jener fremde, seelische Inhalt unser eigener Inhalt wird, wachsen und werden wir in unserm eigenen Selbst.

In der Psychologie ist diese Erscheinung als eine Grundeigenschaft menschlichen Seelenlebens längst bekannt. In der Gesellschaftslehre kommt es darauf an, daraus die Folgerung für das Wesen des Verhältnisses der Menschen zueinander zu ziehen.

Entscheidend in dem geistigen Verhältnis von Menschen untereinander ist also, daß fremdes Seelenleben für uns mehr Bedeutung hat als die eines Schauspieles, dem man nur als Unbeteiligter und Fremder zusieht. Fremdes Seelenleben wirkt vielmehr so, daß es notgedrungen auf unser eigenes übergreift und aus dem, was früher nur als Möglichkeit in uns geschlummert hat, eine Wirklichkeit seelischen Lebens schafft, aus der Fähigkeit ein Können, aus der Anlage eine Kraft entwickelt. Fremdes Seelenleben wirkt schöpferisch auf den andern! Daher sind auch wir selbst andern Menschen gegenüber nicht äußerlich agierende Schauspieler oder Marionetten, wir spielen andern Menschen nichts vor, sondern empfinden wirklich. Wir sind auch nicht bloße „Forscher", denen ihre Freunde nur Beobachtungsgegenstand wären, von denen wir bloß „in Gedanken" Kenntnis nähmen, sondern wir sind in jeder Hinsicht gegenseitige Teilnehmer, welche innerlich mitfühlen, was sie nach außen darstellen sowohl, als was sie von außenher empfangen.

Hieraus ergibt sich die gesellschaftswissenschaftlich grundlegend wichtige Folgerung: daß das geistige Verhältnis zwischen Menschen mehr ist als eine bloß mechanisch zu denkende Verbindung und Aneinanderreihung. Indem vielmehr durch geistige Berührung der Menschen überall in den betroffenen Bereichen des Fühlens, Denkens, Wollens und Handelns nicht nur äußerliche Kenntnisnahme, sondern eine schöpferische Wirkung eintritt, welche bisher schlummernde Kräfte und Fähigkeiten zum Leben erweckt, schon Auferwecktes aber verstärkt, verändert, anregt — wird nun das Verhältnis der Menschen untereinander aus einem äußerlichen und zufälligen zu einem inneren und wesentlichen. Die scheinbar mechanische Verbindung wird zur inneren Gemeinschaft. Jene schöpferische Wirkung der Menschen aufeinander, jene Auferweckung, Bereicherung, Neuschaffung, Anregung, die innerer Widerhall notwendig erzeugt, das ist der Kern und das eigentliche Wesen geistiger Gemeinschaft.

Von der negativen Seite her beleuchtet die Geschichte Robinsons das Wesen der Gemeinschaft. Ein Mensch, der sich plötzlich auf eine abgeschiedene Insel verschlagen sieht, fühlt das größte Unglück nicht in der geringeren Bequemlichkeit des Lebens und der größern Knappheit wirtschaftlicher Güter (das brauchte gar nicht so schlimm zu sein); wohl aber im Verluste jeder Anregung und Aussprache und des steten, vielfältigsten Widerhalles befreundeter Geister, in welchem Erweckung, Bereicherung, Entflammung der eigenen seelischen Kräfte wohnt. So führt Vereinsamung zur inneren Schwäche und Armut, zur Verödung des ganzen Daseins, zu dem, was eben das robinsonadische Leben bezeichnet. Daher ist die Hoffnung auf das Wiederfinden von Menschen Robinsons einziger Halt und Trost. Die Hoffnung auf wirtschaftliche Besserung ist ihm dagegen gänzlich unwichtig. Abgeschwächt spielt sich derselbe Vorgang ja auch in der gemeinen Erfahrung ab. Die „Verbauerung“, welche jemandem in ärmlicher geistiger Umgebung droht, läßt ihn diese weit mehr fürchten als wirtschaftliche Nachteile. Wer, aus politischen Gründen verurteilt, unter sibirische Sträflinge kommt, empfindet diesen Wechsel der geistigen Umwelt als den weitaus härtesten Teil seiner Strafe.

Wenn wir also finden, daß der Mensch in und durch geistig-moralische Gemeinschaft sein inneres Dasein führt, so dürfen wir freilich nicht die Tatsache in den Wind schlagen: daß dem Individuum unter allen Umständen nur Gedanken, Gefühle usw. mitgeteilt werden können, die es selber zu fassen vermag, ja selber im Nachschaffen zu erzeugen vermag. Andernfalls wird das Verhältnis zu „gedankenlosem“ Nachsagen, zu unaufrichtigem Nachahmen. Gemeinschaft zerfiele dann wieder in eine mechanische Beziehung, in ein bloßes Verhältnis der Gefolgschaft und würde so zur Genossenschaft. Die angeregten, neuen Gedanken zu denken, die neuen Gefühle und Regungen in sich zu erschaffen — das bleibt unser Werk, niemand kann es uns abnehmen. (Der Nürnberger Trichter wird nie erfunden werden.) Die eigenen Kräfte und Fähigkeiten müssen uns zu diesen Leistungen verhelfen, andernfalls nützt alles Vorfinden bei andern Menschen nichts. Um echte schöpferische Widerhallserscheinung zu erzeugen, bedarf es nicht nur der fremden, sondern auch der eigenen Leistung. Nur dann kann wahre Gemeinschaft entstehen. Daß dies nicht immer und überall der Fall ist, darauf beruht die Tragik des großen Menschen, und jenes Genies, „das seiner Zeit vorauseilt“, indem es schon unter solchen Umständen Gedanken, Gefühle, Entschlüsse faßt, unter denen die weniger Fähigen selbst nachschaffend noch nicht folgen können.

Das Bisherige mag zur Bestimmung des Gemeinschaftsbegriffes, soweit er in den folgenden zergliedernden Untersuchungen gebraucht wird, genügen. Eine weitere Betrachtung wird später nötig sein. (Vgl. III. Buch, Universalismus.)

II. Die umweltliche Gemeinschaft.

Der Mensch steht nicht nur in Beziehungen zu andern Menschen, sondern auch zur Natur, die ihn umgibt. Nun fragt es sich: ist er nicht wenigstens in diesem Verhältnisse geistig autark, indem er der Umwelt selbständig, geistig allein produktiv gegenübertritt, und ihre Einflüsse andererseits zwar aufnimmt, mit ihnen aber selbständig schaltet? Es wird sich zeigen, daß dies nicht der Fall ist.

Dasselbe Gemeinschaftsverhältnis, das zwischen Menschen besteht, besteht auch der Natur gegenüber. Auch das Verhältnis zur Natur ist im Grunde ein geistiges Gemeinschaftsverhältnis! Denn der Mensch kann zur Natur eine innere geistige Beziehung nur gewinnen, indem er sie per analogiam seiner selbst deutet. Er tut dies in der Kunst, indem er Ströme, Wald und Feld zu Wesenheiten macht, die in ihm Ahnungen und Erlebnisse auf erhöhter Stufenleiter erwecken (so heißt es bei Eichendorff: „Und Feld und Baum besprechen sich, o Menschenkind, was schauert dich?"); er tut dies in der Religion, indem er hinter dem Naturganzen (oder polytheistisch hinter allen einzelnen Naturdingen) ein göttliches Wesen fühlt, das zu ihm redet; selbst in der Philosophie, indem er in jeder Art von Metaphysik notwendig die Welt als ein Übersinnliches denkt und die Idee dieses Übersinnlichen auf sein Innerstes wirken läßt.

Wird nun die Natur notwendig verinnerlicht vorgestellt, so bekommt die Beziehung des Menschen zu ihr damit das gleiche Gefüge wie das Verhältnis von Mensch zu Mensch: Mensch und Natur begründen eine geistige Gemeinschaft, ein inneres Wechselverhältnis, in welchem Widerhall und Nachschöpfung der erschauten Größe das wesentliche Element bildet, ganz wie zwischen Menschen. Der Unterschied ist, obzwar bedeutend, doch nicht im Gefüge des Verhältnisses selbst vorhanden. Er besteht darin, daß die Natur stumme Person bleibt, die Menschen dagegen ihre Wirkungen aufeinander unaufhörlich erneuern. Dafür gibt es nur einen Ersatz in dem unaufhörlichen Studium der Natur, die uns, je höher wir innerlich gewachsen sind, um so mehr von ihrem unerschöpflichen Reichtum erschließt.

Am reinsten kommt die Gemeinschaft des Menschen mit der Natur zum Ausdrucke im Einsiedler. Dessen Dasein ist nur einsam im Hinblicke auf die Menschen, nicht aber im Hinblick auf die Natur, auf Gott. Ihn erblickt er in allen

Dingen, und der Anblick der Natur wird ihm so zu einem bedeutenden Verkehr. An die Stelle der geselligen Gemeinschaft tritt bei ihm die Gemeinschaft mit der Umwelt, die von einem göttlichen Gesetze durchwaltet wird, wie es im Lied des Einsiedlers bei Eichendorff heißt:

Die Jahre wie die Wolken gehn
Und lassen mich hier einsam stehn,
Die Welt hat mich vergessen,
Da tratst du wunderbar zu mir,
Wenn ich beim Waldesrauschen hier
Gedankenvoll gesessen.

So ist der Einsiedler das Gegenstück des geistig verödeten Robinson. Dieser erhofft Erlösung von einer Rückkehr zu den Menschen, jenem bedeutet die Gemeinschaft mit der Natur mehr als die Gemeinschaft mit Menschen.

Eine Fortsetzung wird die Betrachtung dieses Verhältnisses in der Lehre von der Abgeschiedenheit finden (s. unten Buch III).

Anmerkung. 1. In der rein verstandesmäßigen Betrachtung deutet der Mensch die Natur nicht nach Analogie mit sich selbst. Die Sinneseindrücke und Erfahrungen, welche er von ihr empfängt, werden nach allgemeinen Begriffen, d. i. theoretisch, geordnet. Dieses Begriffssystem (Wissenschaft) entspringt allerdings auch einem Wechselverhältnis zwischen dem erkennenden Geiste und der Umwelt; jedoch hat es nicht den Charakter der Gemeinschaft, die durch Widerhall begründet wird, sondern entnimmt die aufbauende Kraft allein dem eigenen Vermögen.

2. Daß die Gemeinschaften der Menschen eine beständige und fruchtbare Gestaltung fast immer erst durch Veranstaltung (Organisation) finden, lehrt die Erfahrung. Was Veranstaltung im Grunde ist, welche Formen und welche Bedeutung sie erlangt, wird später zu untersuchen sein.

3. Die Inhalte der Gemeinschaften Kunst, Religion usw. gehören nicht mehr zum formellen Bau der Gesellschaft. Sie waren hier nur beispielshalber zu erwähnen und werden erst später ihre Behandlung finden.

III. Kapitel. Das Verhältnis von Empfinden und Handeln.

Das Verhältnis von Empfinden und Handeln ist damit gekennzeichnet, daß in jeder Empfindung (diese im weitesten Sinne verstanden, also auch Erkenntnis eingerechnet), ihrer Natur nach eine Wertung, ein Ziel gelegen ist.

Die so im Ablaufe des geistigen Lebens immer wieder entstehenden Wertungen oder Ziele bieten äußere Aufgaben durch die Notwendigkeit, Mittel für ihre Erreichung anzuwenden, herzustellen oder zu erlangen. Dazu dient das Handeln. Der Begriff des Handelns ist also dieser: die Empfindungen sind zu Antrieben geworden oder, wie man es auch sagen kann, zu Bedürfnissen, zu Zielen einer Veränderung, eines erwünschten Zustandes, zu Begehrungen, welche auf äußere Bewirkungen durch Handeln gehen. Die Wirksamkeit der Antriebe ist das Handeln.

Im Handeln kommt somit zu den Empfindungen nichts Neues hinzu! Handeln ist nur der Ausdruck des Empfindens, und es ergibt sich: Empfindung ist das schöpferische, Handeln das dienende Element wie beim einzelnen Menschen so auch in der Gesellschaft. Die Gebilde des Handelns sind daher grundsätzlich immer nur Ausdruck, Hilfsorgan von Gemeinschaften.

Dieses Verhältnis bloßer Dienstbarkeit des Handelns für das Empfinden gilt allerdings nur grundsätzlich. Schon daraus, daß die Handlungen den Empfindungen in ihrer Vergemeinschaftung und Weiterbildung erfolgreich oder erfolglos dienen können, folgt, daß von den Formen und Arten, welche das Handeln annimmt, auch eine selbständige Rückwirkung auf seine geistige Bedingung, die Empfindung, ausgehen kann. Eine solche Rückwirkung ist besonders dann notwendig gegeben, wenn sich ein bestimmtes Handeln bereits in seinen Hilfsmitteln (Gütern) und Veranstaltungen bestimmte Bahnen geschaffen und damit — d. h. in den großen Vorteilen, welche dieser Gebahntheit innewohnen — eine solche eigene Festigkeit erlangt hat, daß es schwer ist, dieses Handeln zu ändern. Denn es müßten den vorhandenen Vorteilen noch größere gegenübergestellt werden können. So kann eine schon eingerichtete Fabrik nicht ohne weiteres zu jenen neuen Maschinen, Arbeitsverfahren, Erzeugnissen übergehen, welche durch Erfindungen und Neuerungen, also durch Änderung der geistigen Bedingungen dieses Handelns geboten wären. Die Vorteile der neuen Handlungsweise müßten so übergroß sein, daß sie die Verluste des in den alten Maschinen usw. angelegten Kapitals noch überträfen. Jene neuen Vorteile können also erst von einem gewissen Punkte der Unbrauchbarkeit der alten Maschinen usw. an mit logischer Notwendigkeit in Kraft treten. — Wie in der Wirtschaft liegt es auf allen anderen, in staatlichen, politischen, rechtlichen usw. Gebieten. Im Finanzwesen ist der Satz „Alte Steuern, gute Steuern" bekannt (ebenso allerdings auch, daß er seine engen Grenzen hat). Gegebenes Handeln hat stets schon seine bereitgestellten Mittel und seine gebahnten Wege; neues Handeln, das neuen geistigen Bedingungen, neuen Empfindungen entsprechen soll, kann sich dem alten gegenüber erst durchsetzen, sobald es auf die damit gegebenen Vorteile verzichten kann. Die Rückwirkung des Handelns auf die Empfindung geht demnach vor allem davon aus: daß die Mittel des Handelns (Güter, Veranstaltungen u. a.) festlegend für weiteres Handeln wirken.

Hiermit ist die ganze Frage freilich nicht erschöpft, das grundsätzliche Verhältnis aber so weit aufgezeigt, daß die Vorstellungsweise der materialistischen Geschichtsauffassung, welche das menschliche Leben zu einer Funktion der Wirtschaft (ein Sonderfall menschlichen Handelns) machen will, als unrichtig nachgewiesen ist (vgl. auch unten 2. Teil B. Wirtschaft u. ö.).

IV. Kapitel. Die Handlungsgebilde oder Genossenschaften.

I. Die Arten des Handelns.

Handeln als Diener des Willens ist Mittel für ein Ziel. Indessen gebraucht es selbst wieder Hilfsmittel, die Güter. Die Güter sind daher als passive Mittel vom Handeln als dem aktiven Mittel von vorneherein streng zu scheiden. Das Handeln für sich, von den Gütern getrennt, ist wieder nach dem Inhalte seiner Dienste zu unterscheiden: als Zweckhandeln, das den Empfindungen (und ihren Gemeinschaften) selbst dient, und Hilfshandeln, das der Bildung von Gemeinschaften und Genossenschaften dient, daher, wie wir wissen, in mitteilendes und veranstaltendes Handeln zerfällt. Beide, Zweck- und Hilfshandeln, haben sehr verschiedene Eigenschaften, die wir in folgende Sätze zusammenfassen:

1. Das Zweckhandeln allein ist mittelbeschaffend und hat als solches wirtschaftlichen Charakter. (Was später zu beweisen sein wird.) Hilfshandeln dagegen ist nicht mittelbeschaffend, sondern ermöglicht nur das Zweckhandeln.

In bezug auf ihre Fähigkeit zur Vergenossenschaftung verhalten sich Hilfs- und Zweckhandeln verschieden, und zwar gilt:

2. Das Zweckhandeln ist verkettet, und zwar ist es entweder teilbares oder einsames Handeln.

3. Das Hilfshandeln ist zur Vergenossenschaftung unfähig, daher unverbundenes Handeln. — 4. Gibt es noch verbündetes Handeln. — Der erste Satz leuchtet von selbst ein. Es gibt zwar auch Mittelbeschaffung für Mitteilung und Veranstaltung, aber diese mittelbeschaffende Tätigkeit ist eben Zweckhandeln im Dienste jenes Hilfshandelns.

Der zweite und dritte Satz sowie die Verbündung werden später ihre Aufklärung finden. Hier sei folgendes bemerkt:

Teilbares Zweckhandeln, das wir auch verkettbares Handeln nennen, liegt dann vor, wenn es nicht unvermittelt, unmittelbar einer persönlichen Zielerreichung (Bedürfnisbefriedigung) des Menschen dient, sondern in selbständig ausführbare Teile oder Abschnitte (Phasen) zerlegt werden kann. Denn Arbeitsteilung besteht ja gerade darin, daß verschiedene Personen verschiedene Abschnitte eines Gesamtarbeitsvorganges je selbständig ausführen. Nicht in Abschnitte zerlegbar, daher einsam ist: das verwendende oder konsumierende und das ausdrückende oder darstellende Handeln. Essen, Trinken, Spazierengehen, aber auch die Tätigkeit des Lehrers, Arztes, Krankenpflegers, der persönlichen Dienstleistung und ähnliche ganz persönliche Verrichtungen, die unmittelbare Bedürfnisbefriedigung in sich schließen, können ihrer Natur nach nicht mehr in Abschnitte zerlegt werden. Denn jeder kleinste Teilabschnitt davon ist ja selbst Verwendung, Zielerreichung (Konsumtion, Bedürfnisbefriedigung). Richtig erklärt, ist alles verwendende Handeln eben selbst nur der letzte Abschnitt der gesamten vorausgegangenen Kette von Zweckhandlungen. Dieser ist nun nicht mehr teilbar und fällt dem Verbraucher selbst zu. (So kann man das Essen als letzten Abschnitt der Nahrungsmittelbeschaffung auffassen.)

Umgekehrt erscheint das ausdrückende oder darstellende Handeln, soweit es persönlich ist, als erster und einziger Abschnitt eines Handelns, das daher gleichfalls rein persönlich, d. h. einsam, nicht vergenossenschaftbar bleiben muß. So kann weder Gymnastik, noch Mimik, noch Zeichnen, noch alles erstmalig ausdrückende Handeln, wie Erfinden, Komponieren, Verfassen, in Abschnitte, die andere für uns ausführen könnten, geteilt werden.

Es ergibt sich (als Erläuterung zu Satz 2): Alles Zweckhandeln ist, sofern es rein persönliche Tätigkeit in sich schließt, unzerlegbar, somit einsam.

In bezug auf das Hilfshandeln liegt nun dessen ausgesprochen persönlicher Charakter klar zutage. Mitteilung ist darstellende Tätigkeit, daher weder teilbar, noch verbündbar. Doch sind Grenzfälle möglich, z. B. im Chorgesang. Hier liegt allerdings Verbündung gleichgerichteten Handelns vor, doch ist der ausnahmsweise, künstlerisch bedingte Charakter dieses Tuns klar. (Wenn hingegen, z. B. in einer Buchdruckerei, viele sich zur Herstellung von Mitteilungs*gütern* vereinigen, ist dies ein ganz anderer Fall, nämlich Zweckhandeln, wirtschaftliche Tätigkeit, ebenso beim postmäßigen und drahtlichen Befördern von Mitteilungen.)

Das veranstaltende oder organisierende Handeln ist gleichfalls rein persönliche, d. i. den organisatorischen Gedanken unmittelbar verwirklichende Tätigkeit, die außerdem jeweils auf ein bestimmtes, konkretes Ziel, die zu veranstaltende Gemeinschaft oder Genossenschaft, gerichtet ist. Wenn jemand eine Fabrik, ein Kartell organisiert, heißt dies sowohl, daß er seine Veranstaltungsgedanken in unmittelbarer, persönlicher Tätigkeit verwirklicht wie auch, daß es eine einmalige, auf eine ganz bestimmte Genossenschaftsbildung gerichtete Tätigkeit ist — das liegt eben in ihrer Natur als *Hilfs*tätigkeit. Könnte man Organisationen auf Lager herstellen, so geschähe es wie bei den Mitteilungen. Die reproduktive Herstellung solcher Organisationen würde eine Gütererzeugung bedeuten; erst die Verwendung der Güter würde wieder zur persönlichen, organisierenden Tätigkeit.

Über die Arbeitsteilung verbleibt nur noch wenig zu sagen.

II. Die Verkettung oder die Arbeitsteilung.

Verkettung oder Arbeitsteilung heißt die Vergenossenschaftung geteilten Handelns.

Verkettung besteht nicht nur dort, wo das Handeln in

Abschnitte zerlegt und jeder Abschnitt von andern Personen zur Ausführung übernommen wird; sondern zweitens auch dort, wo verschiedene, voneinander unabhängige Arten von Handlungen zur Erreichung eines Zieles (oder einer Summe zusammengehöriger Ziele) nötig sind. Für den ersteren Fall von Verkettung hat Adam Smith an der Stecknadelfabrikation ein berühmt gewordenes Beispiel beschrieben. Für den letzteren Fall gibt die geschlossene Hauswirtschaft früherer Zeiten ein Beispiel. Indem Jugend und Alter, Weiber und Kinder, Freie und Sklaven von vornherein je andere Arbeitsaufgaben haben, besteht zwar Arbeitsteilung, aber gegliedert nach der Art der Verrichtungen — was später zur sogenannten Berufsteilung wird —, während die Zerlegung einer Verrichtung in zeitlich aufeinanderfolgende Abschnitte keine Bedeutung erlangt. Viele Güterherstellungsaufgaben schließen außerdem grundverschiedene Verrichtungen, die von vorneherein beruflich getrennt sind, in sich. Zur Herstellung eines Schiffes z. B. müssen schon in primitiver Zeit Schiffbau, Weberei, Seilerei usw. zusammenwirken.

III. Das Bündnis.

Verbündung heißt die Vergenossenschaftung gleichgerichteten Handelns, das so entstehende Gebilde Bündnis.

Welche Bedingungen hat die Verbündung? Diese Frage ist nicht einfach zu beantworten. Wir beobachten Verbündung überall, wo viele „Interessenten" dasselbe Ziel erreichen wollen und sich daher zu gemeinsamer Wirkung in Parteien zusammenschließen; wo viele Soldaten auf denselben Feind losgehen, da ist Verbündung. Dennoch sind dies zugleich Tätigkeiten, die gegliedert genug wären, um in Abschnitte zerlegt und der Verkettung zugeführt werden zu können, ja wir sehen Verkettung wirklich hier Platz greifen. Die Teilung in Aufklärungsarbeit (Agitation), reine Vertretungstätigkeit (parlamentarische Tätigkeit im engern Sinne), rechtliche Vertretungsarbeit (Anwaltstätigkeit), veranstaltende Arbeit (Partei- usw., Organisation) — diese und weitere Arbeitsteilung findet in der politischen Tätigkeit vielfach statt. Sie ist ja das Wesen dessen, was man „Vertretung" nennt: nicht die Parteimitglieder selbst, sondern ihre Beauftragten verrichten gewisse politische Handlungen. Noch mehr im Kampfwesen. Der Offizier hat andere Verrichtungen als der gemeine Mann (vgl. die Trennung von Feuerleitung und Schießtätigkeit), der Generalsstabsoffizier andere als der Truppenoffizier, die technische Truppe andere als die Kampftruppe, die Artillerie (im Fernkampf) andere Kampfaufgaben als die Infanterie (im Nahkampf) usw. — Dennoch ist alle derartige Arbeitsteilung (die als tatsächlich vorhandene, technische Erscheinung nicht geleugnet werden kann) auf beiden Gebieten, Politik und Kampf, unwesentlich. Wesentlich ist die Zusammenfassung aller gleichgerichteten Kräfte zu gemeinsamem Ziele, das nun alle beseelt, neben die tote Arbeitsteilung die Gemeinsamkeit ihres Erfolges, d. i. die Verbündung, treten läßt. Betrachtet man daraufhin z. B. die Politik, so ergibt sich als das Ausschlaggebende dabei: Viele wollen Eines; aber nicht im Wettbewerbe miteinander, denn dieses Eine ist ein Gut, welches, wenn es verwirklicht ist, allen dient. Das ist der Grund der Verbündung, die nun deutlich bloß als Formelement, als die spezifische Form der Gemeinsamkeit des Handelns erscheint (während Arbeitsteilung technisch noch bestehen bleibt). Man kann diese Einsicht in den Satz kleiden: Verbündung tritt dort ein, wo sich das Zweckhandeln vieler auf Ein Gut richtet, das allen gemeinsam Nutzung gewährt; oder anders ausgedrückt: auf ein einmaliges Ziel, das allen Beteiligten gemeinsam ist. Solche Ziele sind notwendig organisatorischer Natur, z. B. Maßnahmen, die man vom Staate verlangt; man pflegt sie ganz richtig „gemeinsame Interessen" zu nennen. Das Handeln der Bündnisse ist daher auf Hervorrufung von Organisationen (Hilfshandeln) gerichtet, es ist „anstaltbildendes" Handeln; wir wollen es „Hilfshandeln höherer Ordnung" nennen.

Das verbündete Handeln zeigte sich oben in seiner technischen Ausführung zugleich arbeitsteilig gegliedert, d. h. verkettet. Gerade diese Zwiefältigkeit der Vergenossenschaftung derselben Handlungen erfordert besondere Beachtung. Ein Vergleich mit der wirtschaftlichen Tätigkeit wird die Sachlage am besten aufklären. Die Arbeitsteilung in der Wirtschaft kann scheinbar auch als solche aufgefaßt werden, die sich auf Erreichung eines gemeinsamen Zieles richtet. Z. B. arbeiten in einer Fabrik viele Einzelne an der Herstellung des gleichen Gutes, noch deutlicher bei einem Eisenbahnbau. Dennoch ist das Wesen dieses Zusammenwirkens nicht Verbündung, sondern Verkettung. Das Gut selber nutzen die Erzeuger gar nicht, oder doch nur ganz nebensächlich, es ist daher auch kein gemeinsames Ziel im vollen, rein persönlichen Sinne. In dem Maße, als sie es aber wirklich nutzen, wird das Zusammenwirken auch tatsächlich zur Verbündung. Handelt es sich z. B. um den plötzlichen Bau einer Feldbahn im Kriege, zu dem die Bürger aufgerufen werden, so nimmt diese Tätigkeit sofort den Charakter der Verbündung an, denn die Beteiligten schützen sich damit alle selber vor feindlichem Einfalle, Verlusten im Kriege usw. Gemeinsames Handeln, das für die Beteiligten zugleich gemeinnütziges Handeln ist — dies ist das Wesen und Merkmal der Verbündung, denn hier wird der Erfolg nur technisch durch arbeitsteilige Vergenossenschaftung verstärkt. Seine geistige Bedingung wie auch tatsächliche Gewalt erhält dieses Handeln nur durch die Richtung vieler auf das gleiche, gemeinsame Ziel, durch den anstaltbildenden Charakter. Weiteres dar. s. u. 2. Teil, B. III. Kap. I. u. III., bes. S. 98ff.

V. Kapitel. Die Artung der Elemente im besondern.

Hierüber einige Bemerkungen, da später nicht mehr davon die Rede sein wird.

I. Die Begabung.

Die Artung der Empfindungselemente nannten wir Begabung. Dieser Begriff umfaßt sowohl die jeweils gegebene Empfindungs*weise*, wie sie auf Grund vorhandener Anlagen entwickelt wurde, als auch die Anlagen selbst, die Empfindungs*fähigkeit*. Letztere ist die Begabung im engern Sinne und, da sie die Bedingung für die jeweilig entfaltete Empfindungsweise ist, zugleich der wichtigere, maßgebende Begriff.

Begabung sowohl als Fähigkeit zur Empfindung (noch mehr als schon entfaltete Empfindung) ist für die Gesellschaftslehre etwas schlechthin Gegebenes. Die psychologischen und namentlich die biologischen *Bedingungen* der Begabung zu untersuchen, ist *nicht Sache der systematischen Gesellschaftslehre, sondern der Biologie*. Die Gesellschaftslehre hat es mit dem Begriff der Begabung, die Biologie erst mit dem der Rasse zu tun, denn nur biologisch gefaßt verwandelt sich der Begriff der Begabung in den der Rasse, d. i. der Eigenschaften von Organismen, der Eigenschaften organischer Erbmassen. Wie sollte die Gesellschaftslehre über diese Eigenschaften entscheiden können? So wichtig daher der Rassenbegriff für die Gesellschaftslehre ist — und ich möchte diese Wichtigkeit nicht leugnen, im Gegenteil besonders hervorheben —, so muß er für sie immer ein Grenzbegriff bleiben, die Rassentheorie eine Grenztheorie. Es ist daher methodisch nicht richtig, die Rassenlehre, wie Woltmann und andere Vertreter der Gobineauschule (vgl. oben S. 6) es tun, in den Mittelpunkt der Gesellschaftstheorie selbst zu stellen.

Die Wichtigkeit der Ergebnisse der Rassenlehre besteht darin, daß sie über die Stetigkeit der Begabungen und damit auch über deren Abhängigkeit von der Umwelt, ihre Bildung und Umbildung durch diese Aufschluß gibt und damit nicht nur zur Erklärung der Geschichtsentwicklung einen Schlüsselbegriff liefert — die Geschichtserklärung ist gar nicht unmittelbare Aufgabe der Gesellschaftstheorie selber, denn diese erklärt nur die Gesellschaft, nicht ihre bestimmte Entwicklung —, sondern auch die Theorie vom Gesamtzusammenhange der Gesellschaft beeinflußt. Wer die völlige Abhängigkeit der Empfindungen von der Umwelt lehrt — wie die Milieutheoretiker Buckle (Geschichte der Zivilisation in England, dtsch. von Ruge, 6. A., Lpz. 1901), K. Marx, Gumplowitz (Grundriß der Soziologie, 2. A., Wien 1905) — muß folgerichtig zu einer äußersten kollektivistischen (universalistischen) Gesellschaftstheorie kommen; wer die völlige Beständigkeit der Begabung und ihre Unabhängigkeit von unweltlichen Einflüssen lehrt — Rassentheorie im engern, Gobineau'schen Sinne, — kann zu einer streng kollektivistischen Auffassung nicht mehr kommen. Methodisch gesehen muß aber die Theorie der Gesellschaft durch Zergliederung der gesellschaftlichen Tatsachen selbst gewonnen werden. — Zur Sache selbst weise ich nur darauf hin, daß die letzte Entwicklung der Naturwissenschaften mit ihrer Entthronung des Darwinismus durch die Mendelschen Gesetze die Bedeutung umweltlicher Einflüsse auf die Rasse jedenfalls ganz wesentlich herabgemindert hat.

II. Die Technik.

Der Begriff der Artung des Handelns oder der Technik umfaßt, ähnlich dem der Begabung, die jeweils tatsächlich gegebenen wie auch die nach den gleichzeitigen Kentnissen möglichen Handlungsweisen. Z. B. kann man in der

Landwirtschaft Ackerbau sowohl nach dem System des Fruchtwechsels wie der Dreifelderwirtschaft betreiben, in der Weberei sowohl mit Handwebstühlen (Heimarbeit) wie mit Maschinen (Fabrik), in vielen andern Gewerben mit Handwerkzeugen und Kleinmaschinen (Handwerk) oder mit Großmaschinen und weitgehender Arbeitsteilung (Fabrik, Riesenbetrieb) arbeiten. Welche von diesen Handlungsweisen oder Techniken wird jeweils verwirklicht werden? Das hängt von Bedingungen ab, welche die Volkswirtschaftslehre — als Theorie des wirtschaftlichen Handelns, d. i. des Zweckhandelns, das Mittel für Ziele beschafft — untersucht, nicht die Gesellschaftslehre selbst. Während die Bedingung der Begabung ein biologisches Problem ist, ist die der Technik ein wirtschaftswissenschaftliches Problem. Denn bei gegebenen Zielen und Mitteln hängt die Rationalität der zu wählenden Handlungsweise von sozialwirtschaftlichen Bedingungen ab.

Unter Technik verstehen wir, entsprechend dieser Begriffsbestimmung, nicht:

Erstens die Überwindung der Schwierigkeiten, die dem Handeln entgegenstehen; denn diese gehört zum Handeln selber;

Zweitens auch nicht angewandte Wissenschaft, denn auch das ist eine Bestimmung, die dem Handeln als solchem zukommt! Im Handeln kommt notwendig das jeweilige Wissen, ein voller intellektueller Aufwand seitens des Handelnden zum Ausdruck. Denn die Vorstellung des möglichen Mittels muß zum Begehren notwendig hinzukommen, um ein Handeln entstehen zu lassen. Da also jedes Handeln angewandtes Wissen ist, wäre es unberechtigt, einen Sonderfall von Anwendung wissenschaftlich gewonnener Einsichten zu konstruieren. Übrigens ist es bekannt, daß praktisches Handeln und Erfinden einschließlich der modernen Technik sich stets in größtem Maße unabhängig von theoretischer Wissenschaft entwickelt hat. Daß es andererseits technische Wissenschaften, und zwar von größter Bedeutung, gibt, fällt mir natürlich nicht im entferntesten zu leugnen ein. Nur sind diese eben Wissenschaft und nicht Technik selber. Ebenso gibt es eine medizinische Wissenschaft, das praktische medizinische Handeln aber ist zwar angewandtes Wissen, doch als solches noch nicht „Technik“.

Drittens endlich ist Technik nicht auf eine besondere Seite menschlichen Tuns beschränktes, etwa nur das auf Herstellung von stofflichen Gütern gerichtete Handeln. Man darf also bei dem Worte „moderne Technik" nicht allein an Großgewerbe und Verkehr denken, denn Technik ist — und das ist zugleich allen drei unrichtigen Begriffen davon entgegenzuhalten — ein bloßer Vergleichsbegriff, der alles Handeln, also außer Gütererzeugen auch Lehren, Erziehen, Heilen, Komponieren, Rechtsvertreten, Veranstalten usw. umfaßt. Eben deswegen umfaßt „Technik" auch nicht, wie gesagt wurde, eine besondere Gattung gesellschaftlicher Erscheinungen, kein Was bestimmten, sondern das Wie jedes Handelns.

Über die Bedingungen der Technik des Handelns hat die Volkswirtschaftslehre zureichende theoretische Einsichten bisher nicht gewonnen. Auf dem Gebiete der landwirtschaftlichen Erzeugung hat Thünens Theorie allerdings den Beweis der nur relativen Rationalität der Wirtschaftssysteme glänzend erbracht. Unter allen möglichen Handlungsweisen (Techniken) ist nicht jene die beste, die mit den meisten Maschinen, Düngemitteln usw. arbeitet, sondern jeweils nur Eine, die durch die Höhe des Preises bedingt ist (und zwar nach Thünen: bei höchstem Preise, d. i. größter Marktnähe, gartenähnliche Wirtschaft, dann Wald-, dann Getreide-, dann Vieh-, dann Jagdwirtschaft). — In gewerblicher Hinsicht, wo Verschiedenheit des Preises nicht Bedingung sein kann (z. B. weil ein ähnliches Gesetz des abnehmenden Ertrages, wie in der Landwirtschaft, nicht vorhanden ist), hat Adam Smith (Wealth of nation, Kap. I) die Bedeutung des großen Marktes an dem Beispiel der schottischen Nagelschmiede dargetan, ohne jedoch, soviel mir bekannt, hierfür besondere Beachtung gefunden zu haben. E. v. Böhm-Bawerk (Kapital, Bd. II/1, 3. A., 1909; daselbst auch weitere Literatur) hat die Bedeutung des Kapitalreichtums einer Volkswirtschaft betont für die Möglichkeit, jeweils größere Produktionsumwege, die ja in der Maschinenanwendung zumeist vorliegen, zu beschreiten. Daneben scheint mir noch die verhältnismäßige Zusammenstellung der Kostenelemente eine eigene Rolle zu spielen. Wird z. B die menschliche Arbeit billiger, so werden die Vorteile größerer Produktionsumwege wettgemacht oder geringer; nur so kann sich ja bekanntlich die Heimarbeit gegenüber der Fabrik behaupten. Oder wird das Rohmaterial teurer (wie seinerzeit durch Besteuerung der Rübe in der Zuckererzeugung), so wird ein größerer Produktionsumweg, den die bessere Ausnutzung des Rohstoffes etwa erfordert, fruchtbar; wird es billiger, so werden solche Vorteile von selbst kleiner und können unter Umständen negativ werden.

Mit einer solchen Zusammenstellung mehrerer Bestimmungsgründe ist natürlich wenig getan. Es handelt sich um die Erkenntnis ihres organischen Zusammenhanges und der herrschenden Grundbedingung. Diese ist meines Erachtens in der Größe des Marktes gegeben, was aber hier nicht untersucht werden kann.

Die Volkswirtschaftslehre kann übrigens nur einen Teil der Fragestellung

Eine tafelförmige Übersicht möge die Erörterung des formellen Aufbaues oder Gefüges der Gesellschaft beschließen. Die Ersatzvorgänge sind nicht berücksichtigt.

Tafel des Gefüges der Gesellschaft.

Elemente	Grundvorgänge	Gebilde	Hilfsvorgänge (Hilfshandeln)	Hilfsgebilde	Hilfsmittel (des Handelns)	Artung der Elemente
Empfindung im weitesten Sinne (Sinnesempfindung, Denken, Fühlen, Wollen)	Vergemeinschaftung	Gemeinschaft	1. Mitteilen der zu vergemeinschaftenden Empfindungsinhalte als formale Bedingung 2. Veranstalten als Sicherstellung und inhaltliche Beeinflussung	Mitteilung Anstalt	Güter für das Handeln bei den Hilfsvorgängen	Begabung oder Empfindungsweise
Handlung (Grundlage: Empfindung als Ziel und damit als Antrieb)	Vergenossenschaftung 1. Verkettung 2. Verbündung (3. Gegensätzliches Handeln)	Genossenschaft 1. Verkettung 2. Bündnis[1]) —	} Veranstalten —	} Anstalt —	} Güter	} Technik oder Handlungsweise

[1]) Auf Anstaltbildung gerichtet (Hilfshandeln höherer Ordnung).

erschöpfen. Es handelt sich nicht nur darum: welche Handlungsweise ist unter den jeweils möglichen empirisch die beste (hat daher das Bestreben wirklich einzutreten)? sondern auch darum: welche sind die Bedingungen dieser Möglichkeit selbst? Diese Frage, die vor allem auf die Entwicklung der Erfindungen und der Wissenschaft geht, gehört der Gesellschaftslehre an.

(Tafel des Gefüges der Gesellsch. s. S. 43.)

Zweiter Teil. Der Lebensinhalt der Gesellschaft.

A. Schematischer Überblick über die Lebensinhalte der Gesellschaft.

Die bisherige Unterscheidung von Elementen, Grundvorgängen, Gebilden und was sich hilfsweise daran schließt, hat nur das äußere Gefüge, den formellen Bau aller Gesellschaft aufgeklärt. Eine andere Frage ist die nach der sachlichen Bedingtheit und inhaltlichen Gestaltung, kurz nach dem Lebensinhalt der in den erkannten Formen aufgebauten gesellschaftlichen Erscheinungen. Dieser ist, um ihn als System, d. i. in seinem organischen Zusammenhange zu erkennen, nur von den Lebenszielen des Menschen aus zu erkennen, denn nur daher können sich die gesellschaftlichen Inhalte ableiten. Auch umgekehrt, vom Ganzen ausgehend ergibt sich, daß die Gesellschaft als Ganzes Kräfte enthält, die Leben und Lebensinhalte aller Einzelnen zur Entfaltung bringen. Aus den Lebensinhalten des menschlichen Geistes als solchem (der ja nur in Ichform, als Individuum, verwirklicht werden kann) baut sich daher Inhalt und Gliederung der Gesellschaft auf.

Es ergibt sich demnach als erste Aufgabe, die Inhalte oder Ziele des menschlichen Lebens in ihrer Gliederung und Wesenheit zu erfassen. Welches ist das System der menschlichen Ziele?

Diese Frage kann am besten beantwortet werden, wenn zuerst der isolierte Mensch für sich betrachtet und dann erst zu den Veränderungen fortgeschritten wird, welche das Zusammenleben Vieler bewirkt. Das so zu konstruierende Gesamtsystem aller Erscheinungen suchen wir zuerst ganz schematisch abzuleiten, um einen Überblick zu gewinnen, nach welchem sich dann die Einzelbetrachtung richten kann.

I. Kapitel. Die Lebensinhalte des isolierten Menschen oder die individuell bedingten Erscheinungssysteme.

1. Zur Rechtfertigung der Unterstellung des isolierten Menschen. Der isolierte Mensch im Sinne des Robinson ist selbstverständlich nur eine Abstraktion. Denn ein Einzelner ohne geistige Berührung mit andern gedacht würde keinen Robinson, sondern einen Kaspar Hauser ergeben. Der absolut vereinzelt aufwachsende Mensch würde wahrscheinlich sich selber gar nicht Objekt, er wüßte so wenig, daß er lebt, wie Blume und Baum. Robinson ist daher vor allem keine individualistische Unterstellung, denn es ist ein gesellschaftlich ausgebildeter Mensch, der hier gedacht wird. Zwar wird rein von der Ichform, von der dem Menschen als Einzelnem eigentümlichen Daseinsweise ausgegangen, aber nur von einer in der Gesellschaft vorher erbildeten. In der Idee des Robinson ist also das rein gesellschaftliche Moment noch immer enthalten. Gerade darum ist sie methodisch gültig! Mit dieser Unterstellung zu arbeiten bedeutet daher nichts für oder gegen den Individualismus, noch sonst eine Gesellschaftserklärung. Was damit geschieht, ist lediglich: daß die aus der Ichform des Einzelnen notwendig folgenden Tatsachen und Erscheinungen für sich abgeleitet werden. Es wird also nur behauptet, daß eine Reihe gesellschaftlicher Erscheinungen ihrem Begriffe nach als rein individual bedingt denkbar ist, eine andere Reihe nur gesellig (kongregal) bedingt denkbar ist — mit der Einschränkung, daß das Individuelle (die Ichförmigkeit) schon gesellschaftlich entwickelt gesetzt wird. Ob diesen durch die Ichförmigkeit des Geistes (d. i. individuell) bedingten Erscheinungen eine logische Priorität unter den gesellschaftlichen Gesamterscheinungen zukommt, darüber ist noch gar nichts entschieden; das allein würde aber Individualismus, das Gegenteil etwa Universalismus bedeuten. Die Entscheidung darüber muß vielmehr erst aus der Analyse der abgeleiteten Erscheinungen selbst geschöpft werden! Der Standpunkt, zu dem der weitere Verlauf der folgenden Untersuchungen kommen wird, ist der, daß den individuell bedingten Inhalten zwar die logische Priorität im Gesamtsystem zukommt, daß aber auch diese Inhalte (z. B. des Logischen, Ästhetischen usw.) nur in der Gemeinschaftsform, indem die Umwelt zur Gegenperson wird, geboren werden. Dieser Standpunkt kann aber erst analytisch begründet werden. Die Unterstellung des isolierten Menschen ist daher methodisch für jeden Standpunkt möglich.

2. Die Lebenserscheinungen des isolierten Menschen. Fassen wir zunächst das höhere geistige Leben ins Auge, so finden wir beim isoliert gedachten Individuum, entsprechend den selbständigen seelischen Vermögen oder Funktionen von Vorstellen, Fühlen und Wollen, mit logischer Notwendigkeit die Verhaltungsweisen: des Denkens oder Erkennens (Wissenschaft), des ästhetischen Fühlens oder Empfindens (Kunst), des metaphysischen Empfindens des Weltganzen (Religion, Philosophie) und auf dem Gebiete des

Willens endlich das System eines bestimmten Sollens: die Moral. Alle jene Verhaltungsweisen werden im folgenden noch gründlich zu erklären sein. Die Moral als bloßes Sollen nimmt von vornherein eine Sonderstellung ein, sofern sie nur eine bestimmte Ordnung, Organisierung des individuellen Lebens bewirkt, nicht selbst ein Lebensinhalt ist.

Alle diese Arten geistiger Verhaltungsweisen oder Ziele entspringen der höheren geistigen Natur des Menschen im Verhältnis zur Umwelt schlechthin. Im Hinblick darauf nennen wir sie umweltlich bedingte Verhaltungsweisen oder Zielsysteme; im Hinblick darauf aber, daß sie begrifflich dem menschlichen Ich als solchem, also dem Einzelnen, nicht einer gesellschaftlichen Gemeinschaft Vieler, entspringen: individuell bedingte oder monogenetische Zielsysteme.

Zu diesen monogenetischen Zielsystemen des menschlichen Geistes tritt noch ein weiteres monogenetisches System, das aber nicht als geistige Verhaltungsweise erscheint, überhaupt keinem höhern seelischen Vermögen angehört: das System vitaler Sinnesempfindungen, welches mit dem Ablauf der physiologischen Lebensvorgänge stets aufs neue erzeugt wird. Hunger, Durst, Wärme, Kälte, Organ- und Bewegungsempfindungen, das allgemeine körperliche Lebensgefühl (Vitalempfindung im engern Sinn) — das sind jene sinnlichen Empfindungen, die in der Psychologie den Namen „System der Vitalität“ führen.

Das System der Vitalität unterscheidet sich von den bisherigen höhern Zielsystemen insofern, als es schon an sich mit dem Ablaufe der körperlichen Lebensvorgänge gegeben ist und dazu umweltlicher Einwirkungen nur mittelbar bedarf. Es ist daher zwar monogenetischer Art, aber nicht im gleichen Sinne umweltlich bedingt wie die geistigen Systeme, sondern unmittelbar nur organisch bedingt. Weitere Unterschiede werden später hervorzuheben sein.

Alle fünf Arten persönlicher Lebensinhalte oder Zielsysteme (Wissenschaft, Kunst, Religion-Philosophie, Moral, Vitalität) erfordern nun zu ihrer Erfüllung und Sicherstellung ein Handeln, das ihnen dient und selber wieder die Aufwendung von Hilfsmitteln (Gütern) bedingt. Das wissenschaftliche, künstlerische, religiöse, moralische Ziel oder Bedürfnis — jedes erfordert ebenso ein Handeln zur Befriedigung wie das System der vitalen Bedürfnisse, welches als Triebfeder des lebenswichtigsten Handelns besonders in die Augen springt. Wenn die Vitalität Nahrungs-, Kleider-, Wohnungsbeschaffung erheischt, erfordern jene: Schmuckherstellung, Experimentieren, Beobachten, Herstellung religiöser Symbole, Naturbetrachtung und vieles andere. So ergibt sich im Lebensbilde des Robinson ein Gesamtsystem dienenden Handelns, das durch alle Zielsysteme zusammen bedingt ist und im Gesamtzusammenhange aller einzelnen geistigen Vermögen — der menschlichen Vernunft — seinen Einheitsbezug hat. Dies ist die Wirtschaft.

Es ist nötig, die grundlegende Wichtigkeit des Schrittes zu beachten, der mit dieser Gegenüberstellung mehrerer Zielsysteme und eines Gesamthandlungssystems gemacht ist. Er entspricht aber nur unserer grundsätzlichen Trennung von Empfindung und Handeln schon im formellen Aufbau der Gesellschaft. Deduktive Beweise dafür sind nicht möglich. Die Unterscheidung muß sich jetzt bei der Gliederung der Lebensinhalte selbst bewähren.

Der weitgespannte Begriff der Wirtschaft, der so entsteht, wird später noch ausführliche Begründung finden. Hier sei nur ausdrücklich darauf hingewiesen, daß der Grund für wirtschaftliche Tätigkeit sich nicht mit dem System der Vitalität erschöpft. Heute liegt diese Vorstellung heimlich den meisten Begriffsbestimmungen zugrunde, so daß man z. B. die Tätigkeit des Geigenspielers, Vortragenden, Schriftstellers, Soldaten u. dgl. mit A. Smith zwar für nützliche, aber nicht für wirtschaftliche Tätigkeit erklärt. Das ergibt nicht nur für die Begriffe der Volkswirtschaftslehre Widersprüche, sondern erscheint schon vom Standpunkte der allgemeinen Gesellschaftsbetrachtung aus unmöglich, weil die Sonderstellung der Vitalempfindungen als Bedürfnissystem (Zielsystem des Handelns) unbegründet und, z. B. wegen der Luxusgüter, undurchführbar wäre (Näheres darüber unten 2. Teil B, Wirtschaft S. 105—107).

3. Der Begriff des Objektivationssystems oder der Teilgestaltung. Es fragt sich nun, wie der Begriff des Systems von Erscheinungen, die Robinson verwirklicht — und die, wenn sie in der Gesellschaft verwirklicht werden, gesellschaftliche „Erscheinungssysteme“ bilden — näher zu bestimmen ist. Wir haben dreierlei solcher Systeme kennen gelernt: das System sinnlicher Vitalempfindungen; die Systeme geistigen Verhaltens; das System von Handlungen, das diesen beiden dient.

Das System der Vitalität unterscheidet sich von den beiden letzteren so wesentlich, daß es aus der Reihe der aktiven

Betätigungen des Robinson überhaupt ausscheidet. Es ist weder ein Handeln, noch ein geistiges Verhalten, sondern mehr ein Empfunden-Werden als aktives Empfinden, etwas bloß Vorgefundenes, ein passives Bestandstück, das zwar ein Handeln bedingt, selber aber in keinerlei Weise vergegenständlicht wird. Die vitalen Empfindungen sind daher auch beim Zusammenleben Vieler nur Bedingungen gesellschaftlicher Erscheinungen (und zwar nur von Handlungen). Sie bleiben ganz in der psychologischen und organischen Sphäre, selbst können sie nie zu „Gesellschaft" werden. (Möchten das doch jene einsehen, welche gesellschaftliche Erscheinungen mit psychologischen oder biologischen Mitteln erklären wollen!)

Die geistigen Systeme des Logischen, Ästhetischen, Religiösen und Ethischen sind nicht nur Zielsysteme in dem Sinne, daß sie Ziele für das Handeln enthalten, Bedürfnisse darstellen, die durch Tätigkeit, durch Mittelbeschaffung befriedigt werden — das würde sie vom Vitalitätssystem gar nicht unterscheiden —, sondern sie sind zweitens noch für sich etwas, das sich selbst darstellt, indem es sich in einem System von psychischen Inhalten aufbaut, d. h. aber: vergegenständlicht, objektiviert. Wissenschaft, Kunst, Religion, Philosophie, Moral — das sind systematische Vergegenständlichungen geistiger Inhalte. Kraft der ihnen als geistigen Vermögen zukommenden Aktivität sind sie zugleich geistige Verhaltungsweisen zu nennen, ohne darum selbst ein Handeln zu sein. Handeln ist Mittel für Ziele durch Beschaffung und Anwendung von Gütern, daher dienend. Logische Begriffsbildung, ästhetisches Fühlen verwirklicht sich nur als System geistiger Akte und ist damit ursprünglich, nicht dienend. Und es verwirklicht, baut sich selbst als System und gewinnt damit Gegenständlichkeit, Objektivation. Darum nennen wir diese Systeme: Vergegenständlichungs- oder Objektivationssysteme. Geht man dagegen vom Ganzen des robinsonadischen Lebens (bzw. später: vom Ganzen des gesellschaftlichen Lebens) aus, so erscheinen sie als dessen Teilgestaltungen (bzw. als gesellschaftliche Teilgestaltungen), eine Bezeichnung, die, als weniger schwerfällig, der ersteren vorzuziehen ist.

Der Begriff des Objektivationssystems oder der Teilgestaltung hat allgemeine Gültigkeit für jede eigene Art von Lebenserscheinungen des Robinson, bzw. von gesellschaftlichen Erscheinungen. Denn jede muß in irgendeiner vergegenständlichten, systematischen Form auftreten und jede muß zugleich notwendig eine Sonder- oder Teilgestaltung des Ganzen (sei es der Gesellschaft, sei es des isolierten Lebens) bilden.

Demgemäß ist auch das Handeln, das in der Wirtschaft vorliegt, ein Objektivationssystem. Es tritt als vergegenständlichtes System auf, da die Handlungen sich nur in logischer Aufeinanderfolge verwirklichen und bis zur Zielerreichung aufbauen. (Das System täuscht sogar mit Hilfe stofflicher Gütermassen eine gewisse physikalische Gegenständlichkeit vor. Die Vergegenständlichung liegt aber nicht in den Sachgütern, sondern im System der Handlungen, das dahinter steht).

Das Merkmal der Vergegenständlichung fehlt den Vitalempfindungen, die, wenn sie ein „System" genannt werden, diesen Namen nur kraft ihrer Anknüpfung an das Organsystem des Körpers verdienen, als psychologische Elemente aber etwas Chaotisches haben, indem sie in Passivität verharren, ohne sich zu eigener systematischer Gestaltung — und das wäre eine Vergegenständlichung, ein objektiver Zusammenhang — fortbilden zu können. So bleiben sie notwendig psychologisch und werden nie gesellschaftlich, werden keine Teilgestaltung! (Weiteres s. u. S. 55 ff.).

II. Kapitel. Die Veränderungen und Neugestaltungen in der Gesellschaft.

Es gilt nun, eine Übersicht darüber zu gewinnen, wie sich durch Zusammentreten Vieler das, was wir als monogenetisch oder individuell bedingt erkannt haben, verändert und weiterbildet und welche neuen Inhalte hinzukommen. Die Beziehungen zwischen Menschen seien zum Unterschiede von jenen zur Umwelt kongregal oder gesellig genannt, zum Unterschiede von der monogenetischen Bedingtheit polygenetisch.

1. Das System der Vitalität. Die sinnlichen Vitalempfindungen sind, wie sich nach dem bisherigen von selbst versteht, keiner eigentlichen Vergemeinschaftung fähig. Zwar werden Hunger, Durst, Wohlbefinden u. dgl. durch Wahrnehmung ähnlicher Bedürfnisse an andern reflexartig erweckt oder verändert. Allein dies hat erstens bei den sinnlichen Empfindungen sehr wenig Bedeutung (die schließlich doch allzusehr an den Ablauf der eigenen organischen Lebensvorgänge gebunden sind), betrifft vielmehr meistens höhere, geistige Bedürfnisse („Bedürfnissteigerung"); zweitens können diese Empfindungen auch durch solche Umbildung nicht aus ihrer (chaotischen, unsystematischen) Isolierung herausgerissen werden.

2. Die monogenetischen Zielsysteme oder umweltlichen Gemeinschaften werden durch gesellige Vergemeinschaftung umgebildet. Wissenschaft, Kunst, Religion, Philosophie, Moral sind Systeme, welche wahres Leben, eigentlichen Inhalt und vielfältige Entwicklung erst durch die unaufhörlichen Weiterbildungen, die sie im gesellschaftlichen Leben erfahren, empfangen. Die Gemeinsamkeit des Wissenschaftsbetriebes, die Dinge der Gesellschaft als Gegenstände der Kunst, die Gemeinde im religiösen Leben, der gesellschaftliche Inhalt der Moral (Sozialethik), kurz: Sozialisierung, Umbildung der umweltlichen zur polygenetischen Gemeinschaft — das ist nun das Gepräge dieser Objektivationssysteme, die überhaupt nur begrifflich, niemals empirisch als rein umweltliche, monogenetische gedacht werden können.

3. Polygenetische Neuschöpfung von Gemeinschaften. Die monogenetischen Gemeinschaften werden durch die Beziehung von Geist zu Geist grundsätzlich nur bereichert und fortgebildet, haben aber ihre letzte und eigentliche Wurzel im Verhältnis des Einzelnen zur Umwelt. Dagegen gibt es auch Gemeinschaften, die in dem Verhältnis zwischen Geist und Geist ihre eigentliche Wurzel und Grundlage finden.

Zwischen Menschen entstehen notwendig Verhältnisse, die als Neigung und Abneigung, Liebe und Haß nichts geringeres als echte Gemeinschaften bedeuten. Bekanntschaften und Freundschaften aller Art sind Beispiele dafür. Diese

Gemeinschaften sind rein gesellige, d. i. kongregale, polygenetische Gebilde, die im Hinblick auf ihren gleichartigen Inhalt kurz als Neigungsgemeinschaften bezeichnet werden können. Nehmen sie einen massenmäßigen Charakter an, indem nicht wenige, sondern viele durch Neigungen verbunden sind, so können sie mit einem Ausdrucke Schäffles „Massenzusammenhänge" genannt werden. Hierfür sind Kameradschaften, Schulen, Richtungen, Klassen und ähnliche geistige Verbundenheiten oder Schichtungen Beispiele. In allen Neigungsgemeinschaften kommt die Gemeinsamkeit geistiger Inhalte und Ziele („Interessen") zum Ausdrucke. Hieraus ergibt sich, daß die Neigungsgemeinschaften nicht als ursprüngliche (primäre), sondern nur als abgeleitete Gemeinschaften anzusehen sind. Ursprünglich sind nur immer die geistigen Inhalte, die dahinter stehen; das können aber nur die monogenetischen Gemeinschaften: Wissenschaft, Kunst usw., sein, bzw. die Ziele des Handelns, die daraus (und aus dem Vitalsystem) abgeleitet werden.

Eine selbständige Stellung unter den Neigungsgemeinschaften nehmen die durch geschlechtliche Beziehungen mitbedingten ein. Das geschlechtliche Empfindungselement ist ursprünglich keineswegs aus andern Inhalten abgeleitet. Im Geschlechterverhältnis ist daher eine Neuschöpfung von Gemeinschaft gegeben, die im persönlichen Empfindungsleben des Einzelnen eine unmittelbare und ursprüngliche Grundlage hat. Die Geschlechtsempfindung ist monogenetisch bedingt, aber nur kongregal zu gestalten. Während Kunst, Religion usw. im Verhältnis des Einzelnen zum Objekt als solchem wurzeln, kann das Geschlecht erst im Verhältnis zum andern Wurzel fassen, Wesenheit erhalten. Das Geschlechterverhältnis oder die Liebesgemeinschaft ist daher zugleich von kongregaler und individualer Artung.

4. Die Veränderung und Neuschöpfung von Genossenschaften. Die Welt des Handelns ist bei Robinson auf das System der Vitalität und die geistigen Zielsysteme gestellt. Dies ändert sich in der Gesellschaft nicht. Der Begriff der Wirtschaft bleibt derselbe. Die Wirtschaft ist auch da auf Vitalität und Zielsysteme aller gegründet. Nur insofern erweitern sich die Ziele der Wirtschaft,

als sich die Gemeinschaften und deren Hilfseinrichtungen erweitern (was später zu beweisen sein wird).

Welche Veränderungen erleidet aber das Handeln selbst (abgesehen von seiner Bedingtheit durch Ziele)? Das wirtschaftliche Handeln wird durch Arbeitsteilung oder Verkettung überaus vervielfältigt und fruchtbarer gestaltet. Die Einzelwirtschaften bauen sich zu einem Funktionensystem, der Volkswirtschaft, auf.

Von rein kongregaler Bedingtheit ist jenes Handeln, welches in Bündnissen (Parteien) zusammengefaßt wird. Nicht nur diese Form der Vergenossenschaftung ist aber bei Robinson nicht möglich (während begrifflich die Arbeitsteilung in vereinfachter Form vorhanden ist); auch ihre Bedingungen selbst entstammen nur der Gesellschaft. Zum Unterschied vom wirtschaftlichen Handeln ist demnach dieses namentlich in der Politik zur Erscheinung kommende Handeln rein kongregal bedingt (Hilfshandeln höherer Ordnung). Alles dies wird später ausführlich zu betrachten sein.

Fast selbstverständlich erscheint es, daß daneben auch ungleich gerichtetes, gegensätzliches Handeln auftritt. Wettbewerb der Einzelnen wie der Bündnisse, nebst dem Kriege, als dem Kampf großer Grupppen, sind die Erscheinungssysteme, die so entstehen, und, obzwar negativer Art, doch rein kongregal bedingt sind.

5. Die Veranstaltungen. Das Hilfshandeln: Mitteilen und Veranstalten haben wir bereits beim formellen Aufbau der Gesellschaft kennen gelernt. Es liegt schon in der Natur der Hilfsfunktion, daß sie zugleich an bestimmte Inhalte gebunden ist. Denn helfend ist nur das, was nicht mehr in Absehung von einem Inhalte (wie z. B. der allem Geistigen gemeinsame Vorgang der Vergemeinschaftung) verwirklicht wird, sondern gerade angesichts der inhaltlich bestimmten Aufgabe eintritt. So ist die Hilfeleistung: das Mitteilen, Veranstalten, zugleich inhaltlich bestimmt und erscheint daher als kongregales Objektivationssystem wieder.

Im Leben des Einzelnen ist Veranstaltung nur in den Richtmaßen der moralischen Imperative und den von ihnen bewirkten Vorkehrungen für die Lebensgestaltungen, die Einteilung der

Handlungen u. dgl. vorhanden. Gestalt und Bedeutung kann dieses regelnde, veranstaltende Eingreifen erst erhalten, wenn die zusammenzufassenden Elemente wahrhaft auseinander liegen, weiter und deutlicher als im Geiste einer einzigen Person. In allen kongregalen Formen der Umweltgemeinschaften, in allen Neigungsgemeinschaften, in allen Genossenschaftsformen der Verkettungen und Bündnisse entstehen nun Veranstaltungsaufgaben. Die Schule gegenüber der Wissenschaft, das Theater gegenüber der Poesie, die Kirche gegenüber der Religion, die Geselligkeit gegenüber den Neigungsgemeinschaften, die Familie gegenüber der Liebesgemeinschaft, der Verein gegenüber den Massenzusammenhängen, die Fabrik gegenüber arbeitsteiligem Zusammenwirken — sind einige Beispiele unter vielen.

Das Wesen des veranstaltenden Handelns ist uns schon von früher her bekannt. Hier wäre noch hinzuzufügen, daß dieses Handeln als inhaltlich beeinflussendes Eingreifen der Richtlinien bedarf, eines Regelwerkes, einer Prinzipienlehre, wenn man so sogen darf. Wir nennen diese Richtlinien Satzung. So ist individuelle Moral Satzung für die individuelle Gestaltung und Einteilung des Lebens, gesellschaftliche Moral und Recht sind die grundlegenden Satzungen für alle kongregalen (d. h. überhaupt alle wirklichen) Veranstaltungen.

Hinter den Satzungen stehen Gewalten, die als individueller Wille (Vorsatz) oder als gemeinsamer, objektivierter Wille wirksam sind und selbst wieder organisiert sein können (Beispiel: Armee, Polizei).

Veranstaltung, Satzung, Veranstaltungsgewalten bilden neue, kongregal bedingte Objektivationssysteme.

6. Mitteilung. Die Mitteilung erlebt wie die Veranstaltung erst in der Gesellschaft ihre wirkliche Geburt. Im individuellen Geist ist sie bloß potentiell vorhanden, denn auch das „Selbstgespräch" ist nur kongregalen Ursprungs. — Über die Formen und Eigenschaften des mitteilenden Handelns wurde früher das Wichtigste schon gesagt. Weiteres folgt unten.

7. Die Einheitserscheinungen der Gesellschaft. Noch entsteht eine große Gruppe kongregaler Teilgestaltungen der Gesellschaft in ihren Einheitserscheinungen. Bei Robinson ist die innere, geistige Einheit der Lebens-

gestaltung in der Persönlichkeit schlechthin, d. i. in jenem Einheitsbezuge aller Teilvermögen, Bedürfnisse und Empfindungen gegeben, den die Vernünftigkeit der menschlichen Natur darstellt. In der Gesellschaft sind die verschiedensten Individualitäten, Kräfte, Veranstaltungen am Werke, und es bedarf daher eigener Ausgleichsvorgänge und Einheitsgebilde, die den Gesamtzusammenhang wenigstens als Richtungskräfte dem Ziele nach immer wieder erbilden.

Objektive Ausgleichsvorgänge, welche Verschiedenheiten wissenschaftlicher, künstlerischer, religiöser, politischer, wirtschaftlicher Art zu beseitigen trachten, sind: die Werbung oder Propaganda und die Wertentlehnung. Werbung ist eine Tätigkeit, die darauf ausgeht, andere für eine bestimmte Gemeinschaft (sei es des Willens, Wissens, Fühlens usw.) zu gewinnen, in ihnen die betreffenden Gefühle, Überzeugungen usw. zu erwecken, heranzubilden. So zieht jeder neue Gedanke seine Kreise, wird zur „Richtung", „Schule", „Partei", und was früher nur Einem oder Wenigen angehörte, ist plötzlich Gemeingut großer Massen geworden. — Der gegenteilige Vorgang ist in der Wertentlehnung gegeben. Diese besteht darin, daß Menschen, ohne bestimmte Überzeugungen, Gefühle, Besitztümer usw. wirklich zu haben, dennoch v o r g e b e n , sie zu haben, um so jener Wertung, welche vermeintlich oder wirklich den betreffenden Gemeinschaften oder Genossenschaften eigen sind, teilhaftig zu werden. Auch so entsteht wieder Gleichartigkeit in den Gruppierungen, im Meinen, Urteilen und Handeln.

Solchen Ausgleichsvorgängen sowohl wie anderen Einheitsbedingungen, die in der Gesellschaft liegen, entsprechen wirkliche Einheitsgebilde. Auf dem Gebiete der geistigen Gemeinschaft ist dies die Nation, d. i. die ideelle Einheit einer Kulturgemeinsamkeit; auf dem Gebiete der Veranstaltung der Staat, als ideelle Einheit aller Anstalten und ihrer Leistungen; auf dem Gebiete der Maximen des Handelns, die wir Satzungen nannten, das Recht.

Hiermit sind die Lebensinhalte der menschlichen Gesellschaft aufs kürzeste zusammengefaßt vorgeführt worden. Bei der Ableitung der aus der Ichform des Geistes entspringenden Inhalte hatten wir etwas länger zu verweilen, weil es sich zum Teil um grundsätzliche Entscheidungen handelte; die rein gesellschaftlichen (kongregalen) Gestaltungen konnten dann auf der schon gewonnenen Grundlage schematisch behandelt werden, was auch deswegen geboten war, um allzu große Wiederholungen zu vermeiden. — Bevor wir nun zu den einzelnen gesellschaftlichen Lebensinhalten oder Teilgestaltungen übergehen, sei noch deren Begriff näher bestimmt.

8. Der Begriff der gesellschaftlichen Teilgestaltung oder des Objektivationssystems. Die Aufgabe, die sich hier ergibt, besteht darin: einen neutralen Oberbegriff für die verschiedenen Gesellschaftserscheinungen zu bilden, ohne Ansehung 1. ihres Inhaltes, 2. ihres Gefüges oder formellen Aufbaues. Es handelt sich mit anderen Worten einfach darum, einen Begriff der gesellschaftlichen Erscheinungsart zu bilden, noch anders gesagt: der „Seiten", „Teilsysteme", „Teilinhalte", „Provinzen", „Gebiete der Gesellschaft" oder wie man es nennen will. Daß Wirtschaft, Staat, Recht verschiedengeartete „Gesellschaft" sind, ist klar. Was ist aber eine Artung von Gesellschaft? Das soll bestimmt werden.

Oben (S. 47 f.) wurde der Begriff der Teilgestaltung auf monogenetischer Grundlage bestimmt: als ein System von Vergegenständlichung, sei es geistiger Inhalte (Verhaltungsweisen), sei es von Handlungen. Nun sind die Begriffe „System" und „Vergegenständlichung" streng genommen schon Wechselbegriffe, denn was sich als System aufbaut, vergegenständlicht, objektiviert sich damit, rückt damit aus einer bloß subjektiven Reihe in einen übersubjektiven, d. i. gegenständlichen, objektiven Zusammenhang. Wir können demnach auch, strenger formuliert, sagen: Wo ein selbständiger (eigenartiger) objektiver Zusammenhang geistiger Inhalte oder Handlungen ist, dort ist eine eigene Art gesellschaftlicher Erscheinungen, d. i. eine gesellschaftliche Teilgestaltung, ein Objektivationssystem.

Es handelt sich nun darum, diesen Begriff des Objektivationssystems von den monogenetischen Lebensgestaltungen des Robinson (von denen er allein abgeleitet wurde, trotz der schon erfolgten Bezeichnungen als „gesellschaftliche" Erscheinungen) auf die empirische Gesellschaft zu übertragen. Die wirklichen Teilgestaltungen, denen wir im obigen Überblick begegneten, sind:

1. Systeme gleichartigen, ursprünglichen und abgeleiteten geistigen Verhaltens (alle Gemeinschaften);

2. Systeme diesen Gemeinschaften dienenden Handelns (alle Genossenschaften);

3. Systeme nicht vergenossenschafteten Handelns: Wettbewerb, Kampf und bes. das Handeln der Bündnisse (Hilfshandeln höherer Ordnung); hier kann der Begriff „System" natürlich nur uneigentlich gelten, da es sich ja auch um Grenzerscheinungen von Gesellschaftlichkeit handelt;

4. Hilfssysteme, und zwar a) gleichartigen Hilfshandelns (Mitteilen, Veranstalten); b) gleichartigen Hilfswollens oder Zielsetzens für das Veranstalten: Satzungen; c) gleichartigen Gebrauches von Willenskräften für das Veranstalten: Gewalten;

5. die Systeme von Angleichung und Vereinheitlichung — ein Systembegriff, ein objektiver Zusammenhang höherer Ordnung.

Auf alle diese „Systeme" sehen wir die früheren Merkmale zutreffen: vergegenständlichten, objektiven Zusammenhanges: 1. von geistigen Inhalten oder 2. von Handeln was genauer gesagt heißt: von Handlungen relativ selbständigen Zieles, denn Handeln leitet sich von geistigen Inhalten, die Ziele (Antriebe) geworden sind, ab. Haben nun diese Inhalte einen selbständigen Zusammenhang, so gewinnen sie auch als Ziele die Gestalt eines selbständigen Systems.

Dieser von dem Leben und den Verbindungen des individuellen Geistes aus gedachte Begriff des Objektivationssystems ist zugleich, vom Ganzen der Gesellschaft aus gedacht, der Begriff einer Teilgestalt („Gebiet", „Seite", „Provinz", „Teilsystem" usw.). Denn der Begriff des Objektivationssystems setzt nur die Gegenständlichkeit, den objektiven (überindividuellen) Zusammenhang geistiger Elemente oder Handlungen voraus, sagt aber nichts darüber, ob das Individuum oder das Ganze der Gesellschaft die Bedingung dafür bilde.

Es ergibt sich schließlich: daß für das monogenetische

(robinsonadische) wie für das gesellschaftliche Objektivationssystem die gleichen Begriffsmerkmale gelten. Daraus folgt aber nichts für die individualistische oder universalistische (organische) Auffassung der Gesellschaft. Es bedeutet nur: daß die (ihrem Begriffe nach) individuell bedingten Lebenserscheinungen den gleichen Bau, die gleiche Natur haben wie die in empirischer Gesellschaft verwirklichten. Ob aber das Wesen dieses überall allein vorhandenen Gefüges Gesellschaftlichkeit oder individualistische Einzelhaftigkeit ist — darüber ist unmittelbar noch nichts entschieden. Erst die weitere Analyse der bezeichneten Tatsachen selbst kann dies ergeben. (Vgl. Weiteres Buch III u. V,$_1$ Der Gesellschaftsbegriff.)

B. Die einzelnen Teilgestaltungen oder Objektivationssysteme der Gesellschaft.

I. Kapitel. Die Gemeinschaften (umweltlich und gesellschaftlich bedingt).

Eine empirisch-realistische Betrachtung der Gemeinschaften ist im folgenden leider ausgeschlossen, soll nicht der Rahmen dieses Buches ungleich weiter gespannt werden. Es kann sich nur um eine kurze Entwicklung der Grundverhältnisse und Grundbegriffe handeln.

I. Die Wissenschaft.

1. Das Wesen der Wissenschaft. Alle Wissenschaft gründet sich auf Erfahrung. Erfahrung ist der in Sinneswahrnehmung, Natur- und Menschenbeobachtung gewonnene, aber auch der in wirtschaftlichem, staatlichem, politischem, rechtlichem, sittlichem, künstlerischem, religiösem, moralischem, geselligem usw. Handeln selbst erzeugte Lebensinhalt der Menschen. Erfahrung ist darum keineswegs einerlei mit schlechthin gegebener Umwelt, vielmehr größtenteils ein ethisch erzeugter Inhalt.

Wissenschaft ist indessen nicht schlechthin von der Erfahrung abhängig. Wissenschaft hat als Verkörperung des Logischen eine eigengesetzliche Bedingtheit und eine eigene Entwicklung. Denn Wissenschaft entsteht erst durch Verallgemeinerung von Erfahrungsinhalten, aus der Überwindung der endlosen Mannigfaltigkeit des Gegebenen durch Erkenntnis des Allgemeinen, statt am Einzelnen zu haften, aus dem die Wirklichkeit allein besteht. Damit aber erhebt sich Wissenschaft über bloße Erfahrung. Je allgemeiner theoretisch eine Wissenschaft ist, je weiter ihre Generalisierungen gehen, um so größer ist ihre Unabhängigkeit von der jeweiligen besonderen, örtlichen und zeitlichen Erfahrung (z. B. Mechanik, Physik, Mathematik); je historischer, individualisierender eine Wissenschaft wird, je mehr sie zur bloßen Klassifikationslehre und Beschreibung (Botanik, Zoologie) oder zur Geschichte (Historie, Statistik) wird, um so abhängiger ist sie natürlich von bestimmten Erfahrungsinhalten [1]).

Wissenschaft ist, wie ihrem Inhalte so auch ihrem formalen Gefüge nach, etwas Selbständiges, Eigenes. Das Wesen wissenschaftlicher Erkenntnis, d. i. der Wahrheit, ist nicht die Summe des am öftesten Gedachten, nicht ein mechanischer Reflex, den die Umwelt bedingt. Wahrheit ist vielmehr eine Form der Erkenntnis, damit zugleich eine Norm, ein Normatives, ein Wert. In seinem eigenen Wertgesetze ist der Verstand von dem wechselnden Inhalte der Erfahrung befreit. Gleichviel, wie man dies im Einzelnen weiter bestimmt (auf die Probleme der Logiker über die weitere Entwicklung des Wahrheitsbegriffes uns einzulassen, haben wir keine Ursache), die Grundlage für jede Beurteilung der Wissenschaft als einer Erscheinung, die in der Gesellschaft auftritt, muß immer diese Erkenntnis ihrer normativen, apriorischen Wesenheit bilden. Das logisch Richtige, die Wahrheit, ist ihrer Idee nach etwas vor und unabhängig von aller Erfahrung Gegebenes. Daher kann es nicht zweierlei Wahrheit geben, daher ist es absurd, über die Wahrheit abstimmen zu lassen. Denn Wahrheit besteht in der „Übereinstimmung mit den Gesetzen des Verstandes“ [2]). Und „was wahr ist, ist absolut, ist an sich wahr“ [3]).

---

[1]) Über diese Windelband-Rickertsche Einteilung der Wissenschaften in nomothetische (generalisierende) und idiographische (individualisierende) vgl. Rickert, Die Grenzen der naturwissenschaftlichen Begriffsbildung. 2. Auflage. Freiburg i. Br. 1913.

[2]) Kant, Kritik d. r. Vern. S. 350.

[3]) Husserl, Logische Untersuchungen, I, 1900 S. 117.

Bei dem geringen Stand der heutigen philosophischen Bildung führte der rasch wechselnde Inhalt der induktiven Wissenschaften, namentlich der Naturwissenschaften, fast allgemein zu der Meinung bloß verhältnismäßiger Gültigkeit aller Wahrheit — zu einem logischen Relativismus. Comte, Mill, Spencer, die Materialisten (Büchner usw.), die Monisten (Ostwald), Mach und Avenarius, Nietzsche und namentlich alles, was von der Naturwissenschaft herkam, lehrte und lehrt den Relativismus. Seine geistvollste Form fand er im Empiriokritizismus von Avenarius (Wahrheit = das „denkbar meist sich Wiederholende" im Ablaufe der Nervenvorgänge; dieses: ein biologisches Anpassungserzeugnis, Wahrheit daher ein Grenzbegriff, nur in unendlicher Wiederholung vollkommen zu erreichen); die verbreitetste Form des Relativismus ist wohl der Pragmatismus, der das englisch-amerikanische, auch französische Denken fast ausschließlich beherrscht (woran man das Wesen des englischen Geistes erkennen möge). Im Pragmatismus wird ein unbekümmertes darwinistisches Denken, oder soll man sagen ein roher kaufmännischer Geist?, auf die Logik übertragen. Wahr ist für diese Ansicht, was uns den größten Lebenserfolg verbürgt. Unsere Begriffe nehmen ihren Wahrheitswert nur aus dem, was sie für die Lebensführung Förderliches leisten. Sie sind Werkzeuge mit möglichst großer „power to work"; sie sind „rules for actions" und so der Nützlichkeit für unsere Bedürfnisbefriedigung und für unser geistiges Leben gleich zu setzen, das sich aber selbst wieder nur aus praktisch-vitalen Zwecken ableitet (vgl. James, Pragmatismus, dtsch. von Jerusalem, Lpz. 08).

Über das Grobe, Haltlose dieser Theorie ist kein Wort zu verlieren. (Nur schade, daß sie selber ein unpatentierbares Instrumentarium darstellt!) Da waren die alten Skeptiker, indem sie sagten „Nichts ist wahr" und hinzufügten „auch dieses nicht", entschieden aufrichtiger und mutiger.

2. Inwiefern ist die Wissenschaft eine gesellschaftliche Erscheinung? Faßt man die Wissenschaft als Verkörperung von Wahrheiten auf (was sie natürlich stets nur unvollkommen sein kann), so ist sie in dieser ihrer innersten, idealen Natur keine gesellschaftliche Erscheinung, da die Wahrheit dann nicht gesellschaftlich, sondern eigengesetzlich (apriorisch, normativ) bedingt erscheint. Die gewöhnlichen Behauptungen von der „sozialen Natur" der Wissenschaft in der modernen gesellschaftstheoretischen Literatur sind demgegenüber völlig kritiklos und gehen jedenfalls viel zu weit, ja ins Uferlose. Die gesellschaftlichen und umweltlichen Einflüsse können vielmehr überhaupt erst unter der Voraussetzung jener apriorischen Eigengesetzlichkeit untersucht werden, soll man nicht in ein haltloses Hin und Her von Anpassung, Nützlichkeit, Wechselwirkung u. dgl. kommen.

Wissenschaft ist nur gesellschaftliche Erscheinung: 1. sofern sie im gesellschaftlichen Leben und in der Umwelt Entstehungsursachen hat; 2. sofern sie Leistungen (Funktionen) im gesellschaftlichen Leben ausübt; 3. sofern der denkende Geist selbst in gesellschaftlicher Form arbeitet. Diese Gesellschaftlichkeit des Denkens gehört aber nicht mehr zur stofflichen Bedingtheit der Wissenschaft durch die Gesellschaft, ist vielmehr rein formal und wird deswegen gesondert zu betrachten sein.

a) Die gesellschaftliche Bedingtheit der Wissenschaft ist, wie dargelegt, hinsichtlich ihres Inhaltes nur eine genetische. Denn nicht der Inhalt der wissenschaftlichen Wahrheiten wird von gesellschaftlichen Zuständen erzeugt, sondern nur die Ursachen für die Entstehung jener Erkenntnisse können daher kommen. Nur wo die Gesellschaft zugleich Gegenstand der Wissenschaft ist, wie bei allen Gesellschaftswissenschaften, ist sie natürlich auch „Bedingung" des Inhaltes. Welche Erkenntnisse der Mensch zu erlangen angetrieben wird — das allein kommt zunächst von der Gesellschaft her, der Inhalt der Erkenntnisse aber gehört der Wahrheit an. Gesellschaft als Entstehungsantrieb für wissenschaftliche Erkenntnis, Gesellschaft als Aufgabenstellerin — das bezeichnet die ganze Bedingtheit der Wissenschaft durch die Gesellschaft, soweit sie unmittelbar stattfindet. Gesellschaft wirkt hier nur als auslösende Ursache. Kein wirklicher „Reflex" findet statt, keine Anpassung; kein biologisches Erzeugnis wird hervorgebracht.

Die gesellschaftliche Aufgabenstellung setzt sich aus allem zusammen, was im gesellschaftlichen Leben Erfordernis, Ziel wird; sei es des wirtschaftlichen, politischen, organisatorischen, staatlichen, kriegerischen Handelns, sei es der künstlerischen, religiösen, moralischen, rechtlichen „Probleme", d. h. Wertfragen, Entwicklungsaufgaben. Diese Aufgabenstellung folgt mithin wesentlich aus dem eigenen Tun der Menschen. In dem Maße aber, als alles dieses eigene Schöpfung des Menschen ist, stellt er sich seine wissenschaftlichen Aufgaben wieder selber, indem er sie sich nun aus der Gestaltung der Gesellschaft heraus stellt.

So ist die scheinbar rein äußerlich bedingte Aufgabenstellung seitens der Gesellschaft nur eine Wiederkehr der Aufgaben, die sich der Mensch in den übrigen Bereichen seines Tuns und geistigen Lebens stellt, ein Kreislauf seines eigenen geistigen Blutes. Auch die von außen her kommenden Entstehungsursachen der Wissenschaft repräsentieren so in ihrem Kerne immanente (selbsterzeugte, innere) Entwicklungskräfte.

Das Verhältnis zur natürlichen Umwelt (Klima, Boden) ist in diesem Kreislauf allerdings nicht mit eingeschlossen. Hier erwachsen ursprüngliche, nicht vom Menschen abgeleitete Antriebe. Dennoch können auch sie nur wirksam werden, soweit sie sich in unsere Bedürfnisse (die ja nur zum geringern Teile durch die Vitalität festgelegt sind), in unsere Handlungen, unsere geistigen Lebensziele einordnen. Dies übersieht die Anthropogeographie, wenn sie die Menschen schlechthin als Raumvolk, die Gesellschaft als Gebilde des Bodens auffaßt. Den Kern solcher Anschauung bildet die Armeleutetheorie, daß der Mensch nur vom Essen lebe, während sie das Eigene des Tuns in der Wirtschaft, die selbständige geistige Schöpfung, die in ihr steckt, nicht sehen und veranschlagen.

Von diesem Standpunkte aus sind also die üblichen Phrasen von der Bedeutung der Wirtschaft für die Entwicklung der Wissenschaft, namentlich der technischen Wissenschaften, zu beurteilen. Stellen sich die Menschen im wirtschaftlichen Leben bestimmte Aufgaben, so ist es nur logisch, diese Aufgaben im wissenschaftlichen Bereiche nicht außer acht zu lassen. Wenn man z. B. bedenkt, wie viele Anstöße die Entwicklung der Kriegstechnik[1]) (also das Gegenteil von Wirtschaftstechnik) gegeben hat, so wird man am deutlichsten einsehen, daß nicht eigentlich der Krieg, die Wirtschaft usw. die Wissenschaft entwickelt, sondern daß es dasselbe Tun und Wollen der Menschen war, das sich hier (z. B. im kriegerischen Tun) kriegstechnischer, dort wissenschaftlicher Wege bediente, um zu bestimmten Zielen zu gelangen. Genau im gleichen Verhältnisse stehen z. B. auch die Aufgaben, welche der Physiologie, der Medizin gestellt werden.

---

[1]) Vgl. Tönnies in der Festschrift für Adolf Wagner, 1905.

Diese Beispiele zeigen aber gerade auch deutlich die Grenzen jedes äußern Einflusses, sie zeigen, welche bedeutende Stellung die reine Eigenentwicklung in der Wissenschaft behält, wie wenig sie nämlich über die immanente Entwicklung ihrer eigenen Probleme, über die Fragestellung, die im jeweiligen Stande ihrer Begriffe und Kenntnisse selbst liegt, hinauskommt. So kann die Chemie erst in den Dienst der Herstellung von Anilinfarben, Edelsteinen, Arzneien usw. gestellt werden, also Aufgaben der Industrie, Medizin, Physiologie aufnehmen, sobald sie die nötigen Begriffe, Theorien, Kenntnisse dazu selber ausgebildet und angesammelt hat. Die Chemie mußte vorher selber den Zucker in der Rübe entdeckt haben, bevor sie die kräftige Anregung der Kontinentalsperre aufnehmen konnte. Umgekehrt konnten die Tier- und Pflanzenzüchter trotz allseitig angestrebter Verbindung mit dem Darwinismus und den auf seiner Grundlage entstandenen Vererbungslehren nichts ausrichten, d. h. diese Vererbungstheorien nicht zur Lösung der gestellten Aufgaben verwerten. Da aber die Wissenschaft im Mendelismus aus eigenen Voraussetzungen, aus eigener folgerichtiger Fortentwicklung ihrer Begriffe und Fragen heraus zu Wahrheiten gekommen ist, welche auch die Vererbungsvorgänge glänzend aufklären, können sich nun die Züchter dieser Wahrheiten bemächtigen und sie anwenden. Hätte aber selbst die Aufgabenstellung der Züchter die Wissenschaft zur Behandlung jener Fragen erst gedrängt (was gewiß nicht der Fall war, in andern Dingen aber oft zutrifft), so hätten Lösungen doch nur aus den gegebenen wissenschaftlichen Voraussetzungen heraus entwickelt werden können. Die Aufgabenstellung von außenher nützt also dann nichts, wenn die Wissenschaft nicht die eigenen, begrifflichen Mittel hat, sich an diese Aufgaben überhaupt heranzumachen. Ich möchte jene Erscheinung die Entwicklung der Wissenschaft aus eigener Problemfolge, eigener Begriffs- und Fragenentfaltung oder kurz: die eigene Begriffsentfaltung der Wissenschaft nennen. Die eigene Begriffsentfaltung tritt damit als selbständige Entwicklungsgrundlage der Wissenschaft neben die gesellschaftliche Aufgabenstellung. — Der eigenen, logischen Begriffsentfaltung entspricht psychologisch das, was man den reinen

Erkenntnis- und Forschungstrieb, die bloße, durch praktische Rücksichten unbeeinflußte Freude an der Wahrheit nennt, und was in primitiveren Verhältnissen als Neugierde, Wissensdurst und in ähnlichen Formen wirksam ist.

Der Problemfolge oder Begriffsentfaltung der Wissenschaft tritt als gesellschaftliche Entwicklungsbedingung außer der Aufgabenstellung noch gegenüber: die äußerliche Ermöglichung wissenschaftlicher Forschungsarbeit. Damit wissenschaftliche Forschungs- und Erkenntnistätigkeit systematisch betrieben werde, bedarf es: erstens einer solchen Tätigkeit im Nebenberufe, oder womöglich im Hauptberufe wofür die nötigen Unterhaltsmittel, die nur aus Überschüssen der wirtschaftlichen Tätigkeit anderer zu entnehmen sind, zur Verfügung gestellt werden müssen (in einfachern Verhältnissen namentlich durch den Priesterstand repräsentiert, heute hauptsächlich durch die gelehrten Berufe in Verbindung mit dem höhern Schulwesen, in geringem Maße auch mit selbständigen Forschungsanstalten, Akademien, Stiftungen u. a.); zweitens bedarf es aber auch äußerer Hilfsmittel und Einrichtungen (Sternwarten, Buch- und Schriftenwesen in frühern Zeiten, Büchereien, Laboratorien, Beobachtungs- und Hilfsanstalten aller Art in der Gegenwart), welche Forschung in weiterem Maßstabe als in dem reiner, persönlicher Denktätigkeit ermöglichen, daher vollständig unentbehrlich sind; drittens bedarf es endlich einer systematischen äußeren Vorsorge für die Überlieferung des jeweiligen Schatzes an Kenntnissen, Begriffen und Lehren. Dafür reicht mündliche Überlieferung nicht aus. Das Wissen muß in Büchern, Sammlungen, Museen u. dgl. auch in objektiver Form aufgehoben werden. Und mit dieser Aufspeicherung von Mitteilungsgütern muß auch eine systematische Erziehung in den Wissenschaften Hand in Hand gehen, sonst verfällt die Wissenschaft und muß erst nachträglich auf Grund der vorgefundenen Zeichen mühsam wiederhergestellt werden.

Auch von der gesamten äußeren Ermöglichung wissenschaftlicher Tätigkeit durch die Gesellschaft gilt natürlich, daß sie nur ein Auslösen von Entwicklung, keine innere stoffliche Einflußnahme auf sie bedeutet. Gerade die bloße Darbietung äußerer Mittel ist an sich noch völlig neutral.

b) Die gesellschaftlichen Leistungen (Funktionen) der Wissenschaft sind im wesentlichen nur Entsprechungen 1. der Aufgaben, die ihr von der Gesellschaft gestellt werden; 2. dessen, was die Wissenschaft auch dem Einzelnen leistet. Dem Einzelnen leistet sie zunächst eine allgemeine, über das praktische Wissen, das im Handeln liegt, hinausgehende Orientierung. Was die großen Naturgewalten, was Blitz und Donner sind und bedeuten, wie das Wesen der Krankheiten, das Wachstum der Pflanzen, die Natur und Wirksamkeit von Werkzeugen, Waffen, Arzneien und sonstigen Hilfsmitteln des Lebens zu beurteilen sind, — solche Erkenntnisse wirken auf den Geist des Menschen wahrhaft befreiend, beseitigen Aberglauben, Furcht und Abhängigkeit von unsichtbaren Kräften und sind ihm so zugleich von solcher praktischer Bedeutung, daß sich dadurch allein der Wert seines Daseins erhöht. Ohne logische Kräfte, ohne die Ausstattung des Geistes mit einem Schatz von Wahrheiten ist auch keine Entfaltung der religiös-philosophischen, künstlerischen, moralischen Seiten des menschlichen Geistes möglich. „Wissen ist Macht" kennzeichnet sowohl diese innere Befreiung und Erweiterung wie die praktisch-technische Erhöhung der menschlichen Kräfte. Solchen zwiefältigen Charakter hat also die Orientierungsleistung der Wissenschaft.

Diese Orientierungsleistung überträgt sich unmittelbar ins Gesellschaftliche und erscheint dort in praktisch-technischer Hinsicht als Leistung der Wissenschaft für das Handeln in Wirtschaft, Krieg, Staatswesen in geistiger Hinsicht als Leistung für die Kulturentwicklung. Die innere Befreiung und Erhöhung des individuellen Geistes in seinen religiösen, philosophischen, moralischen, künstlerischen Kräften spiegelt sich in der Gesellschaft wider durch die gleichen Wirkungen, welche der Stand der Wissenschaft auf den Stand aller andern Kulturinhalte: Religion, Philosophie, Moral, Kunst ausübt.

Im übrigen sind es dieselben geistigen und praktischen Beziehungen, welche als „Aufgabenstellung" von außen zur Wissenschaft zurückkehren. Wenn Moral, Kunst, Religion usw. aus ihrer Entwicklung heraus bestimmter Mitwirkung logischer Kräfte, gewisser Einsichten und Wahrheiten bedürfen, treten diese Erfordernisse als gestellte Aufgabe an das wissenschaftliche Denken oder überhaupt an die logische Sphäre des Geistes heran. Mithin sind diese Gebilde alle Wechselgebilde, das praktische Handeln mit eingeschlossen.

3. Die Gesellschaftlichkeit des wissenschaftlichen Denkens selbst. Denken wird nicht, wie schon gelegentlich festgestellt wurde, als geistige Gemeinschaft mit der Umwelt verwirklicht, wobei die Umwelt nicht beseelt (wie in der Kunst, Religion), sondern als Gegenstand (Objekt) schlechthin gedacht wird. Dafür macht sich unmittelbar im Aufbau des wissenschaftlichen Denkens selbst ein kongregales (geselliges) Moment geltend: in der Tatsache gemeinsamer Erörterung (Diskussion, Wechselrede), welche in Gegensatz zum einsamen, alleinigen Nachdenken tritt. Erörterung heißt die grundlegende Tatsache, daß Gedanken Mehrerer durch gegenseitige Mitteilung unmittelbar ineinandergreifen können. Nennen wir dieses Ineinandergreifen „Gesellschaftlichkeit" im Denken, so ergibt sich Gesellschaftlichkeit als eine bestimmte Verwirklichungsform des Denkens, als eine Fortschreitungsform, eine Untersuchungsform desselben.

Erörterung, deren wichtigster Sonderfall die fremde Beurteilung oder Kritik ist, wird das eigentlich anregende und belebende, berichtigende und bereichernde, damit aber überhaupt gestaltende Element im empirischen Denken. Ohne gegenseitige Aussprache und Auseinandersetzung, ohne Verwerfung und Auflösung falscher, Anerkennung und Weiterverwertung richtiger Urteile, Schlüsse, Erkenntnisse, Beobachtungen würde höchste Unsicherheit, schlimmste Verfilzung des Wahren und Falschen herrschen. Die Subjektivität der Gedankenwelt würde so weit gehen, daß sich das Logische gegenüber dem Psychologischen, die (objektive) Wahrheit gegenüber dem Irrtum nicht durchzusetzen vermöchte, sofern es überhaupt zu systematischem Wissen käme (was empirisch natürlich gar nicht möglich wäre).

Psychologisch betrachtet entsteht Wissen und Wissenschaft, gleichgültig, ob sich das Denken dabei in Gestalt von Erörterung oder einsamer Verstandesarbeit vollzieht, in zwei äußeren Formen: als eigene Gedankenbildung und als Aufnahme fremder Gedanken. Diese letztere kann man im weitesten Sinne des Wortes Lernen nennen — ein Vorgang, der durchaus nicht bloß reproduktiv ist, vielmehr in harter selbständiger Denkarbeit, eigener Urteilsbildung vor sich gehen kann und soll (die Herren Monisten, Darwinisten u. ä. sollten es einmal versuchen, von Kant und Hegel zu lernen, es dürfte ihnen schwerlich gelingen). Schöpferische Gedankenbildung dagegen wird erst dann zum Lehren, wenn die neuen Begriffe von anderen verstehend angenommen (gelernt) werden. Für diese Vorgänge sind die oben genannten äußeren Hilfsmittel der Wissenschaftspflege gleichfalls die vermittelnden Instrumente, die in Schule, Vortragsveranstaltungen und ähnlichem eine eigene Nutzung erfahren.

Verständnis- und urteilsloses Nachsagen spielt beim Lernen, unlogische, phantastische Begriffsbildung beim Lehren die größte Rolle. Auf die Entwicklung der Wissenschaft als eines kristallen und fest sich aufbauenden Begriffsystems kann dies nur vorübergehend Einfluß haben — es sei denn bei logisch schlecht veranlagten Völkern, wie es z. B. die Russen, besonders aber die schwarzen Rassen zu sein scheinen. Sonst können nur Moderichtungen, wissenschaftliche Parteiungen und Cliquen Schaden anrichten. Gegenwärtig, seit dem Niedergange des deutschen Klassizismus, leiden wir sehr unter der Vorherrschaft des englischen-amerikanischen Geistes und Wesens, dessen Denken und Trachten allzusehr am Handgreiflichen, Mechanistischen und Grob-Praktischen haftet, daher zu Relativismus, Empirismus, Utilitarismus führt — eine durchaus kulturwidrige Denkweise, die nur von einem weisen Kostmischer dem strengen, logisch richtigen Denken und Schauen der Welt beigemengt werden darf. Das griechische und das deutsche Denken waren bisher die vollkommensten Darstellungen des Logischen in der Welt.

Echter Fortschritt ist in der Wissenschaft möglich, doch nicht in dem Sinne, daß Wahres je zu Unwahrem würde. Daher geht es zu weit, die Wissenschaft mit Kronos zu vergleichen, der seine eigenen Kinder verschlingt. Das Wesen des Dreieckes, einmal erkannt, kann nie mehr durch richtigere Begriffe erfaßt werden. Die Grundbestimmungen der Natur liegen in uns, in unserer Vernunft und sind daher unveränderlich. Was sich ändert, ist nur die Kenntnis der Tatsachen, deren Mannigfaltigkeit die induktiven Wissenschaften allerdings niemals ausschöpfen werden.

Literatur über unsern Gegenstand, die gesellschaftswissenschaftlich genannt zu werden verdient, dürfte kaum vorhanden sein, da die meisten Verfasser von einem kritiklosen materialistischen, marxischen oder darwinischen Standpunkte ausgehen; so großenteils auch Wundt (Elemente der Völkerpsychologie, 2. A., 1913), indem er die Zustände primitiver Völker von vornherein als psychogenetische Vorstufe der höheren Zustände ansieht, was sie gar nicht sein müssen und großenteils auch gar nicht sein können. — Gute Gesichtspunkte entwickelt dagegen schon Aristoteles, Metaphysik, I. Buch (A) 1—3, indem er die Selbständigkeit der Wissenschaft in ihrem Verhältnis zur Erfahrung hervorhebt. — Vierkandt, D. Stetigkeit im Kulturwandel (Lpz. 1908), behandelt nicht nur die Wissenschaft, sondern alle Kulturinhalte. Er weist die tiefe Abhängigkeit alles Neuen vom Alten, Vorausgehenden nach, ein Gesichtspunkt, der grundsätzlich ganz berechtigt ist, (Problemfolge!) von V. aber, indem er die Bedeutung des Genialen in den Wind schlägt, stark übertrieben wird. — Logische Literatur wurde bereits im Text genannt.

Wir haben durch etwas ausführlichere Behandlung der Wissenschaft ein Begriffschema aufgestellt, das nun auf die übrigen Kultursysteme angewendet werden kann, so daß diese im Interesse der Ökonomie dieses Buches noch kürzer behandelt werden dürfen.

II. Die Kunst.

1. Das Wesen der Kunst. Wie hinter der Wissenschaft das Logische, der Wahrheitsbegriff, so steht hinter der Kunst das Ästhetische, der Schönheitsbegriff, als Aufgabe. Wie die Wahrheit dem Gebiete des Denkens, gehört die Schönheit dem Gebiete des Gefühls an.

Auch das Schöne wird in der heutigen Gesellschaftslehre, wie das Wahre, zumeist empiristisch-relativistisch gedacht, um dann auf Grund einer solchen Wesensbestimmung um so leichter als schlechthin „gesellschaftlich bedingt“ angesehen zu werden. Und zwar wird es erklärt: 1. psychologisch, indem das Wesen des Schönen entweder als „Einfühlung“ bestimmt wird („Einfühlung“ besteht darin, daß die Dinge beseelt vorgestellt werden, ein ideelles Ich in sie hineingelegt, hineingefühlt wird — vgl. z. B. Lipps, Ästhetik I, 1903); oder indem es als Einheit und Harmonie im Schauen; als innere Nachahmung; als Selbsttäuschung aufgefaßt wird (Illusionstheorie K. Langes, vgl. dessen „Wesen der Kunst" 1902); 2. wird das Schöne biologisch erklärt, indem es als eine Art Funktionslust der Organe (Spencer, R. Wahle, Jerusalem) betrachtet wird (entspricht besonders dem Pragmatismus im Logischen); 3. endlich psychologisch-biologisch und gesellschaftlich zugleich, indem außer den genannten Faktoren die unmittelbare Einwirkung der gesellschaftlichen Umwelt in den Vordergrund gestellt wird, so von K. Groos (Einleitung i. d. Ästhetik, 1892), E. Grosse (Die Anfänge der Kunst, 1894), H. Taine (Philosophie de l'art, 1865, 3. éd. 1881, deutsch 1902/03), Tarde, Guyau (L'art au point de vue sociologique, 1883) und anderen.

Diesem unwahren Empirismus gegenüber, der im Kunstwerke folgerichtig nur die Spiegelung biologischer, psychologischer, gesellschaftlicher Vorgänge sieht, so aber vom Psychologischen nicht zum Spezifischen käme, und namentlich niemals vom objektiv Gesellschaftlichen schlechthin zum eigenen Objektivationssystem (denn wie sollte sich der künstlerische Nutzen etwa vom wirtschaftlichen unterscheiden, warum überhaupt „Kunst" als eigentümliche Gestaltung von Gesellschaft, wenn sie nur Spiegelung ist?) — dieser Uferlosigkeit gegenüber muß genau wie beim Logischen die feste Eigengesetzlichkeit, die innere Selbständigkeit der Kunst betont werden. Der Stoff der Kunst kann freilich nur den Lebensinhalten entnommen sein, wie ja auch Wissenschaft nicht Erkenntnis anderer als beobachteter Welten sein kann. (Zur Zeit der Kreuzzüge konnte nicht das bürgerliche Leben des zwanzigsten Jahrhunderts besungen werden.) Was aber die Kunst zur Kunst macht, ist durchaus nicht der stoffliche Inhalt, vielmehr das eigengesetzliche Wesen des Schönen, das seine Stoffe fast überallher nehmen kann und in demselben Sinne selber ein Stück Leben, selber Inhalt des Lebens ist, wie die Erkenntnistätigkeit. Aus dem Psychologisch-Utilitarischen können wir uns retten, wenn wir den Kantischen Begriff des Schönen zugrunde legen: „Schön ist das, was in der bloßen Vorstellung [d. h. ohne objektive Realität] ohne Interesse an seinem Dasein [d. h. ohne Begierde des Willens] und ohne Begriff [d. h. unmittelbar] allgemein und notwendig [also apriori] gefällt"[1]) oder kurz: was uninteressiert mit Notwendigkeit gefällt. Mit diesem Begriffe haben wir einen festen Boden von Eigengesetzlichkeit (Apriorität, Normativem) gewonnen und zugleich in bezug auf die Theorien der Ästhetiker einen neutralen Boden, weil jener Begriff ein Minimum nichtpsychologischer Ästhetik darstellt, von dem schließlich alle andern Theorien ausgehen müssen. Der normative (apriorische) Charakter der Kunst ist es, was sie allein über das Psychologische, über Nutzen- und Glückserscheinung hinaushebt, und das allein ist für die gesellschaftswissenschaftliche Behandlung wesentlich. Dem Streite der Schulen hat sie sich möglichst zu entziehen.

Daher kann die Berücksichtigung und Darstellung der verschiedenen ästhetischen Richtungen (der formalistischen, spekulativen usw.) hier ebenso entfallen, wie bei Betrachtung der Wissenschaft die logischen Theorien. Eingehende Darstellung, auch der Theorie der besonderen Kunstzweige, bei M. Dessoir, Ästhetik und allg. Kunstwissenschaft, Stuttg. 06; Ztschr. f. Ästhetik und allg. Kunstw., hrsg. von M. Dessoir, Stuttgart 1906 ff. — Nach meiner persönlichen Ansicht trifft die „spekulative" Kunsttheorie, wie sie Schelling, die Romantiker, Hegel im wesentlichen vertreten haben und wie sie auch bei Platon eine Stütze findet, das Richtige. Danach ist Kunst eine Darstellung rein metaphysischen Gehaltes, eine Darstellung des Übersinnlichen im Ding-Individuum. „Der Grundcharakter des Kunstwerkes ist . . . eine bewußtlose Unendlichkeit" (Schelling). — Gesellschaftswissenschaftlich bleibt die Erhebung über das Psychologische wesentlich.

Auf der Grundlage des normativ-eigengesetzlichen (apriorischen) Charakters erscheint gesellschaftswissenschaftlich das ästhetische Verhalten, wie schon früher dargelegt wurde, als geistige Gemeinschaft, als Umweltgemeinschaft (monogenetisch), da dem menschlichen Geiste der künstlerische Gegenstand als selbständiges Agens gegenübertritt. Diese Tatsache erkennen ja auch die empiristischen Theorien an, nur erklären sie jene Beseeltheit des Gegenstandes, die zur Gemeinschaftsbildung führt, als subjektive Beseelung, nämlich als vorherige Hineinbildung des Ich in den Gegenstand (Einfühlung), als Illusion u. dgl. — so daß Kunst nur die Reflexion des eigenen Ich, und, da das Ich wieder Ausdruck der Gesellschaft ist, schließlich eine Funktion gesellschaftlicher Zustände, des „Milieus", wäre. In der normativen Bestimmtheit

---

[1]) Kritik d. Urteilskraft.

der künstlerischen Empfindung liegt, wie für die Ästhetik die Rettung aus dem Realismus, so für die Gesellschaftslehre aus flachstem Utilitarismus.

2. Die Kunst als gesellschaftliche Erscheinung. Die Kunst trägt gesellschaftliches Gewand in ihren Stoffen wohl in höherem Maße als die Wissenschaft, weil diese sich auf dem Wege der Theorie von der besonderen Erfahrung weit entfernt. Dafür bedeutet der Stoffzwang für die Kunst auch so gut wie nichts. Die Stoffe Homers, Äschylos, Sophokles, Euripides, selbst Calderons, Shakespeares sind uns heute oft bis zur Unverständlichkeit fremd, dennoch Träger ewiger Schönheit, und so zeigt sich der Stoff bloß als etwas zu Gestaltendes überhaupt, das in seiner Besonderheit als gleichgültiges Gefäß oder Symbol für den Kunstinhalt, das Künstlerische selbst, dient. Das schließt durchaus keine formalistische Ästhetik in sich, denn ob Schönheit einen Inhalt habe und welchen, darüber ist jetzt noch gar nichts entschieden. Im Ödipus wird die Tragödie des Lebens an Vorgängen, die der Wirklichkeit des heutigen Lebens völlig fern liegen, dargestellt, aber die metaphysische Rührung unseres Gemüts ist so groß, wie sie durch keinen Neuern übertroffen werden könnte.

Daß gleichwohl nicht jede Zeit gleichmäßig zur Kunstentfaltung befähigt und bestimmt ist, muß zugegeben werden. Das liegt aber nicht primär an den Stoffen, den gesellschaftlichen Zuständen selbst, die sie darbietet, sondern — so muß es aufgefaßt werden — mehr daran, daß sie kunstfeindliche Zustände selber schafft. Es sind selbsterzeugte Entwicklungskräfte, die hier zur Wirkung kommen und im gesellschaftlichen Kreislauf wieder zurückkehren.

a) Für die gesellschaftliche Bedingtheit der Kunst gelten dieselben Grundverhältnisse wie bei der Wissenschaft. Es ist auf der einen Seite dieselbe immanente Eigenentwicklung der ästhetischen Probleme, des ästhetischen Gefühls, der Kategorien in innerlich notwendigem Fortschreiten aus sich heraus (Stilentwicklung); auf der andern Seite ist es wieder die Aufgabenstellung von seiten aller andern Kultur- und Lebenskreise, der wir begegnen. Man denke, wie die Bestellung von Bauten, Bildern, Dramen, Musikstücken usw., meist eine noch unmittelbarere Aufforderung zum Schaffen in sich schließt, als die Aufgabenstellung bei den Wissenschaften bewirkt. Die Architektur ist sogar ganz an das wirkliche Bauen gebunden, obzwar sich die Konzeption unabhängig davon vollzieht. Wie sehr sind doch z. B. die Kunstschöpfungen Michelangelos von den Aufträgen bestimmt, die er erhielt. (Andererseits darf man versichert sein, daß er immer derselbe geblieben wäre und Gleiches für die Kunstentwicklung auch unter andern Umständen geleistet hätte.) Bekannt ist die enge Verbindung der Kunst mit der Religion in ihrer Entwicklung. Die Entstehung des griechischen Dramas aus den Dionysien und Mysterien; die Beziehungen der Tanzkunst und Musik hierzu; die Entwicklung der Baukunst aus der Aufgabe, Tempel und Kirchen zu bauen und die Beziehungen der Plastik wie der Malerei dazu; das sind die bezeichnendsten Grundverhältnisse. Unter primitiveren Verhältnissen wäre noch die Bedeutung von Sprüchen, Gesängen, Tätowierungen, Schmuckstücken für den religiösen Kult, für Geisterbeschwörungen und fetischistische Handlungen hervorzuheben.

Ähnliche Bedeutung und Formen wie für die Wissenschaft hat die äußere Ermöglichung auch für die Kunst. Einmal durch berufliche Verselbständigung der Schaffenden, die aber leider im Schulwesen lange keine so breite Grundlage hat wie auf gelehrtem Gebiete; ferner durch Gewährung der einzelnen Mittel und Veranstaltungen zum Schaffen. Die Erzeugung von Instrumenten für die Tonkunst, Farbe, Pinsel, Leinwand für die Malerei, Baustoffen für die Architektur und aller sonstigen Ausübungs- und Darstellungsmittel für die einzelnen Künste gehört hierher. Diese Mittel sind ferner wie bei der Wissenschaft geistige Bildungs- und Überlieferungsmittel für die schaffenden Künstler und die Kunstgenießer (Büchereien u. dgl.). Außerdem aber sind sie noch (was etwa an Stelle der Beobachtungsinstrumente, Laboratorien usw. tritt) öffentliche Darstellungsmittel, in denen sich die Kunst meistens erst ganz verwirklicht, so wie sie sich darin auch erst mitteilt. Außer dem Verlags-, Preß- und Vervielfältigungswesen (Büchern in der Poesie, Wiederholungen von Werken in der Malerei, Plastik, Architektur) sind dies namentlich Schauspiele, Konzerte, Gesangsvorträge, Ausstellungen, Galerien und Vorführungen aller Art.

Den Formen des selbständig-schöpferischen Denkens (das im Lehren praktisch wird) und des Aufnehmens (Lernen) bei der Wissenschaft entspricht das Kunstschaffen und der Kunstgenuß. In der Vermittlung des Kunstgenusses stellt sich das Kunstwerk erst voll dar, daher die gesamten, oben erwähnten Darstellungsveranstaltungen unerläßliche Lebensbedingungen der Kunst bilden. Eine Besonderheit ist dabei auch, daß sie zumeist als Kollektivvorführungen (Schauspiel, Konzert, Presse) verwirklicht werden und so unmittelbar den Charakter von Öffentlichkeit (Publizität) erhalten.

b) Die gesellschaftlichen Leistungen der Kunst sind gleich denen der Wissenschaft sowohl einerseits aus den Leistungen im Haushalt des Einzelgeistes zu erkennen, wie andererseits aus der „Aufgabenstellung", welche von außen her an die Kunst herantritt.

Ein grober Fehler wäre es, im Rahmen des Einzelgeistes der Kunst die Funktion der Unterhaltung, Zerstreuung und Entspannung zuzuschreiben, wobei man von dem angeblich Scheinhaften der Kunst ausgeht. Die Kunst ist aber selbst ein Stück Leben, denn sie ist künstlerisches Erlebnis nicht willkürlichen Scheines, sondern der Dinge in ihrer reinsten Gestalt, in ihrer wahren kosmischen Natur. Und sie ist gerade wahrstes Erleben und Verstehen der wirklichen Welt. Die Kunst leistet dem Menschen, um es anders und ganz neutral auszudrücken, die Kenntnis des Idealen in der Welt. Das Ideale ist dabei keineswegs spezifisch ethisch; es ist die Idealität des Gefühls und Bewußtseins von den Dingen überhaupt, was in der Kunst allgemeingültig (normativ bestimmt) zutage kommt, also der ethischen Dinge ebensowohl wie aller andern. Im Kriegsgesang ist sie die reine, die ideale Gestaltung des Kriegserlebnisses, in der Liebesdichtung der Liebe, im Tempel- und Kirchenbau der göttlichen Idee, in Beethovens Symphonien des ganzen Menschenlebens.

Die Leistung der Kunst, uns das ideale Bewußtsein der Dinge und Lebensinhalte zu vermitteln, ist daher etwas durchaus Wirkliches (das mit bloßem Genuß und Zerstreuung nichts zu tun hat). Die Kunst leistet damit für die innere Bildung des menschlichen Geistes etwas, was der logisch-intellektuellen Bildung durchaus ebenbürtig ist. Ja, während das, was Wissenschaft leisten kann, bald auf einen toten Punkt für das Wachstum innerer Kräfte kommt, kann die Kunst von Vertiefung zu Vertiefung schreiten. Dem gewaltigen Aufstieg, den die neun Symphonien Beethovens enthalten, kann kein wissenschaftlicher Denker etwas Ähnliches an die Seite setzen. Dagegen wird auch die geringste Fähigkeit des Kunstschaffens wie Genießens unaufhörlich einen Aufstieg, wie er den eigenen Kräften entspricht, vollziehen.

Es ist einer der schwersten Kulturschäden unserer Zeit, die verstandesmäßige Bildung ganz einseitig zu pflegen. Kulturpflege muß heißen, jedes Kulturelement als vollwertiges zu behandeln, um das Ganze zu erhalten. Die Geschichte hat bisher eine große Epoche ohne große Kunst nicht gesehen.

Die unmittelbaren gesellschaftlichen Leistungen der Kunst spiegeln sich in den Aufgaben wider, deren Erfüllung man von ihr fordert. Diese wurden schon oben angedeutet. Als Nebenleistung dabei, die aber praktisch nicht selten zur Hauptleistung wird, ergibt sich, daß die Kunst Träger gesellschaftlicher Wertungen wird, z. B. indem sich Herrscher, Würdenträger, höhere Stände mit Kunstwerken umgeben, um sich von der Menge abzuheben.

3. Die Gesellschaftlichkeit der Kunst. Ein unmittelbares Ineinandergreifen der geistigen Akte Mehrerer ist auf ästhetischem Gebiete, im Gegensatze zum logischen, nicht möglich. Eine der Erörterung gleichartige Erscheinung gibt es daher auf dem Gebiete der Kunst nicht. Hier ist nur nachträgliches Miterleben (Widerhall, Reflex) vorhanden, als Kunstgenießen, nicht in der Konzeption selbst, die nur den Gegenstand (als umweltlichen) vor sich hat. Die Rücksicht auf den Zuhörer, Zuschauer usw. hat allerdings schon bei der Konzeption eine Bedeutung, eine geburtshelfende Wirkung. Ein Gleiches wie „Erörterung" ist dies dennoch nicht. — Dem Kunstgenießen kommt nun weiterhin die größte Bedeutung zu. Es ist eine beispiellose Vergemeinschaftung heimlichster geistiger Inhalte, die sich hier abspielt. Nichts kann so sehr innere Vorgänge und Erlebnisse vermitteln, die Persönlichkeit bereichern, stärken, erweitern und ihr Welten aufschließen, die bisher verborgen waren, als das Kunstwerk des großen Meisters. Im Kunstwerk steht

die Wirklichkeit gereinigt, klar, groß, durch und durch begriffen vor uns, und so schließt es auch in uns den Schatz des eigenen Wesens erst auf. Es lehrt uns unsere eigenen Gefühle verstehen, unsre Schicksale entwirren, es beleuchtet unser Gutes und Schlimmes. Zugleich aber vermag es uns nur mitzuteilen nach dem Maße unserer Persönlichkeit. Dem „Ungeweihten" muß das Kunstwerk in all seiner durchdringenden Wahrheit stets wie eine Art Märchen erscheinen, als ein Spiel und schöner Schein, gut genug, müßige Stunden zu erhellen. Wer aber etwa die Liebe an „Romeo und Julia" erlebt, traumhaftes Weltgefühl aus dem „Sommernachtstraum" und romantischer Poesie geschöpft hat, die Schicksals- und Lebensideen aus Ödipus und Faust, das Gute und Böse aus Heinrich IV., Richard III., goldene, kosmische Weltfreude aus dem Figaro und tausend andere Gefühle, Erlebnisse, innere Wissenschaft aus tausend anderen Werken der Kunst sich erbildete — der hat all dies seelische Wachstum aus Vergemeinschaftung mit dem kunstschaffenden Geiste geschöpft. So wirkt Kunst in höchstem Maße gemeinschaftbildend zwischen Menschen, und der Wert solcher Gemeinschaftserzeugung ist um so größer, als er die wichtigsten Bildungsinhalte des menschlichen Geistes umfaßt (wie auch schon früher ausgeführt wurde), und ist gerade darum auch äußerst vielseitig. Die künstlerische Vergemeinschaftung der Geister bildet gleichermaßen für Liebes- und Neigungsgemeinschaften, für intellektuelle, religiöse, philosophische Gemeinschaftsbildung eine unverwüstliche Unterlage.

Kritik ist, wie auf dem logischen Gebiete, so auch hier von besonderer Wichtigkeit. Sie berichtigt, reinigt und wirkt durch Nachweisung des Wahren auf die Beseitigung alles Sonderlinghaften, Zufälligen und Pathologischen. Kunstkritik ist im letzten Grunde nichts anderes als die Aufzeigung und Aufklärung des künstlerisch Richtigen, des ästhetisch Wertvollen (denn das Richtige ist hier wie in der Logik ein Wertbegriff). Kritik ist die Zurückführung des Kunstwerkes auf die letzte Grundlage wahrer Kunstschätzung. (Zu sagen, welches diese Grundlage und Norm sei, ist Sache der Ästhetik selber, nicht der Gesellschaftslehre.) Daher erfüllt die Kritik eine Kulturmission im wahrsten Sinne. Winckelmann und seine Nachfolger haben uns das Verständnis der Alten wieder erschlossen, Lessing dem germanischen Geiste seinen Shakespeare, Schlegel und die Romantiker der ganzen Menschheit Calderon und die mittelalterliche Poesie wiedergeschenkt; man denke an Burckhardt und die Renaissancekunst, an Wagners Hervorhebung Beethovens, Ferd. Avenarius' Erweckung Mörikes und der Heimatkunstbewegung. Was solche und ähnliche kritische Arbeiten als künstlerischen Wert festgesetzt haben, darauf ist dann die künstlerische Entwicklung ganzer Zeitalter eingestellt.

Ein innerer Fortschritt ist in der Kunst unmöglich. Zwar kann jedes Geschlecht das, was Kunst ist, nur auf seine Art erreichen, aber indem sie über das Höchste, das rein Menschliche, nicht hinaus kann, wird sie eben nie mehr erreichen; als der menschlichen Natur angemessen ist. (Die kindliche Fabel von der Höherentwicklung der Menschheit auf Darwinischer Grundlage ist ja nun vielfach selbst von der Naturwissenschaft aufgegeben; denn die Gesetze Mendels lassen den Begriff der Höherzüchtung der Rasse absurd erscheinen.) Es gibt immer wieder nur ein Hinaufstreben zum höchsten Gipfel, kein Überfliegen. Wer eine Statue des Phidias je begriffen hat, wird über den Versuch, sie zu übertreffen, nur lächeln können.

Von diesem Gesichtspunkte aus erweisen sich die radikalen Versuche der modernsten Kunst als höchst unglücklich. Das Wort „der Zeit ihre Kunst" hat seine Berechtigung lediglich im Hinblick auf die besondern Mittel und Wege, dem letzten Werte, der Kunst ausmacht, nahezukommen, nicht im Hinblick auf den Inhalt dieser Werte selbst. Das ewige, metaphysische Element, in welchem Kunst zuletzt allein wurzelt, bleibt für den menschlichen Geist unter allen Zonen, Völkern und gesellschaftlichen Umständen das gleiche. Das ästhetische Urteil ist allgemeingültig und nur eines.

Der angeführten Literatur möge noch hinzugefügt werden: Schäffle, Bau u. Leben des sozialen Körpers, 2. A., Tübingen 1896, II. Bd. S. 370 ff. (mit glücklichen induktiven Beobachtungen, wenn auch auf utilitarischer Grundlage); Wundt, Elemente d. Völkerpsychologie, 2. A., 1913 (ethnologisch und psychogenetisch); kritisch behandelt Ursprung und Funktionen der Kunst M. Dessoir a. a. O.

III. Die Religion.

1. Wesen, Formen und Ursprung der Religion. Der Religion gegenüber erhebt sich derselbe Streit wie angesichts von Wissenschaft und Kunst. Ist sie ein bloßer empirischer, psychologischer Reflex auf die Umwelt, bloße Bedingung sozialer Ordnung, bloß wahr, weil sie förderlich ist (James, Pragmatismus); oder ist sie ein Bestandteil des menschlichen Bewußtseins, dem Allgemeingültigkeit in seinem Grund und seiner Wesenheit zukommt?

Die letztere, höhere Auffassung kann man dahin kennzeichnen, daß ihr Religion das notwendige Erlebnis des Übersinnlichen ist, das im letzten Grunde und eigentlichen Gehalte Wahrheit, wenn schon in wechselnden Erscheinungsformen, enthält. Die Allgemeingültigkeit und Notwendigkeit des Grunderlebnisses bedingt den apriorischen, normativen Charakter der Religion und schließt die Ableitung aus einem „transzendentalen Hang“, „Trieb zum Übersinnlicheu“ u. dgl. als bloß psychologisch ebenso aus, wie die andern (sogleich zu erwähnenden) Erklärungen aus Furcht, Traumerfahrung und andern einzelnen Gründen.

Der angeführte allgemeinste apriorische Begriff genügt für die Gesellschaftslehre. Denn mag man nun den besonderen Standpunkt Kantens, Schleiermachers, Fichtes, Hegels oder einer andern idealistischen Philosophie einnehmen, für die Gesellschaftslehre wird sich doch stets dieselbe Grundlage dem Empirismus gegenüber ergeben. Kant leitet die Religion aus dem moralischen Gesetz ab, indem dieses zum Begriff des höchsten Gutes, zum Postulat der Gottesidee führt (Kritik d. prakt. Vern. Ausg. von Vorländer S. 165); für Schleiermacher ist die Religion kosmisches „Abhängigkeitsgefühl schlechthin“. „Ihr Wesen ist weder Denken noch Handeln, sondern Anschauung und Gefühl“ des Universums. (Reden ü. d. Religion, vgl. Werke, herausg. von Braun, Lpz. 1911 Bd. IV S. 240ff). Von derselben Grundlage entwickelt Hegel den Begriff der Religion weiter. Religion ist „die Beziehung des Geistes auf den absoluten Geist [d. i. den Weltgeist] . . . Dies ist nicht bloß ein Verhalten des [individuellen] Geistes zum absoluten Geist, sondern der absolute Geist selbst ist das Sichbeziehende . . .; und höher ist so die

Religion . . . das Selbstbewußtsein des absoluten Geistes . . . Die Endlichkeit des Bewußtseins tritt ein, indem sich der Geist an sich selbst unterscheidet . . ." Durch diese Verendlichung wird er „Wissen seiner selbst". „So ist die Religion Wissen des göttlichen Geistes von sich durch Vermittlung des endlichen Geistes" (Religionsphilosophie, herausgegeben von Drews, S. 121, Jena 1905).

In dem Gebilde Religion ist zu unterscheiden: erstens die religiöse Idee selber, welche in ihren primitiven Formen Mythos heißt und dann anthropomorph ist (Anthropomorphismus oder Vermenschlichung der Gottesidee); zweitens die praktische Tätigkeit im Dienste dieser Idee, der Gottesdienst oder Kultus.

Als Formen oder Arten der religiösen Idee und des Mythos unterscheiden wir:

1. Den Animismus, die Allbeseelung, jedoch nicht als einheitlichen Pantheismus gefaßt, sondern als Glauben an frei bewegliche Seelen, an Geister und Dämonen auch in anorganischen Dingen.

Besondere Formen des Animismus sind Fetischismus und Totemismus. Ersterer besteht in der Meinung, daß die Seelen Verstorbener als Schemen in allen möglichen Gegenständen ihren Wohnsitz nehmen können. Solche Gegenstände (Idole, Amulette) genießen dann eigene Verehrung. Maßgebend dafür erscheint die Traumerfahrung, die den Menschen in andere Gegenden und Zeiten versetzt und so zu der Annahme führt, daß die Seele den Leib auch bei Lebenden verlassen könne, z. B. im Schlafe und in Ohnmachtsanfällen. Das gleiche ist die „Besessenheit", die damit erklärt wird, daß eine fremde Seele in den lebenden Körper eindringt. — Der Totemismus besteht in der Anschauung, daß bestimmte Tiere die Stammväter der Sippen oder Stämme seien, so daß zwischen beiden eine Verwandtschaft herrscht und gepflegt wird. In Indien und Ägypten hat der Tierdienst auf Grund des Seelenwanderungsglaubens eine große Rolle gespielt. „Totem" heißt das Wappen der Indianer, auf dem ein Tier (manchmal auch eine Pflanze) abgebildet ist.

2. Den Polytheismus, von dem eine besondere Form die Heroenverehrung oder der Henotheismus ist.

3. Nach Überwindung der Zersplitterung in Lokalgottheiten, Stammes- und Nationalgottheiten, gelangt der Monotheismus zur Ausbildung. Die drei großen monotheistischen Religionssysteme sind gegenwärtig: der Buddhismus, das Christentum, der Islam (darüber Näheres unten Punkt 4).

Die Theorien über den Ursprung der Religion können wir mit Eisler (Art. Religion, im Wörterb. d. philosoph. Begriffe, 3. A., Lpz. 1910) folgendermaßen einteilen:

1. Rationalistische Theorien, welche die Religion aus bewußter Absicht, verstandesmäßiger Reflexion Einzelner erklären. (Lobeck, J. H. Voß, E. Rénan).

2. Antirationalistische Theorien, nach welchen die religiösen Ideen angeboren (Nativismus) oder geoffenbart sind (Offenbarungstheorie).

3. Als neuere, mit den rationalistischen Ableitungen vielfach zusammentreffende Theorien kann man zusammenfassen: den Symbolismus, welchem die Religion eine sinnbildliche Erfassung des Übersinnlichen, ein Gebilde der Phantasie ist (Fr. Creuzer); den Naturismus, welcher die Religion von der Naturvergötterung ableitet (A. Réville); die Religion als Ahnenverehrung (H. Spencer, Tylor, Caspari); eine Kombination des Naturismus mit den Ergebnissen der Sprachforschung bei: Max Müller, Natural religion 1889; Runze, Sprache und Religion, 1889, H. Usener; den sogenannten Adaptionismus, welcher Anpassung mythischer Anschauungen und Kulte von fremden Völkern in den Vordergrund stellt (Gruppe); den Soziomorphismus, nach welchem die Religion ein Streben ist, die Welt als Gesellschaft anzusehen (Guyau). — Bis vor etwa einem Jahrzehnt hielt man ziemlich allgemein den Aninismus für die Urform der Religion. Gegenwärtig ist diese Meinung aufgegeben, was aber an ihre Stelle zu setzen sei, darüber ist man nicht einig. Wundt setzt die „Körperseele", Durkheim den Totemismus (bedingt durch das fortgesetzte Erleben der Allmacht der Gruppe), Preuß und Fratzer setzen den Zauberglauben an den Ausgangspunkt.

Die Frage der religionslosen Völker ist für den Streit zwischen empiristischer und aprioristischer Auffassung der Religion bedeutsam. Fänden sich wirklich religionslose Völker, so hätte der Apriorismus eine weit schlechtere Stellung. Indessen ist diese Frage gerade empirisch schwer zu entscheiden, weil es dabei ganz auf den Begriff der Religion selbst ankommt. Wundt schreibt über den Verlauf dieses sehr alten Streites in der neuern Zeit folgendes (Elemente der Völkerpsychologie, 2. A., 1913, S. 76 ff.):

„Im Jahre 1880 schrieb Roskoff ein Buch über ‚Das Religionswesen der niedersten Naturvölker'. Darin stellte er zusammen, was ihm zugänglich war, und kam auf Grund dessen zu dem Resultat, es gäbe überhaupt keine religionslosen Völker. Vor etwa zehn Jahren faßten dagegen die beiden Sarasin, die Erforscher der Weddas, ihr Ergebnis in den Satz: Die Weddas haben keine Religion. Doch wenn man das, was Roskoff über primitive Völker zusammenstellt und was vom Dämonen- und Zauberglauben der Weddas die Sarasin berichten, nebeneinander hält, so zeigt sich, daß die Tatsachen, auf die sich diese Forscher beziehen, im wesentlichen die nämlichen sind. Was der eine Religion nennt, das nennen die anderen Zauberglauben; was aber beide eigentlich unter Religion verstehen, davon ist überhaupt keine Rede." Jedenfalls, sagt Wundt, können wir „ohne allen Zweifel von Zauber- und Dämonenvorstellungen . . . beim primitiven Menschen reden . . . Sie fehlen hier, wie allgemein zugestanden wird, nirgends. Nur freilich begegnen wir dabei sofort der weiteren Frage, wovon dieser Zauber- und Dämonenglaube ausgeht, welches die Substrate sind, von denen er getragen wird". Diese Frage führt dann zu der nach Begriff und Ursprung der Religion.

2. Die gesellschaftliche Bedingtheit der Religion. Die Religion ist wie die Kunst in ihrem innersten Erlebnis empirisch unbeeinflußt in dem Sinne, daß es ganz gleich ist, an welchem handgreiflichen Stoffe das transzendente

Gefühl geformt wird, in welcher besonderen Form es zur Darstellung oder Wirksamkeit kommt. In diesem bloß formenden Sinne hat die jeweilige staatliche, stammesmäßige und nationale Organisation der Volksgemeinschaft unter primitiveren Verhältnissen (aber auch in höheren Kulturen, wenn sie polytheistisch sind) die größte Bedeutung. Sehr oft kommt es dann zum Glauben an Stammesgötter, „die zu den Mitgliedern der Stammesgemeinschaft im besonderen Verhältnis stehen. Der Stammesgott ist der ‚allerhöchste' Herr und Eigentümer des Stammes ... Dafür beschirmt er den Stamm im Innern wie nach außen, gegen dessen Feinde und wohl auch gegen die Götter derselben" (Eisler, Soziologie 1903, Seite 110; vgl. dazu Höffding, Religionsphilosophie 1901, S. 140). Werden durch politische Vorgänge mehrere Stämme geeinigt, so wird dadurch die Aufstellung einheitlicher Volks- und Staatsgottheiten herbeigeführt, denen gegenüber die alten Stammesgottheiten zu Lokalgottheiten herabsinken.

Jedoch betrifft dies alles viel mehr den Kultus oder Gottesdienst, als die Gottesidee, das religiöse Grunderlebnis selbst. Nur bei fetischistischen Zuständen fallen Kultus und religiöse Idee zusammen. Diesen Zusammenhang charakterisiert Eisler kurz folgendermaßen: „Mit dem Glauben an Geister und Götter und der Annahme, daß sie fähig und gewillt seien, Böses und Gutes, Schädliches und Nützliches zu wirken, verbindet sich von selbst der Kultus ... Die Furcht vor den Geistern der Toten, ... die Angst vor dem Walten der Naturdämonen und göttlichen Wesen, der Wunsch, ... sich mit ihnen auf guten Fuß zu stellen, führt zu den mannigfachsten rituellen Handlungen und Zeremonien ... Der religiöse Kultus beeinflußt, besonders bei Naturvölkern, das ganze soziale Leben, jeder Vorgang von irgendwelcher Bedeutung steht unter seinem Banne ... Unterlassung oder Mißachtung des Zeremoniellen kann den ganzen Stamm schädigen, daher die Strenge, mit der Vergehen gegen den Kultus geahndet werden; die Religion ist, wenigstens ursprünglich, immer Sache der Gemeinschaft, betrifft gemeinsame Interessen." (Soziologie, Leipzig 1903, S. 112/13.)

Die drei das Wesen des Kultus ausmachenden Handlungen sind Gebet, Gelübde und Opfer. In den höheren

Religionen werden noch Musik, künstlerische Darstellung (der Götter, wie ihrer Symbole und Tempel) und Belehrung hinzugezogen, wie sie in den Formen der Mysterienfeiern, der christlichen Liturgie und Predigt sich vollziehen. Das Wesen des Gottesdienstes oder Kultus ist namentlich in den höheren Religionen nicht nur Verehrung, sondern noch mehr symbolisierende Veranschaulichung des Übersinnlichen und Versinnbildlichung des Verhältnisses, in welchem die Gemeinde zu dem göttlichen Wesen steht (über das Tatsächliche vgl. Harnack, Theorie und Geschichte des Kultus, in „Praktische Theologie", 1. Bd., Erlangen 1878).

In welchem Sinne von innerer Eigenentwicklung der religiösen Idee zu sprechen ist, ist schwer zu bestimmen. Von animistischer, zauberartiger Allbeseelung führt der Weg zur polytheistischen Allbeseelung, welche die göttlichen Wesenheiten veredelt und an einen Gott-Vater gebunden, von ihm ausgegangen denkt, bis schließlich ein Ideenreich von Göttern und Gestalten zum Pantheismus einerseits, zum einzigen persönlichen Gott andererseits führt. Wie sich die innere Logik der Vorstellungen hier zu verhalten hat, wohin sie führen muß — das sind unbeantwortete Fragen, die zugleich die höchsten Aufgaben der Philosophie (als Religionsphilosophie) bilden. Nichts ist hier ganz sicher. Erschütternd wirkt es, zu sehen, wie Schelling von grandiosem Pantheismus schließlich zur Konstruktion eines persönlichen Gottes kommt („Philosophie der Mythologie u. Offenbarung").

Die gesellschaftlichen Aufgaben, welche die Religion zu erfüllen hat, wurden schon angedeutet: Schutz und Dienst für die Volksgesamtheit (Staatsgottheit!) und Sanktionierung aller Einrichtungen, Formen, Sitten und Bräuche, welche im gemeinsamen (wie allerdings auch persönlichen) Leben eine Rolle spielen. Auf diese innige Verbindung mit dem Ethischen wird noch zurückzukommen sein.

Die äußere Ermöglichung hat bei der Religion mehr Einfluß auf den Kult als auf die religiöse Idee selbst. Die Pflege von Gebet, Opfer, Gelübde bedarf im höchsten Maße der Anwendung von Gütern wirtschaftlicher wie künstlerischer Natur. — Ein Erfordernis des Kultes, das von weittragendster sozialer Bedeutung ist, ist die Verselbständigung des Priesterstandes (Schamanen bei dem Primitiven), welcher der Träger des Religiösen wird.

Eine damit zusammenhängende Eigentümlichkeit des religiösen Lebens gegenüber Kunst und Wissenschaft ist das Streben, zu einer festen Veranstaltung (Organisation) zu kommen. Diese ist in gewissem Maße schon mit dem Auseinandertreten des Priester- und Laienstandes vorhanden, pflegt sich aber noch weiter bis zur Kirche zu vervollkommnen. Allerdings haben nicht alle Religionen (besonders nicht der Polytheismus bei Griechen und Römern) Kirchen von wirklich geschlossener, hierarchischer Form ausgebildet, wie das ägyptische und orientalische Priestertum, besonders aber die christliche Kirche. Diese steht ja sogar neben dem Staat als etwas Eigenes da. Die Frage der spezifischen Bedeutung der Veranstaltung für die Religion ist schon von Schleiermacher behandelt worden, später von Rothe (Kirchengeschichte 1870) und Sohm (Kirchenrecht, I. Die geschichtlichen Grundlagen, Leipzig 1892), zuletzt von Tröltsch. Tröltsch kommt zu dem Ergebnis, daß in allen Religionen der Glaube an die alleinige Wahrheit (der Gedanke einer göttlichen Offenbarung) notwendig zur Bildung fester gottesdienstlicher und lehrhafter Formen sowie zu einer rechtlich festgelegten Organisation führe, also zur Kirchenbildung. Dieser gesellschaftliche Vorgang stellt, wie Tröltsch sagt, einen heilsamen Zwang dar, da nur so die einheitliche, reine Fortpflanzung der religiösen Lehre und Begeisterung möglich sei. Die kirchliche Veranstaltung wirkt aber auch auf die religiöse Idee selbst zurück. „Die Kirchen sind Schalen, welche allmählich den Kern verholzen, den sie schützen", indem sie das freireligiöse Leben hemmen, unduldsam werden und sich in weltliche Interessen verstricken. Neben der Kirche stehen die freien, vereinsmäßigen Anstaltsformen der Sekten und die nur ganz lose veranstalteten Gruppenbildungen der Mystiker. Die christliche Kirche ist, wie Tröltsch richtig dargelegt hat, eine Anstalt, welche Massen aufnehmen und der Welt sich anpassen kann; die Sekte ist die Vereinigung strenger Christen, die von der Welt sich scheiden, auf kleine Kreise beschränkt bleiben, und die christliche Lebensordnung der Liebe aufrichten; die Mystik hingegen bringt es nur zu persönlich bedingten Gruppenbildungen. Alle drei Formen sind schon in den Anfängen vorgebildet und treten bis heute auf jedem Bekenntnisgebiete nebeneinander auf. Sie haben auch je einen andern Wahrheitsbegriff; die Kirche braucht als Massen- und Volkskirche Autoritätsglauben und Zwang, was wieder die Mitwirkung des Staates erfordert; die Sekten verlangen Toleranz und Freiheit vom Staate, indem sie auf dessen Mitwirkung zur Aufrechterhaltung ihrer Organisation verzichten; daher entstehen unaufhörliche Spaltungen. In diesen unlösbaren Widersprüchen bewegt sich nach Tröltsch auch das Problem der christlichen Toleranz und Gewissensfreiheit.

Die Leistungen der Religion für die Gesellschaft sind vor allem jene, die in den angedeuteten Aufgaben, die ihr gestellt werden, beschlossen liegen. Schon indem Religion ein Verhalten des Menschen den Naturmächten gegenüber ist, kann jede Einzelheit des Lebens davon betroffen werden; ebenso wenn sie in geläuterter Form ein inneres Verhalten dem Weltganzen gegenüber darstellt. Damit nimmt der Inhalt der Religion notwendig und in jeder Form eine eminent ethische Wendung. Denn meine Einordnung in das Weltganze wird für mich von selbst zum Imperativ meines Verhaltens, Grundlage und Richtmaß alles irdischen Tuns, und des gesellschaftlichen als ethischen Tuns ganz besonders. So wird die gesellschaftliche Leistung der Religion zugleich eine moralische. Im Prinzip der Nächstenliebe (Christentum, Buddhismus) kommt diese Leistung am bedeutendsten zum Ausdruck. Damit allein schon ergibt sich, daß der Grundsatz „Religion ist Privatsache“ streng genommen nicht richtig, ja nicht einmal durchführbar ist. Religion ist mindestens sowenig Privatsache als Gesellschaftsethik Privatsache ist. Nur unter so eng verwandten Bekenntnissen wie dem katholischen und protestantischen mit gleicher Sittenlehre kann dieser Grundsatz voll und ganz gelten. Sehr leicht natürlich auch dann, wenn die religiöse Gesinnung überhaupt verschwunden ist oder wenigstens praktisch keine Rolle mehr spielt, was z. B. heute den Juden gegenüber ausschlaggebend ist. — Zugleich werden im Einzelnen die gottesdienstlichen Handlungen zu festen Sitten und Gebräuchen, welche mit größter Zähigkeit auch dann Bestandteil des Lebens bleiben, wenn ihr religiöser Sinn bereits verloren gegangen ist.

Die Beziehungen der Religion zur Kunst wurden schon früher berührt.

3. Die Gesellschaftlichkeit der Religion. Die Religion ist wie die Kunst ein Erzeugnis von umweltlicher Gemeinschaftsbildung, ihr Wesen ist Gottesgemeinschaft. Dieser reine Gemeinschaftscharakter des religiösen Inhaltes für den individuellen Geist pflanzt sich auf den Inhalt der Religion überhaupt fort. Zwar kann die religiöse Gemeinschaft als Gottesgemeinschaft niemals zur kongregalen Gemeinschaft (zur unmittelbaren Gemeinschaft zwischen Menschen) werden, weil Religion eben das Verhältnis des Einzelnen zum Übersinnlichen unmittelbar ist. Der von den Einzelnen erlebte Inhalt der Gottesgemeinschaft aber reflektiert sich, verstärkt sich, bildet sich um im gegenseitigen Wissen voneinander. Was in der Wissenschaft der erste Bildner von Gedanken, in der Kunst der schaffende Künstler, das ist in der Religion der Religionsstifter und Prophet. Seine Erlebnisse beherrschen das Erlebnis der andern, es wird ihnen die feste Bahn, die ihr Geist fortan wandelt. Feste Lehren und Kulte entsprechen den Erlebnissen als Ausdruck und Symbol. Dieser kongregale Vergemeinschaftungsvorgang, den der Religionsstifter einleitet und in weitestem Inhalte bestimmt, ist die Grundlage für die Bildung der „religiösen Gemeinde", welche zwar zunächst nur geistige Gemeinschaft ist, später aber von selbst zur Veranstaltung drängt, weil die dogmatische Lehre wie die Riten des Kultes eine Verstetigung für sich und für die zugrundeliegenden geistigen Inhalte gebieterisch fordern; das findet, wie oben dargestellt, schließlich in der hierarchischen Kirche seinen stärksten Ausdruck und Gipfel.

4. Die heutigen Weltreligionen. Zur kurzen Orientierung über die heutigen Weltreligionen und ihre Entstehung mögen folgende Ausführungen Wundts in den „Elementen der Völkerpsychologie" hier Platz finden.

„Unsere heutige Kultur kennt nur zwei Weltreligionen im eigentlichsten Sinne dieses Wortes: den Buddhismus und das Christentum. Der Konfuzianismus, der nach der Zahl seiner Bekenner vielleicht hierher gerechnet werden könnte, ist mehr ein ethisches Lehrsystem als eine Religion, und er birgt daher innerhalb der Masse der chinesischen Bevölkerungen eine Fülle religiöser Entwicklungen in sich, unter denen der altüberlieferte Ahnenkult und der von außen eingedrungene Buddhismus in erster Linie stehen. Der Islam ist eine Mischung jüdischer und christlicher Religionsanschauungen mit alten arabischen und turanischen Überlieferungen, die als solche die Mission einer Kulturreligion gegenüber halb oder ganz barbarischen Völkern glänzend erfüllt hat, aber eine Religionsschöpfung von originaler Bedeutung nicht genannt werden kann. Das Judentum endlich hat einen überaus wichtigen, in seinen Wirkungen gar nicht hinwegzudenkenden Einschlag des Christentums gebildet; selbst aber ist es keine Weltreligion, sondern es gehört zu jenen unterlegenen Kulten, die in der vorkonstantinischen Epoche des römischen Weltreiches um die Herrschaft kämpften.

Welches sind nun aber die treibenden Kräfte gewesen, die jenen beiden großen Religionen diesen Sieg verschafften? Sicherlich nicht bloß ihre inneren Vorzüge . . . und ebensowenig bloß die Gunst äußerer Verhältnisse, wie etwa die Erhebung des Christentums zur Staatsreligion durch Konstantin. Gewiß war es vielmehr eine Fülle von Bedingungen, die hier zusammenwirkten, und unter denen der Zug nach einer rein humanen, von Nation, äußerer Lebensstellung unabhängigen Religion in erster Linie steht. Insofern gerade dieser Zug mehr oder minder allen religiösen Strebungen dieser Übergangsepochen eigen ist, kann übrigens auch er nicht von entscheidender Bedeutung gewesen sein" (S. 491/92). Wundt bespricht nun den Ursprung des Buddhismus aus der Philosophie, aus der er zur Volksreligion wurde, und des Christentums, das umgekehrt als Volksreligion begonnen hat.

„Ihren Sieg über andere religiöse Kulte verdanken jedoch die beiden die Hauptgebiete geistiger Kultur beherrschenden Weltreligionen sicherlich nicht diesen immerhin verschiedenen äußeren Ursprungsbedingungen, sondern dem religiösen und sittlichen Kern, den sie in den Aussprüchen und Reden sowie nicht minder in dem vorbildlichen Leben ihrer Begründer in sich tragen" (S. 494). „Dem reiht sich im Christentum noch ein anderes Motiv an, das . . . den Boden für die neue Religion bereit finden ließ" (S. 496), nämlich eine große Fähigkeit der Assimilation alter mythologischer Legenden, wodurch es kommt, daß selbst noch das heutige Christentum „ein Nebeneinander der verschiedensten Stufen religiöser Entwicklung in sich vereinigt" (S. 497), indem nämlich Zauber-, Dämonen- und polytheistische Göttervorstellungen noch neben dem Monotheismus einhergehen. Dazu kommt ferner (bei beiden Weltreligionen) die Erhebung des rein persönlichen Gottes zur überpersönlichen Gottheit (S. 497 ff.). Dadurch allein kann die nationale Stufe der Religion mit einem persönlichen Gotte überwunden und die internationale Stufe erlangt werden. „Während die nationale Religion den unterpersönlichen Dämon durch den persönlichen Gott verdrängt, erhebt sich in der Weltreligion der persönliche Gott zur überpersönlichen Gottheit. Hier steht zugleich die Weltreligion in engster Verbindung mit der Weltkultur" (S. 499).

Diese Ausführungen mögen zugleich zeigen, wie auch das Resümée eines Meisters der induktiven Forschung (auf einem so viel gepflegten Gebiete!) nur zu recht mäßigen und verschwommenen Ergebnissen kommt, die überdies noch auf schwachen Füßen stehen. In der Begriffsarbeit muß eben der Schwerpunkt liegen. Der Begriff aber ist hier nicht, wie in der Naturwissenschaft, durch fortgesetzte Häufung äußerer, ethnologischer Erfahrungen, sondern durch logische Analyse und vertiefte Bestimmung des Erlebnisses selbst zu erlangen.

Literatur. Der Religionsbetrachtung in aprioristischem Sinne entspricht die Religionsphilosophie. Religionsphilosophien haben seit Kant alle spekulativen Systeme ausgebildet, darunter ragen die von Schleiermacher, Schelling und Hegel besonders hervor. — Die historisch-genetische Religionsbetrachtung heißt Religionspsychologie, auch Religionswissenschaft oder Religionssoziologie. Sie stützt sich besonders auch auf die Erforschung ethnologischer Tatsachen. Hierüber ist die wichtigste Literatur etwa folgende: Max Müller, Einleitung in die vergleichende Religionswissenschaft, Straßburg 1870; Lippert, Die Religionen der europäischen Kulturvölker, 1881; Chantepie de la Saussaye, Lehrbuch der Religionsgeschichte, 2 Bde., 3. A., Tübingen 1905; Höffding, Religionsphilosophie, 1901; Starbuk (Amerika), Religionspsychologie, deutsch von Fr. Beta, 2 Bde., Lpz. 1908); Durkheim, Les formes élémentaires de la vie religieuse. Le système totémique en Australe. Paris 1912; Flügel, Religionsphilosophie in Einzeldarstellungen, 1907 ff.; D. Religion i. Gesch. u. Gegenw. (Handwörterb.) hrsg. v. Schiele u. Zscharnack, Tübingen 1913 ff; Tröltsch, Die Soziallehren der christlichen Kirche, Tübingen 1913. — Zeitschriften: Archiv für vgl. Religionswissenschaft, 1890 ff.; Archiv für Religionspsychologie, 1913 ff. — Über Kirchenverfassung s. unter Veranstaltung, Kap. III_{II}.

IV. Die Philosophie.

Auch die Philosophie ist nicht empiristisch als Vereinheitlichung aller Einzelwissenschaften zu fassen. Dann müßte ihr Inhalt mit dem Stande unserer wissenschaftlichen Kenntnisse wechseln. Das ist aber nicht der Fall. (Dies zu glauben war Stümpern vom Range unserer Materialisten, Energetiker, Darwinisten vorbehalten). Sie hat, wie ein selbständiges Problem, so auch ihren eigenen Gegenstand, und ihre Erkenntnismittel sind unabhängig von bestimmten induktiven Kenntnissen. Philosophie ist vielmehr Weltanschauung im buchstäblichen Sinne, d. i. Erkenntnis des Wesens der Welt und unseres Lebens. Auch Kant hat nur den „Schulbegriff" der Philosophie als Begriffswissenschaft, als immanente Einheit der Erkenntnis gefaßt (was diejenigen übersehen, die sich für eine solche Auffassung der Philosophie auf Kant stützen wollen). Ihr eigentliches Wesen sah er darin, daß sie die „Wissenschaft von der Beziehung aller Erkenntnis auf die wesentlichen Zwecke der menschlichen Vernunft" ist [1]). So erlangt sie einen eigenen Gegenstand, apriorischen Charakter, eine selbständige innere Grundlage.

Demgemäß zeigt denn auch die Weltgeschichte eine grandiose Beständigkeit der Philosophie im Grundinhalt und den letzten Grundbegriffen. Die altindische Philosophie der Upanischaden, die altchinesische des Laotse, der Gipfel der griechischen Philosophie (Eleaten, Sokrates, Platon, Aristo-

---

1) Kritik d. r. Vernunft S. 633; vgl. auch Logik S. 25 u. ö.

teles), die mittelalterliche Philosophie und Mystik, namentlich des Meisters Eckehart, dann die deutsche klassische Philosophie von Kant bis Hegel — sie alle zeigen denselben, einen, metaphysischen Grundzug, dasselbe letzte, übersinnliche Grunderlebnis. Freilich zeigen sich auch die entgegengesetzten Arten des Weltbegriffs immer wieder und sie werden aus der Geschichte des menschlichen Geistes nicht verschwinden, ebensowenig wie die Bösewichter und Dummköpfe. Der Grund liegt in der innersten Natur der philosophischen Fragen selbst. Der Mensch steht als vernünftiges Wesen dem Leben und der Welt mit der notwendigen Forderung nach einem Zweck gegenüber. Indem ihm aber im Leben der Tod, in der Welt blinde Kausalität und ewige, sinnlose Veränderlichkeit entgegentreten, wird er zwischen der fürchterlichsten Skepsis, die sein Leben sinnlos und wertlos macht, und rückhaltlosem Vertrauen, grenzenloser mystischer Hingabe hin- und hergeworfen. Daher wird der Gegensatz zwischen skeptisch-empiristisch-relativischer Anschauung vom Wesen der Welt einerseits (die dann von großen Naturen mit Resignation, von seichten dagegen wegen der Möglichkeit unaufhaltsamer naturwissenschaftlicher Fortschritte mit Begeisterung verkündet wird); zwischen metaphysischer Anschauung andererseits, die das übersinnliche, absolute Prinzip pantheistisch oder mystisch oder allerwenigstens erkenntnistheoretisch zur Grundlage nimmt, immer bestehen. Zwischen diesen beiden Möglichkeiten der Weltauffassung wird sich der menschliche Geist immer bewegen. Unter den vielen Zwischenformen, die dabei möglich sind, möchte ich das Romantische als eine spezifische herausheben. Das Wesen der Romantik ist durch das stete Schwanken zwischen beiden Polen bezeichnet. Das schmerzhafte Ringen um einen positiven Transcendenzbegriff, um innere Beruhigung und festen Glauben an das Übersinnliche macht das Romantische aus. Und Romantik als Weltanschauung ist dann Bedingung für die Romantik in der Kunst und nicht minder für die Romantik in der Staats- und Gesellschaftswissenschaft. (Adam Müller!) [1]).

Wird auf diese Weise Philosophie aufgefaßt als das

[1]) S. über ihn meine „Haupttheorien der Volkswirtschaftslehre", Lpz. 1911. (Sammlung „Wissenschaft u. Bildung".)

Trachten des menschlichen Geistes — dem, wie Kant gesagt hat, Metaphysik so notwendig ist wie das Atemholen[1] — nach innerer Anschauung vom Wesen der Welt, als notwendiges, von der Vernunft gebieterisch gefordertes Ringen nach der Idee des Absoluten; dann ist Philosophie von der Wissenschaft zu trennen. Philosophie als gesellschaftliche Erscheinung, und Wissenschaft als gesellschaftliche Erscheinung sind zwei ganz verschiedene Dinge. Hingegen sind Philosophie und Religion nur Zweige der gleichen Grunderscheinung: des metaphysischen Elementes im menschlichen Bewußtsein. Was die Philosophie von der begrifflichen, bewußten Seite her unternimmt und bedeutet, dasselbe bedeutet Religion von der Seite des Gefühles, der Hingabe und der Ahnung, des Symbols und Kultes. Daher bilden auch Philosophie und Religion, jede in ihrer Weise, die Grundlage, diese einer unmittelbar praktischen, jene einer wissenschaftlichen Ethik.

Was von den gesellschaftlichen Bedingtheiten und den gesellschaftlichen Leistungen der Religion gesagt wurde, gilt daher sinngemäß auch für die Philosophie. Indessen ist dabei Philosophie dem bewußten, streng gebildeten, ja in Wahrheit nur dem genialen Geiste vollkommen angemessen, Religion dem weniger selbständigen und gebildeten, unbewußter hinlebenden Menschen. Religion ist die Philosophie der Menge und soll es sein — nicht aus Gründen gesellschaftlicher Nützlichkeit, sondern weil sie die angemessene Form des Empfindens bildet. Philosophie ist die Religion des Genies. Philosophie ist daher alle Zeit das höchste und führende Kulturelement gewesen.

Bestimmte Literatur anzugeben, ist kaum möglich, da die Hauptwerke aller Philosophen zu nennen wären. Es möge daher ein bibliographischer Hinweis genügen: Philosophische Jahrbücher, hrsg. v. Frischeisen-Köhler (Berlin 1913ff.), in welchem die jährlichen Neuerscheinungen angezeigt werden. — Zur Einleitung etwa: Windelband, Präludien, 4 A., 2 Bde., Tübingen 1911.

V. Bemerkung über das Verhältnis der bisher behandelten Kulturelemente untereinander.

Besondere Beachtung verdient das Verhältnis von Kunst und Philosophie. Philosophie heißt, unter Hinweggehen über

[1]) Prolegomena S. 143 d. Ausg. v. Vorländer.

die leibhaftigen Dinge und alles einzelne in der Welt dem göttlichen Prinzipe selber zuzustreben, das dahinter steht; Kunst heißt in diesen Dingen und Wesenheiten zu verharren, gerade sie als Darlebungen, Gestaltungen des kosmischen Prinzips zu empfinden. Philosophie ist die Flucht von den Dingen und der Welt zum Göttlichen, daher der asketische Zug, der jeder metaphysischen Lehre notwendig innewohnt; in der Kunst dagegen vollzieht sich die Geburt der Dinge aus dem Göttlichen als notwendige Produktion, Kunst ist das Erleben der Dinge selber, von ihrer kosmischen Wurzel her. Daher muß die Kunst in den Dingen verbleiben, Philosophie über sie hinausstreben. Was hier nur Symbol ist, wird dort, im Reiche der Kunst, Wirklichkeit.

Von dieser Bestimmung aus ist die viel umstrittene Frage nach der Überlegenheit des einen Kulturelementes über das andere zu beurteilen, eine Frage, die ja für die Gesellschaftslehre und die Geschichtsbeurteilung nicht unwichtig ist. Das künstlerische Erlebnis geht entschieden über das philosophische hinaus, der Aufschwung, den der menschliche Geist in der Erzeugung des Zeitlichen aus dem Unendlichen nimmt, ist um eine Bestimmung höher als in der Philosophie. Aber die künstlerische Produktion ist in ihrer geheimsten Tat unbewußt und so kann Kunst den menschlichen Geist nicht regieren und vollenden. Was der Mensch als bewußte Intelligenz, als Vernunftwesen schlechthin erreichen kann, erreicht er am höchsten durch Philosophie. Darum bleibt Philosophie das führende Kulturelement.

Der Gesamtwert von Rassen und Kulturen ist allein nach der philosophisch-religiösen und der künstlerischen Leistung zu bestimmen. Wissenschaft ist mehr dienend als führend und bildet, wenn und sofern sie a b s e i t s von jenen Elementen steht, mehr ein Zivilisations- als Kulturelement, gleich dem Stande von Wirtschaft, Staatswesen, Technik, Recht. Wissenschaft als herrschendes Element macht die Kultur zu einer rationalen, was sie aber nicht sein kann. Die Kultur und ihre Lebensgebiete rationalisiert gedacht, ergibt einen widerspruchsvollen Begriff. Rationalisierte Kultur ist ein hölzernes Eisen, ihre Größe ein tönerner Koloß. Die alexandrinische Epoche bilde ein Beispiel. Von den großen Völkern der

Weltgeschichte sind Römer und Engländer als kulturlose, ja kulturfeindliche Völker zu bezeichnen, deren Größe allein auf dem Gebiete des Handelns, der Tat, liegt.

Die Griechen stellen das spezifisch künstlerische Volk dar, das aber auch die Philosophie vollwertig in seiner Kultur ausgebildet hat; die Inder und Germanen spezifisch philosophische Völker. Dabei sind die Inder wohl das philosophischeste Volk, das die Welt je gesehen hat, wovon die Upanischaden ein vollgültiges Zeugnis ablegen; zugleich aber überaus unplastisch und darin der reine Gegenpol der Griechen, weshalb sie auch kaum andere als philosophische Kunst besitzen. Die Germanen halten die Mitte zwischen Indern und Griechen, indem sie letztere wohl an philosophischem Geiste zu übertreffen, an Plastik und Kunstbegabung aber bei weitem nicht zu erreichen vermögen.

VI. Die apriorische Wesenheit von Wissenschaft, Kunst, Religion und Philosophie.

In allen diesen Gemeinschaften haben wir Teilgestaltungen der Gesellschaft (Objektivationssysteme) kennen gelernt, in denen ursprüngliche, primäre Bestandteile der menschlichen Natur zur unmittelbaren (nicht erst durch Handlungen erscheinenden) Darstellung oder Darlebung in der Gesellschaft kommen. Dieser ursprüngliche Charakter macht jedes von ihnen zu einem echten Kultursysteme, ihre Gesamtheit zum Inhalte der jeweiligen Kultur. — Der Gesamtheit der Gemeinschaften als Kultur steht die Gesamtheit der Genossenschaften, der Systeme des Handelns, als Zivilisation gegenüber.

Wesentlich ist nun: daß der innere Aufbau der Kulturgebilde nicht von der empirischen Beschaffenheit der Umstände abhängig ist (von Zeiten, Ländern, Rassen, Gesellschaftszuständen, Klima, Boden), sondern unter allen Verhältnissen in seinem eigentlichen Wesen derselbe bleiben muß. Die Anarchie der Werte, von welchen heute auch nichtempiristische Denker glauben ausgehen zu müssen, findet an dem idealen, normativen Charakter der Kulturinhalte ihre Berichtigung. Kunst ist überall Kunst und hat dieselben letzten Maßstäbe unter Buschmännern, Griechen, Indern, Chinesen und Germanen. Wissenschaft ist überall Wissenschaft und hat nur einen Maßstab: das Logische. Philosophie und Religion gründet sich überall auf dasselbe Nacherleben der Welt und ihres göttlichen Urgrundes; dagegen beweist die Verschiedenheit der philosophischen Systeme ebensowenig, wie der Irrtum gegen die Wahrheit, Wirklichkeit gegen Kunst stehen kann.

Dieses innere Beherrschtsein von einer unumstößlichen Norm nennen wir den eigengesetzlichen, normativen oder apriorischen Charakter dieser Denkgebilde (die mit Rücksicht auf ihre Gegenständlichkeit gesellschaftliche „Objektivationssysteme" heißen). Es ergibt sich: apriorische Objektivationssysteme können von äußeren Verhältnissen nicht konstitutiv bestimmt werden.

Die realistisch-historische Betrachtung von Kunst, Wissenschaft, Religion, Philosophie in Gesellschaft und Geschichte kann daher diese Gebilde weder als Funktion von umweltlichen und geschichtlichen Bedingungen erklären (Milieu-Theorie); noch auch kann im besonderen das wirtschaftliche Moment durchgängig bestimmenden Einfluß auf ihre Entwicklung ausüben (historischer Materialismus); noch können endlich, was besonders wichtig ist, diese Objektivationssysteme wahrer, theoretischer Betrachtung in der Gesellschaftswissenschaft unterliegen. Wohl gibt es eine theoretische Betrachtung der Wirtschaft als eines Systems des Handelns; von Wissenschaft, Kunst, Religion, Philosophie kann es eine sozialtheoretische Betrachtung nicht geben, weil ihr Bildungsgesetz und Aufbau gar nicht gesellschaftlicher, sondern normativer, apriorischer Natur ist. Diese Selbstbehauptung des Logischen, Ästhetischen, Metaphysischen den gesellschaftlichen Bedingungen gegenüber haben die früheren Untersuchungen nachzuweisen gesucht. (Weiteres darüber s. Buch V.)

VII. Vergleich der Wissenschaft und der übrigen Gemeinschaften in ihrer Gesellschaftlichkeit.

Sind die Gemeinschaften in ihrer normativen Natur gleichartig, so doch nicht in dem, was wir die Gesellschaftlichkeit des geistigen Aktes selbst, der sie bildet, genannt haben. Darauf wurde im einzelnen bereits hingewiesen, hier möge es noch zusammenfassend betrachtet werden.

Es zeigt sich, daß die Wissenschaft monogenetisch entsteht, nicht als Gemeinschaft, welche der menschliche Geist mit der Umwelt bildet, sondern nur als ein mechanisches Wechselbeziehungsverhältnis zur Umwelt; denn diese selbst tritt nicht als Beseeltes, sondern bloß als Gegenstand schlechthin auf. Hingegen werden die aufbauenden Kräfte allerdings, wie wir wissen, ganz dem eigenen Vermögen, dem Logischen entnommen. Diese Schöpfung aus dem eigenen Vernunftgesetz stellt sowohl ein autonomes Verhalten des Geistes dar (Rationalismus), wie es in normativer Art die Wissenschaft bedingt; denn nur den Stoff liefert der Gegenstand. Der Wissenschaft als rein rationaler Schöpfung wohnt daher ein individualistischer Grundzug inne.

Wird so der denkerische Akt der Erfahrung nicht als Gemeinschaft verwirklicht, so ist dafür die Vergesellschaftbarkeit des Denkprozesses eine unmittelbarere, weitergehend als bei andern geistigen Akten. Wir haben in der Erörterung, als einem unmittelbaren Ineinandergreifen von Denkakten, diese Gesellschaftlichkeit kennen gelernt. Man kann bei der Erörterung von einer fortschreitenden, diskursiven Vergesellschaftung des Denkprozesses während seiner Verwirklichung sprechen. Es muß zwar jeder Teilnehmer seine Gedanken selber denken, aber die Glieder der Schlüsse können in Frage und Antwortstellung (dialogisch) ineinander übergreifen.

In Kunst, Religion, Metaphysik ist dies nicht möglich. Warum? weil sie schon selber als Gemeinschaften, d. i. in dialogischer Form, dem Gegenstande gegenüber entstehen, als Beziehung zwischen dem Individuum und jenem Metaphysikum, als dessen bloße Verkörperung der Gegenstand gedacht wird. Wenn die Wissenschaft noch autonome Tat des Verstandes ist, indem ihr der Gegenstand bloß Objekt bleibt, ist Kunst, Religion, Philosophie bereits dialogisches Wechselspiel mit einem personifiziertem Agens (dem Gegenstand). Daher ist „Erörterung" nachträglich nicht mehr möglich, denn die Gesellschaftlichkeit des geistigen Aktes hat schon um einen Schritt früher, nämlich im Verhältnis zum Gegenstande, stattgefunden. Hier kann nur noch nachträglicher Austausch der gebildeten Inhalte stattfinden und alle anregende, stärkende, berichtigende Wirkung nur außerhalb des bildenden Vergemeinschaftungsprozesses stattfinden.

Demgemäß treten diskursive Erörterung und nachträgliches Miterleben (nachträglicher Empfindungsaustausch) als verschiedene Formen von Vergesellschaftung der Kulturinhalte auseinander.

II. Kapitel. Die Moral.

1. Das Wesen der Moral im Gegensatz zu Glück und Nutzen. Moral entspringt nicht aus Nutzen, Glück, Lust und Unlustverhältnissen — lauter Begriffe, die denselben empiristischen Ursprung und Hauptinhalt haben: Hedonismus, Utilitarismus im weitesten Sinne. Vielmehr ist zwischen dem moralisch Gesollten und dem Naturgegebenen (Nutzen, Lust und Unlust usw. sind psychologisch, naturgesetzlich bedingt) notwendig ein innerer Unterschied. Das Gesollte wird nach reinem Vernunftgesetz entworfen, das Gegebene unterliegt dem Kausalgesetz, der Naturursache. Diesen Unterschied hat Kant für alle Zeiten und endgültig festgestellt. „Alle Handlungen ... in irgendeiner Erfahrung angetroffen ... stehen unter der Naturnotwendigkeit; eben dieselben Handlungen aber, bloß respektive [= im Hinblick] ... auf das Vermögen nach bloßer Vernunft zu handeln, sind frei" (Kant, Prolegomena S. 114 bei Vorl.). „Wir haben in uns ein Vermögen, welches nicht bloß mit seinen subjektiv bestimmenden Gründen, welche die Natururſachen seiner Handlungen sind, in Verknüpfung steht ... [d. h. nicht Mechanismus der Lust- und Unlustmotive ist], sondern auch auf objektive Gründe, die bloße Ideen sind, bezogen wird ..., welche Verknüpfung durch Sollen ausgedrückt wird" (Prolegomena 113). — Dieses Vermögen heißt Vernunft, es ist, als sollendes Vermögen, „praktische Vernunft". Mit andern Worten, die Vernunft hat das Vermögen oder wenigstens die Forderung in sich: nach der Vorstellung der Vernunftgesetze zu handeln. Diese Eigenschaft, dieses Vermögen der Vernunft, sich rein ideell, rein

logisch (nicht materiell durch Lust und Unlust) von ihrem eigenen Gesetz bestimmen zu lassen, begründet die Moral, begründet sie als ein eigenes, nicht psychologisches Gebiet. Dieses Vermögen selbst heißt das praktische Vermögen der theoretischen Vernunft, ihr Gesetz das praktische oder moralische Gesetz. (S. dar. auch unten Buch 4, Kant.)

Das moralische Gesetz, der Bestimmungsgrund des Willens kann nur der Form nach, nicht der Materie (dem Willensinhalt) nach gelten. Kant sagt hierüber: Glücklich zu sein ist notwendig das Verlangen jedes vernünftigen Wesens (Kr. d. pr. Vern. Ausg. v. Vorländer S. 31); die Glückseligkeit ist aber ein materieller Bestimmungsgrund des Handelns, kann nur empirisch (nicht allgemeingültig durch Vernunftgebrauch) erkannt werden. „Worin ... jeder seine Glückseligkeit zu setzen habe, kommt auf jedes sein besonderes Gefühl der Lust und Unlust an ...“ (S. 32.)

In die Moraltheorie Kantens uns weiter hineinzubegeben, dazu fehlt hier vollständig der Grund. Der Inhalt, den Kant seinem Sittengesetz gab, gehört nicht in die Gesellschaftslehre (denn diese hat nicht Ethik zu treiben). Hier kommt es nur auf das allgemeinste Wesen des moralischen Gesetzes an.

2. Inhaltliche Bestimmung der Moral. Ist auch eine weitere Entwicklung der Grundsätze der Moral für die Gesellschaftslehre nicht unbedingt nötig, so dürfte es doch zur größeren Klarheit der gesamten in diesem Buch vertretenen Anschauungen förderlich sein, eine solche hier zu geben. Es muß allerdings betont werden, daß dieses System der Gesellschaftslehre damit keineswegs steht und fällt.

Das Individuum findet sich als vernünftiges Wesen dem Weltganzen gegenüber. Zum Wesen der Vernunft gehört es aber, sich als ein System von Bestimmungen mit absoluter Notwendigkeit zu finden. Denn das, was logisch richtig ist, ruht in unumstößlichen Normen des Denkens, Denknotwendigkeiten des Geistes.

Vernunft stellt sich ferner als ein System von Beziehungen auf sich selbst, d. i. als Selbstbewußtsein oder Ichheit dar. Diese vernünftige, kristallen fest bestimmte Ichheit findet sich nun dem Weltganzen, das in seinen Grundzügen gleichfalls eindeutig bestimmt ist, gegenübergestellt. Diese Grundzüge aber sind die gegenteiligen jener der Vernunft, nämlich Veränderlichkeit und Vergänglichkeit des empirischen Daseins, eine Welt vernunftloser, toter Kausalität, der auch das Ich in seinen körperlichen Daseinsbedingungen unterworfen ist.

Nachdem aber die Vernunft sowohl wie der Kosmos zwei feste, in ihren Grundzügen absolut bestimmte Größen sind, muß auch die Beziehung der Vernunft zur

Natur in ihren Grundzügen eindeutig gegeben sein. Daher muß diese Beziehung auch in ihrem inhaltlichen Prinzip erkannt werden können.

Ist so das Verhältnis der Ichheit als Vernunft zum Kosmos auf der einen Seite reine Erkenntnis, so ist es auf der anderen Seite rein ethisch, d. h. es ist eine ganz bestimmte Folgerung, die das Ich für das Sollen seines Denkens und Tuns aus jenem Verhältnis ziehen muß. Das Sollen, die Moral, hat also keine andere als eine kosmische Grundlage.

Anmerkung. Zur Ableitung auch dieses kosmischen Sollens aus der Vernunft folgende Bemerkung: Daß, wo Wissenschaft ist, auch Ethik sein kann, folgt schon aus der innersten Gleichartigkeit von Denken und Handeln. Denken ist im letzten Grunde selber ein Handeln, eine Aktivität. Das wird denn auch bei Kant, Fichte, Hegel u. andern mit Recht behauptet. Dies heißt: Indem ich mein Verhältnis zur Welt vernünftig bestimme, bestimme ich, was ich tuend bin, und bestimme damit — da dieses Tun auf Naturwiderstände stößt, der Gedanke daher zum Ideal wird — das, was ich tun soll. Aus der Art und dem Inhalt der Vernünftigkeit meines Daseins bestimme ich auch dessen praktische Seite, mithin den ethischen Charakter meines Daseins: Sinn und Wesen, Ziel und Zweck der Gesamtheit des Handelns, seinen Grundcharakter.

Wird nun das Ethische dermaßen aus der Wesenheit und dem Inhalt des vernünftigen Ich selbst abgeleitet, so muß ein Grundinhalt des Sollens, der Ethik sich ergeben. Welcher Grundinhalt, das ist wie folgt zu erkennen.

Erstens. Die erste Grundbestimmung, wonach das Ich als reines Zweckwesen dennoch empirisch vergänglich in dieser Welt sich findet, bedingt ein über die Dinge Hinausgehenwollen, einen Geist der Weltflucht, der jenes Wesenhafte, Ewige, Vernunftgleiche und Unveränderliche, als das die Vernunft den Kosmos fordern muß — der jene reine Vernunftwelt hinter den Dingen sucht. Wie weit dieser Drang dann mit erkenntnistheoretischen und metaphysischen Mitteln gestillt werden könne, darüber entscheidet bloß das System eines philosophischen Denkens als Ganzes, nicht die Moral als Ganzes. Denn diese enthält bloß eine Forderung. — Im Besondern folgt hieraus:

Zweitens. Das Ich findet sich empirisch als Naturbestandteil dieser Welt, und zwar vital als Teil der stofflichen Natur, psychologisch als Teil psychischen Lebensgefühls, vom Rausche des Daseins umfangen.

Drittens Das Ich findet sich vernünftig als intelligibler Teil einer reinen Zweckwelt, als Teil des Vernunftreiches, jenes Reiches, das nicht von dieser Welt ist. So findet es sich plötzlich mitten drinnen in einem höheren Weltwesen, das viele Ebenen und Reiche, nicht nur die natürliche und vernünftige Ebene hat. Es findet sich als Bestandteil des Göttlichen.

So ergibt sich eine wesenhafte Teilnahme, ein wirkliches Bestandteilsein des Ich am Weltganzen. Diese Bestandteilhaftigkeit oder kosmische Gesellschaftlichkeit des Ich spiegelt sich wider in dem kosmischen Prinzip der Liebe. Es ist dies nichts anderes als ein Prinzip wesenhafter Anteilnahme am Sein überhaupt und als kosmisches Prinzip erst recht ein solches der Sittenlehre.

Nennen wir dieses Teilnehmen des Ich am Weltganzen kosmologischen Universalismus, so können wir den ganzen Gedankengang auch so ausdrücken: aus dem kosmologischen Universalismus folgt der ethische

Universalismus; mit diesem ist dann von selbst der gesellschaftstheoretische Universalismus gegeben.

Anmerkung. Damit sind die inhaltlichen Grundbestimmungen jeder Ethik gegeben: Es ist der Verzicht des Ich der Welt gegenüber (das asketische Element) und die Teilnahme an ihr, die Liebe, welche jede Ethik zum Schlusse auch inhaltlich bestimmen müssen. Die Geschichte der Ethik zeigt denn auch, wie selbst empiristische, ja hedonistische Systeme ihre Konstruktionen so einrichten, daß sie zu diesen Grundbestimmungen Stellung nehmen. Die Ethik läßt sich philosophisch nicht nur formal, sondern auch in ihrem Grundinhalt mit Notwendigkeit bestimmen; ob sich der Universalismus, zu dem fast jede Ethik kommt, auch rein analytisch (induktiv) von den Tatsachen der Gesellschaft her begründen läßt, ist eine Frage, die wir später entscheiden werden müssen.

Was im besondern aus dieser inhaltlichen Grundbestimmung der Moral folgt, ist: ein idealistischer Grundzug der menschlichen Natur, der sich denn auch notwendig und überall in den Objektivationen des menschlichen Geistes, in Kunst, Wissenschaft, Religion, Philosophie, ebenso in der Geschichte kund tut.

3. Die gesellschaftliche Moral. Die Ableitung der gesellschaftlichen Moral darf ebensowenig den gesellschaftlichen Nutzen zur Grundlage nehmen, wie sie (das soll gleich dargetan werden) beim Kantischen Prinzipe der bloßen Vernünftigkeit des Handelns, stehen bleiben kann. Vernünftigkeit des Handelns ist bloß ein Prinzip des Einzelgeistes, ein egozentrisches Prinzip — wie könnte von hier aus ein eigener, selbständiger Bestimmungsgrund für das Verhalten zu andern Menschen gefunden werden, den die Gesellschaftsethik verlangt? Dies ist nicht möglich, daher führt die Kantische Ethik folgerichtig, sobald sie das Gebiet der Gesellschaft betritt, zum Individualismus (was sie aber nicht Wort haben will). Anders gesagt, sie hat kein Prinzip für die gesellschaftliche Sittenlehre. Dennoch erkennt man merkwürdigerweise diesen Mangel der Kantischen Ethik in der heutigen Kantischen Schule nicht an. Es ist das aber einer der springenden Punkte jeder Gesellschaftslehre. Diese muß, obzwar nicht selber Ethik, doch die Begründung jeder Sozialethik eines philosophischen Systems an den gesellschaftlichen Tatsachen prüfen, auf die sich dieses System stützt (soweit die Begründung analytisch und nicht etwa metaphysisch ist). Wir werden dieser Frage später (Buch 3 u. 4) unsere Aufmerksamkeit zuzuwenden haben. An dieser Stelle kann aber schon folgendes gesagt werden:

Eine Moral, die sich nur vom Individuum (der Autonomie des Ich) aus begründet, kann das gesellschaftliche Zusammenleben bloß aus den Vorteilen, die für das Individuum daraus erwachsen, ableiten; auf diese Weise also niemals gesellschaftliche Moral werden. Sie löst das Wesen der Gemeinschaft in das der Individuen auf. So bleibt sie einerseits individualistische Ethik, wie sie andererseits in der Gesellschaftstheorie notwendig zum Individualismus führt.

Eine Moral, die sich nicht nur aus der Vernünftigkeit (Autonomie) des Ich begründet, sondern unmittelbar ein Element der Gemeinschaft (Gesellschaftlichkeit) zur Wesensbestimmung des Ich zu Hilfe nimmt, kann allein wahre, gesellschaftliche Ethik begründen. Denn in der Gesellschaftlichkeit des Ich hat sie einen Bestimmungsgrund gesellschaftlichen Verhaltens desselben.

Weiteres darüber wird in Buch IV bei Darstellung der Sozialphilosophie von Kant und Fichte folgen, nachdem die Einheitstheorien des Individualismus und Universalismus schon behandelt sein werden.

Unsere Theorie der Gesellschaft hat, soweit sie bisher entwickelt wurde, im Begriffe der geistigen Gemeinschaften (sowohl der unweltlichen als der kongregalen), eine eminente Gesellschaftlichkeit des Individuums gefunden, welche dennoch die vernünftige Autonomie des Ich vollständig aufrecht erhält. Somit bietet sie das zum Aufbau einer gesellschaftlichen Ethik nötige Prinzip in ganz bestimmter Gestalt dar. Sie gibt einen bestimmten Begriff des Individuums (als autonomes) und einen bestimmten Begriff seiner geistigen Gesellschaftlichkeit.

4. Die Moral im Haushalte des persönlichen und gesellschaftlichen Lebens. An Stelle einer Erörterung der gesellschaftlichen Bedingtheit der Moral, die zu weit führen würde, möge allein die Betrachtung ihrer spezifischen Leistung treten. Moral ist als formaler Grundsatz des Handelns kein mit einem bestimmten geistigen Inhalte gegebenes System von Zielsetzungen, welches dann Handlungen erforderte, wie Wissenschaft, Kunst, Religion, Philosophie. Moral leitet sich vielmehr aus allen diesen geistigen Inhalten oder Werten (Zielen) erst ab. Sie ist selbst dann nur formales Prinzip der Durchführung alles individuellen Handelns, der Vernünftigkeit, Folgerichtigkeit in jeglichem Tun, wenn man eine inhaltliche

Ethik (z. B. göttliche Offenbarung, Erfordernisse des Daseinskampfes) ins Auge faßt. Denn selbst dann ist nur das, was moralisch geboten ist, eindeutig bestimmt, der Grund für dieses „was" liegt in irgendwelchen Lebensinhalten (Religion, vitaler Nutzen); Moral selbst aber ist nur die Gebotenheit jener Inhalte, nur die Idealität des Wollens, also etwas Imperativisches. Es folgt: Moral ist kein eigener geistiger Inhalt, sondern Richtschnur, Regelsystem für jegliches Handeln, das sich aus irgendwelchen Inhalten herleitet. Jede Art von Regelsystem erweist sich nun als organisatorischer Natur, das ist als Richtschnur für veranstaltendes, fest regelndes Handeln. Alle Art von Richtschnur, Regelsystem wollen wir Satzung nennen, im Hinblick auf seine bestimmende Bedeutung für die Veranstaltung (darüber näheres unten Kap. V_2). Moral ist daher allgemeinste Satzung für die gesellschaftlichen Veranstaltungen. Die persönliche wie gesellschaftliche Leistung der Moral liegt somit in ihrem Satzungscharakter, in ihrer organisatorischen Wirkung beschlossen.

Was für die individuelle Moral gilt, gilt womöglich noch deutlicher für die gesellschaftliche Moral. Sie ist das Regelsystem für das Handeln des Individuums andern Menschen gegenüber, Satzung für die Organisation des Kongregalen.

Die Fortsetzung, welche dieses Regelsystem findet, indem es auf die Gesellschaft als Ganzes übertragen wird, ist das Recht. Das Recht geht nicht mehr vom einzelnen und seinem Verhältnis zu anderen aus, sondern objektiviert dieses Verhältnis als Gesellschaft und, indem es Regeln für das Verhalten im Ganzen gibt, wird es zur Satzung für Veranstaltung des Ganzen (darüber näheres unten Teil III B Kap. I).

Die Literatur ist ähnlich geartet wie in der Religionsphilosophie. Eine Moralphilosophie oder Ethik ist wesentlicher Bestandteil jeder Philosophie. Natorp, Windelband, Cohen vertreten einen fortgebildeten Kantischen Standpunkt. Daneben ist eine empiristische „Moralwissenschaft" mit umfangreichster Literatur vorhanden. Diese ist entweder ganz im allgemeinen utilitarisch (z. B. J. St. Mill) oder mehr biologisch-evolutionistisch (z. B. Spencer, Höffding) oder mehr ethnologisch gerichtet. Für letztere Richtung kann auf Westermarck, Ursprung und Entwicklung der Moralbegriffe (dtsch. v. Katscher, Lpz. 1907) verwiesen werden.

5. Die apriorische Wesenheit der Moral. Waren die selbständigen Zielsysteme, Wissenschaft, Kunst, Philosophie, Religion als Denkgebilde normativen Charakters

zu bezeichnen, so gilt gleiches auch von der Moral. Doch unterscheidet sich diese von jenen Systemen dadurch, daß sie kein selbständiges Zielsystem, sondern ein logisch abgeleitetes Regelsystem, eine Richtschnur für das Wollen und Handeln ist; gerade in dieser Eigenschaft aber erlangt sie apriorischen Charakter, denn sie stellt als die Vernünftigkeit des Tuns schlechthin gerade die Idealität desselben, das apriorische Gesetz des Wollens dar. Indem sie damit nur auf das Seinsollende geht, unterscheidet sie sich abermals von den anderen Zielsystemen, denn sie besteht in einem (wenn auch normativ, vernünftig-gesetzmäßig aufgebauten) System von Imperativen, von Pflichten. Jene Zielsysteme aber sind nur Inhalt, von da aus erst Handlungen oder Forderungen bedingend.

Ist die Moral apriorischen Charakters, und besteht Einheit zwischen Moral und Recht, so muß auch das Recht apriorischen Charakters sein. (Dar. näheres später.)

III. Kapitel. Die Systeme des Handelns oder Genossenschaften.

(Umweltlich und gesellschaftlich bedingt.)

Empirisch tritt uns die Gesellschaft als eine Welt von Handlungen entgegen. Erst aus ihnen werden die Empfindungen, die dahinter stehen, erschlossen. Wirtschaft, Parteiwesen, Politik, Krieg, aber auch Mitteilung und Veranstaltung, das alles sind Systeme von Handlungen, genossenschaftliche Bildungen, nicht Gemeinschaften. (So begegnen uns Wissenschaft, Kunst, Religion vornehmlich in Anstalten, wie Schule, Kirche, Theater.) Die Gemeinschaften werden erst hinter diesen, die nur ihre Erscheinungsformen, nur dienende Körper sind, sichtbar.

I. Übersicht über die Arten und Inhalte des Handelns.

Bisher haben wir das Handeln nach seinen formalen Verknüpfungen kennen gelernt (s. oben S. 34 ff.), wie nach den sachlichen Gebilden, in denen es sich in der Gesellschaft darstellt, in Wirtschaft, Politik usw. (s. oben S. 51 ff.). Auf dieser Grundlage können wir nun zu folgender Systematik und erschöpfenden Bestimmung des Handelns fortschreiten. Wir gruppieren es nach der Art seiner Verknüpfung und nach dem Inhalt seiner Leistung.

I. Verknüpfungsformen des Handelns.

a) Das vergenossenschaftete Handeln. Hier unterschieden wir 1. Verkettung — arbeitsteilig gegliedertes Handeln; 2. Verbündung — gleichgerichtetes, ein gemeinsames Ziel erstrebendes Handeln. Das gemeinsame Ziel oder gemeinsame Gut ist aber immer ein organisatorisches Gut (worüber später); daher nennen wir das verbündete Handeln: Veranstaltung hervorrufendes, oder kürzer anstaltbildendes Handeln. Da aber Veranstalten nur ein Hilfshandeln ist, anstaltbildendes Handeln also auf Hervorrufung von Hilfshandeln geht, stellt sich das verbündete Handeln inhaltlich als Hilfshandeln höherer Ordnung dar. — Zur Verkettung und Verbündung kommt 3. das Hilfshandeln, das wir als mitteilendes und veranstaltendes Handeln wiederholt kennen gelernt haben. Es ist nicht selbst vergenossenschaftet, sein Ziel ist kein stoffliches, sondern es geht auf Ermöglichung von Genossenschafts- und Gemeinschaftsbildung.

b) Nicht vergenossenschaftetes oder gegensätzliches Handeln. Dieses ist 1. als individuelles Handeln Wettbewerb; 2. als Massenhandeln, d. h. Handeln der Bündnisse, Politik.

Anmerkung. Auch das einsame oder persönliche (verwendende) Handeln, das wir kennen gelernt haben, (s. o. S. 35 f.) ist verkettet, insofern es sich in eine abschnittsmäßige Gliederung einfügt. Es fällt also nicht aus der Form der Vergenossenschaftung heraus.

II. Das Handeln ist seinem Inhalte nach:

1. Zweckhandeln oder mittelbeschaffendes d. h. wirtschaftliches Handeln für die Ziele (des Empfindens oder irgendeines Hilfshandelns). Das Zweckhandeln hat notwendig die Vergenossenschaftungsform der Verkettung, es ist arbeitsteilig gegliedert; 2. Hilfshandeln für Bewerkstelligung der Gemeinschafts- und Genossenschaftsbildung; es besteht in Mitteilung und Veranstaltung; 3. Hilfshandeln höherer Ordnung, als Handeln der Bündnisse, (Politik) welches, wie oben ausgeführt, auf die Hervorrufung organisatorischer Bedingungen für Zweckhandeln gerichtet ist, also anstaltbildendes Handeln ist.

Dazu ist zu bemerken:

Anmerkung 1. Das Hilfshandeln erster und höherer Ordnung braucht zu seiner Durchführung vieler Mittel, nämlich Güter für die Mitteilung, für die Veranstaltung, für politisches Handeln. Die güterbeschaffende Tätigkeit, die es dadurch wieder bedingt, ist echte Zwecktätigkeit, echte Wirtschaft, weil Mittelbeschaffung.

Anmerkung 2. Man könnte auf den Gedanken kommen, es müsse, da es anstaltbildendes Handeln gebe, auch mitteilungbildendes Handeln geben. Das mitteilungbildende Handeln ist indessen das Denken selbst. Die Bildung von Mitteilungs**gütern** aber ist Zweckhandeln.

Anmerkung 3. Das gegensätzliche Handeln ist niemals Zweckhandeln (mittelbeschaffend), sondern es ist seinem Inhalte nach einen Gegner bekämpfend (mit dem Erfolg des Sieges oder der Niederlage). Es ist also nicht Glied einer Mittelbeschaffung, sondern Glied einer auf Hervorrufung von Veranstaltung gehenden Handlungsreihe, mit andern Worten: **anstaltbildende Handlung**. Da das Handeln der Bündnisse nach außen immer gegensätzlicher Natur ist, wird mit dieser Bestimmung nur das durchgeführt, was im Begriff des verbündeten Handelns schon beschlossen lag. Nicht nur die Politik, auch der Krieg ist anstaltbildend; er geht nur nicht auf Hervorrufung einzelner, bestimmter Veranstaltungen, sondern, indem er sich auf die Beziehungen von Staat zu Staat richtet, auf große Systeme staatlicher Veranstaltung.

Auf Grund aller dieser Bestimmungen dürfte nun leicht klargestellt werden können, inwiefern und warum die verschiedenen Arten des Handelns in ganz verschiedener Weise Gegenstand gesellschaftswissenschaftlicher Theorie und Erforschung sind. Bekanntlich ist ja nur das Wirtschaftliche oder Zweckhandeln Gegenstand einer streng wissenschaftlichen Theorie, der Nationalökonomie. — Indessen müssen diese Bestimmungen nun erst erläutert, näher entwickelt und bewiesen werden. (Die Folgerungen für das System der gesellschaftlichen Wissenschaften s. in Buch V.)

Wir sahen früher, daß die Gemeinschaften wie die Moral apriorisches Gefüge haben. Das Zweckhandeln aber — und nur von diesem wollen wir jetzt sprechen — als bloßes System der Dienstbarkeit, als mechanisches Werkzeug für die Zielerreichung, kann dieses apriorische Gefüge nicht haben. Es muß im Grunde vielmehr ein kausales Gefüge besitzen, weil es nur um seiner Bewirkungen in der Welt der Ursachen willen vollzogen wird; gerade damit aber entsteht es andererseits nicht selber als eine naturgesetzte Welt blinder Kausalität: Denn der Grund, warum es verwirklicht wird, liegt in seinem Zweck; daß es für diese Zweckleistung tauglich ist, liegt dagegen in seinem Ursachenwert. So scheint im Gefüge des Handelns dem Kausalen ein teleologisches Element zur Seite zu stehen. Die Frage, welches Gefüge das Handeln nun wirklich hat, ist daher jetzt zu untersuchen.

II. Das Gefüge der gesellschaftlichen Gebilde des Handelns und die zugehörigen Begriffe.

(Unterschied zwischen dem apriorischen Aufbau der Gemeinschaften und dem leistungsmäßigen des Zweckhandelns.)

1. Das gegenständliche Gefüge des Zweckhandelns. Das Gefüge aller Art genossenschaftlicher Bildungen, welche sich auf die verschiedenen Arten des Handelns gründen, ist dadurch gekennzeichnet, daß die einzelnen Akte stets im Gesamtzusammenhang eines Systems oder Gebildes von Handlungen auftreten, d. i. in einem sinnvollen Zusammenhang mehrerer einzelner, um dasselbe Ziel stufenweise gruppierter Akte. Jedes System oder Gebilde von Handlungen stellt also dar: ein Ganzes aus Gliedern oder Teilen, und zwar aus solchen Gliedern, die infolge ihrer Leistungen (Funktionen) um einander gruppiert, d. h. miteinander verbunden sind. (Man kann auch umgekehrt sagen, daß die Verbindung von Leistungen einen sinnvollen Zusammenhang ergebe, den Einzelakt daher zum Glied mache.)

Jede gesellschaftliche Erscheinung im Bereiche des Handelns besteht sonach aus einem solchen Gebilde von Handlungen, das als System, als ein Ganzes aus zusammenwirkenden Teileinheiten ineinandergreifender Glieder gebaut ist. Erscheinungen wie: Kauf und Verkauf, Güterherstellung usw. lösen sich schließlich alle in Handlungen auf, die in irgendeiner Weise ein System, einen Gesamtzusammenhang bilden. Ebenso gilt dies von allen Handlungen, die Robinson verwirklichen würde. Hier sind es nicht die

Handlungen vieler, sondern alle einzelnen Handlungen Robinsons selbst, welche sich (fortlaufend) zu einem sinnvollen Gebilde zusammenschließen. Sowohl die Gesamtheit aller Handlungen des Robinson stellt ein einheitliches System dar, wie auch jede, um ein relativ selbständiges Ziel gruppierte Anzahl von Handlungen („Produktion", „Produktionsumweg" u. dgl.) ein einheitliches Teilsystem bildet.

Soviel ist klar: daß der formelle Aufbau oder das Gefüge der Zweckhandlungen durch ihren leistungsmäßigen (funktionellen) Zusammenhang bestimmt ist.

2. Die entsprechende Begriffsbildung: Leistungs- und Wesensbegriff[1]. Wenn Gesellschaft im Bereiche des Handelns als System von gliedhaften Teilhandlungen aufgebaut ist, so erscheinen diese Teilhandlungen als Gegenstand der Wissenschaft in zweifacher Weise betrachtbar. Einmal als Bestandteile an und für sich, d. i. als Naturdinge, als selbständige Wesenheiten mit bestimmten physikalischen, chemischen, biologischen Eigenschaften (z. B: der Bestandteil einer Maschine wird nicht als leistendes Glied, sondern als physikalische Wesenheit für sich untersucht, etwa das Messer einer Hobelmaschine als „Keil", andere Bestandteile als „Hebel", „Schraube" und ähnliche Systeme mechanischer Kräfte); und sodann als gliedhafter Teil des Ganzen, als eine Wirksamkeit, die im Ganzen etwas leistet, die eine Leistung oder Funktion ausübt; z. B.: das Messer der Hobelmaschine erscheint jetzt nicht als „Keil" oder als ähnliches mechanisches Kräftesystem, sondern als das, was es leistet, nämlich als bestimmtes Schneidewerkzeug, als „Hobel".

Damit ist es bereits gegeben, daß auch die für die Gesellschaftswissenschaft maßgebenden Begriffe zweifacher Art sein müssen. Denn gemäß jener zwiefältigen Betrachtungsweise gehen auch die Begriffe der einzelnen Erscheinung auf zweierlei: einmal auf die isoliert gedachten Einzelerscheinungen wie sie an und für sich als „Bestandteil" gegeben sind, d. h. auf die unmittelbare Bedingtheit oder Wesenheit der sozialen Einzelerscheinungen (z. B. eine bestimmte Tausch-

[1] Diese Darlegungen folgen meinem Aufsatz „Der logische Aufbau der Nationalökonomie" i. d. Ztschr. f. d. gesamte Staatsw. 1908. S. 4—7.

handlung auf ihre psychologische Bedingtheit hin betrachtet); sodann geht die Begriffsbildung auf die Erfassung der Teile in ihrer Eigenschaft als Glieder oder Teile des Ganzen, d. i. auf die Erfassung ihrer Leistungen, auf ihre „Stellung", und „Bedeutung" innerhalb des ganzen Systems ineinandergreifender sozialer Einzelerscheinungen. (Z. B. die Leistung jener Tauschhandlung im Gesamtzusammenhang meiner wirtschaftlichen Tätigkeit oder im Gesamtzusammenhang der „Volkswirtschaft" oder im Zusammenhang jener Gruppen von Handlungen, die als „preisbildend" oder als „konjunkturbildend" usw. usw. betrachtet werden.)

Im ersteren Falle, wo mechanische Wesenheiten: „Hebel", „Schrauben" ins Auge gefaßt werden, geht sonach die Begriffsbildung auf die Bedingtheit oder Wesenheit der Einzelerscheinung, im letzteren Falle, wo wirksame Werkzeuge, bewirkende Wesenheiten ins Auge gefaßt werden, geht die Begriffsbildung auf die Leistung oder Funktion im System des Zusammenwirkens, im Ganzen. Man kann daher den ersteren Begriff den Begriff des Wesens, den letzteren den Begriff der Leistung (Funktion) einer gesellschaftlichen Erscheinung nennen.

Es sei erlaubt, das Beispiel der Maschine zur gründlichen Erläuterung noch genauer durchzuführen. Eine Maschine läßt sich wissenschaftlich betrachten: einmal auf ihre allgemeinen physikalischen Beschaffenheiten hin. Sie erscheint dann, wie schon ausgeführt, als eine Anzahl von Hebeln u. dgl. physikalischen Wesenheiten. Die Begriffe, die hier von den Maschinenbestandteilen: Hebel, Schrauben usw. gebildet werden, sind physikalische Begriffe von mechanischen Gebilden und deren allgemein mechanischen Wirksamkeiten; sie sehen von den Zusammenhängen der Teile völlig ab. Wir nennen diese Begriffe die Wesensbegriffe der Maschinenbestandteile. Und der Wesensbegriff der Maschine selbst ist nur die Summe der Wesensbegriffe aller Bestandteile, denn die Maschine löst sich in diesem Wesensbegriffe in ein rein physikalisches Gesamtwesen auf, von dessen mechanischer Kräftezusammensetzung etwa eine mathematische Formel entwickelt werden kann. — Die Maschine läßt sich aber auch noch unter einem anderen Gesichtspunkt betrachten, nämlich als sinnvoller Zusammenhang von Gliedern als Ganzes oder System ineinandergreifender Organe. Als System von (kausalen) Mitteln für einen bestimmten Zweck. In dieser Rücksicht werden die Hebel und Schrauben nach ihrer Bedeutung für den erreichten Erfolg betrachtet, d. h. genauer: nach ihrem Anteil im Zusammenwirken der Kräfte, nach ihrer Leistung im Ganzen des Zusammenhanges oder Systems. Wir nennen diese Begriffe die Leistungs- oder Funktionsbegriffe der Maschinenbestandteile. Der Begriff der Leistung eines Bestandteils ist, wie ersichtlich, etwas absolut anderes als der physikalisch-mechanische Begriff desselben. Wer die Betrachtung des Zusammenhanges, der leistungsmäßigen Verknüpfungen der Bestandteile verläßt, dem entschwindet die Maschine als solche überhaupt und er erhält eine Summe physikalischer Wesenheiten (Hebel, Schrauben usw.), eben die Wesensbegriffe der Teile. So hat das große Schwungrad an einer Dampfmaschine eine bestimmte Funktion im Ganzen der hier zusammenwirkenden Kräfte, etwa die, eine gleichmäßigere Verteilung der Kolbenstöße herbeizuführen (was dann in der Folge bestimmte qualitative Wirkungen auf das Arbeitsprodukt verbundener Maschinen haben kann usw. usw.); allgemein physikalisch betrachtet ergibt sich der Wesensbegriff des Schwungrades, der etwa auf die Zentrifugalkräfte, die hier wirksam sind, zu gehen hätte; in ihm ist von der Maschine als einem zusammenhängenden System von Mitteln, das eine Leistung bezweckt, nichts mehr zu finden, nur von Beziehungen zu lauter physikalischen Begriffselementen, deren Gesamtheit (die Maschine) wieder nur ein physikalisches Formelsystem darstellt. Wer also den Funktionsbegriff verläßt, dem entschwindet der funktionelle Zusammenhang völlig, er hat rein physikalische Wesenheiten vor sich.

Der gleiche Sachverhalt ergibt sich bei allen Handlungen in der Gesellschaft. Gesellschaft, Wirtschaft ist ein Ganzes zusammenwirkender Teile gleich der Maschine. Die Teile sind als Handlungen: Leistungsträger; als Naturdinge für sich betrachtet: biologische oder psychologische Wesenheiten. Hier diene uns als Beispiel das Phänomen des Wertes, von dem es ja angeblich eine psychologische Theorie in der Nationalökonomie gibt. Die Erscheinungen des Wertes, d. i. der Wertung von Handlungen und deren Hilfsmitteln, der Güter, lassen sich betrachten: allgemein psychologisch, d. h. auf ihre Wesenheit als Bewußtseinserscheinungen hin; ferner als ein sinnvoll zusammenhängendes System von Handlungen und Güterverwendungen. Die Wertung in ihrer naturhaften Wesenheit (Bedingtheit) beschrieben ist psychologische Theorie des Wertes. Der „Wesens"begriff des Wertes ist also in der psychologischen Theorie desselben niedergelegt, denn ihr erscheint der Wert nicht als Element eines Leistungszusammenhanges im wirtschaftlichen Handeln, sondern im Zusammenhange des Bewußtseins und somit schlechthin als psychologische Erscheinung. Hingegen ist der Wert, in seinen Eigenschaften als Glied oder Teil des Systems ineinandergreifender Handlungen erfaßt, eine Erscheinung, die von der psychologischen Werterscheinung strengstens geschieden werden muß. Es handelt sich nicht mehr um das Wertgefühl, um die Bedingungen dieses Gefühles, sondern um die Ergebnisse des Zusammenwirkens vieler Wertungen, sei es innerhalb des individuellen Handelns, sei es innerhalb des Handelns der Individuen untereinander; also um die leistungsmäßigen (funktionellen) Eigenschaften der Wertschätzungen. Diese sind in der Nationalökonomie in der Theorie des subjektiven wirtschaftlichen Wertes und der Theorie des Preises Gegenstand der Untersuchung. Hier wird erst der wirtschaftswissenschaftliche, der funktionelle Begriff des Wertes aufgestellt. Das verdeutliche die Tatsache des Grenznutzens als Beispiel. Die geringste noch gewollte Befriedigung eines Bedürfnisses (bei fortgesetzter Stillung desselben) erscheint für die Psychologie als die (jeweils in Betracht kommende) **Gefühlsschwelle** bei den betr. Wertungsvorgängen; für die Nationalökonomie aber als kleinste oder letzte „Nutzung",

d. i. als geringste Leistung, letzte Bedeutung im wirtschaftlichen Handeln, — als „**Grenznutzen**". Die Psychologie muß eben das Befriedigungsgefühl nach seiner Größe, Qualität, assoziativen Verbundenheit, Formung durch Erkenntniselemente u. dgl. betrachten, als den Begriff der kleinsten Größe erhält sie dann die „Schwelle"; die Wirtschaftstheorie aber muß die Handlung in ihrem leistenden Zusammenhange mit anderen Handlungen erfassen, daher erscheint ihr die geringste noch gewollte Befriedigung als letzter noch erreichbarer „Nutzen", als bestimmte, typische „Leistungsgröße", nämlich als letzte Leistung, „**Leistungsschwelle**" oder Grenze des wirtschaftlichen Handelns. Grenznutzen heißt nichts anderes als letzte oder kleinste Leistungsgröße eines Elementes (eines Gutes, einer Handlung) in Ansehung sämtlicher Leistungen, deren es bei gegebener Sachlage fähig ist.

3. Die methodologischen und logischen Folgerungen, die sich aus der Unterscheidung von Wesens- und Leistungsbegriffe bzw. dem leistungsmäßigen Charakter der wirtschaftswissenschaftlichen Begriffsbildung ergeben, können hier nicht mehr untersucht werden. (Vgl. dazu meine angef. Abhandlung „D. logische Aufbau d. Nationalökon."). Hier sei nur hervorgehoben: 1. daß Wesens- und Leistungsbegriff dieselbe logische Struktur haben (nämlich beide Relationsbegriffe sind); 2. daß der Funktionsbegriff insofern kein teleologischer Begriff ist, als es sich dabei um die Mittel handelt, nicht um die Zwecke selbst. Die Frage nach dem Mittel für einen Zweck ist aber stets nur eine Frage nach der Verwirklichungsbedingung des Zweckes. Mittel sind kausale Bewirkungen, die Leistung eines Mittels ist der kausale Anteil an der Zielerreichung. Daher ist das System der Mittel ein kausales System, der Aufbau der Wirtschaft ein kausal gefügter.

III. Die Verkettungen des Handelns oder die Wirtschaft.

1. Das Zweckhandeln in seinem Verhältnis zum übrigen Handeln. Wir haben als Zweckhandeln jedes verkettete Handeln kennen gelernt, das sich abspielt: 1. von vornherein als Mittel beschaffendes Handeln für primäre Ziele (z. B. für Nahrung, Bekleidung, geistige Ziele); 2. als durch Hilfsziele bedingtes Mittel beschaffendes Handeln: a) im mitteilenden und veranstaltenden Handeln, b) im verbündeten (anstaltbildenden) Handeln — also bei a für Hilfsziele, bei b für Hilfsziele höherer Ordnung. — Von allem Handeln ist

das Zweckhandeln allein selber Mittel beschaffend. Denn das Hilfshandeln dient als Mitteilen und Veranstalten nur der Bildung von Gemeinschaft und Genossenschaft, also nicht ihrer Versorgung mit Mitteln; die Verbündung (d. h. das gegensätzliche Handeln, dem sie dient) dagegen sodann wieder nur der Bildung von Veranstaltung. So hat zwar alles Handeln den Charakter der Dienstbarkeit, das Zweckhandeln allein aber selbst die Aufgabe der Mittelbeschaffung.

Die Einteilung des Handelns in teilbares, verbündbares und unverbundenes (einsames) betrifft nur die Form der Vergenossenschaftung. Die Betrachtung des Handelns als Zweckhandeln dagegen bezieht sich auf die Art seiner Leistung, d. i. auf die Mittelbeschaffung. Diese Betrachtung heißt wirtschaftliche Betrachtung, das Zweckhandeln daher wirtschaftliches Handeln. Dem wirtschaftlichen Handeln entspricht die Verkettung als Vergenossenschaftungsform, es wird hauptsächlich als verkettetes Handeln verwirklicht. In der Arbeitsteilung liegt ihr Schwerpunkt. Es ist aber nicht nur verkettetes, sondern anch verwendendes Handeln, welches in dem Bereich der Wirtschaft fällt. Dieses stellt ja nur einen Grenzfall von Verkettung dar, sofern es sich dabei, wie wir wissen, um den letzten Abschnitt einer Kette von Tätigkeiten handelt.

2. Die individuellen und gesellschaftlichen Bedingungen des Zweckhandelns, oder der Wirtschaft sind einfach mit den Zielen gegeben, denen es dient. Die Ziele aber sind, wie wir schon früher sahen: 1. Das System der Vitalität (die Bedürfnisse, welche durch den Ablauf der organischen Lebensvorgänge entstehen); 2. die geistigen Inhalte der ursprünglichen Gemeinschaften; 3. die geistigen Inhalte der abgeleiteten Gemeinschaften (Neigungs-, Liebesgemeinschaften); 4. alle Ziele, deren Erreichung zur Durchführung des Hilfshandelns (Mitteilen und Veranstalten) erforderlich ist; 5. alle Ziele deren Erreichung zur Bildung und Sicherstellung veranstaltenden Handelns erforderlich ist (Bündnishandeln: Politik, Krieg). Die Ziele unter 1—3 sind selbständige oder primäre Ziele des Handelns, jene unter 4 Hilfsziele, unter 5 Hilfsziele höherer Ordnung. — Sehen wir auf die Art der Ziele selbst, so nennen wir, mit Rücksicht auf das

System der Vitalität, das wirtschaftliche Handeln Lebensfürsorge oder Lebenswirtschaft, mit Rücksicht auf die Kultursysteme (2 und 3) Kulturfürsorge oder Kulturwirtschaft, mit Rücksicht auf die Hilfsziele (4 und 5) Gesellschaftsfürsorge oder Gesellschaftswirtschaft (Kongregalwirtschaft). Im einzelnen untergeteilt ergibt dies folgende Einteilung der Wirtschaft nach der Art der Ziele, denen sie dient: Lebenswirtschaft, Wissenschaftswirtschaft, Kunstwirtschaft, Religionswirtschaft, (Philosophiewirtschaft fällt mit Wissenschaftsfürsorge zusammen); Wirtschaft für Neigungs- und Liebesgemeinschaften (man denke an die Güter, welche der Geselligkeit, der Familie dienen); Mitteilungs- und Veranstaltungswirtschaft; Politik- uud Kriegswirtschaft. — Zu alledem gesellt sich noch die Finanzwirtschaft, d. i. das wirtschaftliche Handeln der Anstalten als solcher (als Personen), welches zwar auch nur mittelbeschaffend und daher leistungsmäßigen Aufbaues ist, aber doch von eigener Artung, daher es einer eigenen Wissenschaft, der Finanzwissenschaft zugewiesen wird. (Bei dieser handelt es sich wesentlich um die verschiedenen funktionellen Wirkungen, z. B. dcr Steuerarten, auf die Glieder der Anstalt.)

Literatur. Die seit Menger (Untersuchungen ü. d. Methode der Sozialwissensch. Lpz. 1883, Anhang) herrschende Begriffsbestimmung der Wirtschaft als: die auf Deckung des Güterbedarfes gerichtete Tätigkeit kann unserer bisher entwickelten Begriffsbestimmung: Mittel für Ziele, mittelbeschaffendes Zweckhandeln, grundsätzlich nicht widersprechen. Dennoch wird der Kreis der Wirtschaft meistens viel enger gezogen, als dies oben geschah, insbes. indem man, dem Vorgehen Adam Smithens folgend, geistige Arbeit (der Beamten, Schauspieler usw.) nicht für produktiv erklärt, die Deckung des Güterbedarfes also auf Sachgüter beschränkt. — Denselben weiten Begriff der Wirtschaft wie oben bei: Andr. Voigt, Wirschaft u. Recht, Ztschr. f. Sozialw. 1911 (S. 8 ff., 99 ff. u. ö.) — Nicht berührt ist mit dem obigen die Frage, welche Bedeutung das wirtschaftliche Prinzip für den Begriff der Wirtschaft habe.

3. Das Gefüge des Zweckhandelns oder der Wirtschaft haben wir schon eingehend als leistungsmäßiges (funktionelles) kennen gelernt.

Diese formelle Natur der Leistungsmäßigkeit gibt dem Gegenstand der Wirtschaftswissenschaft sein Gepräge und ermöglicht jene theoretische Erforschbarkeit, welche der Nationalökonomie unter allen Gesellschaftswissenschaften den strengsten theoretischen Charakter verleiht.

Die Frage, ob nicht auch anderes Handeln leistungsmäßiger Art sei und daher einen gleich vorzüglichen Gegenstand für theoretische Forschung darbiete, ist zu verneinen. Die Handlungen des Mitteilens schließen sich eng an den Aufbau des Mitgeteilten an. Dieser ist aber ein logischer, also nach apriorischen, nicht leistungsmäßigen Gesetzen bestimmt, daher entspricht der Sprache die Grammatik (eine Art von Logik). Die Handlungen des Veranstaltens und der Veranstaltungsbildung werden wir später noch zu zergliedern haben und dabei die Verschiedenheit ihres Aufbaues kennen lernen.

4. Der Begriff des wirtschaftlichen Handelns weiter analysiert. Die erste Aufgabe, die der Begriff von Wirtschaft als Mittel für Ziele stellt, besteht darin: Handlung und Ziel streng voneinander zu trennen. Die Handlung als Mittel, das Ziel (die Befriedigung) als die Bedingung oder Grund des Mittels, das sind die beiden völlig verschiedenen Elemente im Begriffe der Wirtschaft. Wichtig ist dies zunächst deshalb, weil der „Akt der Befriedigung" von dem man zu schreiben pflegt, gleichfalls als Handlung aufgefaßt werden könnte. Das wäre aber falsch. Das Verzehren (Konsumieren) selbst ist als Genußakt eine rein geistige, psychische Tatsache, also: Zielerreichung selbst, in keiner Weise Mittel; soweit das Verzehren dagegen Handeln ist, ist es Mittel zur Erreichung dieses Zieles ebenso wie alle vorhergehenden Abschnitte des Handelns.

Anmerkung. Nur durch scharfe Trennung von Mittel und Ziel kann man dazu kommen: 1. Wirtschaft nicht als Selbstzweck, sondern als reines System von Diensten, Leistungen zu erkennen; 2. im besondern auch Wirtschaft nicht auf das System der Vitalität allein zu begründen, ein Bestreben, das viele Nationalökonomen, welche die Sachgüter allein als Güter betrachten, beherrscht. Denn nun treten auch alle anderen Ziele als ihre Grundlagen klar hervor; 3. auf diese Weise endlich die Wirtschaft auch richtig als Teilinhalt oder Objektivationssystem der Gesellschaft (bzw. der Lebensverwirklichung Robinsons) richtig zu erkennen und sie in dieser Eigenschaft vor allem nicht als ursprüngliches Zielsystem aufzufassen, wie dies die materialistische Geschichtsauffassung (in deren Bann heute die Nationalökonomie vielfach steht) tut, sondern als grundsätzlich dienstbares System von Mitteln.

Die Trennung von Mittel und Ziel erfordert zur weiteren Begriffsbestimmung die Zergliederung jenes „Mittels", das nun summarisch im „Handeln“ (für das Ziel) gegeben ist. Es zeigt wieder zwei grundsätzlich zu trennende Bestandteile: 1. die Handlungen selbst, die sich als aktive Mittel oder Subjektsmittel darstellen; 2. ihre rein passiven, objektiven Hilfsmittel, die Güter oder Objektsmittel. Die Frage, die sich dabei erhebt, ob objektive Hilfsmittel des Handelns nur stoffliche Dinge sein können (Sachgüter) oder auch geistige Dinge, Verhältnisse usw., ist grundsätzlich dahin zu beantworten, daß alles, was objektives, passives Funktionselement werden kann, auch ein Gut ist.

Die Trennung von Mittel und Ziel wie die Trennung von aktivem und passivem Mittel, ergibt gleichermaßen als echten Grundbestandteil, als echte Elementarerscheinung der Wirtschaft nur die Handlung, weil nur diese aktiv ist, und somit im elementaren Bereich das alleinige gestaltende Moment darstellt; wie auch, weil nur sie der wahre Träger des „Mittels“ gegenüber dem Ziele ist. Die Güter oder Objektsmittel sind als reine Hilfs- oder Passivmittel durchaus abhängiger Natur, somit nur abhängige oder uneigentliche Elemente. Bei den Gütern handelt es sich um ein an sich totes, vollständig neutrales Moment, das von sich aus nichts bewirkt und darstellt (also auch von sich aus nicht „Wirtschaft“ sein kann); erst indem die Handlungen sich ihrer bemächtigen, sie einer Nutzung zuführen, werden sie mitwirkende Teile im leistungsmäßigem System der Mittel, erst durch Einbeziehen in das Handeln werden sie Bestandteile der Wirtschaft. Daher es stets Dinge gibt (z. B. Bodenschätze), die nur Güter sein können, zu Gütern werden können, Handlungen aber, die Handlungen werden können, gibt es nicht.

5. Die Grundgestaltungen oder Kategorien der Robinsonadischen Wirtschaft. Die Trennung von Mittel und Ziel läßt sich weiter fortführen zu einer strengen Trennung von psychologischer und gesellschaftswissenschaftlicher Betrachtung des wirtschaftlichen Gegenstandes. Den Gruppen oder Abschnitten psychologischer Vorgänge, die sich dann ergeben, lassen sich entsprechende Abschnitte der Handlungen an die Seite stellen; damit ergibt sich zugleich die erste Einteilung des Gesamtsystems der Wirtschaft in ihre

Verlaufsabschnitte. Eine solche Trennung des Psychologischen und Wirtschaftlichen ergibt folgendes Bild:

Psychologischer Kreislauf	Wirtschaftlicher Kreislauf
Bedürfnis	Zielsetzung
Anstrengung	Handeln
Befriedigung	Zielerreichung.

Mit diesen Gestaltungen ist der Kreislauf der Wirtschaft nach der psychologischen und der handelnden Seite hin vollendet. Psychologisch betrachtet bildet sich in stets wiederkehrender Weise das Bedürfnis (welches vitaler, geistiger, gesellschaftlicher usw. Herkunft sein kann), folgt die Anstrengung, es zu stillen, und endlich die Befriedigung selbst. Diesen psychologischen Kreislauf mit dem wirtschaftlichen zu verwechseln, wie es in vielen nationalökonomischen Begriffsbildungen geschieht, ist ein schwerer methodischer Fehler. Das Bedürfnis ist keine wirtschaftliche Kategorie, der Bedürfnisbegriff kein wirtschaftswissenschaftlicher Grundbegriff. Vielmehr ein rein psychologischer. Wirtschaftlich entspricht dem Bedürfnis die Zielsetzung, d. h. das Bedürfnis wird Antrieb oder Ziel für ein Handeln; der subjektiven Anstrengung ferner entspricht die wirklich erfolgende Aufwendung von Handeln, welches in der Herstellung und Beschaffung der vom Ziele erforderten Mittel besteht; der Befriedigung endlich entspricht die Zielerreichung, welche wie psychologisch die Vernichtung des Bedürfnisses, so wirtschaftlich die Vernichtung des Zieles in sich schließt. Was psychologisch Bedürfnisbefriedigung ist, ist wirtschaftlich Zielbeseitigung, Zielerreichung. Diese Zielbeseitigung enthält in sich allerdings noch ein Handeln, das verwendende (konsumierende) Handeln. Dieses fällt aber noch unter den zweiten Abschnitt, der Aufwendungen von Handlungen, ebenso wie ihm ja grundsätzlich noch subjektive Anstrengungen entsprechen.

Hiermit ist das Wirtschaftliche (als Bereich des Handelns) ebensowohl vom Psychologischen (als dem Bereich des Empfindens) strengstens geschieden, wie zugleich in Verlaufsabschnitte gegliedert. Jener Abschnitt, in welchem sich die wirtschaftliche Tätigkeit abspielt, ist der mittlere: das Handeln, die tatsächliche Verwirklichung von Handlungen.

Die Grundgestaltungen oder Kategorien dieses Handelns zu finden, ist die erste Aufgabe der Wirtschaftswissenschaft. Die Kategorien sind das, was man auch jetzt schon als „Grundbegriffe" zu behandeln pflegt, was aber doch, wie ich glaube, nach strengerer Methode behandelt werden kann, wenn man sie als elementare Leistungsgestaltungen, aus denen der spätere Gesamtzusammenhang wirtschaftlichen Handelns aufbaut, von vornherein auffaßt. Die Kategorien sind Leistungsgestaltungen oder Funktionselemente des wirtschaftlichen Handelns. Ihre Ableitung gehört nicht eigentlich mehr in die Gesellschaftslehre; nur um die Möglichkeit und Fruchtbarkeit der bisher entwickelten Betrachtungsart zu erweisen und die Notwendigkeit systematischer Anknüpfung der Nationalökonomie an die Gesellschaftslehre darzutun (womit aber nicht behauptet wird, daß die Nationalökonomie ein Teil der Gesellschaftslehre sei) wird die Untersuchung hier weitergeführt.

Die beiden ersten Kategorien der Wirtschaft sind jene, die wir bereits als die zwei Bestandteile wirtschaftlichen Handelns kennen gelernt haben: das Handeln schlechthin oder, wie es nun als Kategorie zu nennen ist, die Arbeit; das Hilfsmittel des Handelns schlechthin oder das Gut. Beide sind wieder, was eine dritte Kategorie ergibt: leistende Elemente schlechthin. Die Handlung das primäre und echte, das Gut nur uneigentliches, passives Element. In diesem Sinne entspricht also dem Begriff von Arbeit und Gut als gemeinsamer Oberbegriff: der des leistenden Elementes oder Funktionselementes. Dem entspricht dann wieder der Begriff von einer jeweilig unter gegebenen, bestimmten wirtschaftlichen Verhältnissen vorhandenen Leistungs*fähigkeit* oder Funktionsfähigkeit der Elemente (Arbeit wie Gut). Es ist dies der Wert. Bekanntlich ist die Leistungsfähigkeit nicht mit dem bestimmten Nutzen eines bestimmten Gegenstandes, z. B. eines Glases Wasser, schlechthin gleichzustellen; vielmehr kommt nur der jeweils geringste Nutzen, den das Gut eines Vorrates bei verschiedenen Verwendungen (Funktionen) leistet, in Frage. Denn geht ein Gut aus einem Vorrate verloren, so wird man damit immer nur des geringsten Nutzens verlustig, den es gewährt hätte. (Geht auf hoher See jenes Zehntel des Wasservorrates, das für Luxuszwecke bestimmt war, verloren, so verzichtet man nur auf die unwichtigen Luxusnutzungen, nur diesen Wert hatte also jenes Zehntel, nicht den Wert der höchsten Nutzung, welche der Lebensrettung gleichkäme.) Dieser geringste Nutzen heißt Grenznutzen. Wesentlich für den Begriff der Leistungsfähigkeit oder des Wertes ist also der Grenznutzen, eine Resultante aus der Größe des Vorrates und der Mannigfaltigkeit der Verwendung eines Gutes. Bekanntlich war es nach dem vergessenen Gossen Karl Menger, welcher diesen genialen, unverlierbaren Gedanken in der Nationalökonomie zuerst entwickelt hat.

Von der Kategorie der Funktionsfähigkeit aus entwickeln sich dann alle weitern Kategorien mit logischer Notwendigkeit als Teil- oder als Folgegestaltungen. Das ist ja in der bisherigen Nationalökonomie insofern auch längst zur Geltung gekommen, als die Werttheorie seit Smith und Ricardo die Grundlage darstellt, von der aus alle Einzeltheorien entwickelt werden. Als die ersten, grundsätzlichsten Folge- und Sondergestaltungen ergeben sich: 1. die Aufwendungen an Funktionselementen (Handlungen, Gütern) oder „Kosten", welche die Wirtschaft in sich schließt und die als negativer Wert aufzufassen sind, d. h. als Verlust der Funktionsfähigkeit; 2. der unmittelbare, konkrete, leistungsmäßige Erfolg eines Elementes, oder der Nutzen, auch „Ertrag" genannt, der im Gegensatz zum Funktionsverlust oder negativen Wert, als positive Leistungsverwirklichung oder positiver Wert, bezeichnet werden kann; 3. der Erfolgsgrad oder die „Ergiebigkeit" der Verwendung von Funktionselementen, auch Produktivität genannt, welche durch den Vergleich oder die Bilanzierung von Kosten- und Nutzenergebnis der aufgewendeten Funktionselemente erkannt wird. Der Begriff der Ergiebigkeit oder Produktivität ist durchaus ein Vergleichsbegriff. — Hiermit sind die elementaren Sondergestaltungen, welche die Kategorie der Funktionsfähigkeit zeigt, erschöpft, und es ist nun zu den Bedingungen der Ergiebigkeit fortzuschreiten. Daß hier verschiedene, allgemeingültige klassifizierbare Bedingungen vorliegen müssen, ergibt sich daraus, daß die Ergiebigkeit ein V e r g l e i c h s begriff ist, mithin verschiedene Bedingungen enthält. Die Arten dieser Bedingungen können nur zweifach sein, und zwar 1. nach den Handlungen, 2. nach ihren Hilfsmitteln. Nennen wir die Handlungs*weise* Technik (ein Begriff, der schon früher begründet wurde und der allerdings die Art und den Weg, Güter zu gebrauchen, in sich schließt — worüber gleich zu sprechen sein wird) —, so können wir sagen: daß die Technik eine spezifische Bedingung der Ergiebigkeit ist. (Von welchen Bedingungen wieder die Technik selbst abhängt, ist eine Frage für sich, die übrigens oben S. 42 berührt wurde.) Die Hilfsmittel oder Güter sind zwar eben als Hilfsmittel nur Bestandteile der Handlungsweise oder Technik; dennoch erlangen sie (entsprechend ihrem relativ selbständigen Charakter als objektive Elemente) *für sich* eine eigene, selbständige Bedeutung für jede Art und Weise des Handelns, d. h. aber eigene Bedeutung als Bedingungen der Ergiebigkeit. Und zwar ist es die Verwendung wirksamer Gütervorräte oder Kapitalien, was damit zur eigenen Kategorie wird. Je größer die Menge wirksamer Gütervorräte oder Kapitalien ist, die im wirtschaftlichen Handeln als Hilfsmittel verwendet werden, um so größer die Ergiebigkeit. Der Begriff des wirksamen Gütervorrates oder Kapitals (vorgetane Arbeit, Produktionsumweg) gehört in demselben Sinne zur Handlungsweise oder Technik, wie Güter als Hilfsmittel zum Handeln überhaupt gehören. Er hat eben nur relative Selbständigkeit. Beide, Technik und Kapital, sind zugleich Kategorien, welche die zyklische Wiederkehr gleichartigen wirtschaftlichen Handelns anzeigen, denn Kapital kann nur bei oftmaliger Nutzung, Wiederkehr des Gleichen verwendet werden. Dies ist übrigens bei allen Kategorien insofern der Fall, als Wirtschaft ohne kreislaufartige Wiederkehr des Gleichen typische Gestaltungen (außer etwa Handlung und Gut) überhaupt nicht zeigen würde.

Hiermit möge diese schematische Ableitung beschlossen sein, deren Ergebnisse wir in folgender Übersicht der Kategorien nochmals zusammenfassen:

1. Arbeit oder Handlung (aktives Mittel).
2. Gut (passives Mittel).
3. Leistendes Element (Handlung und Gut als Funktionselement schlechthin).

4. Leistungsfähigkeit oder Wert. — Als Folge- oder Sondergestaltungen ergeben sich:

a) Kosten oder Aufwendungen durch Verlust der Funktionsfähigkeit der Elemente (negativer Wert);

b) Nutzen oder Ertrag durch den Erfolg des Funktionierens (positiver Wert oder die Leistung selbst);

c) Ergiebigkeit oder Produktivität als Kategorie des Vergleiches von a und b, gegründet auf ihre Wiederkehr. Ihre Bedingungen sind wieder:

α) Technik oder Handlungsweise,

β) Kapital (Produktionsumweg) oder Gütervorräte.

Diese Grundgestaltungen erweisen sich als rein formelle Gebilde, die in der robinsonadischen (monogenetischen) wie in der arbeitsteiligen (kongregalen) Wirtschaft gleichermaßen gelten. Nur die Ziele ändern und vervielfältigen sich in der letzteren, und das gibt dann den weiteren Grundgestaltungen ihr Gepräge. Z. B. entsteht nun außer der Ergiebigkeit für den Einzelnen (Erwerb) daneben noch eine für den Gesamtzusammenhang aller wirtschaftlichen Tätigkeiten (volkswirtschaftliche Ergiebigkeit). Je nach dem persönlichen oder überpersönlichen Ziele also erlangen nun die wirtschaftlichen Tätigkeiten andere Bedingungen. Die Grundgestaltungen der arbeitsteiligen Wirtschaften werden daher durch den Inhalt der Ziele bestimmt sein. — Es sei erlaubt, dies im folgenden noch kurz zu entwickeln.

6. Die Grundgestaltungen oder Kategorien der gesellschaftlichen Wirtschaft. Treten in der Wirtschaft Viele einander handelnd gegenüber, so verwandelt sich die bloß zeitliche Verteilung und Gliederung der Arbeitshandlungen des Robinson in wirkliche Arbeitsteilung (Funktionsteilung oder Verkettung). Die Gestaltungen, die sich da ergeben, können nun lediglich Zweckgestaltungen, Zweckleistungen sein, d. h. solche, die durch den Inhalt der nunmehr geteilten Tätigkeiten und Leistungen bestimmt sind, denn die allgemeingültigen, formellen Grundgestaltungen, Kategorien der Leistungen selbst, müssen sich ja unangesehen der Ziele ergeben, müssen für alle Ziele gleich sein und wurden denn auch oben als solche abgeleitet. Diese Tatsache (die sogleich noch klarer werden wird) bedeutet daher, wie

schon erwähnt, nichts weniger, als: daß die Grundbegriffe oder Kategorien von Arbeit, Gut, Wert, Ergiebigkeit, Technik, Kapital, auch in der gesellschaftlichen Wirtschaft aufrecht bleiben. Nur vollzieht sich nunmehr ihre Verwirklichung in anderen Leistungsinhalten, wie sie eben durch die Arbeitsteilung und überhaupt durch die Gesellschaftlichkeit der Wirtschaft bedingt werden.

Die Ableitung der arbeitsteilig bedingten Leistungsinhalte der Handlungen, der Zweckleistungen, ist, solange man bei den einfachen grundsätzlichen Erscheinungen bleibt, leicht zu vollziehen, und zwar mit logischer Notwendigkeit, in deduktiver Form. Auf das kürzeste Schema gebracht, ergibt sich, daß die Arbeitsteilung bedingt: 1. als grundsätzlichste und wichtigste Folge den Austausch der Arbeitsergebnisse, denn nur so kann nun der Einzelne, der zumeist Güter erzeugt, die er selbst nicht braucht, dennoch mit allem, was er wünscht, versorgt werden. Dieser Austauschvorgang birgt nun als Elemente alle inhaltlichen Leistungen in sich, welche die gesellschaftliche Wirtschaft kennzeichnen und ihren komplizierten Mechanismus bedingen. Wir beginnen mit der Tatsache des Zusammentreffens der auszutauschenden Güter, die sich abstrakt für sich betrachten läßt. Durch jenen Austausch wird also weiter bedingt: 2. das kollektive Zusammentreffen von Austauschangeboten und Austauschnachfragen, d. i. der Markt, als ideeller, kollektiver Vorgang des Austauschens aufgefaßt; 3. infolge der räumlichen Trennung der geteilten Arbeitsverrichtungen bedingt der Austausch zugleich Beförderungstätigkeiten: das Beförderungs- und Verkehrswesen (2 und 3 zusammen bilden den „Güterumlauf"); 4. wie die Überwindung der räumlichen Trennung zu einer eigenen Leistung wird, so wird auch die unternehmerische (d. i. die wirtschaftliche, nicht transportierende) Verbringung auf die Märkte eine eigene Tätigkeit: zum Handel, der als Verbringung der Ware auf jenen Markt, wo sie den größten Nutzen stiftet, am meisten gebraucht wird, erklärt werden kann; 5. Austausch und Handel bedingen wieder den Gebrauch einer eigenen Ware zur Tauschvermittlung, des Geldes; 6. der Funktionsfähigkeit oder dem Wert der Elemente (Handlung, Gut) in einer bestimmten Einzelwirtschaft steht nunmehr gegenüber der Preis als der

Leistungswert der Elemente im Rahmen des Gesamtzusammenhanges aller Einzelwirtschaften, die auf dem Markt zusammengefaßt sind. Leistungsfähigkeit oder Wert gründet sich nun: a) auf den Zusammenhang aller Leistungen in der individuellen Wirtschaft, und b) auf deren überindividuellen Gesamtzusammenhang im Austausch, auf dem Markte; jene Leistungsfähigkeit wird zum subjektiven, diese zum objektiven Wert (Preis); 7. gemäß der alleinigen Gültigkeit des Preises (nicht des subjektiven Wertes) auf dem Markte geschieht nun die Verteilung der Güter nicht nach den wirklichen Leistungen oder Nutzungen, die ihnen in der Einzelwirtschaft zukommen, sondern nach den Preisgesetzen; 8. ebenso kommt die Summe der Erzeugnisse nicht als Gütervorrat schlechthin, sondern als Angebot und Nachfrage zur Erscheinung, was bedeutet, daß ihre wirkliche Verteilung und Nutzung nur nach Maßgabe der Absatzfähigkeit bzw. des wirklich durchgeführten Absatzes vor sich gehen kann. Diese Vorgänge unterliegen wieder den Preisgesetzen; 9. nach 6 und 7 müssen sich nun auch die privatwirtschaftliche und die volkswirtschaftliche Ergiebigkeit wirtschaftlichen Handelns trennen: Rentabilität und volkswirtschaftliche Produktivität; 10. dem entspricht weiter in der Güterwelt die Trennung von Erwerbs- und Produktivkapital; 11. desgleichen die Trennung von (privatem) Haushalt und (privater) Erwerbswirtschaft, als zwei eigenen, relativ selbständigen und nicht an ganz gleichen Zielbezirken oder Funktionsbereichen orientierten Leistungsgebilden (während bei Robinson Haushalt und Wirtschaft zusammenfallen, weil die Handlungen, die zur Güterverwendung dienen und den Verbrauch regeln, von jenen, welche zu ihrer Beschaffung führen, nicht geschieden werden, denn Nutzung und Wert sind ja dasselbe); 12. wenn die Arbeitsteilung nicht sämtliche Verrichtungen ergreift (was ja vielfach, z. B. bei der Bauernwirtschaft, nicht eintritt), so zerfällt die gesamte wirtschaftliche Tätigkeit eines Individuums in Eigenwirtschaft, ungenau auch Naturalwirtschaft genannt, und Marktwirtschaft. In der Eigenwirtschaft besteht, da nur für den eigenen Verbrauch erzeugt wird, ein in sich geschlossener Kreislauf der Handlungen und Güter wie bei Robinson, daher für diesen Wirtschaftsbereich keine der obigen Zweckleistungen (Austausch usw.) notwendig ist, insbesondere auch nicht Nutzung (subjektiver Wert) und Preis, Haushalt und Wirtschaft auseinandertreten; 13. mit den Unterscheidungen Punkt 7 bis 11 ist endlich auch gegeben das Auseinandertreten von unternehmerischer Arbeit und wirtschaftlicher Zweckarbeit, indem die unternehmerische Arbeit die Einordnung der wirtschaftlichen Zweckarbeit in den Zusammenhang des Marktes (aller Austauschverhältnisse überhaupt) bewirkt. Sie ist organisatorische Arbeit. Eine solche fehlt ja allerdings auch bei Robinson nicht, bei ihm ist sie aber nur technischer Natur, indem sie die Anordnung usw. der Zweckarbeiten bestimmt; nun aber dient sie der Einordnung der Zweckarbeit in die Märkte, tritt also neben die bloß technisch-organisatorische Tätigkeit; damit zeigen sich nun der Handel (d. i. die der Verteilung der Güter zwischen den Märkten) und ebenso die vom Handel zu trennende Spekulation, d. i. die Verteilung der Güter in der Zeit, nur als Abarten der unternehmerischen Arbeit. Sie gehen alle auf die organisatorische Einordnung wirtschaftlicher Zweckarbeit in den Marktzusammenhang, haben aber gegenüber anderer Unternehmertätigkeit bestimmte Sonderfunktionen.

Die weitere Entwicklung der Leistungen, deren Gesamtzusammenhang die Volkswirtschaft bildet, kann hier nicht unsere Aufgabe sein. Schon das Vorgeführte zeigt, wie sich Zins, Lohn, Unternehmereinkommen als Verteilungskategorien aus diesen Gestaltungen abzweigen. Bei anderen Gestaltungen, wie sie sich aus den Geld- und Kreditverhältnissen entwickeln (Währungswesen, Kreditwesen, Bankwesen), liegen dagegen immer weniger rein logische und grundsätzliche und immer mehr geschichtliche wie organisatorische Weiterbildungen vor.

Die Erforschung der Natur aller Leistungen und ihres spezifischen Zusammenhanges in der Volkswirtschaft ist die Aufgabe der theoretischen Nationalökonomie. Dabei muß sie natürlich die Leistungen und ihre Zusammenhänge rein als solche denken, d. h. als rein wirtschaftliche, rein durch sich selbst bestimmte, „idealtypische", wie man dies treffend genannt hat. Die Entfernung von der geschichtlichen Wirklichkeit, die sich daraus ergibt, bedingt dann die schwierige Aufgabe, das Verhältnis der Wirtschaft als eines reinen (idealischen) Teilinhaltes (Objektivationssystems) der Gesellschaft erstens zur geschichtlich-wirklichen Wirtschaft, zweitens zu allen anderen gesellschaftlichen Teilinhalten zu bestimmen. Die Summe dieser Aufgaben schließt die Methodenfrage in sich (Weiteres darüber unten Buch V).

Literatur. Aus der großen Literatur nenne ich: die Lehrbücher der Volkswirtschaftslehre von: Philippovich (10. A., Tübingen 1913), Adolf Wagner (Lpz. 1907), Jul. Wolf (Lpz. 1908), Lexis (2. A., Lpz. 1913) und Schmoller (Lpz. 1904 ff., 2 Bde.). Letzterer behandelt den Stoff historisch, Lexis mehr realistisch, die anderen theoretisch. Vgl. auch Böhm-Bawerk, Kapital u. Kapitalismus, Innsbruck, 3. A., 1909/13. — Zur Einführung darf ich auf meine „Haupttheorien der Volkswirtschaftslehre auf dogmengeschichtlicher Grundlage" (Lpz. 1911) verweisen. — An Handbüchern: Elster, Wörterb. d. Volksw., 3. A., Jena 1909 f.; Conrad, Handwörterb. d. Staatsw., 3. A, Jena 1910 f.; Handb. d. Sozialökonomie Tübingen 1914 f. (im Erscheinen). — Methodologische Schriften von Max Weber, v. Gottl usw. s. oben S. 7 und unten Buch IV, Werturteil.

IV. Das gleichartige Handeln und die Verbündung.

Um das schwierige Gebiet der Bündnisse richtig zu verstehen, muß man von vornherein streng auseinanderhalten:

1. die Tatsache der Verbündung, die Bündnisse selbst,

2. die Systeme gleichartigen Handelns, welches nicht verbündet ist, aber die Grundlage für eine Verbündung abgibt,

3. das Handeln der Bündnisse als solcher, z. B. in der Politik (wovon später).

Zu 1: Verbündbar ist, wie wir oben (S. 37 f.) sahen, das Handeln Vieler dann, wenn es auf einen gleichen Zweck gerichtet ist und dadurch den Charakter von gemeinsamem Handeln annimmt.

Zu 2: Neben diesem gemeinsamen Handeln, das unbedingt verbündet sein muß, um als solches zur Erscheinung zu gelangen, gibt es aber noch außerdem ein Handeln, das zwar gleichartig aber nur äußerlich gleichgerichtet und nicht verbündbar ist. Es liegt dann vor, wenn Viele zwar gleiche Handlungen vollziehen, aber dabei jeweils einen eigenen nicht einen gemeinsamen Gegenstand haben. Jede wirtschaftliche Tätigkeit bietet ein Beispiel: so haben alle Metallarbeiter, Tischler, Schlosser, Lokomotivführer gleiche Arbeitsverrichtungen; wie könnten sie aber diese Handlungen verbünden? Das ist unmöglich, weil sie sich nicht auf einen gemeinsamen Zweck richten; es sind nur gleichartige Arbeitsziele, nicht aber gleiche (im Sinne von gemeinsam), nicht dieselben konkreten Ziele für Alle. Daher ist dieses Handeln zwar gleichartig, aber nicht verbündbar. Es gibt nur die Grundlage für Bündnisse ab, denn Menschen, die gleiche Handlungen vollziehen, haben damit notwendig gemeinsame Ziele („Interessen“) in den Bedingungen, welche sie für diese gleichartige Arbeitstätigkeit in der Gesellschaft finden.

Wir haben nun zuerst das gleichartige Handeln, dann die Bündnisse, dann ihr Handeln zu untersuchen.

1. Die unorganisierten Systeme gleichartigen Handelns.

Die wichtigsten Systeme (streng genommen sind es nur Parallelismen) gleichartigen Handelns, welche die Gegenwart zeigt, ergeben sich einfach aus der Einteilung der Bedingungen des Handelns. Wo diese gleich sind, ist auch das Handeln in der Regel ein gleiches. Hier sind innere und äußere Bedingungen zu unterscheiden. Die Gesamtheit der inneren Bedingungen (Begabung) ist in sicheren Gruppierungen nicht zu erfassen, die der äußeren dagegen wohl in der Lebensweise. In ihr spiegeln sich ja zugleich Begabung und Bildung wider. Die Unterscheidungen gleicher Lebensweise infolge gleichgearteter Grundverhältnisse des Lebens sind naturgemäß sehr schwankend. Schließt man sich an herkömmliche Gruppierungen an, so ergibt sich etwa folgende Einteilung:

1. Das gleichartige berufliche Handeln oder die Berufsstände, Berufsklassen. Die Berufsgruppen der Urproduktion, der Industrie und des Gewerbes, des Handels, der Versicherung, der freien Berufe (Ärzte, Anwälte, auch Künstler), der Beamten, endlich der Krieger und Priester stellen hier die wichtigsten Gruppierungen dar.

2. Die Besitzstände oder Besitzklassen. Gleichheit des Besitzes ruft bei sonst verschiedenen Gruppen von Menschen gewisse Gleichartigkeiten im Handeln hervor (Lebenshaltung, Geldinteressen, Berufsziele, Bildung u. v. a.), demgemäß Schichtungen nach dieser Gleichartigkeit. Diese Schichtungen sind, graduell betrachtet, etwa folgende: Großbesitz, Mittelbesitz, Kleinbesitz, Besitzlose, Lumpenproletarier. Bekanntlich hat Marx den Besitzständen die größte geschichtliche Bedeutung beigelegt, indem er alle bisherige Geschichte als Geschichte von Klassenkämpfen bezeichnete — eine unhaltbare Ansicht, welche nicht nur an der inneren Selbständigkeit der Kultur-

inhalte (Objektivationssysteme) und der grundsätzlichen Abhängigkeit des Handelns von ihnen einen Gegeneinwand findet. Auch die ungeheure Vielfältigkeit der Schichtung des Handelns selbst, die nicht nur vom Besitz abhängt, steht dem entgegen.

3. Die Gesellschaftsstände oder Klassen im engern Sinne scheiden sich vor allem nach abhängiger oder unabhängiger Stellung im wirtschaftlichen Beruf in: Unternehmer, die wieder als große, mittlere, kleine zu scheiden sind; Arbeiter, die in besonders qualifizierte, gelernte, angelernte, ungelernte zerfallen; leitende und niedere Angestellte; Beamte, die als öffentliche und private zu scheiden sind, die öffentlichen wieder nach Rangstufen geordnet, die privaten, wenigstens als leitende, mit den Angestellten vielfach zusammenfallend; Offiziere (ebenfalls nach Rangstufen zu trennen); endlich Unternehmer mit besonderen Standesgesetzen, so Ärzte, Rechtsanwälte, Künstler, Privatingenieure, welche zwar als selbständige Verkäufer ihrer Leistungen, demnach als Unternehmer auftreten, den kaufmännisch-wirtschaftlichen Charakter der Unternehmung jedoch so sehr als möglich zurücktreten lassen.

4. Die Bildungsstände, die sich nach der schulmäßigen Vorbildung, welche Beruf oder gesellschaftliche Stellung (der Gesellschaftsstand) verlangen, scheiden in: akademisch Gebildete, mittel Gebildete, dürftig Gebildete (Volksschule) und vollständig Ungebildete (Analphabeten). Daneben wäre allerdings eine Einteilung nach der Bildungsfähigkeit oder Begabung sehr wichtig, weil hieraus ebenfalls, eine gewisse Grundlage gleicher Bildung vorausgesetzt, gleichartiges Handeln folgt.

5. Allgemeine Stände. Alle diese einzelnen Arten von Schichtungen oder Ständen der Gesellschaft kann man zusammenfassen in den Begriff des allgemeinen Standes, der allerdings noch weniger scharf ist als die Begriffe der bisher behandelten besonderen Stände, aber den Vorteil hat, sehr zusammengesetzte Gruppen nochmals in einheitlicher Beleuchtung zu zeigen. — Als allgemeine Stände möchte ich folgende Gegensatzpaare unterscheiden: Adel — Bürger; Freie — Unfreie (Hörige — Sklaven); Krieger — Nichtkrieger; Priester — Laien; Gebildete (im besondern Gelehrte) — Un-

gebildete. Je mehr sich dieses Schema, welches noch allgemeiner nach dem Muster des Platonischen Staates als Lehrstand, Wehrstand, Nährstand gefaßt werden könnte, besondert, um so mehr lösen sich die allgemeinen Stände wieder in eine Summe von besonderen Standesarten, wie sie oben angeführt wurden, auf. — Außer der standes- oder klassenmäßigen Schichtung der Gesellschaft sind noch speziellere Systeme gleichartigen Verhaltens zu unterscheiden. In Kürze sind es etwa folgende:

6. Innerhalb gewisser Bildungsinhalte, wie praktischer Betätigungen sind von Bedeutung die „Richtungen“ oder „Schulen“, so in Kunst, Wissenschaft, Moral, Technik (die Parteien in der Politik sind schon Bündnisse), welche aber einen weit engeren Raum als die ersten vier der oben behandelten Standesarten einnehmen. Katholiken und Protestanten in der Religion, Realisten und Idealisten in der Philosophie, induktive und deduktive Richtungen in der Wissenschaft, Romantiker und Klassiker, Naturalisten und Ästheten in der Kunst sind einige Beispiele hierzu.

7. Besondere Bedeutung haben jene gleichartigen Lebensverhältnisse, die aus Familiengleichheit hervorgehen: Elternschaft, Kindschaft, Brüderschaft, Schwesternschaft, Verwandtschaft, Stammesgemeinschaft, Landsmannschaft. Diese Verhältnisse (selber wieder durch Geschlecht, Alter usf. gegliedert) stellen als Systeme gleichartiger Lebensbedingungen, sowohl innerlich (durch Begabung) wie äußerlich, durch die Umstände des Lebens meist auch Systeme gleichartigen Handelns dar — freilich nur im engsten Rahmen, weil andere Schichtungen und Kreise dazwischen liegen.

8. Sehr zusammengesetzte und daher nur in weiten Linien sichtbare Systeme gleichartigen Handelns sind jene höchst vielfältigen (komplexen) Gleichheitsverhältnisse, welche vorliegen in der Gemeinsamkeit der Sprache (als einer Art von Bildungsgemeinsamkeit und Gemeinsamkeit der Verständigungsmittel); des Staates (als welcher rechtliche, wirtschaftliche, erzieherische und viele andere Gemeinsamkeiten bedingt); der Rasse und endlich der Nation (über diese siehe unten Teil III, B Kap. III ausführlich).

Überblickt man alle diese Gruppen gleichartigen Handelns,

so findet man, daß sie recht genaue Entsprechungen gemeinsamer geistiger Inhalte, d. h. geistiger Gemeinschaften sind. So kann es nicht ausbleiben, daß ihnen Neigungsgemeinschaften entsprechen, welche wir mit einer Bezeichnung Schäffles „Massenzusammenhänge" nennen wollen. Massenzusammenhänge sind demnach die aus gleichartigem Handeln entstehenden Neigungsgemeinschaften. Die besonderen und allgemeinen Stände, die Richtungen, Verwandtschaften, Landsmannschaften, Rassen- und Nationalgruppen bilden alle zugleich Neigungsgemeinschaften oder Massenzusammenhänge. Da die Bündnisse, wie wir sehen werden, sich stets auf solche Systeme gleichartigen Handelns gründen, so entsprechen auch den Bündnissen Neigungsgemeinschaften. — Eine weitere grundsätzliche Erscheinung auf dem Gebiete der Systeme des gleichartigen Handelns ist die Kreuzung, die gegenseitige Durchdringung aller. Jeder einzelne Mensch gehört sowohl einem bestimmten Berufsstand wie Bildungsstand, Besitzstand, einer Verwandtschaft, Richtung, Nation usw. an. In jedem Individuum schneiden sich unendlich viele solcher Kreise.

Literatur. Die „sozialen Kreise" oder „Schichtungen" haben die Gesellschaftsforschung vielfach beschäftigt. Es handelte sich aber darum, ihnen den richtigen Platz im Gesamtaufbau der Gesellschaft zuzuweisen und so ihr Wesen richtig zu bestimmen. — Vgl. Schäffle, Bau u. Leben des soz. Körpers, 2. A., Tübingen 1896 (bestimmte die Systeme gleichartigen Handelns zugleich als Massenzusammenhänge, was indessen nicht richtig ist, denn M. sind Neigungsgemeinschaften, als Organisationen betrachtet aber Bündnisse, während die Systeme gleichartigen Handelns diesem allem nur zugrunde liegen). — Simmel, Soziologie, Lpz. 1908; Schmoller, Grundriß der allg. Volkswirtschaftslehre, Bd. I, Lpz. 1904.

2. Die Bündnisse.

Über das Wesen der Bündnisse wurde oben (S. 34ff., 52 u. 99f.) alles Wichtigste gesagt. Man kann die Bündnisse scheiden 1. in Interessenvertretungen, 2. in Parteien.

Ihre äußeren Anstaltsformen sind meistens Vereine, manchmal noch losere Zusammenhänge, wie sie gerade die Parteien darstellen. Bei diesen sind sogar in der Regel nur Minderheiten der Parteigenossen organisiert, denn die Partei verfügt auch über andere Veranstaltungsmittel als über Vereine.

Zeitweilige Versammlungen, die Presse, Flugblätter, Parlamentsreden, Wahlveranstaltungen ergänzen die Vereinseinrichtungen nach Bedarf.

Eine immer größere Bedeutung erlangen die Interessenverbände. Sie sind nichts anderes als irgendeine der oben angegebenen Gruppen gleichartigen Handelns, namentlich der Stände, in organisierter Form. Denn nur auf der Grundlage jener objektiven Gruppierung und Gleichartigkeit erheben sich Ziele, welchen allen Gliedern des Verbandes gemeinsam sind. Die Ansprüche, Wünsche, Bestrebungen, kurz die „Interessen" derer, die sich im Verband zusammenfügen, werden nun mit gemeinsamen Kräften verfolgt, d. h. sie werden vom Bündnis als solchem „vertreten". Solche Ziele sind, wie wir wissen, ihrer Natur nach organisatorische Ziele des gemeinsamen Handelns (darüber s. unter Politik). Daneben pflegen diese Verbände auch die geistige Gemeinschaft ihrer Mitglieder untereinander. Insoferne sind sie aber nicht mehr Bündnisse, sondern Massenzusammenhänge (Neigungsgemeinschaften, geistige Gemeinschaften). Als Bündnisse stellen sie bloß die Vergenossenschaftung gleichgerichteten Handelns dar. Zumeist sind es berufliche und ständische Gruppen, welche solche Interessenverbände wirksam bilden können. Als wichtigste sind zu nennen: 1. die Interessenverbände der Arbeiter oder Gewerkschaften. Sie zerfallen in Deutschland nach ihrer politischen Richtung in sozialdemokratische, christliche, gelbe und Hirsch-Dunckerische, ähnlich in Österreich, wo bei den Sozialdemokraten noch die nationale Trennung (in zentralistische und autonomistische) dazukommt, während in Amerika die Ritter der Arbeit, der amerikanische Arbeitsbund und der Arbeiterweltbund die Hauptgruppen bilden. Alle diese Gewerkschaften sind bekanntlich nach Berufen mehr oder weniger ins Einzelne gegliedert, dann wieder in „Gewerkschaftskommissionen" zusammengefaßt. Neben den Gewerkschaften stehen als eng verwandte Bündnisse die Verbände der Privatangestellten, welche in solche der Handlungsgehilfen und der technischen Angestellten zu trennen sind. (Z. B. weist Lederer für 1911 nicht weniger als eine halbe Million organisierter Handlungsgehilfen nach.) — Allen diesen Gewerkschaften stehen die Verbände der Arbeitgeber gegenüber. Und sowohl diese wie jene sind wieder länderweise und international zusammengeschlossen. — Hierzu kommen größere wirtschaftliche Bündnisse, welche wegen weiterausgreifender politischer Ziele schon den Übergang zur Partei bilden; so in Deutschland der Bund der Landwirte, der Bauernbund, der Hansabund.

Es gibt auch Interessenverbände der Wirtschaftenden als Erzeuger und Verbraucher: Produktiv-, Konsum-, Einkaufsgenossenschaften, — Bündnisse, die ebenfalls gleichartiges Handeln zusammenfassen. Denn das Wesentliche bei ihnen ist nicht der Betrieb (in diesem liegt kein Bündnis, sondern eine Wirtschaft, eine arbeitsteilige Verkettung vor) vielmehr die gemeinsame Herstellung seiner Bedingungen (z. B. die Leistung der Einlagen, Verpflichtung zum Warenbezug u. dgl.). Außer den wirtschaftlichen sind aber auch alle andern oben genannten Systeme gleichartigen Handelns, sofern sie in Fachvereinen organisiert sind, als Interessenbündnisse anzusehen, denn diese können gleichfalls rein sachliche Ziele verfolgen und müssen durchaus nicht allein auf wirtschaftlichen Interessen beruhen.

Literatur: Kulemann, Die Berufsvereine, 6 Bde., Berlin 1908/13; Lederer, Die wirtschaftlichen Organisationen, Lpz. 1913; derselbe, Die Privatangestellten, Tübingen 1909; Müffelmann, Die wirtschaftlichen Verbände, Lpz. 1912. (Sammlung Göschen.)

Die Partei unterscheidet sich von den Interessenverbänden nur dadurch, daß sie nicht bloß einzelne, begrenzte (z. B. wirtschaftliche) Sonderziele, sondern mit diesen zusammen noch allgemeine Interessen, d. h. Ziele verfolgt, welche für die ganze staatliche Gemeinschaft gelten sollen. Demgemäß ist also die Partei politisches Bündnis, während die Interessenvertretung in der engeren, mehr „privaten" Standessphäre bleibt. Die Unterschiede können natürlich nur gradmäßig sein. Genau genommen ist jede Interessenvertretung, jedes Bündnis zugleich Partei, da jedes auch politische Ziele verfolgt, indem es eine weitere Öffentlichkeit für sich in Anspruch nimmt.

Das Gefüge der Bündnisse ist wie bei aller Organisation jenes von Führung und Nachfolge (darüber siehe unten Kap. V 2, Veranstaltung).

Das Handeln der Bündnisse als solcher ist nicht mehr vergenossenschaftet, sondern ist gegensätzliches, feindseliges Handeln — ein Gebiet, das nun für sich betrachtet werden muß.

Literatur. Anstelle ausführlicher Behandlung dieses sehr interessanten und zukunftsreichen Gebietes muß der Hinweis auf die wichtigsten Schriften genügen. Fr. v. Wieser, Die gesellschaftlichen Gewalten, Prager Rektoratsrede 1901; ders., Macht und Recht, Lpz. 1910; Michels, Zur Soziologie des Parteiwesens in der modernen Demokratie, Lpz. 1910; v. Blume, Bedeutung und Aufgaben der Parlamente. Parteienbildung (Handb. d. Politik), Bd. I, Berl. 1912; Hasbach, Die moderne Demokratie, Jena 1912; R. Schmidt und A. Grabowsky, Die Parteien, Urkunden und Bibliogr., 2 Bde., 1912; Salomon, Die deutschen Parteiprogramme, 2 Bde., Lpz. 1912. — Vgl. auch die Literatur unter Politik.

IV. Kapitel. Das nicht vergenossenschaftete oder gegensätzliche Handeln: Wettbewerb, Politik und Krieg.

Wo das Handeln weder verkettet noch verbündet ist, bleibt noch die dritte Möglichkeit, daß es sich feindselig gegeneinander richtet, daher nur in seiner Gegensätzlichkeit einen gewissen Einheitsbezug, aber keine Vergenossenschaftung findet. Dieses gegensätzliche oder feindselige Handeln hat zwei technisch verschiedene Formen, den Wettstreit und den unmittelbaren Kampf.

Das Beispiel für den Wettstreit bietet ein Wettlauf um einen Preis. Hier trachten viele, dasselbe Ziel zu gewinnen, während es nur für einen, den Sieger, erreichbar ist. Es handelt sich hier nicht um einen Kampf der Streiter unmittelbar gegeneinander, sondern nur ein gegenseitiges Übertreffenwollen aller. Das gleiche findet statt beim Ausschreiben einer Lieferung, bei freiem Wettbewerb der Verkäufer und der Käufer auf dem Markte, beim Wettbewerb der Parteien um den Wähler in der Politik.

Dem Wettstreit steht gegenüber der unmittelbare Kampf der Kräfte gegeneinander als Massenerscheinung, der im Krieg seinen großartigsten Ausdruck findet.

Die Formen des Wettstreites sind: Wettbewerb und Politik, die Form des Kampfes ist der Krieg.

I. Der Wettbewerb.

Der Wettstreit Einzelner heißt Wettbewerb. Er ist notwendig „freier Wettbewerb“, denn es kann nur unorganisiertes

Handeln sein, welches in freier Kraftentfaltung um dasselbe Ziel kämpft.

Der Wettbewerb spielt in der Wirtschaft die größte Rolle. Allerdings war sein Spielraum historisch ein sehr verschieden großer. In der gut geregelten geschlossenen Hauswirtschaft war wenig Platz für ihn. Etwas mehr schon in der mittelalterlichen Stadtwirtschaft, welche aber durch die zünftige Veranstaltung den Wettbewerb mehr auf die Qualität der Leistung einschränkte. Erst mit der Aufhebung der Zünfte und Einführung der Gewerbefreiheit wird Angebot und Nachfrage entfesselt, und die freien, kämpfenden Kräfte können sich ungehindert entfalten — ein Vorgang, dem nicht nur die Entwicklung der Technik (d. h. in unsere Sprache übersetzt, die Entwicklung ergiebigerer wirtschaftlicher Handlungsweisen) und damit der Sieg des Großbetriebes, sondern dem auch soziale Veränderungen, wie die Verdrängung des Mittelstandes und das Aufkommen des „ewigen Arbeiterstandes“ entsprungen sind. Was wir heute soziale Reformen nennen besteht im wesentlichen nur in Einschränkungea dieses wirtschaftlichen Wettstreites.

Eine ausgebildete Theorie des freien Wettbewerbes fehlt heute leider noch in der Wirtschaftstheorie wie in der Gesellschaftslehre. Denn die Theorien der Klassiker erschöpfen die Sachlage durchaus nicht mit ihrem Grundgedanken, daß der Wettbewerb soziale Harmonie hervorrufe, indem ein jeder zu höchster Kraftanstrengung gezwungen werde, und so jeder zugleich der Wächter des andern sei.

Der Wettbewerb ist durchaus nicht auf die Wirtschaft beschränkt, sondern findet sich auf allen übrigen Gebieten des gesellschaftlichen Lebens. Das Bestreben sich auszuzeichnen, jede Art von Ehrgeiz spielt in Wissenschaft, Kunst, Religion, Politik usw. eine gewaltige Rolle. Dem entsprechen auch die vielfältigen Formen von Ehrung und Wertung, welche in Titeln, Rang, Orden, Etiquette u. dgl. ihren Ausdruck finden. Dem vielfältigen Wettbewerb in der Gesellschaft entsprechen ebensoviele Siege, und diesen ebenso viele Preise. In der Wirtschaft ist das Einkommen dieser Preis, auf den übrigen Gebieten der Ruhm im weitesten Sinne. Daß die Preise vielfach so sehr voneinander getrennt sind, ist, wenn auch in verschiedenem Maße, eine charakteristische Eigenschaft aller Gesellschaftsordnungen; so ist es zu erklären, daß auf geistigen Gebieten hohe Leistungen mit Ruhm und Anerkennung gekrönt werden können, ohne die entsprechende wirtschaftliche Wertung zu finden, z. B. bei Künstlern, Gelehrten, Erfindern, selbst bei Feldherren und Politikern.

Verbleibt noch die Frage, ob nicht auch beim Handeln der Bündnisse Wettbewerb vorliege. Das Handeln der Bündnisse gegeneinander ist Politik. Wenn aber Bündnisse gegen Einzelne handeln, so entstehen wieder die gleichen Erscheinungen wie beim Wettstreit einzelner Personen. Ein Beispiel dafür bilden die Kartelle und Trusts. Der Kampf der Kartelle mit einzelnen Außenseitern ist einfach wirtschaftlicher Wettbewerb; ihr Kampf mit den Regierungen, den Verbrauchern und der Öffentlichkeit überhaupt hat dagegen reinste politische Natur. Diesbezüglich spricht man auch ganz richtig von der „Politik" der Kartelle oder Trusts.

II. Die Politik.

1. Das Wesen der Politik. Politik (im Sinne sog. praktischer Politik zum Unterschied von der Wissenschaft der Politik) ist das gegensätzliche Handeln, der Wettstreit der Bündnisse. Der „Preis" dieses Wettstreites ist: ein organisatorisches Gut, bestehend in jenen Maßnahmen (Veranstaltungen), welche vom Staat oder von anderen Körperschaften erwartet werden. Das Wesen der politischen Handlung ist demnach näher dahin zu bezeichnen: daß es auf die Erlangung günstiger organisatorischer Bedingungen für jene Tätigkeiten geht, um deretwillen Politik getrieben wird. Aus dieser Bestimmung sind alle Eigenschaften und Begriffselemente der Politik abzuleiten. Damit ist sie nämlich: erstens eine Tätigkeit, die sich durchaus nicht unmittelbar auf den Staat richten muß, denn organisatorische Bedingungen werden auch von Provinzen, Gemeinden, privaten Gruppen und Verbänden dargeboten. Politik ist also nur öffentlichen, nicht staatlichen Charakters; zweitens eine Tätigkeit, die auf Hervorrufung von Veranstaltung gerichtet ist, eine anstaltsbildende Tätigkeit (was wir als „Hilfshandeln höherer Ordnung" bezeichnet haben). — Drittens liegt es in der Natur dieses Zieles, daß fast nur Bünd-

nisse Politik treiben können, denn nur, wenn viele Menschen gleiche oder ähnliche Wünsche in bezug auf die Gestaltung organisatorischer Bedingungen ihres Handelns haben, werden solche öffentliche Ziele zu erreichen sein. Nur dann kann politisches Handeln von einem Einzelnen ausgehen, z. B. von einem Herrscher, einem Parteiführer, wenn dieser als Vertreter von wirklichen Gruppen (Interessengruppen) und Parteien aufzutreten vermag; für echte Privatpolitik bleibt immer nur sehr wenig Spielraum, denn jede Politik kann sich dauernd nur auf Gruppen stützen. Viertens: Politische Tätigkeit ist Wettstreit der Parteien, „Parteienkampf".

Bei diesem wichtigen Begriffselement haben wir ausführlicher zu verweilen. „Wettstreit" ist nur eine erste Bestimmung. Politik ist Wettstreit insofern, als sie aus gegensätzlichem Handeln der Bündnisse bestehen muß. Andererseits ist aber das Ziel dieses feindseligen Handelns nicht die Vernichtung des Gegners wie im Krieg — der Gegner als solcher ist dabei überhaupt unwesentlich — sondern es besteht in der Erreichung jener organisatorischen Wünsche, jener Anstaltbildung, welche das Programm der Partei ausmacht. Es ist also nur ein Wettstreit um einen gemeinsamen Preis, nicht ein unmittelbarer Kampf, der sich auf den Gegner als solchen richtet. Dieser positive Charakter des Zieles, anstaltbildend zu wirken, staatliche und andere öffentliche Einrichtungen in bestimmter Weise zu gestalten, nimmt dem kämpfenden Charakter des politischen Handelns seine eigentliche Schärfe. Wenn daher Ratzenhofer (Wesen und Zweck der Politik, 3 Bde., Lpz. 1893, Bd. I) von einem „Gesetz der absoluten Feindseligkeit" in der Politik spricht, so hat er damit insoferne recht, als gegensätzliches Handeln seiner Natur nach Feindseligkeit, Wettstreit, ist. Und jede Partei, welche diesen feindseligen Charakter ihres Handelns vergißt, wird im Laufe des politischen Wettstreites schwer geschädigt und um den Erfolg gebracht. Daher die schwierige Stellung gerade jener Parteien, die ausgleichend wirken wollen, die dem Staatsinteresse, dem Nationalinteresse als Ganzem zu dienen sich bemühen. Sie müssen immer nach links und rechts Zugeständnisse machen und Vermittlungen anstreben. Umgekehrt erklärt sich so die große Stoßkraft aller radikalen Parteien, welche in der Geschichte oft über das Maß ihrer Kraft, Zahl und innern Bedeutung eine Rolle spielen. Dennoch charakterisiert das Gesetz der absoluten Feindseligkeit das Wesen der politischen Handlung nur einseitig. Schon die äußerlichste Erfahrung lehrt ja, daß die politische Tätigkeit nicht nur in Streit besteht, sondern auch in Vereinbarungen, Ausgleichen (Kompromissen), näheren oder weiteren Bündnissen mit verwandten Parteien oder auch für einzelne Zwecke mit beliebigen anderen Parteien. Diese Verbündungsfähigkeit von Gegnern ist mit dem Hinweise, daß es sich dabei bloß um „Taktik" handle, keineswegs erledigt; sie ist vielmehr der Beweis verborgener Gemeinsamkeit der Handelnden. Denn sie wird bedingt durch gemeinsame, allgemeinere politische Ziele. Indem aber auf diese Weise klar wird, daß alle Parteien notwendig eine Summe von Zielen gemeinsam haben, wird auch offenbar, daß die absolute Feindseligkeit ihr gegenseitiges sachliches Verhältnis nicht beherrscht. Dies liegt eben daran, daß sie alle nur organisatorische Ziele innerhalb eines Staatsganzen, d. h. aber auf einer gleichen Gesamtgrundlage, auf Grundlage gleichartiger Grundveranstaltungen verfolgen. Wenn alle Parteien anstaltbildend sind und alle sich des Staates in ihrer Weise bemächtigen wollen, so ist es doch der Staat (als eine Summe von grundsätzlich gleichgedachten Anstalten), was ihren Zielen gemeinsam ist. Daher erklärt es sich, daß nur solchen Parteien, welche auch diese Grundlagen verneinen, stellenweise absolut feindselig begegnet wird, z. B. den Anarchisten. Schon den Sozialisten gegenüber kann eine solche absolute Feindseligkeit nicht aufrecht erhalten werden, sofern sich das positive, universalistische Prinzip ihres Programms doch in ihrem praktisch-politischen Verhalten, in ihrer Arbeit wirklich durchsetzt.

Abschließend kann man sagen, daß das Prinzip der absoluten Feindseligkeit nur als technisches gültig ist, also nur die Tatsache der Gegensätzlichkeit des Handelns als solche, nur den Charakter der politischen Handlungen als kämpfende bezeichnet. Daher muß in der Politik wie bei allen Kämpfen die Rücksichtslosigkeit siegen (was auch die Geschichte politischer Erfolge lehrt); aber der Charakter und Inhalt der Politik selbst ist sie darum noch nicht. Sachlich reichen die Gegensätze in der Regel nicht sehr weit zurück, politische

Tätigkeit enthält daher zugleich positiv verbindende Elemente der kämpfenden Parteien.

2. Der Umfang der politischen Erscheinungen. Der Umfang dessen, was noch Politik zu nennen ist, ist bekanntlich sehr umstritten. Im Wesentlichen fragt es sich, ob nur das, was sich auf das Staatsleben bezieht, Politik sei (Staatspolitik, „hohe Politik"). Die Mehrzahl der Autoren faßt heute den Begriff der Politik nur als Staatspolitik auf. Z. B. sagt van Calker: „Politik als Praxis [ist] . . . die Leitung der Staatsangelegenheiten"[1]), oder Berolzheimer: „Die politische Praxis umfaßt . . . die Regierung der Machthaber im Staate . . ." [auch nach außen hin][2]). Nach unserer bisherigen Begriffsentwicklung müssen alle derartigen Fassungen abgelehnt werden, vielmehr ergibt sich daraus: 1. daß das ganze Handeln der Bündnisse, der ganze Wettstreit der Parteien oder sonstiger Träger der politischen Tätigkeit Politik ist. Politik im Sinne der Gesellschaftslehre ist zunächst auf keinen Fall bloß Handeln der Regierungen, der Staatsmänner selbst. Das Handeln, das sich um die Staatsmacht dreht, gehört ebenso dazu, denn die Staatsmänner sind mehr die ausgleichenden, neutralen Elemente, die den Parteien gehorchen, sofern sie nicht selbst Partei sind (das sind sie schon, wenn sie das allgemeine Interesse im Auge haben). Politik ist vielmehr auf alle Verhältnisse und Fälle zu beziehen, wo Gruppen einander gegenübertreten. Die Staatspolitik ist nur der höchste Einheitsbezug alles politischen Lebens, aber nicht die einzige Politik, insofern „Staatspolitik" nur das kämpfende Handeln um die höchsten Machtmittel, die höchsten Anstalten, d. h. um jene höchsten organisatorischen Bedingungen ist, die irgendeine Gruppe suchen kann. Alle andere Politik ist nur stufenweise von einem geringeren Grade öffentlichen Charakters aber nicht grundsätzlich etwas anderes; sie sucht nur jene organisatorischen Lebensbedingungen sicherzustellen, welche engeren, niedrigeren Sphären als dem Staate angehören. So die Provinzialverwaltung, die Ge-

---

[1]) Politik als Wissenschaft, 1899, S. 7.

[2]) Handb. d. Politik, 1912, Bd. I, S. 15.

meindeverwaltung, aber ebenso auch die „nichtöffentlichen" Körperschaften. Wenn alkoholgegnerische Vereine gegen solche Organisationen, die den Alkoholverbrauch aufrecht erhalten wollen, wie Gastwirte- und Bierbrauervereine, feindlich handelnd auftreten, so ist das eine politische Erscheinung, die sich sogar an die ganze Öffentlichkeit ihres Umkreises wendet, und die sich überdies auch an den Staat wenden kann, indem sie von ihm organisatorische Maßnahmen (z. B. Biersteuererhöhung) verlangt. Ein Kampf zwischen Bierbrauern und Alkoholgegnern, ebenso aber auch zwischen Gewerkschaften und Unternehmerverbänden, zwischen gewerblichen und landwirtschaftlichen Verbänden ist unter allen Umständen eine politische Erscheinung, gleichgültig ob er sich unmittelbar auf dem Boden der Parlamente und Staatsregierungen oder auf dem einer engeren Öffentlichkeit abspielt.

Demgemäß spricht man ganz richtig von einer „Wirtschaftspolitik" auch dort, wo unmittelbare staatliche Eingriffe wenig in Betracht kommen, so von einer Wirtschaftspolitik der Kartelle, Konsumgenossenschaften, Kreditgenossenschaften und Banken. Und in gleichem Sinn hat jeder kleine und kleinste Verein seine „Politik", sofern und weil er nach außen hin anstaltbildend auftritt. Alle diese Vereine, sei es auch nur ein Tierschutzverein, wollen irgendwelche Maßnahmen womöglich vom Staate oder öffentlichen Körperschaften oder wenigstens von privaten Verbänden erreichen. Selbst wenn sie nur Sympathien oder ein bestimmtes Verhalten des Publikums verlangen, so heißt dies, daß sie sich als Gemeinschaften den Boden dauernd erhalten oder erweitern wollen, was nur durch organisatorische Änderungen möglich ist. Von einem „unpolitischen" Verein zu sprechen ist daher im strengen Sinne des Wortes ein Widerspruch; nur geradezu staatspolitisch braucht ein Verein nicht zu sein. Nur in dem Maße als Vereine nach außen hin wirklich aktionslos werden und gar nicht mehr die Zusammenfassung gemeinsamen Handelns (Bündnisse) darstellen, nur in dem Maße hören sie auf, politisch zu sein. So etwa ein Geselligkeitsverein, der nur die Geselligkeit seiner Mitglieder pflegt, nach außen hin aber nicht handelt. Damit aber scheidet er aus der Reihe der Bündnisse aus, er ist nur Veranstaltung einer Gemeinschaft (gleich einem Diskutierklub), er organisiert dann nur die Gemeinschaftsbildung, aber nicht mehr gemeinschaftliches Handeln.

3. Die Arten politischen Handelns. Wichtig ist, festzuhalten, daß der Begriff der Politik sachlich getrennte Gebiete umfaßt: Staatspolitik, Wirtschaftspolitik, Sozialpolitik und alle Arten von Kulturpolitik, die sich auf einzelne Gebiete kulturellen und zivilisatorischen Inhaltes beziehen (Religions- oder Kirchenpolitik, Erziehungspolitik, Familienpolitik usw.). Dieses System besonderer Arten politischen Handelns bedeutet aber streng genommen kein Nebeneinander, vielmehr ein Über- und Ineinander in der Weise, daß die Staatspolitik die höchste ist. Dies kann sie aber gerade nicht nur, weil sie die umfassendste und oberste (herrschende) Organisation darstellt, sondern auch, weil sie alle jene sachlichen Inhalte als Elemente enthält. Damit eine herrschende Anstalt wirklich „Staat" sei, muß sie Wirtschafts- und Kulturpolitik betreiben. — Der besonders wichtigen Stellung gemäß, welche die Sozialpolitik heute einnimmt, wäre eine eigene Erörterung ihres Begriffes am Platze. Aus Raumrücksichten muß dies unterbleiben. Es sei nur auf Zwiedinek-Südenhorst, Sozialpolitik, (Lpz. 1911) verwiesen, welcher Wirtschafts- und Sozialpolitik nicht mit dem staatlichen Umkreise erschöpft sein läßt, und alle Gebiete moderner sozialpolitischer Tätigkeiten darstellt. Ich selbst habe versucht, den Begriff der Sozialpolitik im Sinne der eben entwickelten Gesichtspunkte näher zu bestimmen. (Die Erweiterung der S. durch die Berufsvormundschaft, Tübingen 1912.)

4. Die Vertretung. Das politische Handeln ist nun technisch, d. h. nach der Art und Weise seiner Durchführung, näher zu bestimmen. In dieser Hinsicht ist es grundsätzlich bezeichnet durch die Erscheinung der Vertretung. Dem ursprünglichen Wesen, dem reinen Begriffe nach ist Politik gleichgerichtetes Handeln aller, eben verbündetes Handeln. Denn ihren Grund hat sie darin, daß viele das gleiche Ziel erstreben. In der praktischen Durchführung kommt dies nur in geringstem Maße zur Geltung. Die verbündeten Massen müssen Einzelne mit ihrer „Vertretung" beauftragen. Es liegt im Wesen des Bündnisses, veranstaltet zu sein. Im Wesen

der Anstalt liegt nun wieder einerseits die Überordnung der vorkehrenden Handlungen über das, was geregelt werden soll (Verhältnis von Führung und Nachfolge); andererseits ihre einheitliche Wirksamkeit nach außen hin (was wir unten als Verbandspersönlichkeit kennen lernen werden, s. die Darstellung der Veranstaltung S. 163 f.). Die Vertretung nach außen hin bedeutet dann, daß nur wenige Bestellte, die Führer, die Funktionäre, wirklich handeln, und alles das formulieren, tun, veranlassen, was die einzelnen Verbündeten wollen; und sie bedeutet ferner die Führung, die Überordnung der Vertreter über die Vertretenen. In diesen Ursachen der Vertretung liegt zugleich ihr ganzes Wesen beschlossen. Die Tendenzen zur Führerherrschaft, welche die genannten technischen Bedingungen verursachen, werden durch hinzukommende psychologische Bedingungen noch verstärkt. Michels, der diese Verhältnisse eingehend dargestellt hat, findet die Ursachen des Führertums (Vertretertums) technisch in der Unmöglichkeit unmittelbaren Massenhandelns und unmittelbarer Massenherrschaft (diese Unmöglichkeit ist eben gegeben mit der Notwendigkeit einer Organisation, denn diese schließt ja Über- und Unterordnung in sich); psychologisch aber in einem eigenen Führungsbedürfnis und einem Dankbarkeits- und Verehrungsbedürfnis der Massen. Das praktische Verhältnis der Führer zur Masse ist daher oft durch vollständige Ohnmacht der letzteren gekennzeichnet. Auch die radikalste Demokratie führt zur Oligarchie des Führertums (Michels, Zur Soziologie des Parteiwesens in der modernen Demokratie, Lpz. 1910).

5. Politik und Gemeinschaft. Zur Beurteilung der politischen Erscheinungen ist festzuhalten, daß die Politik als reine Sphäre des Handelns den Gemeinschaften als reiner Sphäre des Empfindens gegenüber steht. Und zwar ist die Politik als Handeln (als „Hilfshandeln höherer Ordnung") das Dienende, Gemeinschaft als Empfinden das Ursprüngliche.

Bedenkt man das, so ergibt sich die Partei und das handelnde Bündnis überhaupt in der Ideenwelt, in welcher es lebt, nicht als etwas innerlich selbständiges, sondern als eine Bewegung des Wollens, deren Quelle die geistigen Gemeinschaften bilden, die hinter seinem Handeln stehen. Das ist der Schlüssel zu jener eigentümlichen Leerheit des Parteilebens und merkwürdigen geistigen Öde aller Politik, trotz der heftigen Bewegung und des intensiven Lebens, dessen Schauplatz sie ist. Das überträgt sich auch auf die Persönlichkeit der großen politischen Führer, so daß auch deren geistige Unfruchtbarkeit damit erklärt ist. Die Partei ist eben bloße Gemeinsamkeit gleichen Wollens, kaum daß noch die Neigung, welche grundsätzlich bei gleichem Wollen sich einstellen muß, (Neigungsgemeinschaften) einen lebendigen Platz in diesem Treiben einnimmt, wo das mechanisierte, entleerte Handeln zu oberst steht.

In kleinen Verhältnissen ist das gleiche an der typischen Figur des Vereinsfunktionärs, des „Vereinsmeiers", besonders deutlich zu erkennen. Unschöpferisches Wesen, innere Leerheit ist das Bezeichnende an ihm. Freilich spielt bei solchen Personen Ehrgeiz, manchmal auch Eigennutz, neben gutmütiger Mitleidigkeit und echter sozialer Gesinnung eine Rolle. Sind sie also auch mit innerer Empfindungsleerheit noch nicht vollständig charakterisiert, so ist diese doch ein regelmäßiger Bestandteil ihres Wesens, weil sie eben selbst nicht die Erzeuger oder schöpferischen Umbildner jener Ziele sind, denen sie nachstreben. Wo sich die bloße Geste des kleinen Vereinspolitikers zu wirkungsvollem Tun, zu selbständiger, realistischer Beurteilung der Tatsachen und Kräfteverhältnisse steigert, wo organisatorischer Blick und rednerische Begabung hinzukommen, da verwandelt sich seine Person zum großen Parteiführer und Staatsmann. Doch auch für diesen gilt dieselbe innere Unfruchtbarkeit als Grundlage seines Wesens, denn außer jener größeren Lebendigkeit des Handels, dem kühlen, große Verhältnisse überblickenden Urteil und den energischen Fähigkeiten braucht nichts Neues hinzuzukommen. Daher ist der eifrige Jesuitenpater und politische Verfechter religiöser Rechte weniger von innerer Frömmigkeit ergriffen als der stille Mönch, der nicht zur Politik geboren wurde. Die politischen Vertreter der Reichen werden von der ethischen Würde, welche Besitz und Bildung geben, die politischen Vertreter der Armen von Mitleid und Menschlichkeit weniger ergriffen sein, als viele andere zum politischen Handeln minder befähigte Glieder ihres Standes. So betrachtet, erscheint jede Art von Parteigeist, insbesondere auch dessen ins Unbedingte gesteigerte Form, der Fanatismus, weit mehr als eine Tugend des Wollens und Handelns denn als eine Gabe des Empfindens. Gerade der Fanatismus, dessen Wesen dahin zu bestimmen ist, daß das Handeln über die Geltung der Werte und Imperative, welche einem geistigen Inhalt entspringen und auf die sich die Willensrichtung gründet, noch ins Unbedingte hinausgeht, wirft auf das Wesen des Parteigeistes wie aller politischen Tätigkeit das hellste Licht.

Literatur. Außer den im Text angef. Schriften vgl. v. Wieser, Macht u. Recht, Lpz. 1911; Handb. der Politik, 2 Bde., Berlin 1912. Ztschr. f. Politik, hrsg. v. Schmid u. Grabowsky. — Die Handbücher der „Politik" von Treitschke, Roscher usw. sind großenteils nur allg. Staatslehren. — Weitere L. s. unten Teil III, B unter Staat und Buch V, wo über die Wissenschaft der Politik („theoretische Politik" zum Unterschiede von der Politik als objektivem Vorgang, als Praxis) zu sprechen sein wird.

III. Der Krieg.

1. Das Wesen des Krieges. Der Krieg ist in seinem letzten Wesen keine andere gesellschaftliche Erscheinung als die Politik: ein gegensätzliches Handeln, das von Bündnissen (verbündeten Interessenten) ausgeht. Die Unterschiede liegen nur: erstens in der technischen Form des gegensätzlichen Handelns, das nicht Wettstreit, sondern unmittelbarer Kampf gegeneinander ist, daher auch die Art der Gewaltanwendung, die hinter den beiden gegensätzlichen Handlungsweisen beschlossen liegt, eine andere ist, nämlich die körperliche; zweitens im Größenmaßstab der Bündnisse und der ihnen entsprechenden Ziele.

Zuerst ein paar Worte über diese Ziele. Die handelnden Bündnisse im Kriege sind vor allem die Staaten, also organisierte Volksgesamtheiten. Ihre Ziele liegen naturgemäß außerhalb des eigenen Bündnisses, so daß der Krieg ein nach außen gerichtetes feindseliges Handeln darstellt. Das Wesen seiner Ziele ist aber notwendig dasselbe wie in der Politik: organisatorische Bedingungen (Handelsverträge, Gebietsabtretungen, Heeresfolge, Tribute, Sicherheitsgewährleistungen usw.) für eigene Tätigkeit, für das eigene Leben zu erlangen. — Indessen ist der Krieg nicht notwendig Krieg zwischen Staaten. Auch Bürgerkriege, Aufstände, Kämpfe kleinerer Gruppen sind echte Kriege mit den gleichen Merkmalen.

Hinsichtlich seiner technischen Durchführung zeigt das Handeln im Kriege zunächst, wie das politische, weitgehende Arbeitsteilung, was schon früher einmal (s. oben S. 38) ausgeführt wurde (Offizier — Soldat; Generalstab — Truppe; Kampftruppen — technische Truppen — Aufklärungstruppen usw.); darin unterscheiden sich Krieg und Politik also nicht. Dagegen ist „Vertretung“ — ein Sonderfall von Arbeitsteilung — im Kriege nicht in gleicher Weise möglich wie in der Politik. Die Tätigkeit im Kriege ist an unmittelbares Mittun der verbündeten Handelnden gebunden. Die Krieger müssen alle wirklich mitkämpfen; sie können sich nicht vertreten lassen. Hinter einem Abgeordneten stehen tausende von Auftraggebern, die Soldaten können das Schlagen nicht dem Feldherrn überlassen. In einem mittelbaren Sinne ist freilich auch hier Vertretung möglich, soferne nämlich nicht die verbündeten Interessenten selbst es sein müssen, die den Kampf ausfechten. Sie können ihn anderen übertragen, was auch stets in weitem Maße geschieht und vielfach gar nicht anders möglich ist. Den krassesten Fall von Vertretung zeigt das Söldnerheer; den gemildertsten das Heer der allgemeinen Wehrpflicht; nur im Bürgerkrieg ist die Vertretung noch mehr herabgemindert. — Innerhalb der Kampftätigkeit selbst gibt es dann aber, wie gesagt, keine Vertretung mehr, wie dies in der Politik noch der Fall ist. Krieg geht also zwar gleich der Politik von Bündnissen aus, muß sich aber, im Gegensatz zur Politik, auch in Bündnisform, nämlich als gleichgerichtetes Handeln Vieler, vollziehen.

Die Gewalten endlich, die im kriegerischen Handeln zur Anwendung kommen, sind gleichfalls andere, als jene, welche die Politik beherrschen; es sind nämlich nur die handgreiflichen Gewalten, Freiheitsberaubung, körperliche Verletzung oder Tötung. (Dagegen ist Plünderung, Raub usw. nicht mehr selbst kriegerisch, da es erst nach Überwindung des Gegners erfolgen kann.)

Da die handgreiflichen Gewalten nur die Reihe jener andern Gewalten, die auf dem Gebiete der Politik wirksam sind, logisch vervollständigen, so steht kriegerisches Handeln als stärkstes und letztes Mittel hinter dem politischen Handeln. Das zeigt sich denn auch darin, daß die politischen Unternehmungen (z. B. Wahlrechtskundgebungen) oft in gewalttätige Kundgebungen auf der Straße übergehen.

Diese innigste Wesensverwandtschaft des Krieges mit aller Art von Politik, die doch als verbündetes Handeln ganz unentbehrlich im Haushalte der Gesellschaft ist; ebenso seine Gleichartigkeit mit dem unorganisierten (unverbündeten) gegensätzlichen Handeln der im Wettbewerb einander gegenüberstehenden einzelnen Individuen beweisen, wie wenig der Krieg aus dem Stile des gesellschaftlichen Lebens herausfällt, wie er im Gegenteil zu den notwendigsten, zu den grundsätzlichen Lebensäußerungen der Gesellschaft gehört. Der Krieg ist somit, in diesem Lichte betrachtet, kein Anachronismus, keine Stilwidrigkeit. Gerade in unserer „fortgeschrittenen" Zeit nicht. Denn keine Wirtschafts- und Gesellschaftsordnung, solange es eine Geschichte gibt, war je so unorganisiert, hat je so viel Spielraum für feindliches, gegensätzliches Handeln, für Gewaltanwendung und freien Wettkampf gewährt, wie unsere heutige.

So betrachtet, ergibt sich ein ganz bestimmter soziologischer Anblick des Krieges; wie das wirtschaftliche und gesellschaftliche Leben schon in seiner inneren Ordnung im höchsten Maße auf wirtschaftlicher und andrer Gewalt beruht, so auch das Leben der staatlichen Gesamtheit nach außen hin. Zwar liegt hier ein merkwürdiges Dilemma, sofern die Gewaltkämpfe im Innern alle individueller, partikularistischer Natur sind und also der Kampf für gemeinsame Zwecke leicht auf den Widerstand gerade der auseinander- und nur für sich strebenden Individuen stößt. Dieser Mangel an Gemeinsamkeit, diese Selbständigkeit aller einzelnen Ziele ist eine wichtige Mitursache der Kriegsunlust und Kriegsscheu, die heute den kapitalistischen Gemeinwesen eigen ist. (Neben anderen Ursachen, wie insbesondere der Größe der Staaten. Hingegen sind die bloßen Kriegskosten wohl das geringste, was einem Staate, falls er überhaupt noch einer ist, Sorge machen wird.) Diese Vereinzelung im modernen Dasein kann aber schließlich die elementaren Lebensäußerungen des staatlichen Ganzen nicht unterdrücken. Daher wird das gesellschaftswissenschaftlich geschulte Denken niemals zu dem Ergebnis kommen, daß der

Krieg jetzt und für absehbare Zukunft entbehrlich werden könne. Denn es trifft hier Kräfte am Werke, die auch sonst das Leben der Menschen bestimmen und zugleich mit dem Wesen der menschlichen Natur, die neben die Liebe immer den Haß und neben die Demut immer das ursprüngliche Streben nach Selbstbehauptung und Herrschaft gestellt hat, innig verknüpft sind. Daher wäre das Aufhören der Kriege nicht einmal ethisch ein unbedingter Fortschritt. Zuerst müßten die wirklichen inneren Gegensätze der Menschen und ihrer Bündnisse aufhören. Das ist unmöglich. Was aber nicht der Wahrheit entspricht, nicht einmal möglich ist, ist auch nicht ethisch.

Ebensowenig wird derjenige, der gewohnt ist, die Weltgeschichte lebendig anzuschauen, über den Krieg so denken können wie die modernen Friedenstheoretiker. Wenn die Völker von Anbeginn bis zum gegenwärtigen Augenblick Krieg geführt haben, werden sie wohl schwerlich nach Beendigung des tripolitanischen und Balkankrieges ewigen Frieden schließen. Das ist deswegen ein zwingender Induktionsschluß (dem man nicht mit dem Einwande, jeder Fortschritt sei einmal zuerst eingetreten, begegnen kann), weil sich an der innersten Grundlage und Wesenheit des Geschichtsverlaufes vorläufig noch nichts geändert hat.

Es sei erlaubt, auf diesen für unsere gesamte nationale und politische Denkrichtung so wichtigen Gegenstand noch näher einzugehen. An dem letztberührten Punkte kommt gerade das ausschlaggebende, geheimere Argument der Friedenstheoretiker zum Vorschein: die Vorstellung, es habe sich die Grundlage des Geschichtsprozesses, die menschliche Natur, wirklich geändert, die Meinung, wir seien unter dem Einflusse von Dampf, Elektrizität, Maschine und Verkehr im Innersten andere Menschen geworden als unsere Vorväter waren. Diese Vorstellung hat ja auch bei der Begründung anderer umwälzender Bestrebungen, z. B. in der modernen Kunst, eine verhängnisvolle Rolle gespielt. Im Grunde ist es aber ein recht dilettantischer Darwinismus, der hier ausgespielt wird. Nach den Mendelschen Gesetzen sind die Rassen im Grunde überhaupt beständig. Aber auch der Darwinische Naturforscher kann nur die langsamste Umbildung der Arten annehmen und wird sich hüten, derartige Folgerungen aus der kurzen und in Wahrheit mehr die Oberflächen als die Tiefen berührenden modernen Entwicklung zu ziehen. Überdies ist die moderne Welt in der Rasse entschieden zurückgegangen. Galton hat mit Recht erklärt, daß die Durchschnittsintelligenz des modernen Europäers ganz erheblich hinter der des Atheners antiker Zeit zurücksteht. Man erinnere sich einmal an die Leichenrede, die Perikles den ersten Gefallenen des Peloponnesischen Krieges in Athen gehalten hat, und frage sich, ob auch nur eine ähnliche Rede heute selbst allein vor Gebildeten (nicht vor dem Volke) möglich wäre und Verständnis fände.

Aber auch rein gesellschaftswissenschaftlich ist die Schlußfolgerung von den äußeren Fortschritten der Zivilisation auf die Umbildung des inneren Menschen und des Geschichtsverlaufes höchst mangelhaft. Das moderne Leben hat zwar in der Vermehrung der Bildungsgelegenheiten, der Steigerung des geistigen Verkehrs, dem Fortschritte der exakten Wissenschaften große geistige Umwälzungen vollzogen, es hat aber andererseits durch die allzu rasche äußere Entwicklung eine Überlieferungslosigkeit in unsere Bildung, unsere Kunst, unsere Lebensführung gebracht, die uns die edelsten und tiefsten Grundlagen unserer nationalen Kultur verlieren ließ. Was ist uns heute die Romantik, die Klassik, die große deutsche Philosophie von Fichte bis Hegel, die einst Gemeingut aller Gebildeten waren? Tröstlich ist nur der rege Historismus, der neuestens alle Zweigen unserer Kultur belebt. Gerade er aber beweist, wie sehr wir herabgekommen sind, und wie nötig wir es haben, überall Altes auszugraben, um die zerrissenen Fäden wieder anzuknüpfen.

Trägt das Abreißen der Überlieferung schuld an innerem Rückschritt, so hat noch überdies die äußere Entwicklung durch Vervielfältigung der Interessen und Hypertrophie des wirtschaftlichen Lebens die Zwiste und Reibungen im staatlichen Leben vermehrt. Und so ist es von allen Seiten her gesehen falsch, im Kriege eine zeitwidrige Erscheinung, die in das moderne Leben nicht mehr passe, zu sehen. In Wirtschaft, Gesellschaft, Staat und innerer Entwicklung des Menschen zeigt sich genau das Gegenteil: alles ist mehr auf Gewalt und individualistische Interessenverfolgung abgestimmt.

2. Die gesellschaftlichen Leistungen des Krieges. Ganz allgemein bestimmt, liegen die Leistungen des Krieges in dem, was er an organisatorischen Veränderungen erzielt. Er verändert sowohl das Verhältnis eines Staates zu andern Staaten, wie die damit zusammenhängenden inneren Bedingungen des Staats- und Gemeinschaftslebens selbst, wie auch endlich den geistigen Lebenskreis des Einzelnen. Erkenntnis all dieser Leistungen und das Urteil darüber ist für den Geist einer Gesellschaftslehre ebenso wichtig wie bezeichnend. In der nachstehenden etwas weiter ausholenden Darlegung folge ich den Ausführungen meiner, anläßlich der Kriegsgefahr im Herbste 1912 veröffentlichten Schrift „Zur Soziologie und Philosophie des Krieges". (Berl. 1913.)

Auf den ersten Blick fällt es in die Augen, wie der Krieg über die „Gestalt der Landkarte" entscheidet. Damit leistet er aber nichts Geringeres als die Entscheidung über Ausbreitung, Herrschafts- und Einflußbereich der Staaten und der hinter ihnen stehenden Nationalitäten, Rassen und Kulturen, also über das Ganze der politischen Entwicklung des zwischenstaatlichen, nationalen und kulturellen Lebens. Somit ist der Krieg aber das Werkzeug der internationalen

Entwicklung, das Organ, mit welchem sie ihre Schritte macht, die Form, in der sich die Staaten-, Völker- und Kulturkreise auseinandersetzen.

Wer diese Rolle in voller Lebendigkeit erfaßt, ihre Notwendigkeit im Ganzen der gesellschaftlichen Entwicklung erkennt, der fühlt zugleich mit seiner tiefsten Wesenheit auch die Unentbehrlichkeit des Krieges. Man muß sich nur plastisch und wahr die warme, lebendige Gemeinschaft menschlichen Fühlens, Denkens und Tuns vorstellen, welche einen Kulturkreis, eine Nation, einen Staat ausmacht. Wenn Staatenkraft gegen Staatenkraft, Nationalkraft gegen Nationalkraft, Herrschaftsanspruch eines Kulturkreises gegen Herrschaftsanspruch aufeinanderstößt — das kann wahrlich nicht mehr als etwas Künstliches erscheinen, als äußerliches Geschehen, als Angelegenheit der Fürsten und Ehrgeizigen, als etwas Vermeidliches! Das hat lebendige Wurzeln in der Notwendigkeit geschichtlicher Entwickelung. Der wirkliche, aus dem Leben stammende Zwist und Gegensatz, das Aufeinanderplatzen widersprechender gemeinsamer Bestrebungen, Ansprüche und Interessen ist es, woraus sich der Krieg gebiert.

Man könnte einwenden, daß heute die friedliche Ausdehnung der Kulturen, besonders die wirtschaftliche Durchdringung und Eroberung, an die Stelle der gewaltsamen Entscheidung durch Schlachten getreten sei. Wie unlebendig, wie ungeschichtlich wäre das gedacht! Das Leben der Gemeinschaften und ihrer genossenschaftlichen Entsprechungen quillt immer aus denselben letzten Tiefen der menschlichen Natur und kann sich mit keiner wirtschaftlichen Entwicklung, auch nicht mit der kapitalistischen ändern. Immer sind es noch dieselben lebendigen Interessenkämpfe wie früher, und wie sie der moderne Mensch heute im Privatleben kräftiger als jemals führt. Den Krieg heute zu verneinen, wäre aber nicht nur ungeschichtlich gedacht, sondern man beginge damit auch einen Verrat an den höchsten Gütern der Kultur. Denn es handelt sich hier um Kämpfe höherer Rassen mit niederen, höheren Kulturen mit roheren. Allerdings hat nicht jeder Krieg diese Aufgabe und Würde; es gibt auch verfehlte Kriege, die sich gegen verwandte Gemeinschaften und Bundesgenossen wenden, es gibt auch Schlachten, die mehr dem Privatvorteil von Herrscherhäusern, Besitzgruppen oder Ständen, als den Zielen des Ganzen dienen. (Dagegen ist die Form des Krieges, ob Angriff oder Verteidigung, für seine Berechtigung und Funktion ganz gleichgültig.) Aber solche Verfehlungen ändern nichts an der letzten Natur der Staatenkämpfe; jene Kriege, die uns jetzt in Europa drohen, sind lauter echte Nationalkriege. Auf absehbare Zeit wird der Krieg allein dasjenige Organ sein, mit welchem die internationale Entwicklung ihre großen politischen Wirkungen erzielt. Schiedsgerichtsveranstaltungen und Verträge werden daneben, so verdienstvoll und erstrebenswert ihre Anwendung auch ist, immer nur eine geringe Rolle spielen. Denn sie können niemals bei Fragen in Betracht kommen, für welche die Staaten, Nationen und Kulturen nichts Geringeres als sich selbst einsetzen müssen.

Zugleich darf gerade der Darwinische Gesichtspunkt, der die Friedenstheorie im Grunde allein beherrscht, nicht außer acht gelassen werden. Gerade dem Kriege als der ultima ratio der Auseinandersetzung zwischen Völkern wohnt jenes aufrüttelnde Element des Daseinskampfes am meisten inne, das die für alle Entwicklung so wichtigen auslesenden Wirkungen in sich trägt. Gerade von hier aus kann man leicht einsehen, wie Kampf zwar ein Unheil, aber ein notwendiges und ein solches mit den fruchtbarsten Wirkungen ist.

In seinen Leistungen als Entwicklungsträger ist der Krieg aber auch — das Ganze und die großen Linien ins Auge gefaßt — gerecht. Dieser Gedanke, den auch Schiller in dem bekannten Worte aussprach: „Die Weltgeschichte ist das Weltgericht", ist den Philosophen und Historikern aller Zeiten geläufig gewesen. Die großen Kriege entscheidet nicht rohe Gewalt und der Zufall der Schlachten, sondern der Gang der großen Entwicklung, alles Können und Wollen der Gemeinschaft. Aller Gemeingeist, alle Intelligenz, Friedensarbeit, Organisationstalent, Rassenwert, Bildungshöhe, kurz, das ganze Kulturniveau, die ganzen Kräfte der Gemeinschaft werden in die Wagschale geworfen. Daß das Perserreich den Griechen Alexanders weichen mußte, war gerecht; daß später die alten Griechen untergehen und zuerst den Römern sich beugen mußten, dann von Hunnen und Slaven überrannt wurden, war ebenso gerecht, da sie schon im Innersten ihrer Rassenkraft angegriffen und verdorben waren; daß dann die Römer den germanischen Naturvölkern erlagen, war wiederum gerecht und so erging es und wird es ergehen mit allen großen Entscheidungen der Geschichte. — So angeschaut, kann niemand, dem die Kultur und ihre Werte am Herzen liegen, den Krieg verwerfen. Von welchen Gemeinschaften und Rassen aber die Welt besetzt und beherrscht werde, ist für die Gestaltung keines einzigen Menschenlebens gleichgültig.

Das ist die Ansicht des Krieges in seinen Leistungen nach außen hin. Aber weit erstaunlicher sind die Wirkungen, die er nach innen hin hat. Schon ein Blick auf die inneren Reformen, z. B. nach 1806 in Preußen, nach 1866 in Österreich, könnte uns darüber belehren. Die bedeutendste dieser Wirkungen ist aber die, welche auf die Enthüllung des inneren Gefüges eines Staatswesens geht. Das ist besonders bei national, ständisch, kulturell oder religiös bunt zusammengesetzten Staaten, wie der Türkei, Rußland, Österreich wichtig. Indem die Staaten für den Krieg alle ihre inneren Kräfte zusammenfassen und nach außen zum Schlagen bringen müssen, wird der Aufbau ihres eigenen Kräftesystems klar. Nun muß sich zeigen, was zum Staate gehört, welche Gruppen der Gemeinschaft für ihn einstehen. So zeigten sich in Österreich in den Krisen 1908 und 1912 die Deutschen als die allein staatstreuen, die Tschechen und Südslaven als staatsfeindliche Elemente.

Und so enthüllt und bewährt der Krieg den Aufbau auch aller anderen Gruppen und Gemeinschaften. Die politischen Parteien müssen sich nun in ihrer wahren Bedeutung für die Staatsgemeinschaft zeigen. Zugleich erhalten sie durch die großen Aufgaben, vor die sie gestellt sind, Anstoß zu innerer Umbildung und innerem Wachstum. Und so überall. Jede Familie, jede Freundschaft, jeder engere und weitere Kreis schickt einen Kämpfer ins Feld und wird im Innersten angerührt. Alle Bande werden wahrer und inniger. Und indem alle Gemeinschaften eine Welle dieses ungeheuren Erdbebens abzuleiten und ihre Standhaftigkeit zu bewähren haben, wird das gesamte Gesellschaftsleben davon ergriffen und erprobt.

Doch die tiefsten und nachhaltigsten Wirkungen hat der Krieg auf die Einzelnen, die psychologischen Wirkungen, von denen die gesellschaftlichen ausgehen.

Jeder, der mit der Waffe in der Hand dem Feinde und dem Tode entgegentritt — dessen Gesinnung wird mehr aufgerüttelt, als durch irgendwelche Eindrücke im Frieden erreicht werden könnte. Der Mensch spürt nun, soweit es überhaupt im Vermögen seiner Natur liegt, die Vergänglichkeit dieses Lebens; er spürt eindringlich, als ob es eine körperliche Empfindung wäre, wie seine letzte Grundlage nicht hier liegt, sondern in dem, was wir vom Tode erwarten; er spürt das reine Verhältnis des menschlichen Daseins zum Unvergänglichen, zum Ewigen. Der Krieg erreicht so beim gemeinen Manne oft das, was im Frieden die Philosophie nur wenigen Auserwählten schenkt.

Und wirklich führt der Krieg, indem er die metaphysische Empfindung aufs gewaltigste in einem Volke weckt, zur Geburt der Philosophie und, indem die Tatkraft zu dieser Empfindung hinzutritt, auch der Kunst. Damit aber haben wir das Verhältnis des Krieges zu den wahren Kulturelementen (denn alles übrige ist nur äußere Entwicklung und Zivilisation) bestimmt: Zu Philosophie und Religion, beide der metaphysischen Empfindung folgend, zu Kunst und Moral — beide derselben Empfindung und dem Trieb zum Handeln folgend. So wird der Krieg Geburtshelfer aller Staatsgestaltung und aller Kultur, die allerdings erst in der allseitigen Friedensarbeit zur vollen Entfaltung kommen kann.

Denn diese Aufwühlung der Empfindung und Anspannung der Tatkraft aller und jedes Einzelnen hat die bedeutendsten Rückwirkungen auf die Gesamtheit. Zuerst greift eine Festigung der öffentlichen Moral um sich und ein Aufschwung des Gemeingeistes und Staatsgefühls, der von oben bis unten die Staatsregierung, die Verwaltungen, die Parlamente und Körperschaften, die Parteien und das politische Leben erfüllt. Selbst das wirtschaftliche Leben wird davon ergriffen, die Geschäftsmoral gehoben, alles wird zur höchsten Opferwilligkeit angespornt, unwürdiger Luxus verpönt und ein Geist der Solidarität, ein brüderlicher, gerechter Geist schließt alle Glieder der Gemeinschaft fester aneinander. Dazu kommt der Kitt des gemeinsamen Leides, das die Bürger während der schweren Zeiten des Krieges zu tragen hatten. Auch von dieser bloß negativen Seite des Krieges her entspringt wieder eine positive Kraft. Nun wird auch deutlicher gefühlt und erkannt, was man früher nur halbbewußt im Sinne trug: wie innig die Gemeinsamkeit und Gegenseitigkeit aller im Rahmen der Verbände und Gruppenzusammenhänge, wie umfassend und tief gegründet in Wahrheit ihre Verbindung im Staate sei.

So kommt es, daß Staaten, Nationen und Kulturen nach Kriegen (allerdings nicht nach aufreibenden, ihre Grundlagen zerstörenden Kriegen) den mächtigsten Aufschwung erfahren. Diese wirtschaftliche Belebung ist ja als „Gründerzeit" bekannt. Das Bedeutendste aber ist der innere kulturelle Aufschwung, den man in und nach kriegerischen Zeiten immer festgestellt hat. Der Aufschwung vor und nach 1813 ist wohl das schönste Beispiel hierfür. Er hat die Romantik mitgeschaffen, er hat die Philosophie von Fichte bis Hegel mit allen ihren edlen Nebenblüten, den Lehren von Schleiermacher, Krause, und vielen anderen mit hervorgebracht und, was das größte ist, zum wirklichen, lebendigen Bestandteil der nationalen Bildung gemacht. Die Griechen vor und nach den Perserkriegen waren andere. Welches Geschlecht hätte die Akropolis und ihre unendliche Fülle von Kunstwerken schaffen können als jenes, das mit Weib und Kind Athen verlassen, die Stadt dem Feinde preisgeben und dann in einer Seeschlacht sich selbst nochmals ganz und völlig einsetzen mußte?! Nur diese dem reinen Begriff des Lebens nahegerückten Menschen konnten Athen so wieder aufbauen, wie es wirklich geschah, und die herbe Schicksalstragödie des sophokleischen „Ödipus“ als Gemeingut der Bildung in sich aufnehmen. Zuletzt hat selbst der Russisch-Japanische Krieg Japan die mächtigsten Anstöße gegeben und sogar Rußland, das seiner besonderen Natur nach einen viel größeren Ansporn zur Regeneration braucht, nicht ohne stärkenden Einfluß gelassen.

Das Blut der gefallenen Krieger ist die feurige Arznei für die kreisenden Säfte des staatlichen Organismus. Ja, dieses dem Tode-ins-Auge-Sehen ist es allein, was einer Zeit den wahrhaft klassischen Grundzug verleihen kann — den herben Grundzug des Lebens, abgewandt allem Kleinlichen und Immanenten und vom Bewußtsein des Wechselvollen menschlicher Schicksale getragen.

Gewiß soll die Furchtbarkeit des Krieges, die ihm unter allen Umständen bleibt, das barbarische Unheil, das er ungezählt Vielen bringt, nicht verdeckt und bemäntelt, auch soll der unendliche Vorteil ungestörter Friedensarbeit nicht geleugnet werden. Die Akropolis konnte nur im Frieden gebaut werden. Aber der Friede macht erst fruchtbar und erntet, was der Krieg gesät. Ein anderer, ein endlos langer Friede indessen ohne all die Aufwühlungen und gerechten Richtigstellungen des Krieges trägt ebenso gewiß große Gefahren in sich. Am meisten die Gefahr der Vereinzelung statt höherer Verbindung aller, statt höherer Belebung der Gemeinsamkeit; die Gefahr der Erstarrung statt Steigerung der Lebendigkeit. Darauf hat Adam Müller, der die erlösende Befreiung aus alten Fesseln durch die napoleonischen Kriege lebhaft empfand, eindringlich hingewiesen.

Literatur: Von älteren Schriften ist Adam Müllers Werk „Elemente der Staatskunst“ (Berlin 1809, 3 Bde.) hervorzuheben, in dem der Krieg eine bedeutende, tiefblickende Behandlung findet, die für uns heute um so wichtiger ist, als sie aus Zeiten schwerer kriegerischer Erschütterungen stammt. Das gleiche gilt von Fichtes Vorlesung „Über den Begriff des wahrhaftigen Krieges“, im W. S. 1812/13 gehalten. (Sämtl. Werke Bd. IV; in der Auswahl von Medicus Bd. VI Lpz. 1912.)

Aus dem neueren gesellschaftswissenschaftlichen Schrifttum nenne ich von kriegsfreundlichen Werken: Ratzenhofer, Soziologie, Lpz. 1907; Steinmetz, Die Philosophie des Krieges, Lpz. 1907, und meine Schrift „Zur Soziologie und Philosophie des Krieges“, Berlin 1913; von friedensfreundlichen: Bloch, Der Krieg, aus dem Russischen, 1899, 5 Bde.

V. Kapitel. Die Systeme des Hilfshandelns: Mitteilung und Veranstaltung.

I. Die Mitteilung.

Wiederholt haben wir die Mitteilung als die formale Bedingung des Zustandekommens der Gemeinschaft bestimmt; sie ist es, die das gegenseitige Innewerden, die Übertragung der zu vergemeinschaftenden geistigen Inhalte ermöglicht.

Das gesellschaftliche Teilgebiet oder Objektivationssystem der Mitteilung ist seiner Natur nach ein Gebiet des Handelns, und zwar des Hilfshandelns. Mitteilung heißt mitteilendes

Handeln. Damit ist schon ihr abhängiger Charakter, als nur einem Hilfsziele dienend, bezeichnet. Und eben mit seinem hilfsmäßigen Charakter ist auch die formale oder neutrale Natur dieses Handelns bestimmt, das keinem sachlichen Ziele dient, wie die Wirtschaft, das Zweckhandeln, sondern nur der Übertragung von, gleichgültig welchen, Inhalten. Hierin ist auch seine grundsätzliche gesellschaftliche Leistung: die Gemeinschaftsbildung überhaupt zu ermöglichen, beschlossen. Mitteilung ist eben nicht, um es zu wiederholen, Gemeinschaftsbildung selber, nicht Widerhall und Reflex der Inhalte, sondern nur Vermittlung des Austausches, Übertragung dessen, was erst „Widerhall" werden soll. Die Mitteilungsvorgänge und die Gemeinschaftsbildung selbst dürfen also nicht verwechselt werden.

Für sich näher bezeichnet, besteht das Wesen des mitteilenden Handelns darin, darstellendes Handeln, Darstellung zu sein, denn; das ist das Merkwürdige, kein geistiger Inhalt kann selber, kann unmittelbar mitgeteilt werden, sonst könnte man ja Gedanken, Gefühle sehen, empfinden, und es ergäbe sich ein Eindruck, ein Anblick; ein eigener Mitteilungsvorgang dagegen wäre überflüssig. Aus demselben Grunde ist daher alle unmittelbare oder persönliche Mitteilung (Sprache, Gebärde) symbolischer Natur. Der Inhalt des Mitgeteilten muß erschlossen werden. Dagegen gibt es eine vermittelte oder wiederholende Mitteilung die entweder symbolischer Natur (z. B. die Schrift Symbol des Sprachlautes) oder aber Wiedergabe eines Eindruckes ist (z. B. ein Lichtbild). Im weitern Sinne des Wortes ist daher jede Mitteilung, sowohl die persönliche, weil sie symbolisch ist, wie jene vermittelte, welche Bildhaftes wiedergibt, weil sie nur reproduktiv ist, darstellend. Die symbolische Mitteilung ist auf Übereinkommen gegründet, welches aber nicht bewußt gestaltet zu sein braucht, wie die Sprache lehrt.

Wie jedes andere bedient sich auch das darstellende Handeln äußerer Hilfsmittel oder Güter, der Mitteilungsgüter (ihre Anwendung ist Mitteilung, ihre Herstellung Wirtschaft). Diese Güter sind entweder darstellende Zeichen (Schrift) oder Wiedergabe eines Eindruckes (Reproduktion), wie aus der obigen Einteilung der Mitteilungen (unmittelbare und wiederholende) von selbst folgt. Die Systeme der persönlichen Mitteilung sind: Gebärde und Sprache; jene der wiederholenden Mitteilung bezeichnen wir als Vervielfältigungssysteme. Wir betrachten sie nun kurz im Einzelnen.

1. Ausdruck und Gebärde. Ein Mienenspiel, eine Bewegung kann Gefühle und Gedanken in ganz bestimmter Weise ausdrücken, und so jenen Austausch geistiger Inhalte herbeiführen, in welchem die Mitteilung besteht. Das mitteilende Handeln ist hier einfachster Art. Diese Form der Mitteilung darf keineswegs, weil sie bei den Naturvölkern eine große Rolle spielt und nach psychogenetischer Auffassung an der Spitze des Ursprungs der Sprache steht, als primitiv und überwunden betrachtet werden. Stets bleibt sie bedeutungsvoll und unersetzlich, und hat selbst die Verständigung durch das Wort unter allen Umständen zu begleiten und zu beleben. Auch für größere Massen ist sie wichtig, so beim Schauspiel, in der öffentlichen Rede und bei Massenansammlungen. Der Führer einer erregten Menge kann diese durch eine einzige Gebärde in Bewegung setzen oder zur Ruhe bringen.

2. Die Sprache. Die Sprache ist ein System von Ausdrucksbewegungen, das aber so weit ins Einzelne fortgebildet ist, daß Empfindungen und Gefühle, Vorstellungen und Begriffe durch sie mitgeteilt (dargestellt) werden können. Die Sprache ist die weitaus wichtigste Art von Mitteilung, auf welche sich die meisten weiteren mechanischen Mitteilungsarten oder Vervielfältigungssysteme, die wir unten betrachten werden, gründen. — Hinsichtlich der Sprache sind es hauptsächlich zwei Probleme, welche gegenwärtig die Wissenschaft beschäftigen: Der Ursprung der Sprache und ihr Verhältnis zum Denken. Beide Fragen sind nicht wirklich gesellschaftswissenschaftlich, sondern geschichtlich und philosophisch-psychologisch, weswegen wir uns auch nicht mit ihnen zu befassen haben. Umgekehrt bedarf die Sprachforschung notwendig gesellschaftswissenschaftlicher Hilfsbegriffe. Naiv berührt es z. B., wenn mit Nachdruck verkündet wird, die Sprache sei eine gesellschaftliche Schöpfung. Das ist insoferne selbstverständlich, als die Sprache ein System der Mitteilung, daher rein kongregal (gesellig) in ihrer Leistung, ihrem Dienste

ist. Damit ist aber der schöpferische Anteil des individuellen Geistes noch nicht bestimmt. Auch die Arbeitsteilung ist rein kongregal; daraus aber irgendeinen Schluß auf den Bedeutungswert, der für das Handeln vom Ich als solchem, und jenem, der von der Gesellschaft ausgeht, zu ziehen, wäre völlig schief. — Zur kurzen Orientierung möge der folgende Zusatz dienen.

Zusatz über den Ursprung der Sprache. Die Theorien über den Ursprung der Sprache kann man mit Eisler (Art. Sprache im Wörterb. d. philos. Begriffe, 3. Aufl., Berlin 1910) folgendermaßen einteilen: 1. religiöse Theorien, wonach die Sprache eine Schöpfung Gottes ist; 2. Erfindungstheorien, wonach die Sprache als Schöpfung einzelner hervorragender Individuen anzusehen ist; 3. die psychogenetischen Theorien, welche als Sprachfaktoren betrachten: Reflexschreie, Interjektionslaute („Pupuh-Theorie") Ausdrucksbewegungen, Onomatopöie (Lautmalerei) und Nachahmung („Wauwau-Theorie" der Nachahmung tierischer Laute), Mitteilungsbedürfnis, gemeinsame Arbeit, Assoziation u. a. — Dabei lehren die nativistischen Theorien eine ursprüngliche Zuordnung von Lauten zu bestimmten Vorstellungen, so W. v. Humboldt, Max Müller, Steinthal, Lazarus; während die empiristischen die konkrete Entwicklung dieser Zuordnung betonen, so Tylor, L. Geiger, Madvig, Marty u. a.

Wundt leitet die Sprache von Ausdrucksbewegungen ab, so daß ihm die ursprüngliche Sprache ein System von Lautgebärden ist. Er sagt darüber: „Nach der vulgären Auffassung ist es entweder ein sogenannter Mitteilungstrieb oder es sind intellektuelle Vorgänge, willkürliche Reflexionen und Handlungen, wodurch eine Mitteilung eigener Bewußtseinsinhalte an andere entstehen soll. Aber wenn wir die Gebärdensprache in ihrem Ursprung beobachten, so lehrt sie etwas ganz anderes. Nicht aus intellektuellen Überlegungen und willkürlichen Zwecksetzungen, sondern aus dem Affekt und aus den den Affekt begleitenden unwillkürlichen Ausdrucksbewegungen ist sie hervorgegangen . . . Was zu ihr noch erfordert wird, das ist nur, daß die affektbetonte Vorstellung nicht der bloße Ausdruck der eigenen Gemütsbewegung ist, sondern, daß sie die gleiche Gemütsbewegung und durch sie die gleiche Vorstellung in andern erweckt, worauf diese unter der Wirkung der in ihnen selbst erregten Affekte mit gleichen oder abgeänderten Ausdrucksbewegungen antworten. So entwickelt sich ein gemeinsames Denken, in welchem mehr und mehr die triebartigen in willkürliche Handlungen übergehen, während zugleich die Vorstellungsinhalte mit den sie bezeichnenden Gebärden in den Vordergrund treten. Die Ausdrucksbewegung des Affekts wird dabei durch die Vorstellungsinhalte des letzteren zur Vorstellungsäußerung und diese gestaltet sich durch die Mitteilung des vom einzelnen Erlebten an andere zum Gedankenaustausch, zur Sprache. In diese Entwicklung greift aber natürlich die aller andern psychischen Funktionen, insbesondere der Übergang der Affekt- und Triebhandlungen in willkürliche Handlungen ein." (Elemente der Völkerpsychologie, 2. Aufl., Lpz. 1913, S. 60f.)

Was das Verhältnis von Denken und Sprache anlangt, so pflegen beide einander gleichgesetzt zu werden. Sprache und Denken sind immer gleichzeitig gewesen, sagt Wundt (Völkerpsychol. I/2, S. 605). Noch weiter geht Fr. Mauthner (Sprache u. Psychologie, 1901): Es gibt kein Denken ohne Sprache, es gibt nur Sprechen als Denken (S. 164ff.) Daher ist die Sprachkritik geradezu Erkenntniskritik (S. 32ff.). — Mauthner geht viel zu weit, aber auch Wundt und alle, welche Denken und Sprechen gleichsetzen, übersehen die bildhafte Grundlage gerade des genialen Denkens. Und außerdem sind die logischen Grundfunktionen (der Identität, des Widerspruches usw.) ihrem Begriffe nach wie in ihrer empirischen Verwirklichung zweifellos rein formal, daher wort- und begrifflos. Etwas anderes ist ja allerdings der genetische Gesichtspunkt. Nimmt man die Sprache als noch unentwickelt an, muß freilich das Denken auch entsprechend gering entwickelt sein. Das kann ja gar nicht anders sein. Denn gesetzt, das Denken sei hoch entwickelt, so könnte ihm auch die zugehörige Sprache nicht fehlen. Man darf eben Begriffe und empirische Zustände, Entwicklungsgrade, nicht durcheinander werfen. — Vollends falsch ist es, die Zustände der Primitiven einfach und unbesehen als Vorstufen zu nehmen, und daraus dann Schlüsse auf das Wesen der Sprache und ihres Verhältnisses zum Denken zu ziehen. Naturvölker, die einfach nicht denken können, einer höheren Entwicklung des Denkens nicht fähig sind, können freilich auch nicht mehr in ihren Sprachen sagen, als sie eben zu sagen haben.

Wie das Verhältnis von Denken und Sprache psychologisch und erkenntnis-theoretisch auch gedacht werden möge, gesellschaftswissenschaftlich stellt sich die Sprache dar einerseits als Träger aller geistigen Inhalte, die in ihr niedergelegt werden können, d. h. als Überlieferungsträger, als das wichtigste Werkzeug eines gesellschaftlichen Gedächtnisses; andererseits wirkt sie für das Denken des Einzelnen als Wegbahner und als Filter zugleich. Als Wegbahner funktioniert sie, sofern sie in ihren grammatischen Formen bestimmte Denkhandlungen vorbereitet, und sofern sie jeweils einen Schatz ganz bestimmter Anschauungsformen und Begriffe dem Geiste darbietet; damit zugleich aber als Filter, indem das nicht Gebahnte zu denken erschwert wird.

Als die bloße bestimmte gesellschaftliche Leistungsform (d. i. als Hilfshandeln) für sich betrachtet aber, kommt der Sprache wie jeder andern Mitteilungsart vollständige Neutralität und formaler Charakter zu. Mögen Sprache und Logik, Sprache und Kulturinhalt noch so sehr miteinander verwoben sein, als bloße Mitteilung des Gedachten betrachtet ist sie doch nur formaler Art. Funktionell sind diese beiden Dinge streng auseinander zu halten. Denken ist dann Denkinhalt, Aussprechen ist bloß Mitteilen des Inhaltes.

Veranstaltung sprachlicher Mitteilung ist überall dort vorhanden, wo persönliches Zusammensein, es sei aus welchen Gründen immer, veranstaltet wird, in Geselligkeit, Versammlungen, Theatern, Arbeitsstätten usw.

Gesang und Töne sind keine eigenen Ausdrucksmittel für sich (wie z. B. Schäffle annimmt). Beim Gesang vollzieht sich die Mitteilung in der Sprache, der Ton für sich, außerhalb sprachlicher Bedeutung, bedeutet nichts eigenes, da ohnehin schon jede Art von Sprache oder symbolischen Lauten notwendig Lautgebilde sind. (Nur beim Lautsignal kann der Ton eigenes Material werden; auch dabei ist er aber nicht selber Mitteilung, sondern nur symbolische Darstellung gesprochener Worte).

3. Neben der Sprache erlangte eine eigene, große Bedeutung die Mitteilung durch Wiedergabe (Reproduktion). Sie geschieht durch die Vervielfältigungssysteme, welche entweder a) die Sprachwerte oder aber b) ursprüngliche Eindrücke (Bilder) in mechanischer Form wiedergeben.

Die wichtigsten Formen der ersteren Art sind: die Schrift einschließlich der Zahlzeichen und der Zeichenschriften, wie sie in der Telegraphie, Stenographie, Chiffrierung usw. angewendet werden. Beide sind unmittelbare Vervielfältigungsarten (Wiedergaben) des gesprochenen Wortes. Eine Ausnahme bildet nur der Phonograph, welcher nicht Zeichen gibt, sondern die Sprache selber wiederholt. — Wiederholung von bildhaften Eindrücken sind: Zeichnung, graphische Wiedergabe aller Art, Photographie, Skioptikon, Kinematograph, Skulptur, Modelle, Abgüsse aller Art (z. B. Gipsabgüsse). Indem die bildhafte Vervielfältigung nicht die Sprache, nicht eine persönliche Mitteilung sondern nur einen Eindruck wiedergibt, wird sie zu einer ganz selbständigen Mitteilungsform neben der Sprache, imstande dem Geiste Urmaterial von Eindrücken (auf dem Wege der Wiedergabe) zu übermitteln.

Als eine dritte Gruppe von Vervielfältigung (c) ist noch das Signalwesen zu bezeichnen. Dieses gibt zwar nicht selbst Sprachliches wieder, gründet sich aber ganz auf die Sprache, da alle Arten von Zeichen, und zwar sowohl Lautsignale (z. B. Trompete), wie Fahnen- und Lichtsignale nur Symbole für sprachlich mitgeteilte Inhalte (entsprechend vorheriger Vereinbarung) sein können.

Alle diese Vervielfältigungssysteme bedeuten eine teilweise oder vollständige Vergegenständlichung der Darstellungsmittel, welche wir mit Schäffle auch als „Darstellung sachlicher Art“ bezeichnen können. Eine ausführliche Aufzählung ihrer Formen und Arten gibt die unten mitgeteilte Untersuchung von Schäffle. Die Vergegenständlichung, Versachlichung der Mitteilung ermöglicht durch Verschickung 1. weiteste Ausbreitung von Mitteilung im Raume (internationale Presse! Post!); 2. durch Aufbewahrung Mitteilung in der Zeit — abermals eine besondere Form der Überlieferung, des Gesellschaftsgedächtnisses; 3. endlich ist durch mechanische Wiedergabe sogar eine gewisse Unabhängigkeit vom Sprachidiom zu erreichen, falls jenes System Sprachliches vervielfältigt. Dies trifft einmal auf Signale zu. Ferner auf Zahlenzeichen, und auf jede Art von Bilderschrift, im besondern noch auf die chinesische Schrift, die bekanntlich chinesisch und japanisch gelesen werden kann.

4. Ausstellungen. Eine besondere Art von Mitteilung bedeuten schließlich die Ausstellungen. Hier wirken Gegenstände, Verfahren, Kunstwerke ganz unmittelbar dadurch, daß sie zur Anschauung bereitgestellt sind. Vervielfältigung und Wiedergabe spielen keine Rolle. Ihre wichtigste Veranstaltungsform sind die Museen, daneben die als „Ausstellung“ bezeichneten Schaustellungen aller Art: Kunstausstellungen, Lehrmittelsammlungen, Musterlager, gewerbliche Ausstellungen und dergleichen.

Wie uns nun alle diese verschiedenen Arten von Mitteilungen lebendig und veranstaltet entgegentreten, wird folgende Darstellung Schäffles veranschaulichen (Bau- u. Leben I, S. 33f.): „Es wimmelt von Katalogen, Verzeichnissen, Inschriften, Registern, Lagerscheinen, Prämienscheinen, Policen usw in Magazinen und Sammlungen nützlicher und darstellender Güter — von Frachtbriefen, Kartierungen, Stempeln, Konossamenten, Signalen, Fahrtenplanen, Empfangsbescheinigungen, Zeitmessern im Transport — von Telegrammen, Briefen, Zirkularen Offerten, Etiketten, Firmen, Marken, Tara- und Gewichtsbezeichnungen, Deklarationen, ‚Rechnungen‘ und Quittungen, Banknoten, Wechsel, Anweisungen und Kontokorrentauszügen, Preisnotierungen usw. usw. im Handel. Lebhafter Verkehr setzt eben vielseitige geistige Verständigung, Gedankendarstellung und Gedankenmitteilung voraus.

Je weiter der Kreis der Kultur im Raum sich ausdehnt, je kontinuierlicher und zusamenhängender der Zeit nach die Gemeinschaft des Volkslebens sich gestaltet, in desto größerem Umfang bedarf die letztere sachlicher Symbole, dort zum räumlichen Transport, hier zur zeitlichen Tradition der Erkenntnisse, Werte und Willensbestimmungen; persönliche Dienste zu mündlicher Überlieferung und Ausbreitung der Ideen genügen dem geistigen Rapport nur sehr enger und geschichtsloser Gemeinschaften. In der Tat sehen wir neben Rede, Lied, Sprichwort, Lehrvortrag, mündlicher Ansage und Nachricht, persönlichem Befehlen und Anordnungen immer mehr sachliche Symbole, Schriften und Druckwerke, Literatur und Bücher, geschriebene Gesetze, Korrespondenz, Sammlungen, also immer dauerhaftere sachliche Darstellungsmittel in die Kulturgeschichte eindringen. Die mündliche Verbreitung der Ideen im Raum und ihre mündliche Überlieferung der Zeit nach gestattet höheres allgemeines Wissen, eine weithin gleichartige wertbestimmende öffentliche Meinung, Zusammenfassung zu großer Gemeinschaft des Wirkens nicht. Also gerade in der Form der ansammlungs- und zirkulationsfähigen Sachgüter entfaltet sich ein zunehmender eigentümlicher Verkehr, ein Schatz der Gesellschaft an Symbolen. Den darstellenden Gütern sollten daher selbst jene Ökonomisten ihre Aufmerksamkeit nicht versagen, welche den Gesichtskreis der Nationalökonomie mit dem Bereiche des Sachgütervermögens sich decken lassen.

Sämtliche Symbole besitzen die Eigentümlichkeit, daß ihr geistiger Gehalt, soweit nicht das Verkörperungsmittel Schranken zieht, in der Regel von allen, vielen oder mehreren zugleich angeeignet und von mehreren genutzt werden kann! Der Nutzen der Symbole wächst weiter dadurch, daß ihr wahrer geistiger Gehalt jedem der vielen oder mehreren Benützer ganz zuteil werden kann. Poesien, Kunstwerke, belehrende Schriften, Nachrichten aller Art können und sollen von edem der vielen Hörer, Leser, Zuschauer ganz genossen und ganz sich zu Nutzen gemacht werden . . . Endlich ist der Nutzen aller Symbole, soweit nicht das immaterielle Substrat durch Gebrauch oder durch Zeitablauf zerstört wird, ein unerschöpflich fortfließender und sich erneuernder, er ist wahrhaft „aere perennius". Der Geistgehalt der Symbole ist unverbrauchlich, nur ihre Materiatur ist zerstörbar und vergänglich."

5. D e r V e r k e h r. Welche Stellung nehmen nun die Verkehrsanstalten ein, wie Post, Telegraphie, Eisenbahn Straßen, Wege, Schiffahrt, Luftschiffahrt, Brieftaubenwesen und ähnliche Veranstaltungen, die offenbar der Mitteilung dienen? Es ist der Begriff des Verkehrs, welcher in seinem Verhältnis zur Mitteilung aufzuklären ist.

Der Begriff des Verkehrs schließt nun zwei ganz verschiedene Elemente in sich ein: erstens Austausch geistiger Inhalte, insoferne bedeutet er Mitteilung; zweitens aber den Austausch von wirtschaftlichen Gütern, und insoferne bedeutet er nur ein auf Gegenseitigkeit beruhendes Verfrachtungswesen. Auf der Post werden sowohl Schriften befördert wie Waren, (Briefe, Pakete), und das gleiche geschieht auf Straßen, Bahnen, Schiffen, usw. Als Oberbegriff für beide Teilvorgänge gefaßt ist daher Verkehr überhaupt nur Beförderung. Als Teilvorgang geistiger Inhaltsbeförderung für sich bedeutet er allerdings Mitteilung. Auch da aber nicht den Mitteilungs- und Innewerdungsvorgang selbst, sondern die Veranstaltung dazu. Post, Eisenbahn sind Anstalten. Straßen, Kanäle usw. sind nur Verkehrsmittel.

Verkehr heißt daher, auch als Mitteilung gefaßt, nichts anderes als: durch Veranstaltung bewirkte Mitteilung. Es ist also ein bunter Sammelbegriff, der vielerlei in sich befaßt.

Literatur. Schäffle, Bau und Leben des sozialen Körpers, II. A. (Tübingen 1896 Bd. I S. 124ff., II S. 29ff. scheint manche Anregung aus Schleiermacher geschöpft zu haben), hat sich um die Darstellung des Mitteilungs- und Wegewesens besondere Verdienste erworben — Eine genetische Darstellung bei Wundt, Elemente der Völkerpsychologie, II. A., Lpz. 1913; Völkerpsychologie I, 1900. — Ältere L.: Steinthal, Einleitung i. d. Psychologie u. Sprachwissensch. 2. A. 1881; L. Geiger, Ursprung u. Entwicklung d. mensch. Sprache, 1872; M. Müller, Das Denken im Lichte der Sprache, 1888.

II. Die Veranstaltung oder Organisation.

1. Wesen und Bestandteile der Veranstaltung. Sofern Veranstaltung ein Hilfsvorgang ist, haben wir ihr Wesen darin gesehen, die Verstetigung oder auch die Bildung von Gemeinschaft und Genossenschaft zu ermöglichen. Die weitere Frage ist nun, worin dieser hilfsmäßige Vorgang selber besteht?

Er stellt sich zunächst dar als eine Summe von Vorkehrungen, welche den Zusammenhang mehrerer Elemente in feste, stetige Bahnen leiten. Sowohl die geistige Wechselbeziehung zwischen Individuen, welche wir bisher stets als Gemeinschaft bezeichneten, muß organisiert werden, als auch die Zusammenfügung vieler Handlungen, sei es zur Arbeitsteilung, wie in einer Fabrik, sei es zum gleichartigen gemeinsamen Handeln vieler, wie im Krieg, in der Politik. — Welcher Art sind nun aber diese Vorkehrungen, welche Elemente haben sie?

Als grundsätzliche inhaltliche Bestandteile jeder Organisation ergeben sich: 1. die Veranlassung der zu vergemeinschaftenden geistigen Akte und zu vergenossenschaftenden Handlungen; 2 die Wegbahnung für diese Akte. Die Bahnung des Weges besteht in der Beeinflussung der zu vereinigenden

Elemente, d. i. in der Ausübung von gelindem oder strengem Zwang auf dieselben. Dadurch wird jene Umgestaltung, Anpassung der Elemente herbeigeführt, welche sie für die Zusammenfügung in die Organisation geeignet macht. Die Wegbahnung besteht ferner in der Vorbereitung aller übrigen Umstände, welche die Akte zu einer solchen Verwirklichung oder Vollziehung nötig haben, die zugleich das Maximum an Vergemeinschaftung bedeutet.

Ein Beispiel biete ein Verein, etwa ein Diskutierklub. Ein solcher stellt zweifellos eine Organisation von geistigen Wechselbeziehungsvorgängen dar. Veranlassend wirkt er auf die zu vergemeinschaftenden Akte durch Festsetzung von Vortragsabenden, Bestellung von Vortragenden, durch Propaganda, Errichtung einer Bücherei u. dgl. Diese Einrichtungen stellen aber zugleich auch eine Wegbahnung dar. Einmal ganz allgemein, indem sie das „Forum“ der zu vergemeinschaftenden geistigen Beziehungen bilden, sodann indem mit all diesem: Anpassung, Beeinflussung der Ansichten aller Teilnehmer, ihre „Erziehung“ — bis zum moralischen Zwang verbunden ist. Solche Beeinflussung bahnt den Weg zur Zusammenfügung in der Organisation.

Daraus ergibt sich als allgemeiner Begriff der Veranstaltung: veranlassende und bahnende Vorkehrung zur Gemeinschafts- oder Genossenschaftsbildung; mit andern Worten: die tätige (veranlassende und bahnende) Bewirkung von Vergemeinschaftungs- und Vergenossenschaftungsvorgängen. Mit dieser tätigen, systematischen Bewirkung (Veranlassung) ist die Organisation zugleich: Sicherstellungsbedingung für die möglichst gleichmäßige Wiederkehr und den steten Ablauf der betreffenden Vorgänge.

Organisation ist in Verbindung mit Mitteilung die Bedingung jeder geistigen Gemeinschaft (sofern sie als wiederkehrender stetiger Vorgang gedacht ist). Für sich allein (ohne Mitteilung) ist sie die Bedingung der Verknüpfung von Handlungen. (Was bei einem arbeitsteilig organisierten Zusammenwirken Mitteilung ist, stellt geistige Wechselbeziehung, Gemeinschaft vor, ist also nicht selbst Verkettung von Handlungen.) — An jeder organisierten Gemeinschaft und Genossenschaft (geistigen Wechselbeziehung und gemeinsamem Handeln) sind zu unterscheiden:

1. Der Verband. Dieser ist das Gemeinwesen, die Gemeinschaft oder Genossenschaft, als Organisiertes angeschaut.

2. Die Anstalt, d. h. die Summe der organisatorischen Vorkehrungen, der organisatorische „Apparat", das veranstaltete Gebilde als solches am Gemeinwesen, also die Verkettung organisatorischer Handlungen für sich betrachtet. Beispiel: der angeführte Diskutierklub ist, als bloße Summe geistiger Wechselbeziehungen betrachtet: geistige Gemeinschaft; als organisierte Gemeinschaft betrachtet: Verband; als Organisation für sich, d. h. als Summe organisierender Handlungen, als Gebilde der Vorkehrungen betrachtet: Anstalt. Der Begriff „Anstalt" tätig vorgestellt, ergibt die richtig gebildete Bezeichnung der „Veranstaltung". Auch die Anstalt als vorübergehende Erscheinung wird „Veranstaltung" genannt, weil dabei der tätige Charakter, den Organisation als solche hat, von selbst mehr hervortritt. Anstalt als fertig gedachtes organisatorisches Gebilde hingegen heißt auch „Einrichtung". Auch die Bezeichnung „Anstalt" selbst denkt die Organisation fertig, als Summe getroffener Vorkehrungen, weniger als noch und in Zukunft geschehend, weniger als tätig. — Wichtig sind:

3. Die technischen Bestandteile der Anstalt. Diese sind:

a) Die organisierenden Handlungen selbst.

b) Die Mittel dieser Handlungen oder Hilfsmittel der Organisation überhaupt, zu unterscheiden als: objektive Hilfsmittel oder Güter und als (richtunggebende) Vorschriften oder Satzungen (s. dar. schon oben S. 97).

c) Die beeinflussende Gewalt. — Die Güter bilden das bei keiner Organisation fehlende Kapital, als Hilfsmittel des organisierenden Handelns; es kommt in Vereinsbeiträgen, Steuern usw. zum Ausdruck. Die Vorschriften im weitesten Sinne sind die Anweisungen für die vorzukehrenden Handlungen, d. h. sie sind die Verhaltungsmaßregeln für das organisierende Handeln, wie sie uns in Satzungen, Reglements, Weisungen und Befehlen aller Art entgegentreten. — Daß eine gewisse verbindliche Kraft der Herrschergewalt den organisierenden Handlungen zur Verfügung stehen muß, um jene Beeinflussung, Zwangsausübung, Umgestaltung der zu organisierenden Elemente herbeizuführen, welche zu ihrer Zusammenfügung in der Organisation notwendig ist, liegt klar am Tage. Sucht man Beispiele für die wichtigsten Arten von Organisationen und deren Vorschriften und Gewalten, so ergibt sich folgender Überblick über ihr gesamtes System, der zugleich eine höchst lehrreiche Einsicht in den Aufbau der menschlichen Gesellschaft gewährt.

2. Die wichtigsten Veranstaltungen. Bevor wir auf die weiteren Fragen, die zu erörtern sind, übergehen, wird es zweckmäßig sein, das System der gesellschaftlichen Organisationen ihrer Satzungen und Gewalten kurz zu überblicken, um die nötige konkrete, plastische Unterlage für die späteren, abstrakten Betrachtungen zu gewinnen. Als Veranstaltung von größter praktischer Wichtigkeit stellt sich uns zunächt dar:

1. Die stillschweigende Verabredung. Diese ist eine ganz lose und kaum merkliche Veranstaltung gesellschaftlichen Lebens und Handelns. Sie regelt, veranstaltet die gewöhnlichen, überall wiederkehrenden Vorgänge, so das „Benehmen", d. h. die Grundvorgänge und Grundverhältnisse des Lebens. Ihre Satzungen sind: Moral, Brauch, Sitte (Konvention), überhaupt die Imperative und Maximen des Tuns und Denkens. Diese Veranstaltung ist also ein fast unmittelbarer Ausdruck der Moral. Satzung (Moral) und Veranstaltung (moralisch, sittenmäßig gebotenes Handeln) fallen fast zusammen. Die beeinflussenden Gewalten, welche diesen Maximen zur Durchführung verhelfen, sind: persönliche Achtung, moralische und rechtschaffene Gesinnung, Verrufserklärung, gesellschaftliche Auszeichnung, persönliche Vorteile, Neigungen und Abneigungen. — Es ist ersichtlich, daß bei so losen, nicht fest abgegrenzten Anstalten, wie sie bei stillschweigend geregeltem Verhalten vorliegen, die organisierenden Gewalten mit ihren Maximen (Vorschriften) und schließlich mit den Vorkehrungen selbst in der Regel empirisch zusammenfallen werden. Dennoch liegt hier Organisation mit allen ihren Bestandteilen vor. Unser Handeln scheint nun nicht mehr chaotisch, sondern ist

auf gleichmäßige Wiederkehr, Sicherstellung der Beziehungen abgestimmt.

2. Die ausdrückliche Verabredung, welche in strengerer Form meist zum rechtsverbindlichen Vertrag wird. Hier gilt von Satzung und Gewalt ähnliches wie oben, auch die organisierten Inhalte sind ähnlich, obwohl stark erweitert. Die organisierende Handlung ist aber (eben in der „Verabredung" beschlossen) schon deutlich für sich unterscheidbar, von Satzung und beeinflussender Gewalt klar getrennt. Ausdrückliche Verabredungen bestehen insbesondere als Organisationen jener persönlichen Beziehungen, die man als „Geselligkeit" zusammenfaßt. Besondere Zusammenkünfte, Feste, Ausflüge, Jours bestehen aus derartigen Verabredungen, auch der „Salon" und ähnliche Einrichtungen lösen sich darin auf.

3. Der Verein ist eine zwanglose (nicht verpflichtende) Anstalt. Zur geschriebenen Satzung treten als Verhaltungsmaßregeln noch ausdrückliche Verabredungen, besondere Beschlüsse und Weisungen hinzu. Diese ausdrücklichen Vorschriften heben sich aber nur von dem allgemeinen Hintergrund ab, welcher in Moral, Sitte, Konvention gegeben ist. Die Satzungen und Gewalten, welche die stillschweigende und ausdrückliche Verabredung regieren, sind daher hier gleichfalls unentbehrlich.

4. Die Familie ist eine Veranstaltung nicht nur der Neigungsgemeinschaft zweier Liebender, der Ehe, sondern auch anderer geistiger und handelnder Beziehungen. Sie regelt: Ehe, Elternschaft, Kindschaft, Geschwisterschaft, Blutsverwandtschaft, Schwägerschaft (durch Verbindung mit nicht blutsverwandten Personen) und Gesindehaltung. Ihre wichtigsten gesellschaftlichen Leistungen sind mit der Elternschaft verbunden. Sie bestehen nicht nur in der Hervorbringung neuer Individuen, sondern auch in deren körperlicher Ernährung und geistig-moralischer Erziehung. Diese Leistungen sind bedingt durch die Ansammlung von Gütern, (das ist durch die Anknüpfung der Wirtschaft an die Familie), sowie deren Vererbung im eigenen Kreise (Erbrecht). Durch die Verknüpfung so vieler Leistungen und die Organisierung so mannigfacher Gemeinschaften und Beziehungen erlangt die Familie die Bedeutung einer Einheitserscheinung der Gesellschaft im kleinen Kreise, eines „Mikrokosmos der nationalen

Gesittung" (Schäffle). Ihre Satzungen sind im Familienrecht niedergelegt, aber ebenso sehr in den Imperativen von Sitte, Brauch und Moral; ihre Gewalten liegen im elterlichen Willen, der aber einerseits wieder vom Rechtszwang, andrerseits von der öffentlichen (nachbarlichen) Meinung regiert wird. — Ersatz- und Hilfsorgane für die Familie sind: die uralte Einrichtung der Vormundschaft, die sich heute zur Berufsvormundschaft umgestaltet; die Schule und die wirkliche Ersatzerziehung, welche von der Öffentlichkeit in der Waisenpflege, Fürsorgeerziehung und im öffentlichen Kinderschutz übernommen wird.

Die Geschichte der Familie spielt in der modernen Gesellschaftslehre ethnologischer Richtung die größte Rolle. Bekanntlich organisierte die F. nicht immer eine monogamische Ehe. Vielweiberei (Polygynie), Vielmännerei (Polyandrie), Gemeinschaftsehe (Weibergemeinschaft) und Promiskuität sind die wichtigsten Ehearten, Vaterrecht und Mutterrecht die wichtigsten Organisationsgrundsätze.

Literatur. Schäffle, Bau u. Leben des soz. Körpers, 2 Bde., 2. A., Tübingen 1896. Vgl. auch die meisten soziologischen Werke, die oben (Einleitung S. 5 ff.) angeführt wurden. — Gothein, Art. Familie im Handwörterb. d. Staatsw., 3. A. (mit reichl. Literatur). — Zur Geschichte: Westermarck, Gesch. der menschlichen Ehe, dtsch. Jena 1893; Lippert, Die Gesch. der Familie, Stuttgart 1884; Grosse, Die Formen der F. und der Wirtschaft, Freib. 1896. — Über die Ersatzorgane der F.: Spann, Die Erweiterung der Sozialpolitik durch die Berufsvormundschaft, Tübingen 1912. — Über die inneren Fragen der F. und Ehe (wohin auch Unehelichkeit u. Prostitution gehört): Michels, Zur Soziologie der Geschlechtsmoral, 2. A., München 1911; J. Bloch, D. Prostitution, I. Bd. (Geschichte) Berl. 1912; Leonhard, D. Prostitution, München 1912; Müller-Lyer, Phasen d. Liebe, München 1913; Spann, Untersuchungen über d. unehel. Bevölkerung i. Frankft. a. M. 2. A. Dresden 1912. — Über Erziehung, s. unten, Teil III, Ersatzvorgänge.

5. Die Kirche stellt die Anstalt des religiösen Gemeinschaftslebens dar. Ihre Satzungen und Gewalten wurzeln daher in der Religion. Die organisierend handelnden Personen sind Funktionäre, d. h. Bestellte, wodurch zugleich mit dem Gegensatz von Laien- und Priestertum die streng hiearchische Gliederung geschaffen wird. Der zugleich ethische Charakter der Religion bedingt die öffentliche, politische Natur der Kirche. Die unmittelbare Kirchengewalt (potestas ecclesiastica), vermöge deren eine kirchliche Anstalt als solche geleitet wird, kommt in der katholischen Kirche dem Papste zu, der sie jedem von ihm bestellten Bischofe für den Bezirk seiner Diözese auf Lebenszeit überträgt; in der protestantischen dem

Landesherrn, wo sie namens desselben in verschiedenen Teilanstalten (Konsistorien usw.) ausgeübt wird.

Literatur. Schoen, D. evangelische Kirchenrecht i. Preußen, Berlin 1903 ff.; Silbernagel, Lehrb. des kathol. Kirchenr. 4. A. Regensburg 1902. — Über das Verhältnis von Staat und Kirche: Meyer, Gesch. der römisch-deutschen Frage, Rostock 1871, 885, 3 Bde. — Weitere L. unter Religion, oben S. 81.

6. Nicht einheitlich veranstaltet sind die geistigen Wechselbeziehungen in Wissenschaft und Kunst. Ihre Anstalten haben, je nachdem sie mehr vorübergehender oder beständiger Natur sind, die Vorschriften und Gewalten der unter 2 und 3 genannten Art. Für Konzerte, Schauspiel-, Vortrags- und Erörterungsveranstaltungen, Ausstellungen gelten außer etwaigen Verabredungen die betreffenden häuslichen Vorschriften (z. B. Hausordnung im Schauspielhaus, im Konzertsaal) neben den rechtlichen Bestimmungen und verwaltungsmäßigen und polizeilichen Anordnungen; dazu kommen immer noch die Imperative von Brauch, Sitte, öffentlicher Moral. Eine ständige Veranstaltung besonderer Art ist gegeben in der Schule, welche einmal Anstalt der Erziehung und des Unterrichtes, sodann aber auch Forschungsanstalt ist, wozu ihr besondere Hilfsanstalten, wie Laboratorien, Archive, Büchereien zur Verfügung stehen. Auch in diesen Fällen gelten häuslich und öffentlich erlassene Vorschriften (Statut, Verfassung) als Richtschnur für die organisierenden Handlungen. Die Gewalten liegen (außer im Willen der Beteiligten) in den bestellten Funktionären, deren Amtshandlungen hauptsächlich die organisierenden Akte bilden.

7. Flüssiger und zwangloser, zugleich auf vielfältigste Inhalte abgestimmt, sind die Veranstaltungen der Öffentlichkeit. Öffentlichkeit heißt ja nichts anderes als: Wechselbeziehungen im geistigen Leben, die aber einen weit ausgespannten (meist nicht streng geschlossenen) Kreis umfassen. Die Presse, d. i. das öffentliche Zeitungswesen, erscheint als Veranstaltung öffentlichen Gedanken- und Empfindungsaustausches, ähnlich das öffentliche Ankündigungswesen, (Zeitungsanzeige, Straßenplakat), das Versammlungswesen mit seiner Geschäftsordnung (u. dgl.) und verwandte Einrichtungen, die wir hauptsächlich in der Politik, welche ja auf Öffentlichkeit vor allen angewiesen ist, finden. Aber auch Organisationen mit ganz andern

Zwecken können der Öffentlichkeit nicht entbehren und organisieren daher den weit ausgespannten geistigen Austausch mit, bewußt oder unbewußt, freiwillig oder unfreiwillig. So sind das Ausstellungs- und Vereinswesen, die Post, Telegraphie, Eisenbahn und jede Art von Verkehrswesen, das Buchwesen — alles Träger, Organisationen von Öffentlichkeit; allerdings nicht in Ansehung des Selbstzweckes, den sie als Organisationen verfolgen, z. B. des Kaufes und Verkaufes von Leistungen und Waren (wie beim Buchwesen), sondern ledig in Ansehung der ungewollten Nebenfunktion von öffentlich dargebotenen geistigen Inhalten, wie sie in verkauften Büchern, ausgestellten Werken, übermittelten Nachrichten gegeben sind.

Die Gewalten und Vorschriften aller dieser Veranstaltungen liegen zumeist in jener Summe von Imperativen und Willenskräften beschlossen, die man „öffentliche Meinung“ nennt. Öffentliche Meinung ist nicht eine Meinung vieler zufälliger Einzelner, sondern eine allgemeine Meinung, die sich als Ergebnis vorherigen geistigen Austausches gebildet hat. In der „literarischen und politischen Anständigkeit“ hat sie eine Art Sonderkanon öffentlichen Benehmens ausgebildet, ebenso wie im parlamentarischen Kodex. Demonstrationen und Massenkundgebungen sind ihre besonderen Arten von Gewaltäußerung.

Die Veranstaltungen der öffentlichen Meinung führen von selbst auf jene, die wir

8. auf dem Gebiete der Politik finden. Politik ist aber Handeln (nicht geistige Gemeinschaft), ihre Veranstaltungen unterscheiden sich daher von allen den bisher betrachteten. Dies zeigt z. B. der Unterschied von Gewerkschaft und Bildungsverein. Erstere organisiert (ihrem Wesen nach) nur gemeinsames Handeln, z. B. den Streik, letzterer nur den Austausch geistiger Inhalte. Die Organisationen des gemeinsamen Handelns (Partei, Interessenverband) haben wir bereits bei den Bündnissen und der Politik kennen gelernt. Die Satzungen sind hier zumeist in den vereinsmäßigen Statuten gegeben, ganz wie bei jenen Vereinen, die geistige Wechselbeziehung organisieren, ebenso die Gewalten. Bei strenger eingerichteten Anstalten gemeinsamen Handelns, wie die Arbeiter-, Handels-, Handwerker-, Ingenieurkammern, Gilden, u. ä. sind dagegen schon Sonder-

gesetze, Bestellte (Funktionäre) im Hauptberufe und feste Kompetenzen vorhanden.

9. Eine besondere Art verbündeten Handelns liegt in der kampfartigen Gewaltanwendung (Krieg usw.) vor. Ihre wichtigste Veranstaltungen sind die „Armee“ (bewaffnete Macht) und die Polizei.

10. Durchaus Organisationen des Handelns sind auch die wirtschaftlichen Veranstaltungen. Indessen ist ihr Gegenstand nicht gleichgerichtetes, sondern komplementär ineinander greifendes (verkettetes) Handeln, wofür die Arbeitsteilung das wichtigste Beispiel ist. Die komplementären Grundverhältnisse des Handelns im wirtschaftlichen Bereiche sind: Betriebsleiter und ausführender Arbeiter (technisch!), Unternehmer und Arbeiter (rein wirtschaftlich, als Käufer und Verkäufer von Arbeitskraft gedacht), Käufer und Verkäufer (von Gütern überhaupt, nicht bloß von Arbeitskraft). Organisation für das erste Grundverhältnis ist der Betrieb (als technisches Gebilde), für das zweite die Unternehmung; für das dritte, das die Güterverteilung überhaupt umfaßt, wäre eine durchgängige Organisation nur im kommunistischen oder doch sozialistischen Staate möglich. Gegenwärtig „regiert“ der freie Wettbewerb, d. h. es ist unregelmäßige Beeinflussung des wirtschaftlichen Handelns (in Erzeugung und Austausch) vorhanden. Das soll ja nach der individualistischen Nationalökonomie die beste Gestaltung der Wirtschaft, die reichste Versorgung mit Gütern herbeiführen. Gewisse Organisationen fehlen aber auch da niemals. So die Organisation, welche Markt heißt und entweder eine nur ideelle oder ganz physische ist, wie in Markthallen, Börsen u. dgl., ferner die Verkäuferorganisationen in Kartellen, Trusts und Verabredungen, denen auch, allerdings selten, Käuferorganisationen gegenüberstehen. Alle angeführten Grundverhältnisse werden mitorganisiert von den Bestimmungen des Handels-, Wechsel- und sonstigen Wirtschaftsrechtes, insbesondere auch von den sog. sozialpolitischen Gesetzen.

Die Vorschriften für die organisierenden Handlungen in der Unternehmung sind gegeben: bei der Aktienunternehmung, der G.m.b.H., mit den betreffenden Statuten, Rechtsbestimmungen und Hausordnungen — bei den übrigen Unternehmungen mit den entsprechenden Bestimmungen, die beim Einzelunternehmer großenteils aus persönlichen Befehlen bestehen (in welchem Falle also Vorschrift und Maxime der organisierenden Person ein und dasselbe sind); die Gewalten in den Vorteilen, die der Unternehmer dem Arbeiter bietet, bzw. in seiner wirtschaftlichen Übermacht. Gleiches gilt von der Betriebsorganisation, die ja, weil sie ganz unter wirtschaftlichen Bedingungen steht, nur ein Hilfsgebilde der Unternehmung ist. Für das Grundverhältnis Käufer und Verkäufer treten als Vorschriften die Rechtssätze, Marktordnungen, Usancen, als Gewalten der Rechtszwang, die Markthoheit neben der allgemeinen wirtschaftlichen Notwendigkeit, d. i. dem Zwange der Bedürfnisse hervor.

Eine besondere Stelle nehmen endlich in der Wirtschaft jene Organisationen ein, welche die Gesamtheit aller Unternehmungen (das sind ja auch komplementär wirkende Wesenheiten) zur Volkswirtschaft zusammenordnen. Handelsverträge, Konsulate, Exportförderungsämter, Ministerien, aber auch Vereine, politische Parteien organisieren diese kollektiven Verhältnisse komplementären Handelns. Zollbestimmungen, Tarifsätze, Sondergesetze geben die besonderen Vorschriften für dieses organisierende Handeln ab, die Gewalten, die dahinter stehen, sind Staatshoheit und politische Kräfte.

11. Eine besonders schwierige Aufgabe scheinen der gesellschaftlichen Betrachtung jene nichtwirtschaftlichen, komplementären Verhältnisse zu stellen, wie sie Lehrer und Schüler, Arzt und Kranker, Eltern und Kinder bieten. Vor allen ist in diesen Fällen die geistige Gemeinschaft streng zu trennen von der Verkettung des Handelns beider Partner, im Falle des Arztes ist die geistige Beziehung sogar nebensächlich. Stellt man sich alle diese Personen bloß als tote Mechanismen handelnd vor, so bleibt von der Gegenseitigkeit ihres Tuns kaum noch etwas übrig; darum bedarf diese Gegenseitigkeit auch kaum eigener (sozusagen betriebstechnischer) Organisation (übrigens tritt die Autorität als beeinflussende Gewalt bemerkenswert hervor); eher schon die wirtschaftliche Seite dieses technischen Handelns. In der Schule wird (außer der geistigen Wechselbeziehung) mehr das Massenhandeln organisiert, als das rein tätige Verhältnis von Lehrer und Schüler.

12. Als oberste und allgemeinste Organisation des geistigen Lebens wie des Handelns erscheint der Staat, als oberstes und allgemeinstes Vorschriftenwerk für organisierendes Handeln das Recht. Von beiden wird noch ausführlicher zu sprechen sein.

3. Über- und Unterordnung als Grundverhältnis der veranstalteten Elemente. Es ist von grundlegender Bedeutung für die Gesellschaftslehre, darüber Klarheit zu erlangen, in welchem Verhältnisse die vier Bestandteile der Veranstaltungen: vorkehrende Handlungen, Güter, Satzungen, Gewalten zueinander stehen. Die Handlungen sind das eigentlich lebendige Element, die Güter totes Hilfsmittel, deren Anwendung und Beschaffung Sache des Handelns ist; die Satzungen sind, genau besehen, bloße Maximen, d. h. die eigenen Grundsätze des organisierenden Handelns selbst (und finden nur im Interesse der Stetigkeit, Übersichtlichkeit und Überprüfbarkeit systematische Gestalt als Anweisung); die Gewalten liegen eigentlich auch im Willen des Handelns, in dessen Stoßkraft und Beharrlichkeit, allerdings wird dieser Wille oft von außen erzwungen, die handelnde Gewalt steht dann genau genommen hinter dem Handelnden. Dieses Verhältnis abgerechnet, bilden die Elemente des Handelns, der Satzung, der Gewalt eine volle Einheit, denn es sind genau genommen nur Phasen, Teile desselben Ganzen; die Güter stehen als neutrales und absolut abhängiges Element da.

Nun fragt es sich, wie die vorkehrenden Handlungen mit dem Stoffe verknüpft sind, den sie organisieren sollen, mit den Gemeinschaften und Handlungen?

Hier ist eine einzige Wirkungsweise festzustellen: die Beeinflussung der zu organisierenden Elemente. Die „Wegbahnung" ist stets in irgendeiner Art Beeinflussung, die „Veranlassung" reduziert sich zuletzt ganz auf Beeinflussung. Und so ergibt sich ein Grundverhältnis der organisierenden Handlungen gegenüber den organisierten Elementen: das der Überordnung. Daraus folgt: Veranstaltung faßt sämtliche Stoffelemente der veranstalteten Inhalte in Über- und Unterordnungsverhältnissen zusammen. Da nun, wie sich gezeigt hat, sämtliche dauernden (wiederkehrenden) gesellschaftlichen Erscheinungen organisiert auftreten müssen, folgt: Über- und Unterordnung ist die Daseinsform sämtlicher gesellschaftlicher Erscheinungen, als organisierte angeschaut.

Das organisierte Grundverhältnis der Über- und Unterordnung läßt sich noch vereinzelnen: wo sie ganz unmittelbar beeinflussend ist, hat die organisierende Handlung zum Stoffelemente das Verhältnis von Herrscher und Beherrschtem, Befehlendem und Gehorchendem; in ihrer Stellung als veranlassend: das Verhältnis von Schöpfung und Nachahmung, allgemeiner: von (schaffendem) Führer und (nachahmendem) Geführten, wobei an die Stelle von wahrer Schöpfung auch das starrere Verhältnis bloßer Autorität treten kann; als wegbahnend endlich, in Form von nur mittelbarer Beeinflussung gedacht, nimmt die organisierende Handlung das Verhältnis von Vorbereitung des Weges und Ausnützung des Vorbereiteten ein, den das Stoffelement nur beschreitet, ausnützt, doch ist auch dies ein Verhältnis von Leiter und Geleitetem.

Indem die verschiedenen Arten von unmittelbarer und mittelbarer Beeinflussung und Veranlassung in den verschiedenen Organisationsarten verschieden vorherrschen, finden wir auch jeweils andere Formen des Grundverhältnisses von Über- und Unterordnung ausgeprägt. Im Staate, im Heere, in allen auf unmittelbare Zwangsbeeinflussung gestellten Organisationen ist es das Verhältnis von Herrscher und Beherrschtem, in der Politik, den Interessenvertretungen und anderen freiwilligen Organisationen ist es das Verhältnis von Führung und Nachfolge, das allem seinen Stempel aufdrückt; bei den Organisationen geistiger Wechselbeziehungen ist es das Verhältnis von Autorität und Glauben, Beispiel und Nachahmung, Lehren und Lernen. Die Herstellung der bloßen Bedingungen, die bloße Wegbahnung als Darbietung des „Forums" wird aber vielfach das Wesentlichste solcher Anstalten ausmachen. So ist das Theater, der Salon eine solche vorbereitete Bahn, die beschritten wird. Freilich kann entsprechend dem unentbehrlichen Organisationselement der Veranlassung die organisierende Handlung gleichfalls auf Überordnung über die zu organisierenden geistigen Elemente, d. i. auf ihre Beeinflussung, Formung behufs Zusammenfügung im Ganzen auch da nicht verzichten.

So findet sich Über- und Unterordnung in allen Formen Herrschaft und Beherrschtes, Führung und Nachfolge, Schöpfung und Nachschöpfung, Vorbereitung (Anleitung) und Befolgung — in jeder Organisation und somit in jeder gesellschaftlichen Erscheinung. Eine dieser Formen aber herrscht vor und drückt der sozialen Struktur jener Gebilde ihren Stempel auf.

Literatur. V. Wieser, Die gesellschaftlichen Gewalten, Rektoratsrede, Prag 1901; Macht und Recht, Lpz. 1911; Michels, Zur Soziologie der Partei, Lpz. 1910.

4. Über die Bildung der Verbandspersönlichkeit. Die bisher entwickelte Auffassung vom Wesen der Anstalt scheint mir auch ein helles Licht auf die schwierige, alte Streitfrage zu werfen, wie es möglich sei, daß organisierte Gemeinschaften als einheitliche Wesen behandelt werden, die sich wie einzelne Menschen benehmen und so gut wie diese Subjekt von Rechten und Pflichten sein können, denen daher juristische Persönlichkeit zukommt. Nach der Fiktionstheorie wäre die juristische Person nur eine vom Rechte aufgestellte Fiktion, eine bloß fingierte Einheit. Nach der organischen Theorie ist die organisierte Gemeinschaft ein wirklicher Organismus — beides Theorien, die nicht befriedigen, indem die erste die Einheit, die doch wirklich ist, eigentlich leugnet, die andere sie allzu handgreiflich substanziiert.

Um dies zu erklären, gehen wir auf den einfachsten Fall von Veranstaltung, die Verabredung mehrerer Personen, zurück. Indem die Personen als verabredete ein System gleichgerichteter Handlungen verwirklichen, treten sie damit auch nach außen hin gleichartig auf. Dies ist der erste wesentliche Punkt. Damit haben sie auch gleiche Wirkungen, Funktionen. Daher ist es nur logisch richtig, daß sie, indem sie eine Einheit in ihrem tatsächlichen Handeln und in ihren gesellschaftlichen Wirkungen bilden, auch tatsächlich als eine solche behandelt werden. So wird sie z. B. gemeinsame Verantwortlichkeit treffen. Damit ist aber im Grunde schon die Persönlichkeit des Verbandes, den sie durch Verabredung, wenn auch vorübergehend, gebildet haben, gegeben. Wenn irgendwo ein Verein oder eine andere juristische Person zur Verantwortung gezogen wird, so heißt das ja nur:

daß die Mitglieder nicht als Menschen überhaupt, sondern für diese ihre (am „Verein") teilnehmenden Handlungen, allgemeiner: in ihrer Eigenschaft als Teilnehmer (aber auch nur in dieser Eigenschaft) zur Verantwortung gezogen werden. Wird z. B. ein Verein aufgelöst, so wird damit jedes einzelne Mitglied insofern getroffen, als ihm das teilnehmende Tun und Handeln nunmehr untersagt ist. Oder wenn umgekehrt eine Körperschaft aktiv auftritt, und als solcher Rechte erwirbt und ausübt, so läuft das immer nur darauf hinaus, daß die Angehörigen des Verbandes nur in ihrem teilnehmenden Tun Rechte erwerben oder ausüben. Erwirbt z. B. eine Stiftung, die scheinbar gar keine Angehörigen hat (in Wirklichkeit aber doch eine Anstalt ist) das Recht, Staatspapiere zu günstigeren Bedingungen zu beziehen, so erwerben damit im Grunde die Unterstützenden (für die von der Stiftung Unterstützten) dieses Recht. Es ist niemals die Anstalt als absolutes Ganzes, das Rechtssubjekt für sich, sondern immer sind es die gemeinsam vorgenommenen Handlungen, als Gebilde (das sind sie nur durch Veranstaltung), welche Rechtssubjekt und Rechtsobjekt sind.

Anmerkung. Der etwaige Einwand, die Verabredung begründe noch gar keine juristische Persönlichkeit, bliebe an der Oberfläche. Denn es kommt gar nicht auf die formale Konstruktion an, sondern auf die gesellschaftlichen Tatsachen. Gesellschaftswissenschaftlich gibt es viele Verbandsgesellschaften, die rechtlich nicht anerkannt sind. Ein Beispiel bildet der Streik, der, wenn auch nur eine vorübergehende Erscheinung, doch notwendig veranstaltet ist. Es werden denn auch die Führer dafür moralisch oder tatsächlich verantwortlich gemacht.

Die stoffliche Unterlage für die Bildung der Verbandspersönlichkeit sind zwar unmittelbar, aber nicht allein die Handlungen, denn nur als solche, an und für sich würden sie ja eine mehr oder weniger chaotische Masse bilden. Ihr Zusammenhang erst, der durch Veranstaltung erreicht wird, ermöglicht es ganz allein, daß sie eine wirkende Einheit bilden und als solche behandelt werden. Dieser Zusammenhang wird aber nur durch die Gewalten sichergestellt, welche hinter den vorkehrenden Handlungen stehen. Der Wille, welcher die Verabredung aufrecht erhält und durchsetzt, z. B. die Gewaltmittel, welche hinter der Streikverabredung stehen, diese schaffen erst die strenge und dauernde Einheit und bilden dadurch die letzte Unterlage für die gleichsam persönliche Verkörperung des Verbandes.

Zusammenfassend können wir sagen, daß es die Einheit und Stetigkeit des Zusammenschlusses der Handlungen, welche den Inhalt einer Veranstaltung bilden, allein ist, womit die Verbandspersönlichkeit gegeben ist, und womit namentlich auch für das Recht die Möglichkeit entsteht, den Verband als Einheit, als Person, zu behandeln. In Wirklichkeit wird damit freilich weder ein luftiges, fiktives Gebilde noch eine organische Substanz vom Rechte erfaßt, sondern allein die teilnehmenden Handlungen, welche durch die Wirksamkeit der veranstaltenden Gewalten zusammengeordnet werden.

Literatur. Vortreffliche kurze Entwicklung des Problems bei Gierke, Das Wesen der menschlichen Verbände, Lpz. 1902; s. auch unten drittes Buch, Universalismus: Verhältnis v. Individuum u. Gemeinschaft.

5. Über den Ursprung der Herrschergewalt. Das in jeder Anstalt unentbehrliche Gewaltelement kann nicht als gegebene Macht einfach hingenommen werden. Woher entspringt diese Macht? Schlechthin als Herrschermacht, d. h. als Gewaltanwendung überlegener Kräfte über andere, kann sie nicht erklärt werden, denn dann wäre Organisation Ausbeutung (des Organisierenden gegenüber den organisierten Inhalten), während sie das Gegenteil: Sicherstellung stetiger und gesteigerter Verwirklichung gemeinsamen Handelns, gemeinsamer Geistigkeit ist. Die Kraft zur Organisation entspringt vielmehr dem Willen der Beteiligten selbst, die organisierende Gewalt kann nur von diesem herstammen, also nur ausgeübte oder delegierte Willensgewalt sein. Das zeigen vor allem deutlich die Gewalten, die hinter den allgemeinen Vorschriften der Moral, Sitte und Konvention stehen und die Veranstaltungen regieren, die sich darauf gründen. — Auch damit ist aber die Frage noch nicht gelöst. Woher jene Willensakte, warum *wollen* die Beteiligten? Die Antwort ist gemäß der Einheit aller Organisationselemente nur im Wesen der Gemeinschaft zu suchen. Die Kraft zur Organisation entstammt der geistig-schöpferischen Wirkung, welche die Vergemeinschaftung im Geistigen; der nutzbringenden, das einzelne Vermögen des Handelns unendlich erhöhenden Wirkung, welche die Gemeinsamkeit im Handeln hervorruft. Organisation ist ja nur Sicherstellung, Stärkung, Ausgestaltung jener Gemeinsamkeiten. Das Ziel:

Gemeinsamkeit und das Ziel: Organisierung derselben sind einerlei. Im Wesen der Gemeinsamkeit muß jedes Element der Organisation beschlossen liegen. Die Herrschergewalt in der Organisation, als Herrschaft über die Bedingungen der Gemeinsamkeit! — entspringt daher der inneren Fruchtbarkeit dieser geistigen und tätigen Gemeinsamkeit selbst.

Nun läßt sich die auch für die Staatslehre wichtige Frage entscheiden, aus welchen Mitgliedern (Elementen) sich die tragende Herrschergewalt in jeder Organisation ableiten muß, wenn eine maximale Lebensbedingung der Organisation erfüllt sein soll. Von allen organisierten Mitgliedern (Elementen) in gleicher Weise? Offenbar nicht. Leitet sich die Herrschergewalt von der inneren Fruchtbarkeit der Gemeinschaft ab, dann ist es am besten, die zur fruchtbarsten Gestaltung der Gemeinsamkeit fähigen Elemente in den Vordergrund zu stellen, diese als die tragenden Gewalten fungieren zu lassen. Auf den Staat als oberste Organisation angewandt heißt dies: nicht der Wille des Volkes, die Volkssouveränität, ist seine innerste und natürlichste Herrschergewalt (also nicht daraus leiten sich die Sondergewalten ab), sondern die Souveränität der am meisten vergemeinschaftenden Kräfte herrscht in Wahrheit. Denn aus der Fruchtbarkeit der Gemeinschaft leitet diese ihre Existenz wie ihre Organisation ab, und die am innigsten zur Gemeinsamkeit führenden Kräfte sind sohin die höchsten, d. h. die wenn nicht formell so doch wirklich beherrschenden. Werden diese Kräfte nicht gepflegt, sondern zurückgedrängt, so verfällt der Staat und jegliches gemeinsame Leben minderen Kräften. Und diese erweisen sich, wie z. B. die Geschichte der antiken Demokratie zeigt, leicht als unfähig, die unendlich vielfältige und schwierige Gemeinschaft des Lebens (wer könnte diesen kunstvoll gefügten Organismus je ganz ermessen!) überhaupt aufrecht zu erhalten.

So angeschaut ist die Einheit der organisierenden Gewalten der gesellschaftlichen Welt eine viel bedingtere als die der tatsächlichen Anstalten und Vorschriften. Denn was an solchen wirklich entsteht, ist schon das Ergebnis der Niederhaltung der einen und des Sieges der andern Kräfte, oder auch ihres Kompromisses, also eines stattgehabten Vereinheitlichungsvorganges. Die höchsten und wertvollsten, gemeinschaftsfruchtbarsten Kräfte werden in geordneten, aufblühenden Gemeinwesen stets die ihnen kraft des inneren Wertes gebührende Vormachtstellung (wenigstens der Tendenz nach) einnehmen. Wie aber ihre reine, absolute Herrschaft aussehen könnte, zeigt der platonische Staat. Aus der Philosophie entspringt dort die führende Gewalt, die wertvollsten Personen und ihre Gemeinschaften wirken unbeschwert und ungestört von minder wertvollen und minder fruchtbaren ihre Kräfte aus. Empirisch steht aber der Verwirklichung solcher Ideale immer entgegen, daß in demselben Maße, als sich andere Staatsglieder oder gar die Masse für die Teilnahme an jenem höheren Leben unfähig erweisen, also die gemeinschaftsbildende Wirkung jener höchsten Kräfte für sie nicht mehr fruchtbar werden kann — in demselben Maße die Quelle der Übermacht der Wertvolleren versiegen muß. Denn auf der größeren Fruchtbarkeit in der Gemeinschaft beruhte ja alle ihre Organisationsgewalt wie innere Lebenskraft. Es ist dies ein ewig tragisches Moment in Gesellschaftsgestaltung und Geschichtsverlauf: aber zugleich ist es so durch und durch natürlich. Denn das Dasein in Geschichte und Gesellschaft kann immer nur im Leben der Menschen selbst seinen Ursprung nehmen. (Vgl. auch unten III. Teil, Staat, 4).

6. Anstalt und Gemeinschaft. Indem Veranstaltung die geistige Gemeinschaft sowohl technisch ermöglicht (durch Bahnung, Beeinflussung, Hineinzwängung der Elemente) wie sachlich fördert (durch Veranlassung, zugleich Erziehung als Beeinflussung); und indem umgekehrt die Gemeinschaft durch ihre lebendigen Impulse die Organisation stets fördert und umgestaltet, ist das Verhältnis zwischen beiden grundsätzlich bestimmt, allerdings noch, wie bei aller „Wechselwirkung", höchst ungewiß. Manchmal scheint es, in Beispielen der Praxis, als sei die Organisation das eigentlich schöpferische Element, das sich seinen Inhalt schaffen kann. So beurteilt man in der Geschichte und Politik oft die Schöpfungen großer Organisatoren, z. B. Alexanders des Großen, Karls des Großen, Napoleons, Friedrichs des Großen, Maria Theresias und Josef II., Bismarcks; oder namentlich die Schöpfungen der Unternehmer,

wie der Fugger, Krupp, Rotschild, der amerikanischen Trusthelden. Manchmal scheint die Erfahrung aber auch das Gegenteil zu erweisen. Man sieht deutliche Gegenbeispiele, welche zeigen, wie kräftige Organisationsformen plötzlich leeren, erstorbenen Inhalten gegenüberstehen. So der Verfall der Friedrizianischen Armee bis Jena und Auerstedt, das Wirken des Perikles, Demosthenes, der Verfall der Kirchen. — Ich gebe zu, daß sich über alle diese Einzelfälle streiten läßt, so daß sie keineswegs strikte für die eine oder die andere Ansicht, nämlich der Priorität der Organisation oder des Inhaltes, zeugen können, dennoch werden bei derartigen historisch-empirischen Analysen stets Beispiele für das eine oder das andere erbracht werden können. Die ganze Methode taugt eben nichts, man muß auf die inneren Quellen und Ursachen beider Erscheinungen, auf die Bedingungen ihres Entstehens eingehen.

Diese genetische Betrachtung ergibt dann in der Wurzel eine Einheit von Gemeinschaft und Veranstaltug: Veranstaltung ist nur der Ausdruck fortgesetzter Gemeinschaftsbildung, ihrer Wiederkehr; Veranstaltung erscheint als Vorkehrung für ihre Stetigkeit; die Vorkehrung ist die Krücke und Hilfe der Neubildung erscheint, sie hilft daher an der stets erneuten Schöpfung der Gemeinschaft immer wieder mit. Dieselbe Kraft, die zur Gemeinschaftsbildung antreibt, ist bestrebt, den erbildeten geistigen Gemeinschaftskörper durch Vorkehrungen sicherzustellen. „Veranlassung" der zu vergemeinschaftenden Akte (als Bestandteil jeder Organisation) ist selbst der Trieb zur Hervorbringung dieser Akte. Die Wegbahnung dafür (als ebenfalls notwendiger Bestandteil) ist selbst der Trieb, alle diese Akte am vollkommensten, gemeinschaftsgerechtesten gestaltet zu sehen, also selbst der Trieb zu vollkommener, maximaler (oder wenigstens vermeintlich solcher) Gesellschaftsbildung. Organisation als scheinbar dienende Magd für die Gemeinschaftsbildung ist so nur Fortsetzung und Niederschlag dieses Bildungsvorganges. Insofern ist sie ebenso primär wie der geistige Vorgang der Gemeinschaftsbildung selbst. Als Form für sich gedacht aber, also leer, ist sie nicht nur nicht primär, sondern ein wesenloses Scheinding. Praktisch können es allerdings verschiedene Menschen mit verschiedenen Eigenschaften und Talenten sein, welche das eine wie das andere vorzugsweise betreiben. Das ist indessen nur eine äußere Einschränkung jener inneren Einheit. Denn innerlich kann auf die Dauer die Organisation dem Geiste der Gemeinschaft nicht entgegenstehen, weil sie nur reiner Ausdruck, nur Niederschlag ihres fortgesetzten Ablaufs ist. Beispiele bieten sich dem Beobachter in Hülle und Fülle. Wer das Heer-, Finanz-, Eisenbahnwesen in Deutschland, Österreich, Frankreich, Rußland betrachtet, findet treue Spiegelbilder des Lebens, nicht diese oder jene zufälligen, von Direktoren, Ministern usw. abhängigen Gebilde. Die russische Flotte bot im japanischen Krieg organisatorisch ein Bild slavischer Lethargie, das preußische Steuerwesen zeigt aufs genaueste den preußischen Charakter an. Und wer sieht, wie in Deutschland dieselben Vorschriften im Norden und Süden, im Osten und Westen recht verschieden „gehandhabt" werden, wird nicht daran zweifeln können, daß in Wahrheit das Leben sich seine Formen selber gibt. — Diese genetische Wesensbestimmung ist wichtiger, als die analytische; sie geht auf das Ganze, während die analytische auf Einzelfälle geht, daher nicht Einheit, sondern „Wechselbeziehung" scheinbar selbständigen Faktoren sieht. Will man daher das Wirken großer Organisatoren richtig beurteilen, so muß man beachten, daß es nicht auf die Organisationen, die sie schufen, ankommt, sondern auf den „Geist" in denselben, den sie wohl einfangen und stärken, aber nicht allein schaffen konnten. Die Organisatoren in der Geschichte waren erfolglos, wenn sie die Vergemeinschaftungsvorgänge, die sie organisieren wollten, nicht vorfanden oder nicht zu schaffen vermochten. In diesen allein ruht alles, Organisation für sich kann nur ihr Ausdruck und ihre Bekräftigung werden! Sie waren erfolgreich, wenn sie jene Vorgänge vorfanden oder innerlich zu stärken vermochten — dieses letztere heißt aber: in die geistigen Vergemeinschaftungsprozesse selbst als mächtige Potenzen eingriffen. So ist auch das Problem und das Ideal des Sozialismus zu beurteilen: die gemeinsame Organisationsform würde leer bleiben ohne das innere gemeinsame Leben. Um aber die wichtigste Folgerung daraus zu ziehen: das Verhältnis von Staat und Inhalt des Staatslebens, anders gesprochen von Staatsform und Kultur ist als durchgängige innere Einheit und Entsprechung zu beurteilen. Daß ein Volk despotische, monarchische, republikanische Staatsform auf die Dauer wider die Natur seines innern Lebens habe (falls dieses sich frei entfalten kann), widerspräche dem Grundsatz der Einheit von Vergemeinschaftung und ihrer organisatorischen Sicherstellung.

Von diesem Grundsatz, der allerdings nicht blind durchgeführt werden kann, haben Geschichte und Gesellschaftswissenschaft noch viel zu lernen.

Dritter Teil. Die Einheitserscheinungen der Gesellschaft.

A. Die Ausgleichs- und Vereinheitlichungsvorgänge in der Gesellschaft: Werbung und Wertentlehnung.

Die Grundlagen des Gesellschaftslebens erscheinen zunächst von größter Verschiedenheit, ja Zersplitterung. Die geistigen Gemeinschaften zeigen in den Gegensätzen religiöser Bekenntnisse, künstlerischer Richtungen, gelehrter Schulen und Meinungen, in den Verschiedenheiten der Begabung, des Charakters, der Bildung und Erziehung die größten Abweichungen voneinander, so daß demgemäß auch das von diesem allen abhängige Handeln gewaltig auseinanderstreben und sich feindlich begegnen müßte. In der Wirtschaft, in der gruppenweisen Verfolgung ganz verschiedener Ziele durch Bündnisse, in der Politik, müßten unaufhörlich chaotische Zustände hervortreten und die einheitliche Zusammenfassung aller Genossenschaften und Anstalten im Staate, aller Gemeinschaften in Nation und Kultur unmöglich machen.

So entsteht der erfahrungsmäßigen gesellschaftlichen Einheit gegenüber die Frage, wie dieses einträchtige Zusammenleben bei solcher Verschiedenheit in den Elementen zustande kommen, wie Gesellschaft als Ganzes überhaupt bestehen kann, statt in isolierte Schichten oder kämpfende Gruppen auseinander zu fallen.

Tatsächlich wäre auch Gesellschaft als sachliche Integration, als Gesamtvergemeinschaftung so verschiedener Lebensinhalte nicht möglich, wären nicht ausgleichende Vorgänge in rastlosem Eifer am Werke, die Unterschiede immer wieder zu beseitigen und gegenständliche Einheiten herzustellen. Diese Vorgänge wollen wir als Werbung und Wertentlehnung unterscheiden und sollen nun untersucht werden.

I. Kapitel. Die Werbung.

1. Das Wesen der Werbung. Die Verschiedenheit der sachlichen Inhalte im geistigen und handelnden Leben der Einzelnen bietet der menschlichen Natur ein eigenartiges Betätigungsfeld, eine neue Aufgabe, die im Vorgange der Vergemeinschaftung für sich noch nicht beschlossen liegt; sondern gerade aus der Verschiedenheit der entstandenen Gemeinschaften, und überhaupt aus der Verschiedenheit der menschlichen Eigenschaften geht sie hervor. Es ist dies die Aufgabe, andere Menschen für die eigenen geistigen und praktischen Ziele, für die eigenen, vermeintlich besseren und richtigeren Anschauungen und Lebensinhalte zu gewinnen, sie also schließlich einer höheren Gemeinschaft zuzuführen, höheren Genossenschaften einzugliedern und die hierzu tauglichen Veranstaltungen zu verwirklichen.

Diese Tätigkeit ist nicht dasselbe wie die Erziehung der Jugend, sie ist überhaupt kein Erziehungsvorgang. Denn Erziehung ist ein Sonderfall der Gemeinschaftsbildung, über den wir noch zu sprechen haben werden. Jener Vorgang ist aber nicht Gemeinschaftsbildung selbst, sondern diese, sowie Genossenschafts- und Organisationsbildung, ist nur sein gewünschter Enderfolg. Vielmehr besteht er in dem Wunsche der Angleichung aller übrigen geistigen Elemente an sich selbst: so stellt sich die Erscheinung der Propaganda, Agitation oder Werbung ein.

Werbung ist eigentlich ein Verhältnis von Einzelnem zu Einzelnem. Sie setzt sich aber um so mehr in Massengruppierungen durch, je mehr die Massen organisiert sind. Das geschieht vor allen im Bereiche des Handelns, wo die großen Gruppen in Bündnissen (Parteien) geordnet auftreten. Die Parteien können nun aber nicht für die Ziele des Handelns werben, ohne auch für den Grund ihres Handelns, der in geistigen Inhalten liegt, zu werben, und so erklärt es sich, daß ihre werbende Tätigkeit stets eine viel umfassendere ist, als ihre politischen Ziele an sich es erfordern. Die Parteien und Gruppen leisten denn auch mit ihrer Werbung, indem sie dabei sogar bis auf Fragen der Weltanschauung zurückgehen, eine nicht geringe Aufklärungs- und Bildungsarbeit im Volke. Die Werbungsvorgänge sind somit nicht nur ein wichtiger Bestandteil des politischen sondern auch des kulturellen Lebens.

Doch ist die Werbung in der höhern geistigen Sphäre von der in einer niedern unterschieden. Dort ist und bleibt sie im wesentlichen nur eine Erscheinung von Einzelnem zu Einzelnem. Ein allgemeiner Aufruf zum Anschluß an die Hegelische Philosophie würde gewiß komisch wirken, ja, selbst die Berufenen würden ihn unter Umständen nicht ernst nehmen. Je einfacher die geistigen Inhalte dagegen sind, um so massenmäßiger und systematischer kann die Werbung sein.

Werbung ist ein notwendiger Grundbestandteil jeder Gesellschaft, ist aber bei deren bloß anatomisch-physiologischer Zerlegung nicht erfaßbar. Erst bei Vergleichung einer rein naturhaft konstruierten Gesellschaft, welche isolierte oder kämpfende Schichten zeigen müßte und einer ethisch gegliederten, idealen, welche die strengste, nach moralischen Zielen und Geboten geschaffene Einheit darböte, tritt die Werbung in ihrer eigentümlichen Funktion als Ausgleichsvorgang hervor.

2. Die Arten der Werbung. Im einzelnen bewirkt die Werbung Ausgleich 1. zwischen den geistigen Inhalten der verschiedenen ursprünglichen und Neigungsgemeinschaften und damit notwendig auch 2. zwischen den ihnen entsprechenden Systemen des Handelns und Hilfsveranstaltens. Sonach bewirkt sie Ausgleich außer in den Gemeinschaften: in den Anstalten; in ihren Satzungen (Recht usw.); den Bündnissen und ihrem Handeln (Politik); im wirtschaftlichen Leben; auch im mitteilenden Handeln (Sprache), welches, obzwar rein formal, doch sowohl wegen seiner Inhalte, die es in sich schließt, wie wegen der Anstaltsformen, die ihm zur Verfügung stehen (Presse usw.), große Bedeutung gewinnt.

Einen Sonderfall von großer Bedeutung stellt die wirtschaftliche Werbung oder Reklame (Anzeige, Anpreisung) dar. Heute, in der Zeit des freien Wettbewerbes, wo der

Einzelwirtschaft ihr Absatz in keiner Weise gesichert ist, hat sich die Reklame zu einer früher ungeahnten Ausdehnung entwickelt. Gerade die wirtschaftliche Reklame zeugt deutlich die vereinheitlichende Funktion jeder Werbung an. Denn wie man auch über ihren Gebrauch und Mißbrauch denken mag, das ist deutlich, daß ihr im modernen Wirtschaftsleben die Leistung zufällt, alle Neuerungen an Waren, Formen, Mustern, Verfahren, Organisationsformen u. dgl. zur Kenntnis der Verbraucher zu bringen und so gleichmäßige Anwendung dieser Güter zu bewirken. Ihre Hauptformen sind: die Straßenanzeige, Zeitungsanzeige und das Agentenwesen.

Literatur. Wehle, Die Reklame, Wien 1880; Mataja, Die Reklame 1910.

Mit den obigen Unterscheidungen ist die Werbung auf wirtschaftlichem, auf politischem, insbesondere staatlichem Gebiete, auf dem ethischen und rechtlichen, auf dem wissenschaftlichen, künstlerischen und religiösen Gebiete, auf dem Gebiet der Massen zusammenhänge, und endlich auf sprachlichem Gebiete gesondert. Es verbleibt noch, die Werbung auf nationalem Gebiete, die in der Gegenwart eine so große Rolle spielt, zu erwähnen. (Über das Wesen der Nation vgl. unten Seite 200f.)

3. Vorgang und Erfolg der Werbung. Die Werbung gestaltet sich in einer bunten Reihe von Erscheinungen: Hier wirkliches Überzeugen im Einzelnen durch ehrliche Belehrung und Höherbildung; daneben in hohem Maße ein sich Stützen auf Autorität und Glauben, Herausforderung der Nachahmungsucht und des gedankenlosen Nachplapperns.

Als Anstalten der Werbung fungieren zugleich alle Anstalten des Handelns und des geistigen Lebens. Daher sind sowohl die Schulen wie die Einzelwirtschaften (siehe die „Propagandaabteilung" jeder großen Unternehmung), und ebenso die Vereine und Parteien zugleich Anstalten der Werbung für ihre Zwecke. Wir sahen schon, daß die Veranlassung der zu organisierenden Vorgänge notwendig zum Wesen der Veranstaltung gehört. Dem entspricht es, das selbst der Staat für seine Vergenossenschaftungs- und Vergemeinschaftungsbestrebungen wirbt, z. B. durch Pflege des Patriotismus und bestimmter Bildungsinhalte in den Schulen, durch Beeinflussung der Presse. Die Presse ist ihrem ganzen Wesen nach parteipolitische Werbeeinrichtung. Auf religiösem Gebiete ist die Kirche zugleich Anstalt der religiösen Gemeinschaft und Werbeanstalt, nämlich Mission. — Dieser „Missionsdrang“ liegt tief im Wesen der menschlichen Natur, welche einerseits alles nach sich selbst gestalten, andererseits ihren Gestaltungen möglichste Absolutheit und Unbeschränktheit, oder wenigstens den Schein davon, unangefochtene äußere Geltung verschaffen möchte.

Der Erfolg der Werbung ist gemeinschaftsbildend und genossenschaftsbildend, also schließlich derselbe, wie der Veranstaltung. Je nachdem wirkliche Überzeugung und innere Umbildung erreicht wurde, oder nur eine mechanischere Nachfolge, eine äußerliche Unterwerfung unter die Autorität, wurden die Ziele der Werbung vollkommen und nachhaltig, oder nur äußerlich, nur im unmittelbaren organisatorischen Umkreise verwirklicht. Daher oft große und berauschende Erfolge werbender Persönlichkeiten rasch wieder verschwinden. Wirkliche Vereinheitlichung ist nur in dem Maße erreicht, als echte Vergemeinschaftung erreicht wurde, welche das Ursprüngliche im ganzen Aufbau der Gesellschaft ist. Allerdings können auch äußerliche Erfolge eine starke Vereinheitlichung bewirken, sofern sie sich auf Veranstaltung überhaupt, auf anstaltsmäßige Eingliederung der Adepten stützen, und damit einheitliche Bedingungen für deren äußeres und inneres Leben schaffen.

Als grundsätzlicher Erfolg und Wert der Werbung ist aber nicht nur die bewirkte Vereinheitlichung, sondern auch die Hebung der von ihr erfaßten gesellschaftlichen Schichten anzusehen. Werbung ist ebenso aus der Herrschsucht wie aus der Liebe geboren, ebenso aus der Einsicht wie aus der Beschränktheit, aus dem Wohlwollen wie aus der Berechnung, ein merkwürdiger Kitt zwischen den Starken und Schwachen, den Schwachen und Starken, der aber dennoch ein vernünftiges Regulativ in sich trägt. Ob nämlich Werbung in der Mehrzahl der Fälle aus ehrlichem Idealismus stammt, oder ob auch leerer Parteigeist und Fanatismus ihre Rolle spielen, ja ob umgekehrt mancher von ihr zum Nichtigen und Schlechten herabgezogen wird (Reklame!) — ist für ihre grundsätzliche Funktion nicht ausschlaggebend. Denn die Werbung kann ihrem Begriffe nach keinen dauernden Erfolg haben, wenn nicht der Überlegene als Werber auftritt. Die praktischen Einschränkungen, die hier zu machen wären, mögen allerdings nicht gering sein. Grundsätzlich bleibt das Verhältnis aufrecht. Werbung bewirkt daher eine Erhöhung des geistigen und handelnden Niveaus der ganzen Gesellschaft. Ohne sie wäre Gesellschaft, wenn überhaupt, nur in einem weit barbarischeren Zustand möglich. Das Wirken großer Männer beruht nicht zum geringen Teil auf Werbevorgängen, wenn sie auch nicht immer von ihnen selbst ausgehen.

II. Kapitel. Die Wertentlehnung.

1. Wesen und Arten. Der Werbung entspricht ein verwandter und doch entgegengesetzter Vorgang von Angleichung, den man als Wertentlehnung (Wertvorspiegelung Imponieren) bezeichnen könnte. Der Feige, der sich als mutig, der Arme, der sich als reich, der Stümper, der sich als tüchtig ausgibt, sie alle spiegeln Dinge vor, die sie für wertvoll halten, aber nicht besitzen. Sie schreiben sich vermeintliche oder wirkliche Werte zu, ohne sie tatsächlich zu eigen zu haben, entlehnen sie — ein Bestreben, das bis zur völligen Selbstverleugnung gehen kann, wie es mit köstlicher Ironie Andersens unsterbliches Märchen schildert. Denn dort gilt es für wertvoll, für klug, für verständig, des Kaisers neue Kleider mit Augen zu sehen; er hat zwar in Wirklichkeit gar nichts an, aber er selbst, sein Hofstaat und seine ganze Stadt würden das so wenig zugeben, als sie für dumm oder untauglich gelten wollen; und nur ein kleines Mädchen, dem die Verachtung der Welt noch nichts gilt, durchbricht das unausgesprochene Bündnis allgemeinen Selbstbetrugs.

Die Wertentlehnung ist die Umkehrung der Werbung. Hier wirbt niemand, sondern man bewirbt sich. Hier will nicht einer den andern für eine Idee gewinnen, sondern man gibt umgekehrt vor, schon gewonnen zu sein, sie und ihren Wert schon zu besitzen. Sie ist ein Scheinen statt ein Gelten.

Die Wertentlehnung erstreckt sich, ebenso wie die Werbung, auf alle Gebiete des gesellschaftlichen Lebens. Ihre sachliche Einwirkung ist daher dieselbe wie die der Werbung. Was dort Reklame ist, dem entspricht hier die Mode.

Die Mode nimmt die gleiche selbständige Stellung wie die Reklame ein. Sie ist natürlich nicht nur Kleidermode, sondern erstreckt sich auf alle Gebiete des Lebens, auf wissenschaftliche Theorien, Kunstrichtungen, Erziehungsmethoden ebenso, wie auf den wirtschaftlichen Verbrauch. Mode ist allgemein das Bestreben, sich einer geltenden Neuerung anzuschließen, um an der Wertschätzung, welche die Träger dieser Neuerung genießen, teilzunehmen. Der Hauptvorgang beruht dabei auf der Spannung zwischen den gesellschaftlichen Klassen, indem die untern Stände dadurch, daß sie das Gehaben der oberen nachahmen, deren gesellschaftliche Geltung vorzuspiegeln trachten. Das bewirkt seinerseits wieder bei den oberen Ständen einen raschen Wechsel dessen, was sie auszeichnen soll. Denn dem Bedürfnis der untern Klassen, sie nachzuahmen, entspricht das Bedürfnis der obern, sich von ihnen abzuheben und so ihren eigenen Wert zur Geltung zu bringen. So hat die Mode für die untern Klassen die Funktion möglichster gesellschaftlicher Gleichstellung, für die obern die der Abhebung.

Die Moden sind auch volkswirtschaftlich bedeutsam, indem sie rasche Veränderungen in der Nachfrage nach Waren erzeugen; daraus ergeben sich mannigfache wirtschaftliche Folgen, z. B. einerseits Preissteigerungen, entsprechend dem größeren Risiko, andererseits Verbilligungen (z. B. Ausverkäufe), entsprechend der rascheren Entwertung; und aus dem gleichen Grunde der Kurzlebigkeit auch die bekannten verherrenden Qualitätsverschlechterungen der Waren.

Literatur: F. Th. Vischer, Mode u. Zynismus 1879; Sombart, Mode u. Wirtschaft 1902; Simmel, Philosophie der Mode 1905; Schellwien, Wirtschaft u. Mode 1912; W. Troeltsch, Volksw. Betrachtungen über die Mode 1912.

2. Der Vorgang und Erfolg der Wertentlehnung. Im wesentlichen vollzieht sich die Wertentlehnung durch Nachahmung. Es handelt sich aber hier nicht um den gleichen Vorgang wie bei der Werbung. Dort war neben dem Überzeugen auch das Überreden durch Autoritätsglauben, allerdings auch mittels Nachahmung, wirksam. Dadurch galt es, den Wert des Dinges, für welches geworben

wurde, erst klarzumachen oder aufzudrängen. Da aber bei der Wertentlehnung die Hochschätzung des Wertes schon von vornherein gegeben ist, kommt es bei ihr gar nicht auf Überzeugt- und Belehrtwerden an. Hier hat die Nachahmung allein das Wesentliche zu besorgen. Je nachdem kritiklose oder besonnenere Nachahmung herrscht, überhaupt je nachdem der Grad der Wertentlehnung kleiner oder größer ist, tritt sie denn auch in verschiedenen äußeren Formen auf: geschicktes Maskieren der Nachahmung, Gewandtheit im Vorspiegeln ist die eine Form, welche dem Werte innerlich schon nahe kommen muß, weil sie ihn doch irgendwie begreift; Oberflächlichkeit, Aufgeblasenheit des Schwätzers oder ganz plumpe Nachäffung des Emporkömmlings, grober Dilettantismus in Kunst, Wissen und Lebensstil sind die jeweils tieferen Formen.

Eine unmittelbare Veranstaltung hat die Wertentlehnung nicht, da sie stets persönlicher Natur bleibt. Dennoch sind Modezeitschriften und Schaustellungen von Neuerungen aller Art, wie überhaupt alle Veranstaltungen der Werbung zugleich Veranstaltungen der Wertentlehnung, indem sie diese herausfordern.

Der Erfolg der Wertentlehnung ist ähnlich dem der Werbung. Es geht auf die Vereinheitlichung der Gesellschaft. Diese erreicht er allerdings grundsätzlich nicht als echte innere Angleichung, vielmehr nur als äußerliche, vorgegebene. Daher kann er die zweite Hauptleistung der Werbung, Höherbildung der betreffenden Personen und Gruppen nicht erfüllen. Es ist kein wahrer Gewinn, das vorzuspiegeln, was man nicht besitzt. Hingegen bedeutet die Wertentlehnung freiwillige Gefolgschaft des Entlehnenden für jenen Träger echten Wertes, von dem man entlehnt. Diese freiwillige Gefolgschaft ist die eigentliche, unmittelbare und wichtigste Leistung der Wertentlehnung; auf ihr beruht erst ihre vereinheitlichende Wirkung, die sich daher mehr im Bereiche des Handelns als der Empfindung abspielt. Äußerliche Gefolgschaft der Wertlosen für die Wertvollen — das ist kurz gesagt das funktionelle Wesen der Wertentlehnung. Das ausführlich behandelte Beispiel der Mode verdeutlicht dies sehr drastisch. Ohne Wertentlehnung gäbe es keine streng geltende Sitte, keine herrschenden ethischen und ästhetischen Normen. Denn nur einzelne finden dies alles in ihrer eigenen Brust; wenige nehmen es an, weil sie es, ohne es vielleicht ganz zu ergründen, praktisch als gut erprobt haben; die meisten treten in den Lichtkreis des Feuers, das sie weder schüren noch unterhalten könnten. So zeigt sich auch hier die Gesellschaft als ein über alle Maßen kunstvolles Gefüge, das selbst den Kitt der Torheit nicht verschmähen muß.

B. Die Einheitserscheinungen der Gesellschaft: Recht, Staat und Nation.

Den Ausgleichs- und Vereinheitlichungs*vorgängen* müssen wirkliche Vereinheitlichungen als Gebilde entsprechen. Mit der bloßen Tatsache der Ausgleichsvorgänge, welche die Spaltung der Gesellschaft in getrennte und kämpfende Gruppen verhindern, haben wir noch nicht genug gewonnen. Es müssen die Gebilde der stattgefundenen Vereinheitlichung und deren Bedingungen, die nicht bloß im Mechanismus der Ausgleichsvorgänge liegen können, gefunden werden.

Geht man davon aus, daß die Maximen alles Handelns sowohl Eines Menschen als der menschlichen Gemeinsamkeit eine ideelle Einheit bilden, so müssen ebenso alle veranstaltenden Vorkehrungen für das gesamte Handeln und für die gesamte Gemeinschaftsbildung von dem Streben nach innerer Einheit getragen sein. Dem muß folgerichtig auch eine ideelle Einheit der gesamten Satzungen aller Organisationen in der Gesellschaft entsprechen. Die ideelle Einheit der Veranstaltungen ist der Staat, die ideelle Einheit der Regelsysteme oder Satzungen das Recht. Der Einheit der Anstalten und Vorschriften muß auch eine allgemeinste *Einheit der Gewalten* entsprechen. Diese ist in der Herrschergewalt des Staates insoferne gegeben, als sie alle Sondergewalten beherrscht, als daher von ihr alle Sondergewalten delegiert zu denken sind. Allen diesen Einheiten endlich muß notwendig eine Einheit der geistigen Inhalte entsprechen, welche hinter ihnen stehen: die Nation.

Recht, Staat und Nation sollen nun in Kürze behandelt werden, während eine eigene Betrachtung der Gewalten als nicht für sich zu Gebilden vergegenständlichter vielmehr in den Anstalten gebundener Kräfte unterbleiben kann.

I. Kapitel. Die Einheit der Satzungen oder die Idee des Rechtes.

Satzungen sind als Richtschnur des organisierenden Handelns zugleich die Vermittlung zwischen der Gemeinschaft und dem Handeln. Sie enthalten, wie die Moral, etwas das nicht mehr selber vergemeinschafteter, geistiger Inhalt ist, sondern nur dessen einheitliche Zusammenfassung zur Zielsetzung, das aber andererseits noch nicht die Handlung selber sondern doch nur ein Werdenwollen dieser Inhalte ist (s. dar. oben S. 97).

So sind die Satzungen die notwendige Zwischenstufe zwischen dem geistigen Inhalt der Gemeinschaften und dem Handeln. Das heißt es eben: daß sie Richtmaße des veranstaltenden Handelns sind. Dieses könnte sich aus dem Gemeinschaftsinhalte niemals ablösen, begründen, ohne die Zwischenform der Maxime oder Satzung.

Die vielerlei Satzungen, die wir kennen lernten, wurden bereits als eine ideelle Einheit insoferne verständlich gemacht, als wir schon das Wesen der Moral darin fanden, ein System von Richtmaßen für das Handeln zu sein. Die Fortsetzung, welche dieses System findet, indem es objektiv auf die Gesellschaft übertragen wird, ist das Recht. Als objektiv (allgemein) und verbindlich geltendes Satzungssystem ist das Recht Einheitserscheinung, Einheitsträger aller Satzungen.

Die Einheit der Satzungen ist in demselben Maße gegeben, als 1. die gesamten geistigen Gemeinschaften in einem Volke eine ideelle Einheit bilden, die Nation, und 2. dementsprechend die Veranstaltungen eine ideelle Einheit bilden, den Staat.

Die ideelle Einheit der Satzungen birgt eine Reihe von Problemen in sich, deren wichtigste sind: 1. die Einheit von Moral und Recht; 2. die Beziehung von rechtlicher und außerrechtlicher Satzung; 3. die Bestandteile des Rechtes selber: Privatrecht und öffentliches Recht.

1. Die Einheit von Moral und Recht folgt schon daraus, daß die Maximen des Handelns ihrer Natur nach eine Einheit zu bilden streben. Sofern die menschlichen Handlungen überhaupt Einheit haben, müssen Moral, Sitte und

Recht notwendig eine ideelle innere Einheit bilden. Praktisch ist das nur in unvollkommenem Maße der Fall; der innern Tendenz nach ist die Einheit absolut. Es liegt nicht im Wesen des Rechtes, daß es ein unmoralisches Recht gäbe. Empirisch gibt es unmoralisches Recht nur in demselben Sinne, als es auch eine unmoralische Moral im Leben gibt, d. h. eine Moral, die keine ist, die dem Wesen der Moral widerspricht. Ebenso beim Rechte. Nur die Unvollkommenheit und Lückenhaftigkeit des empirischen Rechtslebens läßt schlechtes Recht bestehen.

Die Vereinheitlichung von Moral und Recht enthält noch ein anderes Problem. Moral ist vom eigenen Gewissen geboten, Recht unterwirft von außen her. Moral ist daher autonom, Recht heteronom, weil es ein fremdes Gesetz gibt. Diesen Gegensatz hat Kant den von Moralität und Legalität genannt. Das Legale ist nach ihm noch nicht moralisch; auch heute herrscht diese Ansicht, die durch die neukantische Schule noch befestigt wurde (Beispiel hierfür: Gustav Radbruch, Einführung in die Rechtswissenschaft, 2. A., Lpz. 1913).

Demgegenüber ergibt sich aus unsern bisherigen Untersuchungen, daß der Gegensatz von Moralität und Legalität sich mit dem Unterschied von Moral und Recht nicht deckt. Denn das ideale Recht ist innerlich gebotenes Recht, es ist selber Moral in dem Sinne, daß es die Anwendung und Fortbildung der moralischen Gesetze gegenüber objektiv gegebenen gesellschaftlichen Verhältnissen darstellt, es ist Gerechtigkeit. Daher ist das Recht, wie wir schon fanden, ebenso apriorischer Natur wie die Moral und n i c h t „die Summe aller sozialen Erhaltungsbedingungen der Gesellschaft" (Jellinek und viele andere noch seit Ihering), n i c h t „die Kampfordnung" in der biologisch-sozialen Entwicklung (Schäffle); Recht ist nicht von den sozialen Zwecken abgeleitet, nicht minder und nicht mehr als die Moral. Recht apriorisch gedacht ist nur die objektive Form der Sittlichkeit, wie H e g e l es richtig bestimmt hat. — Im übrigen gilt hier das gleiche, was bei der Moral (oben S. 97 f.) abgehandelt wurde. Eine weitere Bemerkung folgt noch unten, Anm. 3.

A n m e r k u n g 1. Grabowsky (Recht und Staat, Ein Versuch zur allgemeinen Rechts- und Staatslehre, Berlin 1908), verteidigt mit typischen Argumenten den Gegensatz von Moral und Recht. Er sagt: „Wenn es lediglich darauf ankommt, daß im Volk bestimmte Normen wurzeln, warum sind dann nicht Moralnormen durchaus rechtsverbindlich? Hier liegt der springende Punkt, wie denn überhaupt das Wesen des Rechtes nur erkannt werden kann, wenn man die Moral daneben stellt," (S. 40). „Moral und Recht . . . sind im Ganzen völlig verschieden. Der Ausspruch vom Rechte als dem ethischen Minimum läßt sich nicht halten. Das Recht nämlich erteilt sowohl Gebote wie Verbote, die gar nichts mit der Ethik zu tun haben, als auch solche, die geradezu gegen die Ethik sind. Das Kriterium der Moral ist der seelische Anstand, das des Rechts die staatliche Sicherheit." — Dem muß man entgegenhalten: das Kriterium des Rechtes ist gar nicht die staatliche Sicherheit, überhaupt keine Nutzenfunktion, sondern das letzte Wesen des Rechtes ist dasselbe wie das der Gesellschaft. Bestünde Gesellschaft durch Vertrag als eine nützliche Verbindung, dann wäre Recht nichts Moralisches, sondern Sicherheitsmittel für den Vertragsgegenstand. Gesellschaft ist aber gegenseitige geistige Bildung, das aneinander sich vollziehende Werden der Menschen. Und so ist auch Recht nur eine Prinzipienlehre der Gestaltung (Veranstaltung) dieses Ineinanderseins und -werdens. Was seelischer Anstand (Moral) gebietet, gebietet er doch wohl auch in bezug auf das Verhalten im Zusammenleben der Menschen. Werden diese Gebote oder Maximen rechtlich festgelegt, wie sollen sie sich nun, da sie doch nur kodifizierte Sozialethik sind, innerlich von ihrer Voraussetzung unterscheiden? Und daß es moralwidrige Rechtsnormen gibt, heißt nichts anderes, als daß der Idealbegriff des Rechtes nicht verwirklicht wurde. Daß reines Recht nicht überall das wirkliche Recht ist, daß Klassenrecht, Rechtsirrtum usw. besteht, beweist gegen den Begriff des Rechtes als Gerechtigkeit ebensowenig, wie irrtümliche und schlechte Moral gegen die Idee des Guten, Torheit gegen die Existenz des Logischen.

Anmerkung 2. Sowohl diese Einwendungen gegen die Wesengleichheit von Moral und Recht wie alle andern stützen sich in Wahrheit nur auf die individualistische Auffassung von Staat und Gesellschaft. Nur dann, wenn die Organisation nicht geistige Gemeinschaft, sondern lediglich ein nützliches Zusammenwirken regelt, erscheint sie als Eingriff in die individuelle Freiheit, den man zwar seiner Zweckmäßigkeit wegen erträgt, dessen odioser Charakter als Eingriff aber dennoch bestehen bleibt. Dann erscheint Recht als Beschränkung der gegenseitigen Freiheit der Bürger, die minimale Beschränkung dieser Freiheit als das beste Recht, und jeder Rechtssatz als ein von außen her kommender Befehl, als „heteronom". Eine solche Begründung der Heteronomie des Rechtes hat im Grunde auch Kant gegeben. (Darüber s. unten, Buch III u. IV.)

Anmerkung 3. Zusatz über den Begriff des Rechtes. Der Begriff des Rechtes kann erst nach Prüfung der Einheitstheorien der Gesellschaft, des Individualismus, und Universalismus vollständig bestimmt werden. Der Kürze wegen sei es erlaubt, schon hier das Nötigste zu sagen. Man kann den Begriff des Rechtes individualistisch, metaphysisch - universalistisch oder analytisch-universalistisch fassen. Nach der individualistischen Auffassung ist der Grund des Rechtes der, daß sich der Eine durch den Andern in seiner Freiheit beschränken lassen muß, will er in Gesellschaft leben. Recht ist Beschränkung der Willkür des Einen durch den Andern. Nach der metaphysisch-universalistischen Auffassung (Hegel) wird der Wille des Einzelnen nicht einfach als der eines autonomen Individuums aufgefaßt, sondern mehr noch als eine Äußerung des Weltgeistes, eines regierenden, sich in der Gesellschaft darlebenden Prinzips. Recht ist so eine objektive Satzung des Weltwillens. — Nach analytischer Begründung des Universalismus erscheint der Wille als jene Besonderheit, welche nur kraft ihres Daseins in Allgemeinheit sich selbst zum Dasein bildet und entfaltet. Die Verwirklichungsform des individuellen Geistes ist damit die Gesellschaft (Die Autonomie des Willens bleibt aufrecht.) Dies heißt aber, daß er eine Besonderheit durch Allgemeinheit ist und Recht ist dann die Herstellung jener vollkommenen Gegenseitigkeit, in welcher der Wille (bzw. der dahinter stehende individuelle Geist) sich am vollkommensten entfaltet. Recht heißt daher nicht, daß sich ein Wille durch den andern beschränke — vielmehr stärkt ein Wille den andern; Maximum des Rechtes heißt nicht: Jeder Wille verzichtet zugunsten des andern auf möglichst wenig, sondern: Jeder verzichtet auf soviel, als irgend möglich ist, um die größte Innigkeit und Allseitigkeit der Verbindung herzustellen. Ein solcher Verzicht heißt Hingabe. Recht ist so Ausdruck des eigenen idealen Wollens; dieselbe Idealität ist es, welche auch die individuelle Moral konstituiert. Diese möglichste Steigerung des Allgemeinen als Bildungsmittel für den Einzelnen ist die Grundlage der Gerechtigkeit.

Die übliche Frage, ob die Rechtsordnung Mittel oder Selbstzweck sei, ist damit bereits beantwortet. Reines Mittel wäre sie nach individualistischer Auffassung objektiver Selbstzweck nach metaphysisch-universalistischer Konstruktion. Ist aber Recht der Wille zur Herstellung maximaler Gegenseitigkeit, so ist es weder Mittel noch Selbstzweck, sondern eine Norm des individuellen Daseins gleich der Moral. Eine Norm kann aber, wenn sie apriorisch aufgefaßt wird, nicht Mittel genannt werden. Sie ist ein autogenes Gesetz, primärer Bestandteil des individuellen Geistes. Man kann nicht fragen, ob das Gute und Schöne Mittel sei (man stehe dann auf einem utilitarischen Standpunkt, womit wir uns nicht beschäftigen wollen); es ist eine Lebensform der Seele. — Das Dilemma, ob das Recht Mittel oder Selbstzweck sei, ist also keines, sondern ein falsch gestelltes Problem. — Vgl. dazu auch Buch III IV.

2. Die Beziehungen von rechtlicher und außerrechtlicher Satzung. Das Stufensystem der Satzungen ist etwa folgendes: Individuelle Moral, gesellschaftliche Moral, Konvention, Sitte, Brauch; Gewohnheitsrecht, ungeschriebenes Recht, gesetztes Recht. Den Unterschied von Recht und seinen Vorstufen (Sitte usw.) hat man darin finden wollen, daß Recht erzwingbar sei, andere Gebote nicht. (So Ihering, Zweck im Recht I., vgl. Stammler, Wirtschaft und Recht, 2. A. 1906.) Manchmal stehen aber auch der Sitte sehr bedeutende Zwangsmittel zu Gebote, wie gesellschaftlicher Ehrverlust, wirtschaftlicher Verruf, körperliche Gewaltanwendung. Umgekehrt fehlt manchmal dem Rechte die Zwangsgewalt oder sie ist unwirksam. — Nach einer andern Auffassung besteht der Unterschied darin, daß die Träger der Sitte un-

organisierte Gemeinschaften seien, während Recht nur von der (staatlichen) Organisation getragen werde. In Wahrheit besteht der Unterschied lediglich darin, daß alle Satzungen des Staates Recht sind, die Satzungen aller andern Organisationen aber nicht Recht. Sitte ist ebenso wie das Recht Satzung, findet daher gleich dem Recht auch nur in Organisationen ihre Träger. Nur der Träger entscheidet über den Charakter der Satzung. Rechtliche Satzung unterscheidet sich von anderer Satzung nicht mehr, als es durch die bevorzugte Natur der Anstalt, welcher sie dient, bedingt ist. Im Grunde sind also die Satzungen wesensgleich. Auch das Gewohnheitsrecht durchbricht die Stufenleiter der Satzungen nicht, bestätigt sie im Gegenteil. Gewohnheitsrecht ist eine feste Sitte (deren Träger z. B. auch wirtschaftliche Organisationen sein können), welche der Staat, wenn er sie vorfindet, anerkennt, falls sie mit seinem Satzungssystem nicht in Widerspruch steht. Gerade dieser Assimilationsvorgang beweist die Wesensgleichheit aller Satzungen, und ebenso die ideelle Einheit derselben, die sich im Staat ausdrückt. Der Staat überläßt, indem er Gewohnheitsrecht anerkennt die Rechtsbildung anderen Anstalten. Man kann also sowohl die außerstaatliche Rechtsbildung, wie die außerstaatliche Rechtssetzung als vom Staate delegiert auffassen.

3. Öffentliches und privates Recht. Der Einheit des Rechtes scheint besonders die Scheidung von öffentlichem und privatem Recht zu widersprechen, wovon ersteres Verfassungs-, Verwaltungsrecht (auch Kirchen-, Straf- und Prozeßrecht), letzteres das bürgerliche Recht umfaßt. Dem muß man entgegenstellen, daß alle Satzungen öffentlichen Charakters sind, weil alles gesellschaftliche Leben, das sie regeln, öffentliches Leben ist. Das gilt noch mehr vom Rechte. Denn der Staat als oberste aller Anstalten und deren ideelle Einheit ist die Summe aller Öffentlichkeit.

In Wahrheit besteht dieser Unterschied allerdings, nur in anderer Weise, und zwar darin, daß das Verfassungsrecht Statut für die eigene Gestaltung und fortwährende Wiedererzeugung des Staatswillens ist; das Privatrecht hingegen die Maximen für das organisierende Handeln des Staates nach außen hin enthält, d. h. für die Arbeit, die er leistet.

Eher könnte man daher umgekehrt sagen: die Verfassung des Staates ist als sein Eigenrecht mehr privater Natur; das Privatrecht dagegen, indem es die organisatorischen Handlungen des Staates selbst regelt, eminent öffentlicher Natur.

Man sieht, daß es im gesellschafts-theoretischen Sinn gar kein Privatrecht gibt. Wenn demgegenüber die heutige Jurisprudenz lehrt, das Privatrecht habe es mit rechtlich gleichgestellten Parteien zu tun, z. B. im Mietvertrag, das öffentliche Recht mit Verhältnissen zwischen Herrscher und Untertan (z. B. wenn der Staat eine Steuer auflegt) so ist auch dies anfechtbar. Sieht man sich die Sachlage genauer an, so findet man, daß es in beiden Fällen einfach der Staat selber ist, der die Rechtsausübung durchführt, daher gleichmäßig als Herrscher auftritt. Im „Privatrecht" wird er als Rechtsträger angerufen, im „öffentlichen Recht" tritt er selber als solcher auf. Wenn der Staat gegen einen Militärflüchtigen den Rechtsweg einschlägt, so geht dasselbe vor, wie wenn er ihn gegen einen Vertragsbrüchigen beschreitet. Selbst der Umstand, daß er das eine Mal von selbst tut, was er das andere Mal nur auf Anrufung tut, löst sich in äußere Konstruktion des Rechtsvorganges auf. Es ist nur scheinbar, daß das eine Mal vom Staate, das andere Mal vom Rechtsverletzten vorgegangen werde. Sowohl der Staat muß beim Staate klagen wie der Bürger beim Staate. Denn im bürgerlichen Recht verklagt nicht einer den andern, sondern der Staat wird wegen einer Rechtsverletzung angerufen, der Staat tritt einfach als Rechtsträger auf; und das in beiden Fällen.

Zur Literatur. Wie von den vielen Fragen und Aufgaben, welche das Recht soziologisch bietet, im Vorstehenden nur einige wenige behandelt werden konnten, so kann auch aus dem überaus reichen juristischen Schrifttum nur einiges herausgegriffen werden.

Die Aufgabe der Jurisprudenz als auslegender Wissenschaft ist es, innere Einheit der Rechtssätze und Rechtsbegriffe herzustellen. Insofern ist sie nur formale Jurisprudenz mit streng formal-logischer Methode, nur Rechtsauslegung nicht Rechtsschöpfung. Dies wurde in jüngster Zeit von Kelsen wirksam geltend gemacht. (Hauptprobleme der Staatsrechtslehre, Tübingen 1908; Über die Grenzen juristischer und soziologischer Methode, Tübingen 1911.)

Daneben sind mehrere Schulen am Werke, eine soziologische Rechtswissenschaft aufzurichten, nachdem schon Ihering (Zweck im Recht, Leipzig 1877/83, 2 Bde., 4. A. 1905) durch Begründung eines sozialen Rechts-Utilitarismus die soziologische Betrachtung in die Rechtswissenschaft eingeführt hatte.

Im Strafrechte wurde von E. Ferri (D. Verbrechen als soziale Erscheinung, 1896) und v. Liszt (Lehrb. des dtsch. Strafrechts, 18. A., 1908) die soziologische Strafrechtsschule gegründet, die davon ausgeht, daß das Verbrechen ein notwendiges Erzeugnis aus Umwelt und Anlage sei, weswegen sie die Berücksichtigung der Ätiologie des Verbrechens, eine Revision des Schuldbegriffes fordert. — Verwandt damit ist die kriminalanthropologische Richtung von Lombroso. (Vgl. Merkel, Verbrechen, Prophylaxe und Strafrecht, 1911; Gretener, Urspr. u. Bedeutung des soziol. Strafrechts, 1911.)

Die sieghaft vordringende Freirechtsschule stellt die rechtsschöpferische Aufgabe in der Vordergrund. Sie will das Bestreben, jeden Rechtsfall durch Subsumption (usw.) unter das Gesetz zu entscheiden, dahin erweitern, daß im Zweifel der Zweck des Gesetzes für seine Auslegung maßgebend sei. Dieser Zweck soll durch Beobachtung jener Wirkungen im sozialen Leben erschlossen werden, die sich im Sinne des Gesetzes als wertvoll erweisen. Dies ergibt die soziologische Aufgabe der „Zweckforschung im Rechtssinne". Vgl. Ehrlich, Freie Rechtsfindung u. freie Rechtswissenschaft, 1903; Kantorowicz, Rechtswissenschaft und Soziologie, 1911; Fuchs, Juristischer Kulturkampf, 1912.

Auch ethnologisch sucht sich die Rechtswissenschaft zu erweitern. Vgl. Post, Einleitung in das Studium der ethnologischen Jurisprudenz, 1883. — Von ausländischer Literatur ähnlicher Richtung sei genannt: Létourneau, L'évolution juridique, 1891; Fouillée, L'idée moderne du droit, 2. A., 1883.

Als einführende Übersichten über die Fehden und Fragen, welche die heutige Rechtswissenschaft bewegen, können die oben angeführten Werke von Radbruch und Grabowsky dienen. — Weitere Literatur s. unter Staat (S. 194) und Politik (oben S. 135) sowie in Buch III. — Seit 1907 erscheint das „Archiv für Rechts- und Wirtschaftsphilosophie", hrsg. von Kohler und Berolzheimer.

Anmerkung. Zu der oben erörterten Frage des Verhältnisses von öffentlichem und privatem Recht verweise ich besonders auf das bedeutende Werk von Adam Müller, Elemente der Staatskunst, 3 Bde., Berlin 1809, das gewichtige Gründe von letzten gesellschafts-theoretischen Gesichtspunkten aus vorbringt. — Übrigens wird ja diese Scheidung wiederholt in der Literatur angefochten.

Hinsichtlich der Ablehnung utilitarischer Bedingtheit des Rechtes und der Hervorhebung seiner apriorischen Natur kann ich auf die neukantischen Schriftsteller verweisen. Stammler, D. Lehre vom richtigen Rechte, Lpz. 1902 kommt dem Begriffe des apriorischen Rechtes insofern nahe, als er für richtiges Recht jenes erklärt, welches mit dem sozialen Ideal („Gemeinschaft frei wollender Menschen") übereinstimme. Methodisch ist damit die Übereinstimmung mit dem reinen Begriffe der Gesellschaft jedenfalls richtig hervorgehoben. (Stammlers Gesellschaftsbegriff selbst muß ich allerdings ablehnen. Vgl. mein „Wirtsch. u. Gesellsch." 1907 S. 142 ff.). Ähnlich Natorp (Sozialpädagogik, 2. A., Stuttgart 1904), der die Trennung von Recht und Sittlichkeit ausdrücklich nur eine methodische nennt. — Über den individualistisch-utilitarischen Rechtsbegriff hinaus kommt auch Fr. v. Wieser (Recht u. Macht 1910) soferne er im Recht vor allem eine Ordnung der Werte sieht.

II. Kapitel. Die Einheit der Anstalten oder die Idee des Staates.

1. Über den Begriff des Staates. Aus den bisherigen Untersuchungen über die Anstalten sowohl wie über deren Satzungen, besonders das Recht, ergibt sich der Begriff des Staates zunächst als einer durch ihren umfassenden Charakter vor andern ausgezeichneten Anstalt. Staat ist allgemeinste und oberste Anstalt, d. h. Einheitserscheinung, Einheitsträger aller Veranstaltung.

Hiermit ist der Staat zugleich gekennzeichnet als: die ideelle, einheitliche Summe aller veranstaltenden Handlungen in der menschlichen Gesellschaft; und entsprechend sind alle nichtstaatlichen Anstalten begrifflich bloß als delegierte zu betrachten, wie sie denn auch in Wirklichkeit vom Staate nur geduldet sind, und ebenso jede einzelne von ihnen von ihm verändert oder übernommen werden kann. Sofern das Leben und Handeln der Menschen eine wirkliche, praktische Gesamteinheit bildet, müssen auch alle Anstalten von der geselligen Zusammenkunft und dem Verein angefangen bis hinauf zum Staat eine ideelle innere Einheit bilden. Umgekehrt gipfelt dann im Staate alles. Dieser ist daher nicht nur Ausdruck dieser Einheit, sondern ideell gefaßt, diese selbst. (Vgl. dazu auch das folgende Kapitel über Nation.)

Die Frage, wieso der Staat nur die ideelle nicht die wirkliche Summe aller veranstaltenden Handlungen ist, beantwortet sich mit dem Hinweis auf die gleichfalls nur ideelle, nur der Tendenz nach vorhandene Einheit des Empfindens, der geistigen Gemeinschaften. Die nur ideelle Zusammenfassung dieser relativen Einheiten findet dann darin ihren organisatorischen Ausdruck, daß der Staat nicht sämtliche Veranstaltungen in sich aufnimmt, sondern sie als gewissermaßen von ihm delegierte, die er duldet und die jederzeit seine wirklichen Bestandteile sein könnten, betrachtet. Das folgt notwendig aus seiner Rolle als oberster und allgemeinster Anstalt und entspricht der empirischen Wirklichkeit.

Als weiteres Begriffselement ergibt sich nun von selbst: der Staat als Gradbegriff. Zwar müssen begrifflich alle nichtstaatlichen Anstalten als von ihm delegiert gedacht werden; aber der nur ideelle, der bloßen Tendenz nach vorhandene Charakter seiner Einheit schließt es in sich, daß auch scharfe Gegensätze zwischen diesen delegierten Teilanstalten und ihm bestehen können. Ist ja erfahrungsgemäß schon der gegebene Staatskörper selbst keine streng geschlossene Einheit, so wenn in verschiedenen Verwaltungszweigen verschiedene Parteien Einfluß haben. Überhaupt kommt der graduelle Charakter staatlicher Einheit auf allen Gebieten seiner Tätigkeit wie in allen Formen seines Aufbaues zum Ausdruck. Z. B. gibt es sogar verschiedene Grade von Staatsbürgerschaft, d. i. verschiedener Teilnahme der Bürger an ihm; die Armen, deren Wahlrechte ruhen, Bürger, die unter Kuratel, Pflegschaft, Polizeiaufsicht stehen; ferner Geschäftsunfähige, Eltern, denen ihre elterlichen Rechte aberkannt wurden, Frauen, Minderjährige — das alles sind Glieder des Staates, welche am staatlich-bürgerlichen Leben nicht voll Anteil nehmen. Dem stehen dann Bevorrechtete, Inhaber von Privilegien, Ehrenbürger u. dgl. gegenüber als Staatsglieder mit — wenigstens der Forderung nach — erhöhter Anteilnahme am bürgerlichen Leben.

Einen gesteigerten Ausdruck dieses gradmäßig verschiedenen Teilnehmens der Bürger am Staate bietet die ständische Gesellschaft. Oder umgekehrt aufgefaßt zeigt es sich, daß jeder Staat notwendig bis zu einem gewissen Grade ständisch gegliedert ist. Selbst in Athen, wo man so über die Maßen weit ging, die Ämter durch Verlosung periodisch zu besetzen, mußte man schon allein durch Aufstellung bestimmter Zulassungsbedingungen zur Verlosung Grade und Schichtungen auch innerhalb der Vollbürger schaffen. Auch der mittelalterliche Staat, der sich in „private" Lehensverhältnisse auflöst, kann nur auf diese Weise begriffen werden. In ihm ist eine höchst gradweise, schwache Vereinheitlichung der Gesellschaft durch jeweils höhere Veranstaltungen am augenfälligsten gegeben. (Näheres darüber noch unten.) Genau so stellen sich die alten Reiche (z. B. das Reich Karls des Großen) zwar als echte Staaten dar, aber als solche von äußerst lockerer Vereinheitlichung. Bestand diese nur in Heeresfolge, so löste sich der Begriff des Reiches bloß in den einer Veranstaltung auf, welche kriegerische Unternehmungen einheitlich regelte. Bestand sie nur in Tributpflichten oder gar nur in ideellen

Werten, z. B. Ehrungen, so heftete sich der Begriff des Reiches an diese einzige übergeordnete Veranstaltung. Genau dasselbe Gefüge zeigt der Staatenbund und jedes Verhältnis zwischen Staaten (Völkerrecht!). — Endlich kommt der graduelle Charakter staatlicher Einheit deutlich zum Ausdruck in jenen Erscheinungen, die man treffend als „Staat im Staate“ bezeichnet. Die verhältnismäßige Selbständigkeit aller andern Anstalten gestattet es eben, daß sie erhebliche Gegensätze zum Staate ausbilden können. Je größer diese Gegensätze, je geschlossener die vergemeinschafteten und vergenossenschafteten Inhalte sind, die von diesen opponierenden Anstalten organisiert werden, um so mehr wachsen sie wirklich zu Staaten im Staate heran, um so drohender wird dann aber auch der Kampf, der zwischen ihnen und dem Staate, welcher die Vereinheitlichung aller übrigen Lebenskreise einer Gesellschaft darstellt, entbrennen muß. Das ergiebt dann Bürgerkrieg, Aufstand, Revolution. Hat sich z. B. das bürgerlich-gewerbliche Leben inmitten des alten adelig-feudalen Lebens zu einer eigenen Welt ausgebildet, die ihre Veranstaltungen vorerst nur in politischen Geheimbünden, Verabredungen u. dgl. besitzt, der die gegebene staatliche Organisation aber fremd und feindlich gegenübersteht, so kann es nicht fehlen, daß die neuen Lebenskreise dazu drängen, jene organisatorische Zusammenfassung zu erlangen, die ihnen gemäß ist. Ein solcher Gegensatz muß zu inneren Wirren oder Revolutionen führen.

Ein weiteres Begriffselement, das in der Bestimmung vom Staate als der ideellen Summe alles organisatorischen Handelns steckt, besteht darin, daß Gemeinschaft und Genossenschaft, sofern sie als Dauererscheinungen betrachtet werden, nichts Ursprünglicheres und Früheres sind als ihre Organisiertheit. Allerdings ist die Vergemeinschaftung begrifflich das Ursprüngliche, ihre organisatorische Sicherstellung das Abhängige. In der zeitlichen Aufeinanderfolge, in der praktischen Verwirklichung aber ist beides untrennbar zugleich, denn Vergemeinschaftung als Dauererscheinung ist von vornherein nur durch Veranstaltung ermöglicht worden. Diese Erkenntnis ist besonders wichtig für die Frage der Entstehung des Staates. (Darüber s. u. S. 193, vgl. auch oben S. 167 ff.).

Aus demselben Gesichtspunkt ergibt sich für den Begriff

des Staates auch, daß es irrtümlich ist, den Staat als bloßes Schutzorgan der Gesellschaft zu bestimmen, wie dies die naturrechtliche und liberale Auffassung tut. Denn damit werden Staat und Gesellschaft einander so gegenübergestellt, als wären beide lebensfähige Dinge für sich, als könnte die Gesellschaft in weitem Maße ohne Staat bestehen. In Wahrheit liegt in Schutz und Schutzgewalt weder der geschichtliche Ursprung des Staates, noch bilden sie das Merkmal seiner inneren Wesenheit. Als Organisation ist der Staat vielmehr Veranlassung, Beeinflussung, Wegbahnung für die Vergemeinschaftung und Vergenossenschaftung; er ist damit das, was jede Anstalt ist, in höchster, gesteigerten und zusammenfassender Weise, nämlich tätige, bewirkende Sicherstellung jener geistigen und handelnden Gemeinsamkeit, und zwar mit Bezug auf die ideelle Gesamtheit ihrer Inhalte. Dazu gehört allerdings auch der Schutz, er betrifft aber nur die äußere Seite dieser Arbeit.

Mit all dem ist endlich der Staat: Ausdruck der Vergemeinschaftung, ihr getreues Spiegelbild, nichts Sekundäres, kein nachträglich Hilfsmittel, zu dem man greift, wenn Gemeinschaft und Genossenschaft schon fertig dastünden. Und als Ausdruck, der Gemeinschaft teilt er auch deren Eigenschaft, zur maximalen Vergemeinschaftung zu drängen und zu führen. (Weiteres dar. unten Buch III.) — Als „Ausdruck" der Gemeinschaft hat man Staat und menschliche Gesellschaft von jeher gleichgesetzt. So haben Platon und Aristoteles, so haben Fichte, Schelling, Schleiermacher, Hegel vom Staate meistens im Sinne der Gesamtheit menschlicher Gemeinschaften und Genossenschaften gesprochen. Insoferne mit vollem Recht, als die ideelle Gesamtheit aller veranstaltenden Tätigkeit überall nur Teil des Lebens selber sein kann, dessen unmittelbarer Ausdruck sein muß. Begrifflich ist die Trennung von der Gesellschaft allerdings notwendig, wenn auch von andern Gesichtspunkten aus.

Als Staatselemente werden von der heutigen Lehre betrachtet: Staatsgebiet, Staatsvolk, Staatsgewalt. In Wahrheit ist begrifflich das einzig ursprüngliche Element des Staates die organisierende Handlung, deren praktische Voraussetzung nur das Staatsgebiet ist (nicht einmal bedingungslos, denn

Stämme, die, wie in der Völkerwanderung, erst auf der Suche nach einem Staatsgebiet sind, sind darum doch keinen Augenblick lang staatlos). Das Staatsvolk sodann ist gleichfalls kein Bestandteil des Staates, es liegt vielmehr im Begriff der Organisation eingeschlossen. Ebensogut könnte man das Gelehrtenvolk als Bestandteil der Wissenschaft bezeichnen. Es kommt eben auf das gesellschaftliche Gebilde und seine Kategorien an, nicht auf dessen biologische, geographische Bedingungen und Beziehungen. Die Staatsgewalt dagegen ist als unmittelbarer Bestandteil im organisatorischen Willensakt mit eingeschlossen. Güter, Satzungen, Gewalten erkannten wir oben als die Hilfsmittel der organisierenden Handlung.

2. Die Staatsgewalt. Im Kapitel Veranstaltung (s. oben S. 165f.) wurde über die „Entstehung der Herrschergewalt" das Grundsätzliche gesagt. Es gilt sinngemäß angewandt auch für den Staat.

3. Die Arten des staatlichen Zusammenlebens (Staatsarten). Die Gewalt, auf welcher der Staat beruht und die er in jedem Augenblick ausübt, ist nicht Unterwerfungsgewalt des Mächtigen gegenüber dem Schwachen, des Siegers gegenüber dem Besiegten, vielmehr ist sie ihrer Idee nach ausgleichende, zum Maximum geistiger Vergemeinschaftung und werkmäßiger Vergenossenschaftung der Glieder führende Gewalt. Staat erwies sich ja als Organisationsmaximum im Sinne vom Lebensmaximum seiner Glieder. An einigen wichtigen Arten, wie Staatsgewalt ausgeübt wird (Staatsarten gegenüber den Staatsformen, die bloß Verfassungsformen sind) sei nun diese Begriffsbestimmung geprüft.

a) Der durch Unterwerfung entstandene Staat. Alle geschichtlich gegebenen Staatsgebilde sind durch Unterwerfung, oder durch Vorgänge, die sich davon ableiten (z. B. Befreiung) entstanden. Diese fallweise Entstehung durch Unterwerfungsgewalt ist aber etwas ganz anderes als das spätere Bestehen des Staates durch seine eigene, die spezifische Staatsgewalt.

Die innere Idee des Staates (als Organisationsmaximum) hat vielmehr solche Notwendigkeit in sich, daß auch jener Staat, welcher zwischen Siegern und Besiegten gestiftet wird, ihr untersteht, indem er notwendig die Härte des Siegers mildern, indem er ausgleichend wirken muß. Er nimmt sofort jene Form an, welche dem Zusammenleben des Siegers mit dem Schwächeren unter den gegebenen Umständen ein Maximum verschafft, d. h. er gewährt den Unterworfenen wenigstens jenes Maß von Vergemeinschaftung und Vergenossenschaftung, welche das Zusammenleben in einer für den Sieger maximalen Weise gestaltet. Dieses Zusammenleben würde nutzlos leiden und untergraben werden, wenn der Besiegte über jenes Maß hinaus bedrückt und vernichtet würde. Nach dem Grade der verschiedenen Fähigkeiten, welche die Völker bei solchen Zusammenstößen mitbringen, gestaltet sich daher das durch Unterwerfung entstandene Staatswesen sehr verschieden. Barbarische Sieger vermögen unterworfene Kulturträger nur dann dauernd zu beherrschen, wenn sie sich selber jene Kultur rasch anzueignen vermögen. Hunnen würden Römer sklavisch unterwerfen und berauben, aber eine Staatsbildung wäre bei solcher Vernichtung nicht möglich. Goten werden gierig nach der sie emporhebenden Vergemeinschaftung mit den Unterworfenen greifen und dadurch den Besiegten im Staate so hoch stellen, als es irgend möglich ist. Dies also ist die Natur des Staates; er ist kein Klassenstaat, er beruht nicht auf Knechtung (wenn sie auch in ihm vorkommt), sondern Vergemeinschaftung und Vergenossenschaftung sind die ursprünglichen Vorgänge, welche der Staat gestaltet (durch Veranstaltung). Zu diesem gemeinschaftsgestaltenden Vorgang also muß sich alle Anwendung von Unterwerfungs- und Knechtungsgewalt verwandeln — sofern sie wirklich zu „Staat" wird, zur Staatsbildung führt und nicht zu bloßer hunnischer Versklavung. Die Gewalt ist für den Sieger nur die Grundlage zur Staatsbildung, nicht selber der Staat. Das beweist gerade das verschiedene Verhalten der verschiedenen Sieger. Tritt der Sieger einem kulturell minderwertigen Besiegten gegenüber, so kann er ihn zu einem Werkzeug im Staate herabsinken lassen. Tritt er einen geistig und kulturell überlegenen Besiegten gegenüber, so wird dieser zum inneren Beherrscher der Gemeinschaft.

Von allen Zwischenformen, die zwischen diesen beiden Endpunkten liegen, ist die wichtigste der Kastenstaat, den wir nun kurz besprechen wollen.

b) Der Kastenstaat. Er stellt in seinem Wesen ein Staatensystem dar, in dem die Angehörigen jeder Kaste zuerst für sich einen Staat, und die Kasten als solche abermals einen übergeordneten Zusammenhang miteinander bilden. Der beherrschende Zusammenhang wird durch die oberste Kaste dargestellt, die also zugleich oberster Staat in diesem Gebilde sind. Die unterworfenen Kasten dagegen sind schon infolge der organisatorischen Bedingungen, unter denen ihr Leben steht, unfähig, gleichwertige Glieder im Staate zu bilden. Diese beschränkte Stellung fällt zumeist mit geringeren rassenmäßigen Fähigkeiten zusammen, und somit ist eigentlich nur das organisatorisch festgelegt, was in der Natur der geistigen Vergemeinschaftungsvorgänge gelegen war. So löst sich der altindische Brahmanenstaat in einen Stufenbau besiegter, minderwertiger, dunkelhäutiger und edler arischen Rasse auf. Hiermit ist das Wesen jedes Kastenstaates bezeichnet. Trifft die rassenmäßige Minderwertigkeit nicht zu, dann wird sich auch das Kastensystem schnell rächen; Kräfte, die nach geistiger und körperlicher Auslebung drängen, wurden gebunden, die maximale Staatsform auch für den Sieger wurde nicht erreicht; und der Bestand des Ganzen ist unrettbar bedroht. — Insofern jede Kaste ein verhältsmäßig geschlossenes Leben für sich führt, erscheint der Kastenstaat auch als Abart eines sehr innigen Staatenbundes.

c) Der mittelalterliche Staat. Die Richtigkeit unserer Begriffsbestimmung bewährt sich besonders an ihrer Fähigkeit, den Lehensstaat zu erklären, ein Gebilde, das nach heutiger Auffassung gar kein Staat, sondern nur eine Summe privatrechtlicher Verhältnisse wäre. Aber die Summe privatrechtlicher Verhältnisse oder richtiger: rechtlich geregelter Veranstaltungen — das ist ja eben der Staat! Sein Einheit findet er notwendigerweise schon allein darin, daß die Summe alles geistigen und handelnden, damit ebenso auch alles veranstaltenden Lebens von selbst einer ideellen Einheit zutreibt. Diese Einheit muß freilich irgend einen Ausdruck in der Summierung der Organisationen, in ihren Verhältnissen zueinander finden. Und das war auch der Fall in der aufsteigenden Überordnung, der Hierarchie aller Lehensverhältnisse. Soweit etwa diese Vereinheitlichung im Leben versagte, die organisatorische Zusammenfassung also zu schwach war, soweit war eben das Leben uneinheitlich, die Gegensätzlichkeit, die Anarchie in der Praxis vorhanden. Der Lehensstaat ist nichts anderes als ein Staat, in welchem die relative Selbständigkeit aller Teilanstalten sehr groß und vielfältig war. Das ist aber gegenüber anderen Staatsarten nichts grundsätzlich Neues, selbst die strengste Vereinheitlichung, die z. B. der absolutistische Staat vorstellt, kann den „Staat im Staate" nicht ausmerzen (siehe Rußland!).

4. Die Staatsformen hat schon Aristoteles eingeteilt in Monarchie (Einzelherrschaft), Aristokratie (Herrschaft Bevorzugter), Demokratie (Volksherrschaft), und deren Entartungen: Despotie, Oligarchie, Ochlokratie. Die neuere Monarchie wird als autokratisch oder absolutistisch und konstitutionell unterschieden. Unter Demokratie wird nur die Herrschaft des Volkes verstanden, die auch in einer Monarchie möglich ist (England). — An Stelle des Begriffes der Staatsform sollte besser der der Regierungsform treten, denn es handelt sich bei diesen Einteilungen nur darum, wie der regierende Wille gebildet wird und arbeitet, nicht daß er Ausdruck besonderer Arten staatlicher Gemeinschaft sei. (Staatsarten — z. B. Klassenstaat, Lehensstaat). Die Frage nach dem Werte der Regierungsformen kann nicht bloß als eine technisch-organisatorische betrachtet werden, sondern als eine solche individualistischer oder universalistischer Staatsauffassung, (darüber siehe unten Buch 3). — In der Organisationslehre (oben S. 165 f.) hat sich ergeben, daß stets die bedeutendsten, besten Kräfte von selber herrschen; wo eine Organisationsform vorhanden ist, die jene Herrschaft erschwert, droht der Niedergang. Daher ist die volle Demokratie die Verderbnis jeder Kultur, denn die niederen Kräfte können mehr zur Geltung kommen, als ihrem vergemeinschaftenden Werte entspricht. Nicht nur Perikles, sondern auch der Gerber Kleon

kann dann den Staat beherrschen. — Auf ähnlichem Standpunkte stehen: Pöhlmann, Gesch. d. sozialen Frage i. d. antiken Welt, 2. Bde., 2. A. München 1913; Hasbach, D. moderne Demokratie, Jena 1913.

5. Die Staatsaufgaben. Darüber s. u. Buch III.

6. Die Entstehung des Staates.

a) Zur Übersicht über die Staatstheorien, welche später bei Darstellung der Individualismus und Universalismus behandelt werden, mögen hier nur ein paar einführende Worte stehen. Man kann unterscheiden: die Machttheorie (Staat ist Machtausübung des Herrschers); sie wurde vertreten von den Sophisten, von Macchiavelli, A. v. Haller, neuerdings von Gumplowitz; die Vertragstheorie (der Staat entsteht aus einem Vertrag der Bürger), die gleichfalls schon von den Sophisten, von Epikur, von der Naturrechtslehre vertreten wurde (Hobbes usw.); die organische Staatstheorie (der Staat ist ein Organismus), vertreten von Puchta, Bluntschli; die theologische Staatstheorie (Staat als göttliche Einrichtung), die in den orientalischen Staatsauffassungen, zum Teil auch bei Stahl herrscht.

b) Die Entstehung des Staates als Wiedererzeugung. Ein Volk ohne Staat oder was ihm entspricht (z. B. die Gentilverfassung in einfachen Zuständen) hat es nicht gegeben, eine historische Entstehung des Staates in diesem Sinne wäre daher ein Widerspruch. Der Staat gehört zur Gemeinschaft wie zum Löwen das Fell. Dieser Identität kann man nur gerecht werden, wenn man die Natur des Staates in der Veranstaltung sieht. Jede dauernde Gemeinschaft und Genossenschaft ist organisiert. Veranstaltung ist überall dort, wo Gemeinschaft ist.

Will man aber doch von einem Entstehen des Staates sprechen, so kann man nur ins Auge fassen, wie er immer wieder neu vor unsern Augen entsteht. Er entsteht dann als Herstellung jenes Kräftegleichgewichts, welches durch die Veränderungen in den organisierten Inhalten der Gemeinschaft immer neu erfordert wird. Anders ausgedrückt: da die Bedingungen für staatliche Organisationstätigkeit ständig wechseln, entstehen die Teile des Staates immer aufs neue. Wie sich die Menschen vergemeinschaften, so organisieren sie sich, was sie gemeinsam empfinden und handelnd verwirklichen, das organisieren sie. So ist alles immer im Flusse.

Dieser Gesichtspunkt läuft nicht auf die Theorie vom Staatsvertrag hinaus, denn die Kräfte, die zur Organisation drängen, bewirken geistige und handelnde Gemeinsamkeit, nicht aber Sicherstellung des Individuellen. Das gemeinsame Handeln wird so organisiert, wie es in der Idee der betreffenden vollkommenen Genossenschaft liegt. So bedeutet der Ersatz des Berufsheeres durch das Heer der allgemeinen Wehrpflicht eine Umbildung der Gemeinsamkeit militärischen Handelns im Sinne größter Wirksamkeit der zum Handeln drängenden Kräfte im Staate. Desgleichen wird die geistige Vergemeinschaftung so organisiert, wie es jeweils in der Idee und Wesenheit der Bildungserfordernisse einer Zeit liegt. So bedeutet die Einführung der allgemeinen Schulpflicht die Entstehung eines neuen Stückes „Staat“, weil neue geistige Gemeinsamkeit organisiert wird. Auch solche Maßregeln wie etwa Gewährung von Religionsfreiheit bedeuten nicht etwa ein Stück Staatsvertrag, sondern nur eine Umbildung der Organisation des religiösen Geisteslebens, und zwar eine solche, welche der innern Umbildung der religiösen Idee selbst entspricht. Verblaßt der Wert religiöser Lehren und ihre Bedeutung in der ganzen Lebensführung, so entspricht die Religionsfreiheit, der Grundsatz „Jeder möge nach seiner Fasson selig werden“, diesem neuen Zustande am besten. Genau solche Veränderungen vollziehen sich in allen sog. Reformen und Neuerungen des Staatswesens, etwa im Prüfungswesen, den Lehrplänen der Schulen, selbst im Besteuerungswesen, in den Wahl- und Privatrechten, sie bedeuten alle ein Stück Staatsbildung. Selbst wirkliche Verträge, wo sie entstehen und bestehen, sind nur der formale Ausdruck einer schon vorhandenen Gemeinsamkeit, kein schöpferischer Akt für sich.

Diese Theorie von der fortwährenden Neuentstehung des Staates in seiner Umbildung ist vor allem auch deswegen nicht individualistisch, weil die organisatorischen Veränderungen dabei nicht auf die Abgrenzung individueller Lebenssphären, nicht auf die vermeintliche Verselbständigung der Einzelkräfte, sondern umgekehrt auf die Herstellung neuer Wechselbeziehungen und Verbindungen gerichtet sind, wie sie den neuveränderten Lebensinhalten entsprechen.

Literatur. Auch hier muß leider die oben S. 184 ausgesprochene Beschränkung gelten. An allgemeinem Werken vgl. etwa: Jellinek, Allgem. Staatslehre, 3. A. Berlin 1913; Rich. Schmidt, Allgem. Staatslehre, 3 Bde.,

Leipzig 1901 ff. (bietet viel Material); Gierke, Althusius u. d. Entwicklung d. naturrechtlichen Staatstheorien, 3. A. Breslau 1913; Menzel im Handb. d. Politik Bd. I. Berl. 1912. — Weitere L. s. oben unter Recht, Politik, und unten Buch III.

III. Kapitel. Die Einheit der Gemeinschaften oder die Idee der Nation.

Die große Bedeutung dieses Stoffes erfordert eine gründlichere Behandlung. Denn die heutige Gesellschaftslehre muß darüber endlich einmal Klarheit schaffen und die wissenschaftlichen Grundlagen des Nationalbewußtseins, das im letzten Jahrhundert bei allen Völkern zu so großer Bedeutung gekommen ist, prüfen. Notgedrungen muß daher bei diesem Thema weiter ausgegriffen werden. Die Vielfältigkeit und Unsicherheit der Ansichten läßt eine Entwicklung der Begriffe auf geschichtlicher Grundlage als einzige Möglichkeit vollständiger Orientierung und ehrlicher Auseinandersetzung erscheinen.

I. Dogmengeschichtliche Übersicht.

Um den Begriff der Nation oder des Volkstums zu fassen, findet man in der Literatur eine ganze Reihe von Merkmalen angeführt, so Staat, Sprache, Rasse, Religion, Klima und geographische Verhältnisse, gemeinsame Überlieferung und Kultur, endlich das ausdrückliche Bewußtsein nationaler Zusammengehörigkeit. Sobald man aber die geschichtlichen Nationen unter den aufgezählten Gesichtspunkten betrachtet, wird man sofort gewahr, daß weder ein einzelner von ihnen noch mehrere zusammen genügen, das Wesen des Volkstums zu erfassen, die geschichtliche Wirklichkeit zu erklären. Wenn man fragt, waren die Menschen jenes Staates eine Nation, weil sie diesen Staat bildeten, waren sie eine Nation, weil sie eine Sprache sprechen, einer Rasse angehörten usw., so können wir diese Fragen nicht mit Ja beantworten; es zeigt sich zwar deutlich daß alle diese Merkmale wichtige Mittel für das Dasein der Nation sein müssen, mit diesen selbst aber nicht einerlei sind.

Was zuerst den Staatsverband anlangt, so hat man ihn sehr häufig mit der völkischen Einheit gleichgestellt. So sagt Mohl[1]): „Die Gesamtheit der Teilnehmer des Staates bildet die Nation." Neuerdings haben namentlich die Geographen Ratzel und Alfred Kirchhoff diese Auffassung verfochten. Ratzel sagt: „Die Nation ist ein Volk in politischer Selbständigkeit oder fähig dazu"[2]). Nach Kirchhoff „gehören Staat und Nation unlösbar zusammen . . ."[3])

---

[1]) „Enzyklopädie der Staatswissenschaften", 1859.

[2]) „Die Erde und das Leben", 1902, II, S. 674.

[3]) „Zur Verständigung über die Begriffe Nation und Nationalität", Halle. 1905. S. 47 u. ö

und er geht in dieser Auffassung so weit, daß er behauptet, vor 1871 habe es „keine deutsche Nation im heutigen Sinne gegeben, weil es noch kein Deutsches Reich gab. Unter deutscher Nation verstand man bis dahin in weit unbestimmterer Weise den räumlich . . . viel weiteren Kreis aller derjenigen, die deutsch als ihre Muttersprache reden“[1]). Ähnlich Rümelin, dem Nation oder Volk „jede durch eine Staatsgewalt beherrschte Menge“ ist. Allerdings stellt er diesem „politischen Begriff“ des Volkstums den „anthropologischen“ gegenüber, wonach „jede durch einen auf Abstammung und Sprache gegründeten Typus sich abgrenzende Gruppe“ ein Volk bildet[2])

Daß aber Staat und Nation nicht einerlei sind, beweisen Staaten wie Österreich, Rußland, die Türkei, denn diese Staaten werden von einigen ihrer Nationen von innen heraus bekämpft. Wenn sich die slawischen Christen der Türkei im Balkankrieg nur sehr schlecht schlugen, wenn Tschechen und Südslawen in Österreich sich bei gleicher Gelegenheit zu offener Meuterei anschickten, so sind das Beispiele von genügender Deutlichkeit. In solchen Fällen hat also der Staat aus seinen Bewohnern keine einheitliche Nation gebildet. Umgekehrt vermochten die altgriechischen Einzelstaaten den allhellenischen Nationalzusammenhang nicht zu zerreißen. Selbst Athener und Spartaner schieden sich nicht in wirklich selbständige Nationen, und in der hellenistischen Zeit bildete sich sogar über alle staatliche Trennung hinweg eine nationale Gemeinsprache (κοινή) heraus. In der heutigen Zeit bieten die Polen das Beispiel einer Nation, die in drei Staaten als (genau genommen staatsfeindliche) Minderheit lebt.

Solche Fälle zeigen mit Sicherheit, daß Nation und Staatsvolk begrifflich nicht dasselbe sind, daran können auch gegenteilige Beispiele wie die Schweiz, Belgien und Holland nichts mehr ändern. Die Ostfriesen, Niedersachsen und Niederfranken in Deutschland sind Deutsche, die in Holland wohnenden Teile dieser Stämme und die Westfriesen sind durchaus Holländer. Ähnlich die Schweiz. Dieselben Alemannen mit derselben Sprache wie sie nördlich von Rhein und Bodensee wohnen schickten sich südlich davon zu einer (glücklicherweise nicht vollendeten) nationalen Abtrennung an, die nur in der Selbständigkeit des Staatsverbandes ihre Grundlage findet. Hier hat also der Staat verschiedene nationale Gruppen bis zu einer gewissen Entnationalisierung geeint — Fälle, welche die Theorie allerdings beachten und erklären muß.

Nun die Sprache. Ähnlich wie der Staat wurde auch die Sprache als das eigentliche Kennzeichen der Nation betrachtet. So von R. Boeckh[3]). Ähnlich von M. Lazarus, der aber noch das „subjektive Bewußtsein der nationalen Zusammengehörigkeit“ als wesentlich hinzunimmt[4]). Doch auch dieses Merkmal läßt uns für die Begriffsbestimmung der Nation im Stich. Dänen und

---

[1]) Ebenda S. 53. — Im Widerspruch hierzu wird S. 54ff. allerdings der Begriff der Nation als eines bloß kulturellen Zusammenhanges zugegeben und neben der „Staatsnation“ die „Kulturnation“ anerkannt.

[2]) Rümelin, Über den Begriff des Volkes (1872) jetzt in „Kanzlerreden“, Tübingen 1907, S. 80.

[3]) „Die statistische Bedeutung der Volkssprache als Kennzeichen der Nationalität“. „Zeitschr. f. Völkerpsychologie u. Sprachwissensch.“, Bd. 4.

[4]) M. Lazarus, Was heißt national? Berlin 1880.

Norweger sprechen dieselbe Sprache, bilden aber Nationen von so verschiedenem Charakter, daß man dem urgermanischen Wesen der Norweger das fast französische Naturell der Dänen gegenüberstellte. Ähnlich steht es bei den englisch sprechenden Iren und Nordamerikanern gegenüber den Engländern, ferner bei Spaniern und Portugiesen gegenüber den Südamerikanern gleicher Zunge, Buren und Holländer bieten ein ähnliches Bild. Und in Österreich war (und ist) die merkwürdige Erscheinung zu beobachten, daß für Tschechen, die nur Deutsch verstehen, eine Zeitung in deutscher Sprache erscheint (die frühere „Politik", jetzt „Union" in Prag), welche den tschechisch-nationalen Zusammenhang mit diesen pflegt. In all diesen Fällen können also die wahren völkischen Verschiedenheiten durch die Sprachgleichheit nicht beseitigt werden. Andererseits bilden die keltisch sprechenden Bretonen mit den Franzosen, die Basken mit den Spaniern, die Rhätoromanen mit den Schweizern (und zwar vornehmlich den deutschen) eine Einheit, welche echt völkischen Charakter annimmt. Hier ist also Sprachungleichheit kein Hindernis für die Bildung eines nationalen Zusammenhanges. Auch solche einander völlig entgegengesetzte Bildungen muß die Theorie erklären können.

Eine besondere Frage stellen die Mundarten. Die oberdeutschen und niederdeutschen Mundarten bilden solche Gegensätze, daß die völkische Einigung dieser Gruppen mehr auf einer Konstellation des Geschichtsverlaufes (nämlich der gewaltsamen Einigung der deutschen Stämme, besonders der Unterwerfung der Sachsen, durch Karl den Großen) als auf innerer Notwendigkeit zu beruhen scheint.

Abstammung und Rasse erweisen sich ebensowenig als durchschlagende begriffliche Bedingung des Volkstums, selbst wenn der Rasse die größte Bedeutung eingeräumt wird, und man so weit geht, wie etwa Gobineau und seine Schule (Chamberlain, Woltmann). Man kann die Rasse als Hauptbedingung der Eigenschaften, kulturellen Leistungsfähigkeit usw. eines Volkes ansehen; aber das Entstehen und die Bildung der völkischen Gruppen hat selbst dann immer noch andere Bedingungen als die Rassengleichheit allein. Es bliebe also auch dann die Frage zurück, was denn das Volkstum selbst sei. — Daß heute wie ehedem keine große Nation einheitlicher Rasse und Abstammung ist, ist bekannt. Die Deutschen sind im Norden Deutschlands zumeist viel weniger mit Slawen, Kelten und Römern gemischt als im Süden; die Gallier im Norden mehr mit Germanen, im Süden mehr mit Römern; die Italiener gar setzen sich zusammen aus den nicht indogermanischen Etruskern, ferner aus Römern, Kelten, Germanen (im Norden Langobarden und Goten, im Süden Normannen), Griechen und Sarazenen, und das alles in Nord und Süd ganz ungleichmäßig gemischt. Bunt und ungleichmäßig sind auch die Mischungen in Nordamerika, wenn auch das germanische Blut entschieden vorherrscht. — Umgekehrt besteht zwischen Holländern und Niederdeutschen, ja vielleicht sogar zwischen diesen und Nordfranzosen eine geringere Rassenverschiedenheit als etwa zwischen Niederdeutschen und Bajuwaren. Verhältnismäßige Rassengleichheit verhindert also nicht die Zerteilung in nationale Gruppen.

Auch hier ist mit der bloßen Ablehnung keine Lösung gegeben; denn daß ein spezifischer Anteil der Rasse an der Bildung der Nation besteht, kann geschichtlich nicht bezweifelt werden.

Religion, Boden und Klima sind die weitern Merkmale, die nun in Frage kommen. Die Religion hat heute, wo sie sich immer mehr in den Kreis kleiner Gruppen, ja ins Gemüt des Einzelnen zurückzieht, weder staaten- noch nationenbildende Kraft. Daß sie diese aber in früheren Zeiten in nicht geringem Grade besaß, das muß erklärt werden. So sind die griechisch-katholischen Serben und die römisch-katholischen Kroaten sprachlich und anthropologisch nicht verschieden, die Religion hat sie aber getrennt und zu feindlichen Nationen gemacht. Erst im letzten Jahrzehnt sind Strömungen zur Herrschaft gekommen, welche die nationale Einigung anstreben. Es vollzieht sich da vor unseren Augen das seltene Schauspiel der Bildung einer Nation aus zwei Brudervölkern. — Die neuere anthropogeographische Bewegung betrachtet den geographischen Raum (Klima, Bodenbeschaffenheit usw.) als Grundlage der Entstehung der Nationen (wie der Staaten), wenn auch nicht als eigentliches Merkmal ihres Begriffes. So mehr oder minder Ratzel, Kirchhoff, Sieger, auch Staatsrechtslehrer wie R. Schmidt („Staatslehre I", 1901, S. 132 ff.). Siebenbürgen, als einheitlicher Raum, zählt aber mehrere Nationen Es ist überhaupt eine sehr grobe Art, die höchsten menschlichen Schöpfungen als Reflexe der äußeren Lebensaufgaben, die Boden und Klima stellen, zu betrachten, welche schon von Bagehot[1]) zurückgewiesen wurde.

Gemeinsame Kultur und Überlieferung stellt von den Neueren in den Mittelpunkt Friedr. Jul. Neumann. Nach ihm ist die Nation „eine Bevölkerung, die infolge höherer eigenartiger Kulturleistungen ein eigenartiges, gemeinsames Wesen gewonnen hat, das sich auf weiteren Gebieten von Generation zu Generation überträgt"[2]). Schon Schiller, W. v. Humboldt, Jahn, Fichte u. a. stehen auf diesem Boden. So sagt Fichte: „Volk ist das Ganze der in Gesellschaft . . . sich . . . natürlich und geistig erzeugenden Menschen . . ."[3]). Diese Gemeinschaft wird zum Volk erst eigentlich als „Träger und Unterpfand der irdischen Ewigkeit", d. h. als Verkörperung höchster Kulturwerte[4]). Ähnlich Jellinek[5]), dem sich W. Schücking[6]) anschließt. Auch Robert Sieger sieht den Schwerpunkt im kulturellen Zusammenhang[7]): „Nation ist ein Volksganzes, das unter dem Einflusse des räumlichen Zusammenlebens und der historischen Entwicklung ein derartiges Bewußtsein seiner Bedeutung, seines Zusammenhanges und seiner Leistungen sich erworben und bewahrt hat, daß es sich instinktiv als eine natürliche und kulturelle Einheit fühlt und als solche fortbestehen will." Es ist dies

---

[1]) „Ursprung der Nationen", dtsch. Leipzig 1883, S. 97 ff.

[2]) „Volk und Nation", Leipzig 1888, S. 74, hierselbst auch die gesamte ältere Literatur und sorgfältige Zusammenstellung des Tatsächlichen.

[3]) „Reden an die deutsche Nation", Achte Rede. Sämtl. Werke, Bd. VII, S. 381, — Vgl. auch Jahn, Deutsches Volkstum (bei Reklam, S. 36, 34, 38 u. ö.).

[4]) Fichte, ebenda S. 384.

[5]) Jellinek, Allgemeine Staatslehre, 2. Aufl., Berlin 1905, S. 114: „Eine Vielheit von Menschen, die durch eine Vielheit gemeinsamer eigentümlicher Kulturelemente und eine gemeinsame geschichtliche Vergangenheit sich geeinigt und dadurch von anderen unterschieden weiß . . ."

[6]) „Das Nationalitätenproblem", Dresden 1908.

[7]) Nation und Nationalität", „Österreich. Rundschau", Bd. I, 1905, S. 662.

eine Begriffsbestimmung, die jedenfalls auf dem Boden der Wahrheit steht, weil sie unendlich mehr erklärt, als Staat, Sprache, Rasse als alleinige Merkmale erklären können. In solcher Form ist sie aber viel zu unbestimmt, als daß man sie exakt verwenden könnte. Denn einmal ist der Umfang und Grad eines „eigenartigen gemeinsamen Wesens" (Neumann) auf Grund „eigenartiger Kulturleistungen" nicht fest begrenzt, d. h. der Kulturbegriff offen gelassen; sodann fehlt jede grundsätzliche Verhältnisbestimmung zu Staat, Sprache, Rasse, Raum, die doch gewiß in organischer Verbindung mit der Nation stehen. Vor allem aber stehen dieser Ansicht jene Völker gegenüber die man Staatsnationen genannt hat (Holland, Schweiz). Hier scheint die Kulturgemeinsamkeit zu versagen.

Um dieser Schwierigkeit zu entgehen, griff man zu dem ganz merkwürdigen Ausweg zwischen Staats- und Kulturnation zu unterscheiden. So Kirchhoff (wie oben schon mitgeteilt) und leider auch Meinecke (der aber in seiner historischen Untersuchung „Weltbürgertum und Nationalismus" [1]) zugleich sehr richtig das Graduelle des ganzen Volkstumsbegriffes betont). — Wie man zu solch handgreiflichen Widersprüchen seine Zuflucht nehmen kann, verstehe ich allerdings nicht. Man statuiert doch damit nichts geringeres als zweierlei Arten von Nationen, und es bleibt damit die Aufgabe vollständig bestehen, den gemeinsamen Oberbegriff zu finden! Wieso sind sie denn aber nun beide noch „Nationen", wenn sie doch beide verschiedenen inneren Zusammenhalt haben? Was ist nun Nation, wenn sie sowohl durch Staats- wie durch Kulturgemeinschaft entstehen kann? Das war und ist die Frage, die sich ebenso der Sprache wie der Rasse usw. gegenüber erhebt.

Hasse, Kaemmel und andere fassen wieder alle bisher angeführten Merkmale zusammen und fügen noch die ausdrückliche Bewußtheit der Zusammengehörigkeit hinzu; letzteres tun, wie die angeführten Begriffsbestimmungen erkennen lassen, auch Jellinek, Sieger und Meinecke. Hasse [2]) sagt: „Wir verstehen unter Nation eine Gesamtheit von Menschen gemeinsamer Abstammung, die eine und dieselbe Sprache sprechen, eine gemeinsame politische und kulturelle Entwicklung durchgemacht haben und das Bewußtsein der Zusammengehörigkeit besitzen." Ähnlich, aber abgeschwächt Kaemmel [3]). „Eine Nation . . . ist eine durch Übereinstimmung in Sprache und Sitte, in historischen Erinnerungen und sittlichen Anschauungen derart verbundene große menschliche Gemeinschaft, daß sie sich anderen Völkern gegenüber als Ganzes fühlt und mit Bewußtsein gemeinsamen Zielen zustrebt." — Hierdurch entsteht nun vollends ein Chaos. Daß einige der Merkmale, z. B Rasse, Sprache, Staat, sich praktisch meist ausschließen, liegt ja auf der Hand. (Die Deutschen hatten Dutzende von Staaten waren aber nur eine Nation.) Hasse fühlt auch diesen Widerspruch, indem er nur die Sprachgemeinschaft als unentbehrlich bezeichnet. So wird es bloß ein Idealbegriff der Nation, den seine Begriffsbestimmung entwirft, ein Wunsch, wie die Nation am vollendetsten zu bilden wäre. Indessen ist selbst so aufgefaßt der Begriff von geringem Wert, wenn man die organische Verbindung und Bedingtheit

---

1) München, 2. Aufl. 1911.

2) „Das Deutsche Reich als Nationalstaat", J. E. Lehmann, München 1905, mit reicher Literatur.

3) Otto Kaemmel, „Der Werdegang des deutschen Volkes", I, Leipzig 1896.

der einzelnen Merkmale nicht kennt. Das Schlimmste ist aber die Forderung der Bewußtheit. Den objektiven Momenten: Rasse, Staat, geographischer Raum usw. wird nun plötzlich ein subjektives gegenübergestellt, nämlich die ausdrückliche Bewußtheit des nationalen Zusammenhanges. Dieses subjektive Merkmal kann aber offenbar nicht entscheidend sein, da es ja dem objektiven Tatbestand nichts Grundsätzliches hinzufügt. Außerdem ist es nicht zuverlässig, wofür die Elsässer und Schweizer ein Beispiel sind. Die Mehrzahl von ihnen würde sich vielleicht heute noch als Nicht-Deutsche erklären. Lienhard, Gottfr. Keller, C. F. Meyer haben dagegen begeistert das Deutschtum gepredigt, und sie haben offenbar das richtigere Bewußtsein! Die große Wichtigkeit des Nationalbewußtseins für die praktische Stärkung des Volkstums bleibt natürlich bestehen, hat aber mit dem Wesen der Nation nichts zu tun. Die verhältnismäßig beste Verteidigung dieser Ansicht hat Lazarus gegeben: „Man wundere sich nicht über die subjektive Natur, die wir dem Begriffe Volk (Nation) zuerkennen durch das Merkmal der ausdrücklichen Bewußtheit. Das Volk ist ein rein geistiges Wesen ohne irgend etwas, was man anders als bloß nach Analogie ... seinen Leib nennen könnte ... Volk ist ein geistiges Erzeugnis ... Das erste Erzeugnis des Volksgeistes."[1]) Das ist an sich richtig. Aber die Geistigkeit des Zusammenhanges bedeutet noch keine subjektive Bewußtheit. Das Wesentliche können doch immer nur die objektiven Elemente sein, die den tatsächlich bestehenden (wenn auch geistig bewirkten) nationalen Zusammenhang bilden — dieselben Elemente, auf welche sich allein ja auch das Bewußtsein der Zusammengehörigkeit gründet. In was gehören wir denn zusammen? — das soll der Begriff der Nation beantworten.

Die angeführten Begriffsbestimmungen und Lehrmeinungen spiegeln so ziemlich den bisherigen Stand der Literatur über den Volkstumsbegriff wider. Nun kam im vorigen Herbst der 2. Deutsche Soziologentag, dessen Hauptthema der Begriff des Volkstums war[2]). Indessen brachten weder die geschichtlichen noch die theoretischen Vorträge, die vielfach im Banne des historischen Materialismus waren, bedeutende neue Gesichtspunkte, so daß wir sie hier übergehen dürfen.

Das Ergebnis dieser dogmengeschichtlichen Betrachtung ist ziemlich trostlos. Eine fast chaotische Begriffsverwirrung gleichsehr bei jenen, die das Volkstum gering einschätzen möchten, z. B. die meisten Redner des Soziologentages, wie bei jenen, die ihm die größte Bedeutung für das gesamte gesellschaftliche Leben beimessen, wie Kaemmel, Hasse, selbst Meinecke und manche andere.

II. Kurze Theorie des Volkstums.

1. Die verschiedenen Arten von Gemeinsamkeit in den verschiedenen Begriffen des Volkstums. Überblickt man die vielen Widersprüche, welche Geschichte und Wirklichkeit zeigen — Holland, Schweiz gegenüber

---

[1]) Lazarus, Was ist national? Berlin 1880, S. 13.

[2]) „Verhandlungen des zweiten deutschen Soziologentages vom 20.—22. Oktober 1912 in Berlin", Tübingen, Mohr 1913. Mit Vorträgen von: P. Barth, Ferd. Schmid, L. Hartmann, Otto Bauer, Frz. Oppenheimer, Robert Michels.

Deutschland; Dänemark gegenüber Norwegen; Bretonen gegenüber Franzosen usw., — so bleibt als fester Ausgangspunkt der Untersuchung nur übrig, daß jeder mögliche Begriff von Nation auf irgendeine Art von Gemeinsamkeit geht, d. h. also (was sich zunächst allerdings von selbst versteht): daß die Nation nicht als Staat selbst, als Rasse selbst usw. gefaßt werden kann, sondern nur immer als gemeinschaftliches Haben des Staates, (Staatsvolk), d. h. als Staatsgemeinsamkeit der Bevölkerung als gemeinsames Haben der Sprache, (Sprachvolk), Sprachgemeinsamkeit der Bevölkerung, der Rasse (Rassenvolk), des geographischen Raumes (Raumvolk), der Religion usw. Der Begriff der Nation erweist sich als ein Begriff von irgend welcher Gemeinsamkeit, Gemeinschaftlichkeit.

Dies festgehalten, zeigt sich sogleich, daß alle die aufgezählten „Gemeinsamkeiten", mit welchen die Nation gleichgestellt wurde, ganz verschiedenen inneren Aufbau haben.

Das Sprachvolk, jene Menschen, welche die gleiche Sprache sprechen, hat damit nur eine bestimmte formale Bedingung zur Aufnahme geistiger Inhalte gemein. Die Sprache ist wie ein Filter für die Dinge und Begriffe; sie läßt nur eine bestimmte Auswahl durch; zugleich ist sie ein Wegbahner bestimmten Denkens und Schauens (s. oben S. 147) und so den Völkern als Grundrichtung ihres Geistes für ewige Zeiten mitgegeben. In dieser Beeinflussung vieler Geister nach der gleichen Seite hin ist noch über die Bedeutung gleichen Verständigungsmittels hinaus eine Bedingung zur Bildung geistiger Gemeinschaft gegeben. (Dagegen gehört der von der Sprache überlieferte geistige Inhalt begrifflich zur Kultur).

Die Gemeinsamkeit des Staates ist dagegen offenbar etwas ganz anderes. Das Staatsvolk hat gewisse äußere Lebensbedingungen gemein, nämlich die organisatorischen Bedingungen des Zusammenseins. Verfassung, Recht, Schulwesen Heerwesen, Volkswirtschaft, Zölle, Steuern, Frachtsätze usw. stellen eine mächtige Summe solcher organisatorischer Bedingungen dar. Wie das geistige Leben sich unter solchen Bedingungen entwickelt, das ist aber offenbar noch von vielen anderen Dingen abhängig. Während z. B. die Deutschen in Österreich staatlich wenig gemodelt wurden (man vgl. damit die ganz ähnlichen Bajuvaren Bayerns), sind die Schweizer stellenweise fast bis zum Verlust des ursprünglichen Volkstums den staatlichen Lebensbedingungen unterworfen gewesen.

Eine gewisse Verwandtschaft mit der Art dieser Gemeinsamkeit zeigt eine andere Gemeinsamkeit äußerer Lebensbedingungen: die des geographischen Raumes. Klima, Boden, Flußsystem, natürliche Verkehrsmöglichkeit, Flora, Fauna, sind keineswegs unbedeutende Bedingungen des Lebens, sondern solche, die gleichartiges Wohnen, gleiche Nahrung, Kleidung, und eine bestimmte Wirtschaftsrichtung bedingen. Dennoch ist selbst hier eine grundlegende Verschiedenheit zur Staatsgemeinschaft vorhanden. Diese letztere ist eine Gemeinsamkeit organisatorischer Bedingungen des Zusammenlebens; Organisationen sind aber immer geistige Schöpfungen, Ergebnisse der geistigen Wechselwirkungsprozesse der Menschen selbst. Dagegen sind die Beschaffenheiten des geographischen Raumes schlechthin von der Natur gegeben. Raumgemeinschaft ist also gar nicht echte geistige Gemeinschaft (geistige Wechselwirkung), sondern nur gemeinsames Haben von äußeren Ursachen des Handelns.

Abermals völlig anderer Natur ist die Gemeinsamkeit der Rasse. Leute gleicher Rasse haben damit noch nichts anderes gemein als (innerhalb sehr weiter Grenzen) ähnliche körperliche und geistige Anlagen. Wie sie aber diese Anlagen unter verschiedenen geographischen, staatlichen, usw. Bedingungen weiterentwickeln werden, wird sehr verschieden ausfallen. Rassengemeinschaft ist somit noch nicht geistige Gemeinschaft selbst. Der nachträglich hinzukommende „Rassenstolz" ist ja nur die Erkenntnis gemeinsamer Anlagen, also nur abgeleitete, nicht ursprüngliche geistige Verbindung.

Den Aufbau echter geistiger Gemeinschaft zeigt nur die Religions- und überhaupt die Kulturgemeinschaft. Leute, die eine Religion gemeinsam haben, haben nicht Bedingungen ihres Bewußtseinsinhaltes gemein (während Sprache, Staat, Rasse, Raum erst nur Bedingungen sind), sondern schon diese Erlebnisse selbst; sie erst bilden daher eine geistige Gemeinschaft im eigentlichen Sinne des Wortes. Ebenso wirken alle Kulturinhalte.

Überblicken wir diese Betrachtung, so ergibt sich: daß alle

jene Gemeinsamkeiten gar keine wirklichen geistigen Gemeinschaften (im Sinne unmittelbarer geistiger Wechselwirkung) darstellen, sondern nur Gemeinsamkeit von Bedingungen des Lebens, und auch da verschiedenster Art. Nur in der Religions- sowie der Kulturgemeinschaft, handelte es sich um wirkliche geistige Gemeinschaft. So ist es auch ohne den Hinweis auf die Widersprüche mit der historischen Wirklichkeit begreiflich: daß alle jene Gemeinsamkeiten zusammen (Staat, Sprache, Rasse, Raum, selbst Religion) weder eine Einheit, die Nation, bilden können (wie es etwa die Begriffsbestimmung von Hasse fordert), noch daß eine einzige derartige Gemeinsamkeit das Wesen der Nation zu bestimmen imstande ist.

Was dagegen aus allem bisherigen folgt ist, daß das Volkstum nur in der Gemeinsamkeit geistiger Inhalte bestehen kann. Volkstum oder Nation ist echte geistige Gemeinschaft keine handelnde Genossenschaft (räumliche Wirtschaft), keine Anstalt (Staat) — das sind alles gesellschaftswissenschaftlich unmögliche Gemeinsamkeiten, die denn auch mit der Geschichte in hellem Widerspruch stehen. Auch ein einzelner geistiger Inhalt, z. B. Religion, kann die Nation nicht bilden. Hiermit aber wird die Frage nach dem Begriff der Nation einfach zu einer Abgrenzungsaufgabe in bezug auf die geistigen Inhalte die dazu gehören! Es fragt sich jetzt nur: welche Summe (oder organische Einheit) geistiger Inhalte (Gemeinschaften) macht die Nation aus? welche sind tragenden, bestimmenden Inhalte oder Gemeinschaften?

2. Die Kulturgemeinschaften. Das Wesen der nationalen Gemeinschaft kann nur das ausmachen, was die Menschen, auf eigenartige Weise geistig verbindet, die grundlegenden, tragenden Gemeinschaften können allein solche sein, die auf einem ursprünglichen geistigen Inhalte beruhen. Das sind die im Erkennen und Wissen, in der Weltanschauung, im religiösen, im moralischen und künstlerischen Fühlen und Denken sich abspielenden geistigen Wechselwirkungen oder Gemeinschaften der Menschen. Wissenschaft, Philosophie, Religion, Moral, Kunst — das sind also

die grundlegenden Gebilde aller Kultur, alles menschlichen Kulturlebens; dazu kommen nur noch jene Neigungsgemeinschaften, die ursprünglichen, nicht abgeleiteten, Inhalt haben, die Liebesgemeinschaften. — Die Gesamtheit dieser geistigen Inhalte oder Gemeinschaften nannten wir schon früher: die Kulturgemeinschaften. Betrachten wir ihr Verhältnis zur Nation, so finden wir, daß wir immer nur die wesentlichen Grundzüge der geistigen Gemeinschaften herauszuschälen brauchen, wenn wir das Eigenartige einer Nation bestimmen wollen. Wollen wir das Griechische charakterisieren, so sehen wir, daß es eine Vorherrschaft der Kunst ist und eine bestimmte Eigenart derselben, die auf das Plastische geht, was den geistigen Inhalt dieses Volkes bestimmt. Das Indische ist zu charakterisieren durch die unbedingte, unbeirrte metaphysische Empfindung, welche das ganze Leben und Denken dieser Nation und ihrer Kultur beherrscht hat. Die Römer sind durch ihre ethisch-rationalistische Grundlage, durch die daraus abgeleitete Kraft ihres Handelns als die weltbeherrschende Nation ohne weiteres gekennzeichnet. Den Kern und das eigentliche Wesen der nationalen Gemeinschaft bilden daher die Kulturgemeinschaften.

Welche Rolle können nun neben den Kulturgemeinschaften noch die anderen Gemeinschaften der Menschen spielen? Wirtschaftlichen, politischen, technischen usw. Erscheinungen gegenüber bilden sich Denk- und Gefühlsinhalte, die vergemeinschaftet werden: Stände, Schichten, Parteien, Landsmannschaften, Schulen und Gruppen der mannigfachsten Art. Wir haben sie als Neigungsgemeinschaften und Massenzusammenhänge bezeichnet. Wichtig ist nun, daß die Inhalte dieser hochkomplexen Gebilde großenteils wieder auf Wissenschaft, Kunst, Moral zurück gehen, da Erkenntnis, Weltanschauung, Schönheit, Pflicht stets zu ihren Elementen gehören. Dennoch leiten sich wesentliche Teile ihres Inhaltes nicht selbst von den Inhalten der Kulturgemeinschaften ab, sondern erst von deren mehr oder weniger verselbständigten Mitteln und Folgen (Hilfshandeln, Hilfshandeln höherer Ordnung!) und überhaupt von dem Äußerlichen, Technischen des gemeinsamen Zusammenlebens der Menschen. Insoweit sind diese

Massenzusammenhänge daher nicht bloße Weitergestaltungen der ursprünglichen Gemeinschaften, sondern relativ selbständige aber im Grunde doch nur abgeleitete, dienende Teilinhalte der Gesellschaft. Diesen abgeleiteten Inhalten und Gemeinschaften kann offenbar nur eine äußerliche, periphere Rolle zukommen. Mögen sie auf die Kulturgemeinschaften zurückwirken, sie selbst sind im wesentlichen doch nur deren Funktion, deren Darlebungsformen unter bestimmten äußeren Lebensbedingungen. Daher können Stände- und Interessenverbände die Nation nicht zerreißen. Es ist möglich, daß sich deutsche und tschechische Arbeiter verbinden, daß internationale Interessengruppen entstehen, aber niemals wird diese peripherische Überbrückung am Kern des Völkischen rühren. Zwei Völker können Industrievölker werden und doch verschiedene Kulturvölker bleiben, was das industrialisierte Europa genugsam zeigt. Auch die Hirtenvölker alter Zeiten hatten gleichartiges wirtschaftliches Leben und doch größte kulturelle Verschiedenheiten. Nur Eine Odysee wurde der Welt geschenkt, aber viele Hirtenvölker unter ähnlichen Bedingungen hat es gegeben. Die nationale Eigenart der Römer wird nicht durch ihre Parteiungen und rein politische oder wirtschaftliche Gedankenwelt, ja nicht einmal die von Handelsvölkern (z. B. der Karthager, Engländer) durch ihre wirtschaftlichen Denkinhalte, sondern stets durch die Eigentümlichkeiten ihrer Kulturelemente bestimmt. — Äußere, periphere Inhalte müssen also gegenüber der geistigen Wesenheit des Lebens immer zurücktreten. Die Kulturinhalte selbst tragen und bestimmen das Leben und bestimmen daher jene geistige Gesamtverbindung, die im Volkstum gegeben ist.

Hiermit ist nun der Begriff der Nation zwar als geistige Kulturgemeinschaft aber doch noch immer nicht endgültig und klar gewonnen. Es ergeben sich noch mancherlei Fragen: inwiefern ist die nationale Gemeinschaft bei solcher Bildung durch mehrere Kulturinhalte und Lebensinhalte eine Einheit; ohne solche würde sich die Nation in die geistigen Einzelzusammenhänge: Wissenschaft, Religion usw. auflösen; ferner: wodurch schließt sie sich örtlich; wie sind all die widerspruchsvollen Erscheinungen (Holländer, Bretonen usw.) zu erklären?

3. Die Einheit der nationalen Gemeinschaft.

Die geistigen Gemeinschaften, welche uns in Wissenschaft, Philosophie, Religion, Moral, Kunst begegnen, bilden keineswegs eine bloße Summe, sondern insofern eine organische Einheit, als ihre inneren, persönlichen Grundlagen eine Einheit bilden. Deren Einheit nun ist allerdings keine absolute; aber sie fehlt keineswegs. Sie liegt in der Einheit der menschlichen Persönlichkeit, jener vernünftig-sittlichen Einheit des Verstandes, welche Kant so sehr betont hat. In der Vernunft liegt ja von Natur (freilich nur idealerweise) die Einheit alles Denken und Handelns; in der von uns vorgefundenen Abhängigkeit vom All, dem Enthalten- und Teil-Sein. Diese ganze Einheit des Ich erweist sich freilich empirisch lückenhaft genug, ja widerspruchsvoll — wie eben die individuelle menschliche Seele selbst, die gleichsam in vielen, einander zum Teil überdeckenden Bewußtseinskreisen wohnt, aber im Denken, Schauen und Handeln, im metaphysisch-moralischen Gefühl und im erhabenen Genießen des Schönen immer eine und dieselbe bleibt. Im einzelnen zeigt z. B. die Erscheinung des „Charakters" eine bestimmte Grundrichtung der psychischen Beschaffenheit der Individuen, noch deutlicher zeigt es der innere Drang zur Systembildung, d. i. zur strengsten Vereinheitlichung des gesamten intellektuell-sittlich-religiösen Weltbildes. Daher weist auch in der Geschichte jede nationale Kultur eine einheitliche Art auf. Die indische, griechische, römische, deutsche, romanische Kulturwelt besitzt einen bestimmten, einheitlichen Stil, sie ist deutlich auf einen beherrschenden Grundzug abgestimmt.

Die Einheit der nationalen Gemeinschaft liegt somit in der inneren organischen Einheit der Kulturgemeinschaften. Es wäre falsch, diese letztere Einheit analytisch bloß auf Grund der Gegenüberstellung der zwei Teilkräfte menschlichen Tuns: Anlage — Umwelt suchen zu wollen; denn dann hängt vom Einfluß der Umwelt allzuviel ab, und die „Einheit" wird, als eine Frage geschichtlicher und geographischer Umstände, höchst zweifelhaft. Das trifft aber nur auf Wirtschaft, Technik, Organisationsformen, kurz den äußeren Zivilisationsbereich des menschlichen Daseins zu; nicht aber auf die innere Eigenart und die letzte Einheit der Kultur. Im Hinblick auf sie ist

„Anlage“ nicht psychologisch, d. h. nach der Summe einzelner Fähigkeiten zu fassen, sondern in ihrer vernünftigen, also auf logische Einheit des gesamten Bewußtseinskreises gehenden Einheit zu verstehen; und die „Umwelt“ erscheint ebensowenig als Summe einzelner Reize und Beschaffenheiten, sondern als Kosmos, d. h. als Ganzes, das immer und überall die Eigenschaft hat, uns als vergängliche Wesen in sich zu schließen, und so den letzten Grund zur Philosophie (Metaphysik), Religion, Moral und auch der Kunst zu legen.

Die Einheit des Kulturzusammenhanges ist nun, wie schon erwähnt, empirisch immer lückenhaft. Nicht jeder Inder war von philosophischen Gedanken, nicht jeder Grieche von der formenden Kraft des Künstlers beseelt. Zwar ist das deutsche Wesen auf Idealismus gerichtet, aber nicht jeder Deutsche ist von solcher Gesinnung durchdrungen. Nicht jede einzelne Lebensäußerung der Kulturen, nur die großen Linien zeigen die volle Eigenart. Daher ist der Begriff der nationalen Gemeinschaft in bezug auf seine Einheit ein Gradbegriff, sofern die Kulturgemeinschaften in Wissenschaft, Kunst, Religion, Moral zwar aus innerer Notwendigkeit zu organischer Einheit streben, sie aber empirisch stets nur in sehr mangelhafter Weise zu erreichen vermögen. Je eigenartiger eine Kultur ist, um so einheitlicher ist denn auch der nationale Zusammenhang, der Charakter der nationalen Gemeinschaft.

Denselben nur graduell einheitlichen Charakter haben natürlich die von den Kulturgemeinschaften abgeleiteten geistigen Gemeinschaften, nur daß bei diesen noch die äußeren Lebensbedingungen eine besondere (bedingende) Rolle spielen, so daß ihre Einheit oft noch weit geringer ist. Hier verliert sich offenbar immer mehr der Begriff „Nation“. Arbeiter, Unternehmer, Bauer, Freihändler, Schutzzöllner usw. zu sein, hat mit der Nation nur mittelbar zu tun. (Freilich wird die nationale Gemeinschaft, wenn sie vorwiegend aus Bauern besteht, dadurch einen bestimmten Charakter erhalten. Das abgeschlossene Gebirgsbauerntum war z. B. der Kern der Gruppenbildung „Schweiz“.) Es können sich, wie wir schon sahen, tschechische und deutsche Stände wohl zu

Interessenverbänden, nicht aber zu nationalen Verbänden zusammenschließen. Bedenkt man dies, so folgt: Die geistigen Inhalte, welche die abgeleiteten geistigen Gemeinschaften der Menschen erfüllen, sind zwar Denkinhalte dieser Menschen und somit Bestandteile ihrer Persönlichkeiten, aber: die Grundlegung und Richtung (in Weltanschauung, Moral, Religion, Literatur, Kunst, Wissen, Bildungswert) empfängt ihre Persönlichkeit nur durch jene Denkinhalte, welche die Kulturgemeinschaften enthalten. Der Kern und Ausstrahlungspunkt der Einheit aller geistigen Inhalte der Nation kann eben immer nur in den Kulturgemeinschaften liegen.

Man könnte einwenden, daß nur wenige Menschen einer Nation an deren höchsten Kulturgütern teilzunehmen vermögen und daß die Bildung der Massen noch immer äußerst dürftig sei. Das ist richtig, bildet aber keinen Einwand. Denn: 1. genügt schon das Leben inmitten einer Nation, die geistige Umwelt, die sie allein durch ihr Vorhandensein und mit ihrer Sprache darbietet, für diese Grundlegung und Richtunggebung, selbst dann, wenn die nationalen Ideale von Weltanschauung, Moral, Bildungsrichtung nur in elementarster Form und mehr unbewußt, naturhaft die Wesenheit eines Individuums beeinflussen. Dazu kommt ja nun doch wenigstens im großen auch eine gewisse Tendenz rassenmäßig gleichartiger Anlage. Daher hat der westfälische Bauer eine ganz andere Geistes- und Lebensrichtung als der russische, der tirolische eine andere als der bosnische, selbst wenn sie alle Analphabeten sind. Und westfälischer, tirolischer, nordfranzösischer Bauer werden einander mehr gleichen als jenen slawischen — weil sie einander auch national in Kulturmilieu und Rasse näher stehen. 2. Wichtig ist, zu beachten, daß die Kulturfähigkeit der Massen selbst bei sehr gesteigerter Volksbildung bei allen Nationen verhältnismäßig gering ist. Nation reicht nur so weit, als die Kulturfähigkeit der Masse reicht. Denn nur soweit die Teilnahme an den geistigen Kulturgemeinschaften reicht, kann auch der wahre nationale Unterschied reichen, ja geradezu die wahre (reale, von der natürlich die vermeintliche, subjektive abweichen kann) Zugehörigkeit zur Nation; alles andere geht in Interessengemeinschaft auf. Hier ist also abermals zu beherzigen: *Nation ist auch in Hinsicht auf die teilnehmenden Massen ein Gradbegriff.* — Die durch die abgeleiteten Gemeinschaften gegebenen Denkinhalte gehören natürlich trotzdem zum Denkinhalt der nationalen Gemeinschaft: aber nur zu ihren Außenwerken, nicht zu ihrem innersten Wesen, nur peripherisch, nicht spezifisch, nur akzidentiell, nicht grundsätzlich, nur stoffüllend, nicht formgebend. Daher liegen denn auch die Unterschiede der Nationen in ihren weltanschauungsmäßigen, kulturellen Idealen, in den ihrer Natur gemäßen geistigen Zielen und Richtungen; im wirtschaftlich-technischen Leben sind und waren sie einander meist rechtlich gleich, wie die obigen Hinweise auf die Industrie- und Hirtenvölker gezeigt haben. Vertreter der materialistischen Geschichtsauffassung, denen Wissenschaft, Moral, Religion usw. nur Reflex äußerer Verhältnisse ist, sind daher ganz im Rechte, den Begriff der Nation abzulehnen; für sie gibt es keine tragenden Kulturgemeinschaften, daher auch keine wahre, innere Teilnahme weder der Massen noch anderer Stände daran; denn deren Verhalten kann doch nicht anders als wirtschaftlich bestimmt werden — der fürchterliche Nihilismus und die Barbarei dieser wertfeindlichen Auffassung erscheint hier in besonders hellem Lichte.

4. *Die verschiedenen Grade der Verbundenheit der Glieder einer Nation. Aktive und passive Mitglieder.* Ist die organische Einheit der Kulturgemeinschaften keine streng geschlossene, nur eine stufenmäßige (1); ist ferner die Einheit der abgeleiteten Gemeinschaften noch geringer (2); ist endlich die Fähigkeit der Massen, an den höheren Kulturgütern sowohl wie auch nur an den abgeleiteten Gemeinschaften teilzunehmen (3), bei allen Rassen sehr beschränkt, so haben wir bereits in dreifacher Hinsicht die bloß graduelle Einheit „Nation“, ihren Begriff bereits in dreifacher Hinsicht als bloßen Gradbegriff festgestellt: hinsichtlich der Einheit der Kulturinhalte, der Einheit der übrigen geistigen Inhalte des Lebens und schließlich des *Maßes* der Teilnahme aller Glieder einer Nation an ihr. Zusammengefaßt heißt dies: *Die nationale Gemeinschaft ist sowohl hinsichtlich ihres geistigen Inhaltes wie auch der Innigkeit des Verbundenseins*

ihrer Glieder keine strenge, sondern nur eine graduelle Einheit. Unser früher gewonnener Satz: nur soweit die Kulturfähigkeit der einzelnen Menschen, bzw. ihre tatsächliche Teilnahme an den Kulturgütern einer nationalen Gemeinschaft reicht, reichen auch die nationalen Unterschiede, erweitert sich nun unter diesem Gesichtspunkte des Maßes ihrer Verbundenheit mit dem Ganzen (das ihrem Anteil an jenen geistigen Inhalten entspricht, welche in der Nation vergemeinschaftet sind) dahin: daß nicht alle Glieder der Nation gleich sehr an sie gekettet, gleich vielfältig und wurzelhaft mit ihr verbunden sind, weil sie an den geistigen Inhalten, welche die nationale Gemeinschaft aufbauen, in ganz verschiedenem Maße Anteil haben.

Außer den verschiedenen Graden ist aber noch der aktive oder passive Charakter dieser Teilnahme zu unterscheiden. Aktive Mitglieder der Nation sind alle ihre führenden Geister, aber auch alle jene, welche die vergemeinschafteten geistigen Inhalte in kleinerem Umkreise selbständig um- und weiterbilden oder irgendwie neue Elemente hervorbringen. So vor allem die Philosophen, Religionsstifter, Künstler, Gelehrten, aber auch Staatsmänner, Krieger, Politiker, Unternehmer und alles, was schöpferisch tätig ist — selbst wenn sich vieles davon auf den peripherischen Gebieten bewegt. Passive Mitglieder sind jene, welche nur Gegebenes aufnehmen, die stummen Genossen, Raum und Echo für das schaffende Genie und die Bahnbrecher neuer Gestaltung.

Der Begriff des passiven Mitgliedes ist theoretisch wichtig zur Beurteilung der Bedeutung der Rasse und praktisch für die Frage der Eindeutschung slawischer Massen. Nehmen wir an, eine bestimmte nationale Gemeinschaft unterwerfe sich eine fremdrassige, minderbefähigte Nachbarnation, entnationalisiere sie und füge sie damit in ihre eigene Gemeinschaft ein. Wie wirkt dies auf den Körper der Nation? Wenn die neuen Mitglieder rassenmäßig zur aktiven Teilnahme an der nationalen Kultur wenig befähigt sind, so können sie als passive Mitglieder doch sehr wertvoll werden. Ein Beispiel dafür sehe ich für die deutsche Kultur in den vielen unterworfenen slawischen Bevölkerungsmassen, wie sie besonders im Königreiche Sachsen, in Schlesien, dem ostelbischen Preußen, in Mecklenburg und Österreich in großer Menge neben der deutschen Kolonialbevölkerung vorhanden sind. Ihre Befähigung dürfte vorwiegend mehr zur passiven Teilnahme an der deutschen Kultur hinreichen, wie mir die Struktur des kulturellen und öffentlichen Lebens solcher Gebiete (z. B. des Königreiches Sachsen) zu beweisen scheint. Das schließt natürlich nicht aus, daß auch von dort manche bedeutende aktive Mitglieder der Gemeinschaft geschenkt werden. Aber im ganzen bleiben diese Massen weit passiver als das übrige, z. B. besonders das schwäbisch-alemannische Deutschland. — Selbst bei recht gleichen Begabungen werden bezwungene Massen auf lange Zeit mehr als Schüler denn als aktive Glieder einem Volkstume sich einfügen können.

Ein grundsätzlich gleichartiger Standpunkt ergibt sich gegenüber den Juden, welche bekanntlich überdies weit davon entfernt sind, rassenmäßig eine Einheit zu bilden. Überhaupt folgt schon aus der Natur der Nation als einer geistigen Gemeinschaft: daß jeder daran teilnehmen kann, dessen Anlagen und Begabungen ihn dazu befähigen.

Andererseits ist dabei nicht zu vergessen, daß eine nationale Gemeinschaft durch übermäßige Aufnahme anderer Mitglieder, anderen Menschenmaterials, notwendig umgebildet werden muß. Daher sollen nationale Eroberungen großen Maßstabes niemals durch Entnationalisierung sondern durch Siedelung geschehen. Denn bei absolut passiver Teilnahme der angegliederten Massen kann es auf die Dauer nie bleiben, und deren abweichende, wenn auch schwächere Begabungen, müssen schließlich auch aktiv zur Geltung kommen. Das klarste und traurigste Beispiel dafür bieten wohl die Griechen, welche nach dem Peloponnesischen Krieg zwar keine Verminderung des äußeren Bestandes ihrer nationalen Gemeinschaft, im Gegenteil, starke Ausbreitung erfuhren, aber plötzlichem inneren Verfall anheimfielen. Das griechische Blut wurde sehr stark geschwächt, und die assimilierten Massen asiatischer Sklaven, welche freilich vergeblich versuchten, Griechen zu spielen, waren nachgerückt.

Endlich macht der verschiedene Grad von Teilnahme an der nationalen Gemeinschaft auch die Entnationalisierungsvorgänge verständlich, wie sie sich in der Geschichte unter sehr verschiedenen Verhältnissen abspielen. Je passiver eine Menschengruppe an der geistigen Gemeinschaft der Nation teilnimmt, um so leichter ist es, sie zu entnationalisieren; je kulturärmer ferner eine Gruppe oder eine ganze Nation ist, um so schwächer an Inhalten wird die geistige Gemeinschaft sein, die sie bildet, um so leichter ist sie daher wieder zu entnationalisieren. Barbarische Völkerschaften sind von Kulturnationen leichter aufzusaugen als Völker, die selbst eine Kultur haben. Wo an den Sprachgrenzen oder in mehrsprachigen Staaten entnationalisiert wird, sind es vorzugsweise die Industriearbeiter und ähnliche Volksschichten der Städte, welche aufgesogen werden. Das läßt sich in Ungarn und Österreich leicht beobachten. Solche Volkskreise nehmen eben an ihrer eigenen nationalen Gemeinschaft nur geringen Anteil, es tut ihrem geistigen Leben wenig Abbruch, die nationale Gemeinschaft zu wechseln, zumal sie auch an der neuen Kultur nicht wirklich, sondern nur äußerlich teilnehmen. Hingegen sind die studierten Berufe immer und überall die eigentlichen Träger der nationalen Bewegung gewesen. In Wien wird die Assimilierung der tschechischen Massen erst schwierig, seit tschechische „Intelligenz" (Beamte) in größerer Zahl vorhanden ist. Eine gewisse Sonderstellung nehmen die Bauern ein. Daß sie schwerer zu entnationalisieren sind, kommt vor allem von der Innigkeit und zähen Wurzelhaftigkeit, mit der sie in ihrer, wenn auch engen, so doch geschlossenen Vorstellungswelt leben und an ihren Sitten und Gebräuchen festhalten. Dadurch haben sie größeren Anteil an der nationalen Kultur als intellektuell höherstehende, aber entwurzelte städtische Volksschichten. Ein wichtiger Grund für die Schwierigkeiten ihrer Entnationalisierung ist freilich auch die Verkehrsarmut, d. h. die Abgeschlossenheit des bäuerlichen Lebens, so daß die Eingemeinschaftung in den neuen nationalen Kreis auch rein technisch wegen der geringen Gelegenheit, den Landbewohner daran teilnehmen zu lassen, trotz Entnationalisierung von Schule und Amt meist äußerst langsam vollziehbar ist. In beiden Beziehungen bieten ein gutes Beispiel die tschechischen Bauern Österreichs während der josefinischen und der folgenden Periode; gegenwärtig die schwäbischen, slowakischen, rumänischen, serbischen Bauern in Ungarn, deren in die Städte abwandernden Bevölkerungsüberschuß und Intelligenz man wohl magyarisieren konnte, die aber selber nur sehr schwer zu erfassen sind. Wenn dagegen bei den Siebenbürger Sachsen auch die abwandernde Bevölkerung und Intelligenz nicht magyarisierbar ist, so liegt der Grund offensichtlich in der geistigen Geschlossenheit dieser Gruppe, die durch ihre protestantische Religion, feste Tradition und eine die Umgebung überragende Kultur alle Glieder innig an sich schließt[1]).

Zieht man aus dem Mangel an innerer Einheit der nationalen Gemeinschaft, der sich sowohl in bezug auf ihren geistigen Inhalt, wie auf das Maß der Verbundenheit ihrer einzelnen Glieder ergab, die Folgerung, so ergibt sich eine so weitgehende Schichtung und bloß stufenweise Verbindung, daß man geradezu sagen kann: jede Nation besteht aus einer Anzahl von geistigen Teilgruppen, Teilnationen. Die Gradmäßigkeit des nationalen Zusammenhanges bedingt sozusagen eine Gliederung in relativ selbständige geistige Gliedeinheiten. Sehen wir uns daraufhin die Deutschen an, so müssen wir die Bajuwaren, Schwaben (Alemannen), Niedersachsen, Rhein- und Mainfranken, Ostelbier als besondere Gruppen der Nation bestimmen, deren hohe Eigenart (man denke an die musikalische Kultur der Bajuwaren, die Verstandeskultur der Schwaben, die Staatskultur der Preußen, die ethische der Niedersachsen) offen zutage liegt, während zugleich die höhere Einheit des Deutschtums, die alle diese Sonderkreise verbindet, nicht geleugnet werden kann. Denn daß Goethe ein Franke, Hegel Schwabe, Novalis Thüringer, Meister Eckehart Thüringer war, ist uns kaum bewußt. Die Grundzüge der deutschen Kultur sind also nicht Stammeseigenheit, sondern ganz und gar gemeinsam. Noch deutlicher wird dieser stufenmäßige Charakter der Nation an der deutschen Schweiz, deren geistige Sonderart sehr groß ist. Daß ihre Bevölkerung nicht zur deutschen Nation gehöre, wäre gewiß nicht wahr und widerspräche bekanntlich den Anschauungen gerade ihrer bedeutendsten Männer, — trotzdem

---

[1]) Guten Einblick in diese Welt gewährt das „Sächs. Wehr- und Mehrbuch“ hrsg. von Englisch (etc.) Mediasch i. Siebenbürgen 1914.

in Wahrheit der größere Teil der Bevölkerung sich als eigene Nation und im Gegensatz zu den Deutschen fühlt! (Das bedeutet eben nur, da man über die Wahrheit nicht abstimmen kann, daß im Volke das Staats**bewußtsein** über das National**bewußtsein** gesiegt hat; nicht aber, daß die objektiven Zusammenhänge wirklich so liegen, nicht daß eine durchaus wesentliche Verbindung mit dem deutschen Nationalgeist fehlte.) Die Schweizer sind zweifellos Deutsche, aber von der Eigenart ihres Staates so hypnotisiert, daß sie ihr eigentliches Volkstum vergessen können und sich erst wieder daran erinnern lassen müssen. Daß dabei die deutsche Schweiz in ihrer geistigen Struktur eine sehr selbständige Stellung einnimmt, daß sie eine eigene geistige Teilgruppe, Teilnation bildet — das ist der Schlüssel für dieses schwankende Verhältnis. Ähnlich steht es mit dem Elsaß. Würden diese Sonderstellungen noch einen vollen Schritt weitergetrieben (in der Schweiz hat ja wohl nicht sehr viel dazu gefehlt, die Mundart zur Schriftsprache zu erheben), so kämen wir auf den Fall Hollands, wo die grundsätzliche Selbständigkeit der nationalen Gemeinschaft bereits vollendet ist, wenn auch die niederdeutsche Abart ihrer Eigenart nicht verleugnet werden kann (man denke an **Rembrandt**!). Die romanische Entsprechung zu Holland und der Schweiz bilden Savoyen, die ehemalig burgundischen Lande. Auch sonst zeigen die Franzosen und Italiener eine ähnliche Zusammensetzung aus Teilnationen. Provenzalen und Nordfranzosen, Lombarden und Süditaliener weisen bedeutende innere Unterschiede in ihrer geistigen Wesenheit auf, ähnlich: Tschechen und Mährer; Kroaten und Slowenen.

Und auch innerhalb solcher Teilnationen, die sich übrigens bemerkenswerterweise meist mit den Volksstämmen decken, sind wieder nicht geringe Unterschiede vorhanden. So bei den Bajuwaren: Ober- und Niederbayern, Tiroler, Steirer, Innerösterreicher (ob und unter der Enns) — gleichfalls zumeist Stammesunterschiede, die durch Mischung mit verschiedenen Ureinwohnern bedingt sind; bei den Franken: Ober- und Niederfranken; sogar die alemannischen Schweizer zeigen untereinander bedeutend unterschiedene Gruppen. — Hierher gehört auch der Unterschied zwischen Katholiken und Protestanten, zwischen Männern und Frauen, der nicht in allen nationalen Kulturen gleich ausgeglichen ist (orientalische gegen abendländische Nationen!), und endlich die Sonderstellung, welche die Juden in allen Nationen einnehmen, dies vornehmlich: 1. durch ihre Religion, die im Westen heute allerdings nicht sehr von Bedeutung ist; wo das aber zutrifft, wie im Osten (Galizien, Russ.-Polen), bilden die Juden tatsächlich eine eigene Kulturgemeinschaft, eine eigene Nation, wenn auch eine solche, die in Auflösung begriffen zu sein scheint; 2. durch ihre wirtschaftliche Stellung, die sich nicht über alle Berufe und Klassen gleichmäßig verteilt, sondern vorzugsweise auf Handel, Bank, Börse, Journalistik usw. und die oberen Stände beschränkt — zum Teil gewiß durch die wirtschaftliche Vergangenheit bedingt: 3. durch ihre Rasse, die aber durchaus keine einheitliche ist. Schätzt man nun die Eigenart der jüdischen Rasse so ungünstig ein, daß daraus für sie die Unfähigkeit folgte, sich in die nationale Bildungsrichtung einzuordnen, die Unmöglichkeit, gerade unsere Kulturelemente aufzunehmen, gerade die Grundempfindungen des deutschen Geistes mitzuerleben (Chamberlain, Dühring u. a.) — dann allerdings muß man der Gemeinschaft der Juden einen selbständigen Nationalcharakter einräumen. Geht man aber nicht so weit, so kann man den Juden eine nationale Selbständigkeit keinesfalls zusprechen, um so weniger, als die religiös-wirtschaftliche Sondergruppe, die sie bilden, zweifellos (trotz augenblicklich starken Rückschlages) in Auflösung begriffen ist.

Die Judenfrage ist daher (in Anbetracht der schon oben, S. 211, hervorgehobenen rein geistigen Natur der nationalen Gemeinschaft) gesellschaftswissenschaftlich einfach die: ob sie ihren Anlagen nach befähigt sind, in den deutschen Kulturkreis, in die geistige Gemeinschaft, welche die deutsche Nation darstellt, vollwertig einzutreten oder nicht. Daß dies mindestens für den Einzelnen möglich ist, sollte im Ernst nicht geleugnet werden! Wie es mit der Menge dabei steht, ist allerdings eine Frage, deren Entscheidung von dem Urteil über das Maß und die Beharrlichkeit ihrer abweichenden Rasseneigenschaften abhängen dürfte. Darüber will ich hier keine Entscheidung fällen. Man sollte dabei aber nicht vergessen, daß auch sonst nicht alle Glieder der nationalen Gemeinschaft gleichen Anteil an der Erzeugung des Gemeingeistes nehmen, daß es passive und aktive Glieder gibt, ja daß auch der einseitig kritische und rationalistische Geist, zu dem das Judentum neigt (und selbst dann, wenn er zersetzende Richtung hat), einen gewissen positiven Anteil an den Lebensvorgängen des geistigen Körpers der Nation behält.

Ähnlich wie die in den Unterschieden der Stämme, wie in Nord und Süd, Katholiken, Protestanten, Juden gegebenen Teilnationen sind schließlich auch die starken Standesunterschiede aufzufassen. Adel, Klerisei, Klassengegensätzliche aller Art — das sind Teilgruppen, welche zugleich die Bedeutung geistiger Sondergemeinschaften haben. Daß gerade sie aber den Gesamtzusammenhang nicht zerreißen können, wurde schon oben auseinandergesetzt.

Überblickt man alle diese Beispiele, so fällt die große Bedeutung von Teilgruppen, Teilgemeinschaften innerhalb aller geschichtlichen Nationen in die Augen. Das treffende Wort vom „Staat im Staate" gilt nicht nur von der Hierarchie der Verbände, die das organisierte (staatliche) Zusammenleben der Menschen aufbauen, sondern auch von der geistigen Gesamtgemeinschaft, die wir Nation nennen. Wir wiederholen also: Der Gradcharakter der nationalen Gemeinschaft geht soweit, daß sich jede Nation aus vielen geistigen Teilgemeinschaften zusammensetzt; diese bilden sich entweder in zerstreuten Gruppen (Katholiken, Protestanten usw.) oder in territorial geschlossenen Gruppen (Stämme usw.); im letzteren Falle namentlich braucht sich selbst der Unterschied zu anderen Nationen nur stufenweise fortzusetzen, wie das Beispiel Hollands und der Schweiz lehrt.

Das stufenweise verschiedene M a ß der Verbundenheit der Glieder mit der nationalen Gemeinschaft findet nicht in gleicher Weise seinen Ausdruck in der Entstehung deutlich verschiedener Teilgruppen. Hier bezeichnet den Unterschied die schon besprochene Gruppierung von passiven und aktiven Gliedern. Denn die passiven Mitglieder werden im allgemeinen auch eine geringe, die aktiven eine große Anteilnahme an der geistigen Gemeinschaft der Nation zeigen — wenn auch größerer oder geringerer Grad von Teilnahme mit aktivem und passivem Charakter der Teilnahme begrifflich nicht zusammenfällt. Natürlich zeigt auch diese Gruppierung zahlreiche Übergänge und Abarten.

5. Der örtliche Umkreis der Nation. Die Frage, auf welche Grenzen, welchen Umkreis von Menschen sich die nationale Gemeinschaftsbildung erstreckt, wo diese also auch örtlich anfängt und aufhört, hat ein gleiches Gesicht wie die nach der organischen Einheit. Die Gemeinschaftsbildung in kulturellen wie in allen geistigen Inhalten beginnt, wo Menschen räumlich beisammen wohnen und so notgedrungen in geistigen Verkehr treten. Dies ist allerdings nur der Fall, sofern sie die gleiche Sprache sprechen: Mitteilung ist eben die formale Bedingung von Vergemeinschaftung. Weiter ausgreifende Vergemeinschaftung hängt dann ab nicht nur von Gleichheit der Sprache, sondern auch vom Vorhandensein und der Kenntnis der nötigen Wiederholungsmittel der Sprache (Schrift, Druck, Buch- und Zeitungswesen usw.).

Da die Sprache, wie wir früher sahen, gegenüber ihren Wiederholungsmitteln durchaus beherrschend ist, kann Gleichheit der Sprache zur massenmäßigen Gemeinschaftsbildung nur in verhältnismäßig wenigen Fällen entbehrt werden: gute Kenntnis fremder Sprachen (als Massenerscheinung an den Sprachgrenzen von Bedeutung); Übersetzungen, Reproduktionen von Bildwerken, Plastiken; Noten (eine unsprachliche Zeichenschrift!); auf Schilderung von Tatsachen sich beziehendes Nachrichtenwesen (wenn an der Neuyorker Börse die Kurse fallen, steht dies in allen großen Tageszeitungen der Welt); Ausstellungen, Museen; Basierung des Bildungsinhaltes auf gleichartige geschichtliche Ereignisse und Grundlagen — das sind die wichtigsten Mitteilungsvorgänge außerhalb gemeinsamer Sprache. Daß alle neueren europäischen Nationen ihre Kultur auf die Antike gründen, ist für ihre nationale Verwandtschaft von größter Bedeutung. Denn diese Tatsache heißt nichts Geringeres als: daß wir alle mit den nationalen Gemeinschaften der Griechen und Römer in geistigem Zusammenhang, in Vergemeinschaftung begriffen sind. Wären dies lebende Nationen, so käme es bei so innigem geistigen Verkehre, wie er jetzt besteht, nur darauf an, welche Gruppe mehr kulturelle grundlegende, gemeinschaftsbildende) Werte erzeugt; die produktivere Gruppe könnte die andere besiegen und aufsaugen. Daher denn auch das allgemeine Studium der Alten (namentlich ihrer Sprachen) nur vom Standpunkte des höchsten Wertes ihrer Kulturerzeugnisse und der innersten Verwandtschaft mit dem Germanentum aus national zu begrüßen ist, andernfalls aber als nationale Gefahr betrachtet werden müßte.

Sieht man die Dinge so an, so begreift man auch die große Internationalität des Mittelalters, das Fehlen ausgesprochen nationaler Gemeinschaftskreise namentlich in seiner Frühzeit. Indem auf der einen Seite bei eigener barbarischer Jugendlichkeit die produktivste Kulturquelle in Bibel und christlich antiker Überlieferung sich erschloß, andererseits im Latein die Sprache der Bildung in ganz Europa nur Eine war, konnten und mußten die nationalen Eigenarten zurücktreten. Wer Latein lernte, trat in dieselbe geistige Sphäre ein, in den Einen geistigen Gemeinschaftskreis, der für alle Völker derselbe war. Die gleiche Sprache aller Gebildeten bewirkte also im Mittelalter eine Ausdehnung des örtlichen Umkreises der Gemeinschaftsbildung über ganz Europa und zugleich eine Vergemeinschaftung mit einem einzigen unendlich überlegenen Kulturkreis, dem christlich-antiken. Das war auch allein die Zeit, wo die Religion volkstumbildend wirken konnte: dadurch nämlich, daß das Christentum der Träger des ganzen Bildungsinhaltes war, daß also: viele Völker durch das Mittel einer einzigen Literatursprache (1) in eine überlegene und gemeinsame Bildungssphäre (2) hineinvergemeinschaftet wurden, welche in streng organischer Einheit auf ein bestimmtes Kulturelement, die Religion, abgestimmt war (3). Nur dort, wo sich diese drei Umstände ungefähr wiederholen, sehen wir denn auch in der Geschichte Ähnliches vor sich gehen, z. B. im früheren Verhältnis der Türken zu den Balkanvölkern, wo durch Übertritt zum Islam eine starke Entnationalisierung auch bei Sprachfremdheit eintritt. Dagegen haben die Römer den Kelten und Germanen gegenüber nicht auf diese Weise ihre Nationalität ausgedehnt (dazu fehlte neben dem ersten vor allem das dritte Element), sondern durch Kolonisierung, wirtschaftlichen Verkehr, militärische Gewalt, staatlichen Zusammenhang u. dgl. — lauter Dinge, die im Mittelalter fehlten.

Da uns heute die Eine Literatursprache fehlt, sind trotz

der unvergleichlich gesteigerten Innigkeit und Technik des geistigen Verkehrs die einzelnen Sprachkreise in ihrem Kulturleben mehr auf sich angewiesen und voneinander abgeschlossen als im Mittelalter.

Ergibt sich aus dem Bisherigen: daß die örtliche Grenze des Umkreises der nationalen Gemeinschaftsbildung im wesentlichen durch die Sprache gezogen wird, so folgt eben daraus, daß eine festgeschlossene Grenze damit noch nicht gegeben ist. Die Nation ist auch in bezug auf ihren örtlichen Umkreis als Gradbegriff anzusehen. Die Begrenzung ist nicht streng gezogen, der zur nationalen Gemeinschaftsbildung führende Gedankenaustausch hört auf keinem Kulturgebiete plötzlich auf. Es ist wie ein Wasser, das in Sumpfgebiet und so erst allmählich in festes Land übergeht. Jeder französische Roman, den wir lesen, jedes Ergebnis französischer Forschung, das in den festen Schatz unserer wissenschaftlichen Erkenntnis übergeht, vergemeinschaftet uns mit jenem andern nationalen Kreise. Solche Durchbrechung der Grenzen an noch so vielen einzelnen Punkten hat aber bei eigenartig verschiedenen nationalen Kulturen wenig zu sagen. Denn wie die Grenzen sich auch verwischen, die Arten können es nicht.

Von hier aus ist auch das Wesen des Weltbürgertums verständlich. Es beruht wohl auf einer Erweiterung der geistigen Gemeinschaft; ob diese aber als mixtum compositum nationaler Denkinhalte Wert hat, ist eine andere Frage. Der Weltbürger gleicht dem, der in allen philosophischen Systemen bewandert ist. Nun bleibt ihm die Wahl: Eklektiker zu werden oder sich auf die Grundlage einer bestimmten philosophischen Denkweise zu stellen. Ein drittes Ziel, Eigenes aus fremden Elementen zu schaffen, ist freilich vorhanden, geziemt aber nur dem großen und selbständigen Geiste. So kann auch der Weltbürger entweder Eklektiker werden, oder er vollzieht die Vergemeinschaftungsvorgänge grundsätzlich doch nur auf der Grundlage nationalen Geistes. Wenn schöpferische Geister auf dem so erweiterten Felde fremde Kulturelemente der nationalen Gemeinschaft einverleiben, — z. B. haben Lessing und seine Nachfolger das Drama Shakespeares, nicht das französische, dem deutschen Kunstgeiste eingegliedert — geschieht dies immer in veränderter, geläuterter Form. Gerade solche Weiterbildungen und Bereicherungen des nationalen Geistes beweisen, daß die bloße kosmopolitische Erweiterung eines Gemeinschaftskreises nur eklektisch und chaotisch möglich wäre. Daran wird wieder der kulturelle Charakter der nationalen Gemeinschaft offenbar.

Zeigt sich die Sprache nur als das beherrschende, nicht als das ausschließliche Mitteilungsinstrument und Mittel der nationalen Gemeinschaftsbildung, so werden nun (durch diese abermals gradmäßige Fassung des Volkstumsbegriffes) alle jene Ausnahmefälle verständlich, welche die theoretischen Begriffe über das Wesen der Nation stets verdunkelt haben. Diese Ausnahmen sind: verschiedenes Volkstum bei gleicher Sprache, gleiches Volkstum bei verschiedener Sprache. Von den letzteren Fällen haben wir die Rhätoromanen in der Schweiz, die Basken in Spanien, die Bretonen in Frankreich kennen gelernt, Gruppen, die sich überall trotz eigener Sprache in den anderen nationalen Verband eingliedern. Wie ist dies möglich? Es ist nur dadurch möglich, daß ihre Gebildeten alle die Sprache des Wirtsvolkes beherrschen und in dessen Gemeinschaft ohne eigenen genügenden Grundstock völkischer Bildungswerte eingehen. Ohne diese zur geistigen Verbindung unentbehrliche Sprachgleichheit wäre höchstens ein Bundes- und Sympathieverhältnis, aber keinerlei nationale Eingliederung denkbar. Der genügende Grundstock eigener höherer geistiger Gemeinschaft fehlt deswegen, weil es sich um kleine Volkssplitter handelt (die zudem überlegenen großen Nationalkulturen gegenüberstehen). Im Kreise der Gebildeten ist eben der eigentliche Sitz der nationalen Kulturgemeinschaft. Die ungebildete Menge umgibt sie mehr als stummer Genosse, als Echo, aber auch als Kräftevorrat. Wäre daher ein solches abgesplittertes Volk zahlreich, so würde es eine genügende Menge eigener Gebildeter erzeugen, die seiner spezifischen Anlage und Vergangenheit gemäß eine eigene, neue nationale Gemeinschaft gründen. Wie groß soll nun die Zahl sein? wo ist die Grenze? Dafür gibt es keinen bestimmten Wert, denn es kommt sowohl auf die Überlegenheit der aufsaugenden Nation, wie auf die eigenen kulturellen Kräfte und Anlagen der aufzusaugenden Gruppe an. Einen lehrreichen Grenzfall bilden die Tschechen. Ihre Gebildeten waren bis etwa 1860 gänzlich deutsch, das tschechische Volksleben von deutschem Wesen sehr durchdrungen, die Massen daher dem österreichischen Staatsgedanken ergeben, so daß ein ähnliches Verhältnis wie zwischen Bretonen und Franzosen wohl denkbar erschien. Daß es sich auf die Dauer nicht einstellte lag wohl sowohl an der großen Zahl der Tschechen, wie zugleich an ihrem Rückhalt an der übrigen großen Slawenwelt und schließlich daran, daß die innere Überlegenheit der deutschen Kultur in einer Zeit rein materiellen Aufschwunges und der Verflachung unserer Bildung nicht zur Geltung kommen konnte, während zugleich die politischen Machtmittel den Händen der Deutschen in Österreich (nicht ohne eigene Schuld) entglitten.

Von demselben Gesichtspunkte aus ist die Erscheinung verschiedenen Volkstums bei gleicher Sprache zu beurteilen. Die Lockerung des kulturellen Zusammenhanges ist bei gleicher Sprache sehr wohl möglich. So vor allem, wenn starke räumliche Trennung eintritt und die einzelnen Gemeinschaften dann auf sich angewiesen sind. Es ist aber dann nicht der neue Lebensraum, die neuen äußeren Daseinsbedingungen, vielmehr der in sich geschlossene, selbständige Vergemeinschaftungsprozeß (der trotz gleicher Sprache mit der Mutternation nur wenig Verbindung hat), welcher die relative Selbständigkeit des neuen Volkstums begründet. Dies ist der klassische Fall der Kolonialvölker. Australier und Amerikaner haben sich von England, Afrikaner von Holland, Frankokanadier von Frankreich losgesagt. Politische und wirtschaftliche Konflikte mit dem Mutterlande bilden bloß den Anlaß, eine innerlich schon vollzogene Trennung auch äußerlich zum Bewußtsein und womöglich zur politischen Durchführung zu bringen. Die Verschiedenheit der neuen Gemeinschaft von der Mutternation braucht dabei nicht sehr groß zu sein, so daß noch innige Verbindung und Sympathie bestehen bleiben kann, wie es z. B. im Verhältnis Australiens zu England usw. der Fall ist. Wenn aber zur Trennung noch große Rassenverschiedenheiten hinzukommen, wird die vergemeinschaftende Bedeutung der Sprache ganz in den Hintergrund treten. So namentlich bei den spanisch und portugiesisch sprechenden Südamerikanern, aber auch in den Vereinigten Staaten gegenüber England. — Nicht so kraß wie bei den Südamerikanern, aber doch im Grundsatze gleich liegt der Fall der Norweger gegenüber den Dänen. Die Sprachgleichheit vermag die inneren (rassenmäßig, räumlich, geschichtlich usw. bedingten) Verschiedenheiten der Gemeinschaftsinhalte nicht zu überbrücken.

Überblickt man die Erscheinungen nationaler Einheit bei verschiedener Sprache sind somit alle durch die Tatsache des nur graduellen Charakters der Abgrenzung nationaler Gemeinschaften durch Sprachgleichheit zu erklären; umgekehrt erklärt sich die nationale Trennung bei Sprachgleichheit durch die innere Selbständigkeit des Kulturinhaltes verschiedener, auf selbständige Weise sich bildender Gemeinschaften, welche in anderen Bedingungen als (der bloß formalen Bedingung) der Sprache ihren Schwerpunkt haben; Übergangsstadien in beiden Fällen erklären sich wieder durch den bloß graduellen Charakter der organischen Einheitlichkeit jeder Kulturgemeinschaft (nationalen Gemeinschaft). — Im besondern ist die Unterscheidung von Kultur- und Staatsnationen zurückzuweisen. Letztere überdeckt nur im Volksbewußtsein die erstere als allein wirkliche (Schweiz); oder aber sie stellt nur die selbständige Abtrennung einer Teilnation dar (Holland).

6. Der Begriff des Volkstums. Fassen wir die bisherigen Erörterungen zu einer Begriffsbestimmung zusammen, so ergibt sich: Nation ist eine geistige Gemeinschaft, deren Kern und Wesen die Kulturgemeinschaften bilden und deren unmittelbare wesentliche Bestandteile daher sind: Philosophie, Religion, Moral, Kunst, Wissenschaft und die Liebesgemeinschaften; deren nicht wesentliche, peripherische Bestandteile die übrigen vergemeinschafteten Inhalte geistigen Lebens bilden (abgeleitete Gemeinschaften, darunter besonders die wirtschaftlichen). Oder mehr summarisch angeschaut: die Nation ist die Gesamtheit des geistigen Lebens in Inhalt und Form, das sich im Umkreis einer Sprache auswirkt. Das auswirkende Prinzip ist: die geistige

Vergemeinschaftung; die Einheit der so gefaßten nationalen Gemeinschaft in bezug auf ihren geistigen Inhalt, ihre Gliederung in Teilgemeinschaften, ihre äußere Abgrenzung gegen die anderen Nationen und endlich das Maß der Verbundenheit ihrer Glieder ist nicht streng geschlossen, vielmehr in allen diesen Beziehungen nur graduell. Diese bloß relative Einheit der Inhalte beruht auf der nur ideellen Einheit der menschlichen Persönlichkeit; die Gliederung in relativ abweichende geistige Teilgemeinschaften, die unbestimmte Abgrenzung, das verschiedene Maß der Verbundenheit der Glieder beruht sodann darauf, daß viele verschieden begabte Persönlichkeiten an der Vergemeinschaftung in verschiedenem Maße teilnehmen. Die Nation ist sohin in ihrem gesamten inneren Aufbau und selbst in ihrem äußeren Umkreis ein Gradbegriff. Daher läßt sie lose Verbindungen und selbst Widersprüche nach allen Richtungen hin zu. Das entspricht nur ihrer Natur als geistiger Gemeinschaft vielartiger und selbst nicht streng einheitlicher Menschen.

Als Bedingungen der nationalen Gemeinschaft erscheinen: Sprache, Staat, geographischer Raum, Rasse in schon früher dargetanem Sinne. Der Staat als organisatorische Bedingung des geistigen Vergemeinschaftungsprozesses erscheint aber selbst wieder als geistige Schöpfung nationalen Lebens; die Sprache, in ihrer Eigenschaft als logisches Gebäude (Grammatik), Form des Denkens und Anschauens, ferner in ihrer Eigenschaft als Summe aufgespeicherter Begriffe und Denkinhalte erscheint gleichfalls als Ergebnis nationalen Denkens und Schauens — somit sind Staat und Sprache nicht nur äußere Bedingungen, sondern selbst Bedingtes, zugleich selbst Schöpfungen nationalen Lebens.

Der Zusammenhang der in der „Staatsnation" (Holland, Schweiz) gegeben ist, muß im besonderen als ein bloß überdeckender bezeichnet werden. Die Holländer bilden genau besehen keine eigene Staatsnation, sondern nur eine Teilnation, die sich zur vollen Selbständigkeit abtrennte — also nicht durch die Einwirkung und Kraft des Staates allein, denn sie waren schon an und für sich eine in ihrer Kultur relativ selbständige nationale Teilgemeinschaft. Nur auf dem Grunde der Kulturnation kann also sich eine solche Verselbständigung erheben! Der Begriff der „Staatsnation" beruht lediglich auf einer unklaren Überschätzung des überdeckenden Staatszusammenhanges gegenüber dem wirklichen Kulturzusammenhange.

Das subjektive Bewußtsein nationaler Zugehörigkeit hingegen ist weder Bedingung noch Bestandteil der nationalen Gemeinschaft, sondern nur ein Reflex davon, ein subjektives Feststellen des Ergebnisses eines objektiven Prozesses. Als eingetretener Reflex gewinnt es natürlich größten realen, bedingenden Einfluß.

Hiermit sind alle Begriffselemente der Nation grundsätzlich klargestellt. Bedeutung und Wechselwirkung der äußeren Bedingungen im einzelnen zu erforschen, wäre eine besondere Aufgabe der gesellschaftswissenschaftlichen Theorie der Nation, was weit über den Rahmen dieser bloßen Begriffsuntersuchung hinausginge.

7. Vom Wert der nationalen Gemeinschaft. Die Nation als Kulturgemeinschaft begriffen erscheint von selbst als Kulturwert, als individuelle Lebensgestalterin und Trägerin der Kultur. Nationale Gesinnung, Betätigung der nationalen Gesinnung kommt daher einer Pflege von Kulturwerten gleich. Und jeder Nationalstolz, jede nationale Bewegung ist soviel wert, als die Kultur wert ist, auf deren Erhaltung und Stärkung sie sich richtet. Der Widerstreit der Nationen erhält damit ein ähnliches Gesicht wie der bestimmter Richtungen in Kunst, Wissenschaft, Religion.

Die großen weltgeschichtlichen Gegensätze sind, schematisch gesehen, folgende: Der Gegensatz zwischen römischem und griechischem, englisch-französischem und deutschem nationalen Wesen ist im Grunde kein anderer, als der zwischen Empirismus und Idealismus. Der Grundzug indischen, griechischen, deutschen Wesens war rein idealisch. Die Slawen sodann teilen diesen Zug, sofern auch sie durchaus nicht auf empiristischer Seite sind. Gewiß lebt in ihnen ein auf das Metaphysische, auf das Innerliche in der Welt gerichteter Sinn. Das beweist das zahlreiche, zersplitterte Sektenwesen in Rußland, das beweist die ganze Struktur der slawischen Literatur und zuletzt Tolstois Prophetentum. Aber ganz anders zeigt sich die slawische Natur im Handeln. Mangel an Tatkraft, Unfähigkeit, in beharrlichem zähen Ausdauern eine Aufgabe zu vollbringen, tritt hier überall hervor. Die innerlich gebrochenen, im Alkoholismus oder anderen Verlorenheiten hindämmernden Helden sind die typischen Gestalten nicht nur der slawischen Literatur (man erinnere sich an Dostojewskijs und Weressajews Romane Andrejews, Korolenkos, Bunyins, Tschechows Novellen und Skizzen, Gorkijs Nachtasyl); sondern auch der russischen Geschichte und des russischen Lebens. Die Geschichte zeigt, daß die Slawen ohne freme Hilfe nicht einmal einen Staat schaffen konnten. Dieser Kraftlosigkeit und Unfähigkeit entspricht grundsätzlich die Despotie als Staatsform (denn Schwache müssen streng regiert werden). Ganz falsch ist es daher, Rußland als das um 200 Jahre jüngere Europa aufzufassen. Vielmehr bilden die Neigung des Slawentums zum Despotischen, der Zug zur Apathie und zur melancholischen Dumpfheit organische Entsprechungen; ebenso wie der krankhafte Ehrgeiz dieser Gebrochenheit entspricht und in der bekannten russischen „Prestige"-Politik seinen Ausdruck findet. Auf logischem Gebiet findet sich entsprechend eine starke Wirrheit des wissenschaftlichen Denkens (in den strengen geisteswissenschaftlichen Disziplinen). — Das wirkt schließlich auf die Metaphysik zurück. Ohne strengen, klaren Willen kein autonomer, fest in sich gegründeter Geist. So darf man sich nicht wundern, wenn auch die Metaphysik und Kunst der Slawen innerlich gebrochen und verzweifelt ist. Sie kann sich nicht wehren, sie kann sich des ungetrübten Kulturinhaltes nicht erfreuen, sie kann sich niemals Luft machen, sie vermag nichts zu gestalten. Zum Herrschen sind daher die Slawen, das Volk ohne Baustil, auf absehbare Zeit jedenfalls nicht berufen.

So betrachtet liegt die Wahrheit im geistigen Kampf der Nationen nirgends anders, als wo sie auch im Kampf der Meinungen liegt, wo sie in Wissenschaft, Philosophie, Kunst und Moral an sich liegt — das übersieht der Kosmopolitismus. Er ist daher sentimental aber nicht wahr, nicht wahrhaftig. Er sieht der Tatsache, daß es genau so wie gute und schlechte Ansichten auch höher- und minderwertige Nationen und Kulturen gibt, nicht ehrlich ins Gesicht.

Unserm Begriff der Nation entspricht es auch, daß jede nationalpolitische Bewegung eine Kulturbewegung ist; und zwar sowohl, wenn sie sich auf äußere Bedingungen nationalen Lebens, insbesondere auf den Staat richtet, wie im Jahre 1813, als auch, wenn sie unmittelbar auf die Pflege von Kulturwerten ausgeht. Im letzteren Falle wird allerdings mehr an der Oberfläche gearbeitet, was bei Massenbewegungen nicht anders möglich ist. Man denke etwa an die Arbeit der nationalen Schutzvereine in Österreich, der Studentenverbindungen u. dgl. Daß die nationalen Parteien praktisch auch zugleich Wirtschaftsparteien sind, ist eine Sache für sich; als solche fördern sie einzelne Interessen, nicht nationale Werte. Sofern sie aber den nationalen Grundsatz auch da zur Geltung bringen, werden sie jenen gerechten Ausgleich zwischen den Klassen anstreben, welcher die besten äußeren Bedingungen für ein Gedeihen der geistigen Gemeinschaft, der spezifisch nationalen Kultur herstellt. Darin liegt zugleich ihre politische Schwäche, weil das nationale Programm von sich aus noch kein bestimmtes wirtschaftliches, auch noch nicht einmal ein ganz bestimmtes staatspolitisches Programm (das z. B. über die Staatsform entscheiden könnte) bildet.

Aus dem Begriff der Nation folgt auch, daß die Förderung der B i l d u n g vor allem eine nationale Sache ist. Sei national heißt zu allererst: bilde dich, füge dich in das geistige Ganze der Nation ein, indem du seinen Inhalt in dir aufnimmst. Ungebildete können nur recht passive Glieder im geistigen Körper der Nation werden. Je wahrer wir den Inhalt deutschen Geistes in uns aufnehmen, desto reiner und erhabener wird sich unsere nationale Gemeinschaft entfalten.

Vierter Teil. Die Ersatzvorgänge.

Die bisherige Betrachtung der Gesellschaft galt den Formelementen und den sachlichen Inhalten, die ihren gesamten Aufbau in sich befassen.

Außer diesem allein in der W e s e n h e i t der Gesellschaft, in ihrem Bau- und Leistungszusammenhange an sich gegebenen System von Erscheinungen sind nun aber noch solche vorhanden, die aus anderen Ursachen stammen. Es ist dies der stete Abgang ihrer Elemente und der fortwährende Ersatz durch neue, anders ausgedrückt: Tod und Geburt der Personen, der Träger von Empfindungen und Handlungen.

Anmerkung: In diesem Zusammenhange zeigt es sich, wie wichtig es ist, das Wesen der Gesellschaft rein in ihrem geistigen und leistungsmäßigen Bestande zu erfassen. Schäfle hat als Elemente der Gesellschaft die Personen und das Land bezeichnet. Beide sind nicht selbst Elemente, sondern nur Bedingungen gesellschaftlicher Vorgänge. Das Land kann nur Mittel für das Handeln werden. Die Personen sind nur Träger der Empfindungen und Handlungen. Das Verschwinden der Elemente ist daher allein der gesellschaftliche Vorgang dabei. Ein biologischer Vorgang hingegen ist es, der den Tod der Personen, der Organismen bedingt, welche Träger der gesellschaftlichen Elemente sind. Daher ist bei Geburt und Tod: 1. nur das Verschwinden der geistigen Elemente ein gesellschaftlicher Vorgang, nicht das Sterben der Personen; 2. das, was sich daran an Folgen in der Gesellschaft knüpft.

Daraus ergibt sich, daß die Vorgänge des Ersatzes gesellschaftlicher Elemente nicht im Wesen der Gesellschaft selbst liegen. Denn nicht in den Empfindungen und Handlungen liegt der Grund für die Ersatzvorgänge, sondern darin, daß Empfindungen und Handlungen in ihrer Existenz an organische Materie in ihrer Vergänglichkeit gebunden sind. Es ist also nur das Hineinspielen biologischer Vorgänge, welche diese Erscheinung entstehen läßt, es sind Störungen von außen her, nicht immanente Ursachen, welche sie bedingen. Daher nehmen die Ersatzvorgänge eine völlige Sonderstellung gegenüber den bisher betrachteten, funktionell bedingten Gesellschaftserscheinungen ein.

Die Ersatzvorgänge bestehen 1. in der Ersetzung des Personenstandes (Geburt und Tod). Die abgehenden und neu hinzukommenden Personen werden dabei einfach als zahlenmäßige Größen, nicht als Qualitäten, betrachtet. Das Ganze dieser Vorgänge heißt Bevölkerungswesen; 2. aber auch in einem geistigen Einfügungsprozeß der neuen Bevölkerungsbestandteile, der sich an den körperlichen Ersatz, die Geburt, notwendig anschließt. Dieser Vorgang heißt Erziehung. In schematischer Kürze betrachtet ergibt sich über diese beiden Ersatzvorgänge folgendes:

I. Das Bevölkerungswesen.

Die Grundtatsachen des Bevölkerungswesens sind: Tod und Geburt, Abwanderung und Zuwanderung — der sogenannte Bevölkerungswechsel. Dazu kommen noch die Eheschließungen als jene veranstaltenden Handlungen, welche die Organisation „Familie" begründen, das ist die Organisation für die Entstehung, wie körperliche und geistige Erziehung neuer Individuen.

Das Bevölkerungswesen hat es mit rein zahlenmäßigen Größen zu tun, wird daher mittels statistischer Methode dargestellt. Zugleich liegt hier das Hauptgebiet aller Statistik. Die bloß zahlenmäßige Aufzeichnung genügt nämlich nicht. Es müssen durch Erfassung der richtigen Verhältnisse und Beziehungen der Größe untereinander schwierige und feine Messungen vorgenommen werden (vgl. z. B. allein schon die schwierige Aufgabe, die Sterbevorgänge einer Bevölkerung zu messen).

Im Bevölkerungswesen als der zahlenmäßigen Summe aller Träger gesellschaftlicher Erscheinungen ist die Grundlage für die Häufung, d. i. das oftmalige Nebeneinandersein von gesellschaftlichen Vorgängen, gegeben. Daher muß jede statistische Betrachtung gesellschaftlicher Tatsachen auf diese Grundlage Bezug nehmen. Wirtschafts- und Moralstatistik z. B. ist ohne Berücksichtigung von Altersgliederung, Geschlechtsgliederung, Dichte usw. der Bevölkerung, also ohne Zuhilfenahme bevölkerungsstatistischer Begriffe, undenkbar. Es kann daher ohne bevölkerungsstatistische Grundlage keinerlei Statistik mit Erfolg getrieben werden. Das Fehlen dieser Grundlage ist immer die Ursache des Dilettantismus auf diesem Gebiet.

Von der statistischen Darstellung der Bevölkerungsvorgänge ist zu trennen die Bevölkerungstheorie (z. B. des Malthus), welche auf innere Gesetze der Bevölkerungsvermehrung und deren Beziehung zur Wirtschaft und andern gesellschaftlichen Erscheinungen geht. Die Untersuchung der Einflüsse, welche die bloße Quantität der Gruppen auf die Gestaltung aller ihrer Erscheinungen hat, ist übrigens auch eine rein gesellschaftswissenschaftliche Aufgabe.

Veranstaltungen des Bevölkerungswesens sind in der Familie, deren Ersatz und Hilfsorganen (s. oben S. 155 f.) sowie in bevölkerungspolitischen Maßnahmen des Staates gegeben.

Aus der großen bevölkerungsstatistischen Literatur nenne ich: G. v. Mayr, Statistik und Gesellschaftslehre, Bd. II, Bevölkerungsstatistik, Tübing. 1897

Ballod, Grundriß der Statistik, Berlin 1913. — Über die „Quantitative Bestimmtheit der Gruppe", Simmel, Soziologie, Lpz. 1908. — Über die Häufung in ihrer Beziehung zum leistungsmäßigen Aufbau der Wirtschaft s. meinen Aufsatz „Der log. Aufbau d. Nationalökonomie" Ztschr. f. d. ges. Staatsw. 1908.

II. Die Erziehung.

Die Erziehung ist vom Standpunkt des Gesellschaftsganzen aus die Entwicklung der kindlichen Fähigkeiten zu jenen geistigen Inhalten und Geschicklichkeiten, welche in die gegebenen geistigen und handelnden Verknüpfungen hineinpassen. In diesem Sinne wird namentlich „zum Berufe" und „für den Stand" erzogen. Erziehung ist damit ein Vorgang der Einfügung neuer Träger geistiger Elemente in die schon gegebenen Gemeinschaften und Genossenschaften. Daher will die Gesellschaft immer so erziehen, wie es ihrer jeweiligen Gestaltung entspricht: der spartanische Staat kriegerisch, der Priesterstaat religiös, der Handelsstaat kaufmännisch usw.

Dem steht ein anderes Erfordernis gegenüber: die Erziehung zu jenen idealen Werten, welche schlechthin für gültig, wertvoll gehalten werden, die Erziehung zum reinen Vernunftideal.

Wie dieser Gegensatz zu lösen ist, das kommt darauf an, ob man die Gesellschaft individualistisch oder universalistisch auffaßt. Im ersteren Fall erscheint Erziehung auch in ihrer technischen Durchführung als reine Selbsterziehung, die Aufgabe des Erziehers liegt lediglich in der Beseitigung von Störungen und Hindernissen. Auch die Werte, auf welche die Erziehung hinsteuert, sind dann selbstbestimmte.

Ein richtig verstandener Universalismus hält dagegen an der Gemeinschaft als unentbehrlichem geistigen (nicht nur äußerlich helfendem) Element der Erziehung fest. Aber die Vergemeinschaftung erscheint dann nur als die Entwicklung jener Potenzen, welche das Individuum in sich trägt, als die bloße Erweckung des dem individuellen Geiste angemessenen. Der Ausgleich gesellschaftlicher und individueller Ideale wird begrifflich darin gefunden, daß die Gesellschaft selbst die Idee des Guten, d. h. die Idee des höchsten Wertes, verkörpert. Dann ist die höchstmögliche Vergemeinschaftung zugleich die allseitigste Erziehung des Individuums, wie zur Gesellschaft, so auch zu seinem eigenen idealen Wert.

Die Veranstaltung der Erziehung ist heute nach der mehr öffentlichen und intellektuellen Seite hin im Schulwesen gegeben; nach der mehr privaten und ethischen Seite hin in der Familie. Das Schulwesen bietet zugleich, wegen seiner einseitig intellektuellen Richtung die wichtigste Grundlage für die berufliche Pflege der Wissenschaft.

Die Erziehung ist, soweit sie mit Elementen des Logischen, Ethischen, Ästhetischen, Religiös-Metaphysischen notwendig verbunden ist, apriorischen Aufbaues; aber auch nur insoweit; soweit nicht, praktische Kunst auf psychologischer und physiologischer Grundlage.

In ihrer Eigenschaft als Vorgang der Angleichung neuer Empfindungs- und Handlungsträger an eine schon vorhandene Welt von Empfindungen und Handlungen hat die Erziehung dieselbe Bedeutung wie Werbung und Wertentlohnung: sie ist ein Vorgang der Vereinheitlichung. Indem sie sich ihrem Begriffe nach aber nur auf den jugendlichen Nachwuchs beschränkt, bleibt sie auch von diesem Gesichtspunkte aus Ersatzvorgang.

Die Zuwanderung erfordert Angleichung als Assimilation, welche namentlich in Fällen nationaler Verschiedenheit wichtig ist und den Übergang vom bloßen Ersatzvorgang zur Werbung bildet.

Literatur. Bergemann, Soziale Pädagogik, 1900 (induktiv behandelt); Natorp, Sozialpädagogik (Gegenstand: D. Wechselbeziehungen zwischen Erziehung u. Gemeinschaft). 2. Aufl. Stuttgart 1904. P. Barth, D. Geschichte d. Erzieh. i. soziolog. Beleuchtung, Vierteljahrsschr. wissenschaftl. Philosophie und Soziologie. 1903, 27. Bd. — Die Pädagogik als Teil der Philosophie haben besonders bearbeitet Schleiermacher und Herbart. — Zusammenfassende Darstellung des Unterrichts- und Erziehungswesens im Handb. d. Politik, 3. A. Berl. 1914.

Zur Übersicht über den Gesamtaufbau der Gesellschaft.

Den **formellen** Aufbau der Gesellschaft bilden:

Den **inhaltlichen** Aufbau der Gesellschaft bilden:

Elemente	Gebilde (Gemeinsch., Genossenschaft: Verkettung, Bündnis)	Hilfsvorgänge (Gemeinschaften u. Genossensch. bildende Handlungen)	Deren Gebilde (Hilfsgebilde)	Hilfsvorgänge höher. Ordnung (formal: gegensätzlich)	Vereinheitlichungs-Vorgänge	Einheitserscheinung.	Artung der Elemente	Ersatzvorgänge
Empfindung	(persönlich: System der Vitalität) Gemeinschaften: Wissenschaft, Kunst, Religion, Philosophie, Liebes- und Neigungsgemeinschaft (auch Massenzusammenhänge)	Mitteilung: Sprache u. ihre Wiedergabe; Vervielfältigungssysteme von Eindrücken.			Werbung*) Wertentlehnung*).	Der Gemeinschaft.: Nation	Begabung	Ersatz der geistigen Elemente: Erziehung
Handlung	Genossenschaften: Verkettung (des Zweckhandelns: Wirtschaft).	Veranstaltung*): Verabredung (darunter auch Geselligkeit), Verein, Familie, Anstalten d. Wissensch. u. Kunst (Laboratorium, Schule usw.), Kirche, Polizei u. Armee, Staat.	Satzungen: Moral, Sitte, Recht.	inhaltlich: anstaltsbildend Wettbewerb (individuell). Politik (Handeln der Bündnisse oder Parteien).		Der Anstalten: Staat. Der Satzungen: Recht.	Technik	Ersatz der organischen Bedingungen: Bevölkerungswechsel
	(Bündnis: nicht vergenossenschaftetes gegensätzliches Handeln, s. unter Hilfsvorgänge höherer Ordnung).		Hilfsbestandteil der Hilfsvorgänge: Gewalten (Verruf, Ehrung usw.)	Krieg				

*) Bezieht sich auf Gemeinschaft wie Genossenschaft (Empfinden und Handeln).

Drittes Buch.

Die Einheitstheorien der Gesellschaft: Individualismus, Universalismus, Abgeschiedenheitslehre.

Wir fanden, daß Gesellschaft kein bloßer Sammelbegriff, sondern ein spezifisches Ganzes (S. o. I. Buch S. 13 ff.) und in dieser Eigenschaft Gegenstand einer selbständigen Wissenschaft sei, der Gesellschaftslehre oder Soziologie.

An jede Gesellschaftslehre nun, welche ihren Begriff in dieser Weise bestimmt, tritt als oberste Frage die heran: Wie eine solche Einheit der Gesellschaft vorgestellt werden solle, in welchem Sinne Gesellschaft ein Ganzes sei?

Der Begriff der Gesellschaft als eines eigenen Ganzen, eines irgendwie überindividuellen Körpers oder Gesamtgegenstandes, kann in zweifacher Weise gefaßt werden, entweder nach der Art eines Mechanismus, in dem alle Einzelteile selbständige, unveränderliche Existenzen bilden, und nur durch eine von außen kommende, bewegende Kraft (den Nutzen, die überlegende Herrschaftsgewalt) einheitlich wirksam werden; oder (an einem äußersten Beispiel erläutert) nach der Art eines Organismus, in welchem die Teile nur verhältnismäßig selbständig sind, indem sie, nur als Glieder, Organe, Verrichtungsträger ihre Existenz führen, sich aus dem Leben und der Lebenskraft des Ganzen nähren.

Die erstere Ansicht, wonach die einzelnen Teile, die Individuen, das primäre, der alleinige Grund der Gesellschaft sind, wonach die Gesellschaft nur aus Individuen besteht, in ihrem Dasein sich erschöpft, heißt Individualismus. Die letztere

Ansicht, wonach der Zusammenhang der Individuen im Gesellschaftsganzen das Primäre ist, dieser Zusammenhang auch den Grund der Gesellschaft bildet und hierauf die gesamte soziale Erscheinungswelt beruht, heißt Universalismus.

Einleitung. Die Grundfrage der Einheitstheorie.

Die Grundfrage des Individualismus und Universalismus nach dem Wesen des gesellschaftlichen Ganzen läßt sich nun an Hand der Vorstellung eines Mechanismus oder Organismus in folgender Weise näher bestimmen und besondern. Es fragt sich:

Erstens, was ist das Primäre, Ursprüngliche, die logisch maßgebende Wirklichkeit in der menschlichen Gesellschaft: Das Individuum oder deren gesellschaftlicher Zusammenhang, der Einzelne oder die Gesellschaft?

Zweitens, worin liegt der Grund für die menschliche Gesellschaft: in den Individuen allein oder im Ganzen der Gesellschaft allein? Beruht die Gesellschaft auf den Individuen, oder beruhen die Individuen auf der Gesellschaft?

Drittens endlich kann man diese Frage darauf richten: Aus welchen Teilen besteht menschliche Gesellschaft? Besteht sie nur aus den Individuen allein, ist sie eine bloß mechanische Zusammensetzung aus solchen; oder besteht sie darüber hinaus noch aus etwas Eigenem, einer außerhalb der Individuen liegenden Wesenheit, die im gesellschaftlichen Ganzen als solchem läge?

Diese Fragen nach der primären Wirklichkeit in der Gesellschaft, nach ihrem Grunde und nach ihren Bestandteilen decken sich am Ende. Sie sind nur verschiedene Fassungen derselben Einen Grundfrage nach dem Wesen überhaupt. Auf diese Frage gibt es außer den zwei grundsätzlichen Antworten des Individualismus und Unviersalismus noch eine Dritte, welche ich die Abgeschiedenheitslehre nennen möchte, die aber praktisch allerdings schon über die Gesellschaft — und schließlich auch über das Individuum — hinausgeht. Das wird später erklärt werden.

I. Kapitel. Der Individualismus.

I. Das Wesen des Individualismus.

Der Individualismus führt auch die Namen: Gesellschaftlicher Atomismus oder atomistische Theorie, mechanistische Theorie, Personalismus. Unter Subjektivismus versteht man dagegen entweder nur einen sehr übertriebenen Individualismus oder in mehr psychologischem Sinne bloß die Unverbindlichkeit persönlicher Ansichten.

Der Grundgedanke des Individualismus ist: daß das Primäre und Ursprüngliche in der menschlichen Gesellschaft allein das Individuum sei, nicht dessen Zusammenhang im Ganzen; daß der alleinige Grund für die Gesellschaft und deren eigentliches Wesen im Individuum liege, nicht im Ganzen selber; daß daher endlich die menschliche Gesellschaft auch nur aus Individuen bestehe, und daß darüber hinaus nichts Eigenes, Selbständiges im gesellschaftlichen Ganzen vorhanden sei. Primäre Wirklichkeit, Grund und alleinige Bestandteile sind einzig die Individuen. Sie bilden die Gemeinschaft, sie befassen den Staat, die bürgerliche Gesellschaft, jede Art von Verband und Vereinigung in sich, und das Dasein dieser Gesamtheiten und Verbände, das Dasein des Ganzen beruht schließlich nur auf diesen, in sich selbständigen Einzelnen.

Am klarsten kann man das Wesen des Individualismus am Naturrecht (einer besonders wichtigen Art der individualistischen Auffassung) erkennen. In der Form, in welcher namentlich Hobbes es dargestellt hat, ist der Gedanke des Naturrechts folgender: Um Staat und Gemeinschaft zu erklären, ist der Begriff des menschlichen Urzustandes oder Naturstandes zu bilden. Man stellt sich einen staatenlosen Zustand vor, worin die Menschen als einzeln lebende Wesen erscheinen, in sich selbständige, autarke Existenzen (Nietzsches „einsam schweifende Bestien"), alle im Kampfe gegen alle begriffen (bellum omnium contra omnes), einer ist der Feind des andern (homo homini lupus). Um nun dem ewigen Krieg als einem unzweckmäßigen, lästigen, ja unerträglichen Zustand ein Ende zu machen, treten die Einzelnen zu einem Staatsverein zusammen, begründen sie durch Abschließung eines Staatsvertrages, den Staat. Damit haben sie Sicherheit, Ordnung und Recht geschaffen und, indem sie eine oberste Gewalt einsetzen, haben sie die Souveränität des Staates begründet. Diese oberste, von ihnen delegierte Gewalt kann nur entweder auf einen absoluten Herrscher, oder, wie andere Theoretiker, so Spinoza, Rousseau, Montesquieu und die französische Aufklärung wollten, auf eine demokratische Regierung bzw. einen konstitutionellen Monarchen übertragen werden. Da die Staatsgewalt unter allen Umständen von den Bürgern stammt, von denen sie im Staatsvertrag nur delegiert wurde, erscheint das Volk theoretisch, welche Staatsform auch vorhanden sei, zuletzt immer als der tatsächliche Vertreter der Souveränität (Volkssouveränität). Gemäß der Vorstellung vom Staatsvertrag erscheinen nun Staat und Gesellschaft deutlich als Gebilde, deren alleiniger Grund und alleiniger Bestand in den Einzelnen liegt.

Denn nun erfließt die Ordnung und der Zusammenhang des Ganzen einzig aus der Beschränkung, die sich die vertragschließenden Einzelnen freiwillig auferlegen. Dabei muß besonders betont werden, daß es gleichgültig ist, ob man sich den Staat historisch durch Vertrag entstanden vorstellt, oder aber nur die theoretische Konstruktion seines Wesens darin erblickt. Gewiß haben viele Naturrechtslehrer den Staatsvertrag historisch aufgefaßt (was natürlich falsch ist), aber die meisten haben es doch nicht so handgreiflich gemeint. Jedenfalls kommt es darauf für das Naturrecht als Gesellschaftstheorie, gar nicht an; die Frage ist nicht, ob die Idee des Staatsvertrages historisch richtig, sei (was ja nur ein Zufall wäre), sondern nur ob sie logisch, d. h. theoretisch richtig sei.

II. Die Formen und Arten des Individualismus.

Den üblichen Einteilungen der individualistischen Theorien in „Macht- und Rechts“-Doktrinen und anderen Versuchen gegenüber, möchte ich drei grundsätzlich verschiedene Arten von Individualismus unterscheiden: 1. den Anarchismus; 2. die Herrschaftstheorie oder den Macchiavellismus; 3. die Vertragstheorie oder das Naturrecht.

Die reinste Form des Individualismus ist der Anarchismus in der Form, wie er in der Lehre von Stirner (Kaspar Schmid) zum Ausdruck kam. In dem Satze: „Mir geht nichts über mich“[1]) hat Stirner jede feste Organisation des Zusammenlebens verneint und damit einen gesellschaftlichen Nihilismus gepredigt, welcher schließlich den Krieg aller gegen alle, wenn auch etwa durch freiwillige genossenschaftliche Vereinigungen gemildert, wieder herbeiführen müßte. Die meisten anarchistischen Theoretiker freilich halten dies für vermeidlich und vertrauen auf die Güte der menschlichen Natur. Schopenhauer und Nietzsche haben Verwandtschaft mit dieser nihilistischen Betrachtungsweise (wenn auch ihre Gedanken staatstheoretisch nicht zu Ende gedacht sind). So sagt Nietzsche im Zarathustra: „Dort wo der Staat aufhört, da beginnt erst der Mensch.“ Viele andere sog. anarchistische Systeme stellen dagegen nur ein seltsames Gemisch von schrankenlosem Individualismus und utopischem Kollektivismus dar und laufen dann meistens weniger auf eine eigentliche Theorie der Gesellschaft als auf verworrene und naive Beglückungstheorien hinaus.

Die zweite Art individualistischer Auffassung bringt die Theorie Macchiavellis am reinsten zum Ausdruck. M. faßt den Staat als Herrschaftsverhältnis schlechthin auf, indem er in seinen Bestand eine nackte Tatsache der Unterwerfung erblickt. Folgerichtig heißt er darum die Fürsten, dieses reine Herrschaftsverhältnis mit allen, auch unmoralischen Mitteln aufrecht erhalten. „Jeder, der es darauf anlegt,“ so sagt er im „Fürsten“, „in allen Dingen moralisch gut zu handeln, muß unter einem Haufen, der sich daran nicht kehrt, zugrunde gehen. Daher muß ein Fürst, der sich behaupten will, sich auch darauf verstehen, nach Gelegenheit schlecht zu handeln.“ Der Staat erscheint so als dauernde Unterwerfung des Besiegten durch einen Sieger. Eine ethische Natur kann diesem staatlichen Verhältnis nicht eigen sein — ein Zustand, der ja auch in einigen Vorgängen der Renaissancezeit annähernd Verwirklichung fand. (Die vielen Versuche aus Macchiavell, doch den humanen Idealisten herauszuholen, sind erfolglos. Das

---

[1]) Stirner, Der Einzige und sein Eigentum, bei Reklam.

sollte man sein lassen. Der Lehre M.s entsprach sein Charakter ganz genau.)

Die praktisch weitaus wichtigste Form des Individualismus ist indessen die Theorie vom Staatsvertrag. Hier verzichten die Individuen um der Ordnung, d. h. um der mechanischen Hilfeleistung willen, welche sie einander hinsichtlich ihrer Sicherheit gewähren können und wollen, auf Ausübung ihrer unbeschränkten Freiheitsrechte; so gründen sie den Staat. Der Staat wird hier also weder verneint, wie vom Anarchismus, noch als Herrschaftsausübung des Stärkeren erklärt, sondern als reine Ordnungs- und Sicherheitseinrichtung. Er ist ein Versicherungsverein auf gegenseitigen Schutz, und die Prämie, die man dafür zahlt, ist äußere Beschränkung an sich unverletzlicher Freiheitsrechte. Auch dieser Staat ist nicht ethischer, sondern allein zweckmäßiger, utilitarischer Natur. Es muß aber schon jetzt nachdrücklich betont werden, daß alles, was über den Begriff der Ordnung nur um das mindeste hinausgeht (z. B. Kulturaufgaben des Staates außer den Sicherheitsaufgaben), unindividualistische Gedankengänge in die Vertragstheorie hineinschmuggelt. Denn wenn die Gesellschaft auch Kulturaustausch und Kulturschöpfung in sich schließen soll, wird schon aus Gegenseitigkeit, aus dem Zusammenhang der Individuen ein eigenes, über sie hinausgehendes Element geschöpft, und damit der individualistische Standpunkt verlassen.

Die Vertragstheorie ist unter den individualistischen Staatstheorien die einzig praktische. Schon die Sophisten im Altertum hatten sie ausgebildet. Mit der Naturrechtslehre des Althusius, Grotius, Hobbes, Locke, Spinoza, der französischen Aufklärer, Samuel Pufendorfs u. anderer wurde die Staatstheorie die ganze Neuzeit hindurch auf individualistischer Grundlage errichtet. Als besondere Formen der Vertragstheorien lassen sich kurz unterscheiden: der Sophismus, der Physiokratismus und Smithianismus (Quesnay und Adam Smith), endlich der Liberalismus, der als die praktische, staatspolitische Folgerung jenes wirtschaftlichen Individualismus, wie er in den Theorien von Quesnay und Smith niedergelegt wurde, zu bezeichnen ist und dessen extreme Form die sogenannte Manchestertheorie bildet. Im besonderen ist die

Freihandelstheorie eine individualistische Auffassung vom Verhältnis einer nationalen Volkswirtschaft zur andern. Sie betrachtet, wie List sie richtig charakterisierte, die wirtschaftlichen Güter schlechthin als Werte, die wirtschaftliche Tätigkeit schlechthin als werterzeugend, sieht also in beiden isolierte Erscheinungen und in der spezifischen Zusammenfassung der werterzeugenden Elemente zur Volkswirtschaft keine eigene produktive Kraft.

In politischer Hinsicht ist die Demokratie bloß eine Abart des Liberalismus, indem letztere zur Konstitution, erstere zum Republikanismus hinstrebt. Die Frage zwischen beiden ist nur, wie weit durch möglichst unmittelbare Volksherrschaft der Schwerpunkt der Staatsregierung in die Massen, d. i. in die Gesamtheit zurückverlegt wird, wie weit ferner dadurch Fürsorge- und Kulturaufgaben neben die bloße Sicherheitsaufgabe des Staates gerückt werden, und somit ein universalistisches Element im Staate erscheint. Grundsätzlich ist aber die Demokratie nur eine Form des Liberalismus, erst die unwillkürliche Regierungspraxis bildet unviversalistische Momente aus, welche aber, obzwar im Widerspruch mit der Theorie, doch auch bei keinem liberalen Regime fehlen können.

Wägt man die drei Gruppen des Individualismus gegeneinander ab, so ergibt sich, daß der Anarchismus nur scheinbar die absolute Konsequenz der individualistischen Staatserklärung ist. Denn indem er jede Nützlichkeit der Gesellschaft zurückweist und ihr gar nichts zu opfern bereit ist, wird er zu vollständigem Nihilismus, ist also keine Erklärung, sondern nur noch eine Verneinung der Gesellschaft. Die Vertragstheorie dagegen ist in diesem Punkte (der Annahme der Nützlichkeit, welche die Gesellschaft gewährt) zwar konsequent, jedoch ist ihr Grundbegriff des Urzustandes oder Naturstandes, wie sich herausstellen wird, eine vollständig unmögliche und widerspruchsvolle Vorstellung. Theoretisch allein konsequent ist der Machiavellismus, indem er das Nützliche der gegenseitigen Hilfe und Sicherheit anerkennt, dennnoch aber der Selbstherrlichkeit des Individuums, keinerlei Abbruch tut. Allerdings kommt dies nur dem Sieger zugute.

III. Der Begriff des Individuums.

Der wichtigste Begriff mit welchem der Individualismus schaltet und auf den er von allen Seiten her zurückführt, ist der eines selbstgenügsamen oder autarken, in sich gegründeten Individuums. Nur durch ihn ist die Konstruktion des Urzustandes als eines Krieges aller gegen alle möglich, nur so ist auch die Idee des Fürsten als Gewaltherrscher, und endlich nur so der Stirnerische „Einzige" als unbekümmerter Alleingeher und vollkommen sich selbst genügende Realität möglich.

Die wichtigste Folgerung aus dieser Vorstellung der Autarkie ist: daß das Individuum in seinem Wesen schon vor Eingehen einer bestimmten gesellschaftlichen Verbindung in sich fertig und selbständig gedacht wird. Der Mensch wird also nicht erst in der Verbindung geändert, gemodelt, durch sie innerlich gefördert, sondern er ist auch ohne die Verbindung, also logisch schon vor ihr, fertig, er wird nicht in der Verbindung durch die Kräfte, die aus ihr entspringen, gestärkt, sondern die Vorteile, die er ihr entnimmt, verdankt er dabei nur seiner eigenen, aus sich selbst schöpfenden Betätigung. Jede Art von Hilfeleistung in gesellschaftlicher Verbindung kann also, wenn auch noch so nützliche, doch immer nur mechanisch zustande gekommene Erfolge aufweisen. Jeder, der an der Verbindung teilnimmt, bleibt darin seinem Wesen nach auf sich gestellt, selbstherrlich, sich selbst genügend, autark. Ob er diesem Zusammenschluß praktisch unentbehrliche Hilfen entnimmt — er braucht ihn nicht für sein inneres Wesen. Das Individuum ist so als geistiger Robinson zu definieren. Es ist allein das Primäre; einzig die Individuen sind die Gesellschaft; umgekehrt hat die Gesellschaft, der Zusammenhang als solcher, an den Individuen keinerlei schaffenden Anteil. Sie ist kein innerlich bildendes und bauendes Element, sie kann nur äußeren Vorteil gewähren.

IV. Der Begriff der menschlichen Gesellschaft.

Der Begriff der menschlichen Gesellschaft, des Staates und jeder Art von Verbindung ergibt sich, wenn sie aus lauter fertigen, jederzeit zur Selbständigkeit bereiten, sich selbst genügenden Einzelnen besteht, mit völliger Eindeutigkeit. Die Gesellschaft ist die bloß mechanische Zusammensetzung der Individuen, vorgenommen, um der nützlichen Sicherheit willen, die sie gewährt; so ist sie etwas durchaus Nothaftes, Utilitarisches, nichts mehr, denn eine Versicherungsgesellschaft und, weil damit unvermeidlich Freiheitseinschränkung verbunden ist, eine Kalamität. Deren nothafte Zwecke kann man etwa folgendermaßen unterscheiden: 1. Sicherheit; 2. Arbeitsteilung (mechanische, wirtschaftliche Hilfe); 3. Erziehungshilfe, die aber in individualistischem Sinne nur mechanisch, nämlich als körperliche Wartung und bloß diensthafter, mitteilender Unterricht aufgefaßt werden kann.

Ist dies ihr Zweck, so ist sie in ihrem Aufbau entsprechend: ein reiner Mechanismus autarker Teile, ein atomistischer Körper, ein Mosaik, eine Summe, ein Konglomerat von Individuen, daher nur uneigentlich, äußerlich, praktisch als ein „Ganzes" zu betrachten, das sie logisch genommen nie werden kann; denn es löst sich in die bloßen Eigenschaft der Individuen, sich zu verbinden, auf. In der Verbindbarkeit als solcher liegt aber wieder nichts Eigenes, Spezifisches, denn sie läßt ja die Autarkie des Individuums unberührt. (Andernfalls wäre der individualistische Standpunkt verlassen, die Idee des Staatsvertrages unmöglich.)

V. Das Verhältnis des Individuums zur Gesellschaft.

Ist die Autarkie des Einzelnen das Fundament jedes Individualismus, so ist die grundsätzliche Bestimmung seines Verhältnisses zur Gesellschaft der zweite Kardinalpunkt jeder Art von individualistischer Staats- und Gesellschaftstheorie. Auch dieses Verhältnis ist vollständig eindeutig gegeben. Denn ist das Individium autark, die Gesellschaft ihrem Zwecke nach eine nothafte Schöpfung, so kann auch das Verhältnis des Individuums zu dieser seiner Schöpfung nur ein rein nothaftes, nützliches (utilitarisches) sein. Eine eigene ethische Würde, irgendeinen über den nützlichen Zweck hinausgehenden Wert hat es nicht! Ein solcher könnte nur aus einem

Spezifischen, Eigenen kommen, das aus dem gesellschaftlichen Zusammenhang selbständig entspränge. Aber dann könnte wieder die Autarkie nicht aufrecht bleiben. Indem Gemeinschaft und Genossenschaft, geistige oder handelnde Beziehung kein wesentliches Lebensverhältnis für die autarken Individuen bildet, die vor und ohne sie fertig sind, kann sie auch keinen eigenen ethischen Wert beanspruchen.

Hier zeigt sich die erste große und unheilbare Schwäche des Individualismus, nämlich, daß eine gesellschaftliche Ethik auf seiner Grundlage unmöglich ist. Das Verhältnis des Einzelnen zum Ganzen kann nur das der Zweckmäßigkeit sein, nur ein rein eigennütziges, utilitarisches, geschäftliches. Die gesellschaftliche Ethik kann daher bei individualistischer Gesellschaftserklärung immer nur utilitarisch sein — sogar dann, wenn sie im Bereiche des Individuums selbst nicht utilitarisch ist. Auch Kant, der das Moralische als eigenes, apriorisches Prinzip bestimmte, vermochte keine andere als eine utilitarische Gesellschaftsethik zu begründen, weil er in der Gesellschaft nur eine mechanische Zusammensetzung autarker Einzelner, nicht ein bildendes Prinzip sah (darüber siehe näheres unten Buch 4). Zu einer bloß mechanischen, äußerlich-nützlichen Verbindung kann das Individuum keinen andern Standpunkt als den der Nützlichkeit gewinnen. Die andern Individuen sind ihm daher nichts als Dinge. Das ist das Entscheidende. Bei Autarkie kann eine ethische Erziehung von Mensch zu Mensch nicht gewonnen werden.

Das gleiche zeigt sich im besondern beim Begriff der Verantwortlichkeit. Als geistiger Robinson kann das Individuum immer nur für sich allein verantwortlich sein, kann und darf alles als Nutzenstiftung nur auf sich zurückbeziehen. Wie sollte der anderen als sich selbst verantwortlich sein, der andern Menschen nichts als äußere Hilfeleistung verdankt? Soziale Verantwortlichkeit, soziale Moral ist hier nichts mehr als ein Produktionsumweg für die Zwecke des Individuums selber. Soziale Verantwortlichkeit muß sich auf individuelle reduzieren, gleichwie soziale Moral nur auf Zweckmäßigkeit für das Individuum zurückgeht. (Weiteres siehe u. S. 276 f. und S. 264.)

VI. Die politischen Folgerungen des Individualismus.

Die politischen Folgerungen, die sich aus Individualismus und Universalismus ergeben, werden unten (S. 302 ff.) ausführlich behandelt werden. Hier ist nur eine kurze Übersicht zum vollen Verständnis des Wesens der individualistischen Gesellschaftserklärung unerläßlich. Ihre zwei wichtigsten politischen Folgerungen sind der Grundsatz des Mindestmaßes der Staatsaufgaben und der Freiheit.

1. Das Mindestmaß der Staatsaufgaben. Daß die Freiheitseinschränkungen der Individuen, welche der Staatsvertrag erfordert, auf ein Mindestmaß herabzusetzen sind, liegt im Zweck dieses Staatsvertrages, welcher nur um der Sicherheit und Ordnung willen geschlossen wird. Positive Aufgaben kann der Staat, wie schon oben dargelegt wurde, nicht haben. Vorzüglich hat dies W. v. Humboldt ausgedrückt, indem er sagt: „Der Staat enthalte sich aller Sorgfalt für den Wohlstand der Bürger und gehe keinen Schritt weiter, als zu ihrer Sicherstellung gegen sich selbst und gegen auswärtige Feinde nötig ist; zu keinem andern Endzweck beschränke er ihre Freiheit“[1]. „Das höchste Ideal des Zusammenexistierens menschlicher Wesen wäre mir dasjenige, in dem jedes nur aus sich selbst und um seiner selbst willen sich entwickelte“[2]. Vorher schon hatte Schlözer die Steuer, wenn sie ein Staatsopfer sein soll, als „Banditenforderung“ bezeichnet[3]. Der Staat als große Versicherungskasse auf Ordnung und Recht habe nicht mehr als ein Entgelt für seine Leistungen zu fordern (Steuer als Kauf der Leistungen des Staates). Gleich entschieden drückt sich der Grundsatz des Mindestmaßes der Staatstätigkeit in dem bekannten Satze aus, der die ganze individualistische Wirtschaftstheorie schon seit der vorquesnayischen Periode beherrschte: Laissez faire, laissez passer, le monde va de lui-même. — Treffend hat Lassalle diese Ansicht vom Staat als „Nachtwächtertheorie“ verspottet.

---

[1]) Humboldt, Ideen zum Versuch die Grenzen der Wirksamkeit des Staates zu bestimmen. Hg. von G. W. bei Reklam. S. 53.

[2]) Ebenda S. 28.

[3]) Schlözer, Allgemeines Staatsrecht, 1793.

2. Die Freiheit. Der Grundsatz der Freiheit ist die natürliche Folge der Anschauung von der Selbstgenügsamkeit des Individuums. Die Freiheit wird vom Individuum aus konstruiert und heißt daher: Unabhängigkeit von jedem Zwange geistig, moralisch, physisch, soweit nur irgend möglich. Zum Beginne der liberalen Ära ging man z. B. so weit, Wucherfreiheit zu verkünden — ein Bestreben das durchaus, mit der Vorstellung vom Mindestmaß der Staatstätigkeit übereinstimmt.

Zu einer Beurteilung des Individualismus werden wir erst durch die Darstellung des Universalismus und dem Vergleich der politischen Grundsätze beider Systeme kommen. Soviel müssen wir uns aber schon jetzt eingestehen, daß uns Heutige alle eine starke Sympathie mit dem Individualismus verbindet, daß wir alle im Geiste des Individualismus groß geworden sind. Daß die Gesellschaft zuletzt doch nur aus Individuen bestehe (denn wo wäre ein Ding, ein Vorgang, eine Person, das für sich, handgreiflich die Gesellschaft, der Staat selber wäre .— selbst der Kaiser ist ja nur Organ des Staates nicht selbst „Staat"); daß der Staat sich möglichst wenig in unsere Angelegenheiten zu mischen habe; daß Freiheit in rein subjektivem Willen, in der Zwanglosigkeit des Individuums liege — das alles erscheint uns so selbstverständlich, daß wir mit Gewalt unsere ganzen Vorstellungen umdenken müssen, wenn wir uns selbst nur hypothetisch etwas anderes denken sollen.

Und doch ist es klar, daß wesentliche Dinge nicht stimmen, daß der Begriff des autarken Individuum, auf den doch notwendig jede Art von Individualismus zurückführt, unhaltbar ist, daß die Unmöglichkeit nicht-utilitarischer Gesellschaftsethik einen Mangel bedeutet, daß die Beschränkung der Staatstätigkeit dem Berufe unserer Zeit zur sozialen Reform widerspricht.

Diese Widersprüche aufzulösen, ist die höchste Aufgabe jeder Gesellschaftslehre.

Literatur. Geschichtlich: Gierke, D. dtsche Genossenschaftsrecht, Bd. 3: D. Staats- u. Korporationslehre des Altertums u. Mittelalters, Berl. 1881 (die gründlichste und beste geschichtliche Darstellung); ders. J. Althusius und die Entwicklung der naturrechtlichen Staatstheorien, 3. A., Breslau 1913; Pribram,

D. Entstehung der individualistischen Sozialphilosophie, Lpz. 1912; Redslob, D. Staatstheorien d. französ. Nationalversammlg. von 1789, Lpz. 1912. — Eine systematische Darstellung ist mir weder über den Individualismus noch über den Universalismus bekannt; Dietzels Art. „Individualismus" im „Handwörterb. d. Staatsw." kann als vollständig unzulänglich nicht gerechnet werden. — Gute kritische Erörterungen bei: Fr. v. Wieser, Macht u. Recht, Lpz. 1910; vgl. ferner: Tönnies, Gemeinsch. u. Gesellsch. (Gemisch von Naturrecht u. Marxismus) 2. A., Berl. 1912; Chatterton-Hill, Individuum u. Staat (Ausgleich individualistischen u. universalistischen Standpunktes als Grundlage aller Kultur), Tübing. 1913. Weiter L. s. unten Buch 4. — Über den Anarchismus: Eltzbacher, Der A., 1900. — Vgl. auch oben unter Recht und Staat (S. 184 u. S. 194).

Den gesellschaftstheoretischen Gegensatz von Individualismus und Universalismus leugnet Andreas Voigt, er will diesen Gegensatz lediglich als politischen gelten lassen. „Ein prinzipieller Unterschied in der Auffassung des Zieles besteht nicht, nur suchen Individualismus und Sozialismus das Ziel auf verschiedenen Wegen zu erreichen, ersterer durch Dezentralisation des Rechts, durch . . . Ausgestaltung des Privatrechts, letzterer durch Zentralisation . . . Die Formel, der Individualismus betrachte den Staat . . . lediglich als eine Summe . . . von Individuen, der Sozialismus allein als ein organisches Ganzes, ist eine tendenziöse Behauptung . . ." (Wirtsch. u. Recht, Ztschr. f. Sozialwissensch. 1911 S. 395). — Von relativistischer Seite her greift den Gegensatz an: Thorsch, Der Einzelne u. die Gesellsch." 2. A. Wien 1907 „Alles ist Individuum, alles ist Gemeinschaft", es gebe nichts, was rein Individuum, rein Gesellschaft wäre. Darauf ist zu erwidern, daß beide freilich nur Abstraktionen, aber gültige Abstraktionen sind. — Gegen Voigt spricht vor allem die ganze Geschichte des staatswissenschaftlichen Denkens seit Platon und Aristoteles.

II. Kapitel. Der Universalismus.

I. Das Wesen des Universalismus.

Das Wesen der universalistischen Auffassung ist weit schwieriger darzustellen und zu begreifen als das der individualistischen. Die Schwierigkeit liegt vor allem in der notwendigen Trennung äußerer Nützlichkeit und geistig-moralischer Wesenhaftigkeit, die beide im gesellschaftlichen Verhältnis der Menschen zueinander liegen. Dieser Trennung steht erstens unsere ganze Bildungsrichtung und anerzogene Denkweise entgegen, die das Moralische in Nutzen, das Teleologische in Kausalität, den Geist in Energie, die Entwicklung in einen Mechanismus auflösen zu können glaubt, und zweitens die geringe Fähigkeit, zur Abstraktion und begrifflicher Schärfe, die infolge jenes ans Handgreifliche gewöhnten, alles Grundsätzliche in Kasuistik auflösenden und historisierenden Denkens in wissenschaftlichen Kreisen leider nicht mehr selten geworden ist.

1. Die Bezeichnungen. Die Schwierigkeit beginnt schon beim Namen. Das Wort Universalismus geht auf die Einheit oder das Ganze der Gesellschaft. Daher wäre „Sozialismus", im rein wörtlichen Sinne, (von societas, Gesellschaft abgeleitet) nämlich „Gesellschaftlichkeit" die richtigere Bezeichnung. Indessen ist diese schon für eine bestimmte Sondertheorie festgelegt, also unbrauchbar. Eine ähnliche Schwierigkeit bietet die Bezeichnung Kollektivismus, die oft mit Kommunismus gleichbedeutend gebraucht wird. Nicht treffend genug ist das Wort „Solidarismus", weil es nur auf ein Element, die Vertragstreue, geht, übrigens gleichfalls schon in einem bestimmten Sinne, als eine Art Genossenschaftswesen (vgl. Gide u. Rist, Geschichte d. volkswirtsch. Lehrmeinungen, Dtsch. von Horn, Jena 1913, S. 667 ff.; Pesch, Nationalökonomie, Freiburg i. B. I. 1905 351 ff.) aufgefaßt wird. Die Bezeichnung „organische Staats- und Gesellschaftstheorie" ferner, auch „Organizismus" genannt, geht mehr auf einen nach bestimmter Methode, der biologischen, durchgeführten Universalismus. Endlich wird noch der Name „Überindividualismus" gebraucht, welcher aber seinen Begriff nur negativ erklärt, indem er sagt, daß über das Individuum hinausgegangen wird. Nichts anderes sagen „Überpersonalismus" und „Transpersonalismus."

Unter allen Bezeichnungen wählen wir daher den Ausdruck „Universalismus" der überdies in der Ethik und Philosophie in gleichem Sinne bisher stets üblich war. Freilich darf nicht verschwiegen werden, daß in der Philosophie der Ausdruck Universalismus auf das Weltganze (Universum) geht, daher auch einen metaphysischen nicht nur gesellschaftsethischen Sinn hat. In jenem metaphysischen Sinn versteht man dann oft unter Universalismus nur jene Ansicht, welche, indem ihr alles Wirkliche bloßer Schein ist, das Individuelle überhaupt fallen läßt. So die Ansicht der Eleaten und des indischen Buddhismus. Diese Begrenzung des Begriffes Universalismus auf die Leugnung der individuellen Wirklichkeit ist aber in der Gesellschaftswissenschaft unbrauchbar und undurchführbar, denn für eine solche Ansicht ist die Gesellschaft ebenso scheinhaft und unwirklich wie das Individuum. In der Gesellschaftswissenschaft kommt es vielmehr nur auf das Verhältnis des Ganzen der Gesellschaft zu ihren Teilen an. Wo der Primat gesehen wird, davon muß dann der Begriff ausgehen.

Wollte man die Fachausdrücke Individualismus, Universalismus verdeutschen, müßte man von der Einzelhaftigkeit und Gesellschaftlichkeit oder Ganzheit der Gesellschaftsauffassung bzw. der Einzelhaftigkeitslehre und Gesellschaftlichkeitslehre sprechen.

2. Was der Universalismus nicht ist. Das Wesen des Universalismus darf vor allem nicht in der geraden Umkehrung des Individualismus gesehen werden — der größte Fehler, der in der Regel bei Beurteilung des Gegenstandes gemacht wird! Wenn das Wesentliche des Individualismus in der Autarkie des Einzelnem besteht, besteht es für den Universalismus nicht in der Vernichtung des Einzelnen und der

alleinigen Realität der Gesellschaft. In praktischer Anwendung: Wenn der Individualismus jene Ansicht von Gesellschaft und und Staat ist, welche den Einzelnen über das Ganze stellt, so ist der Universalismus nicht umgekehrt eine Theorie, die schlechthin das Ganze über den Einzelnen stellte, diesen dem Ganzen aufopferte. Der Universalismus ist daher auch nicht jene Theorie für welche der Einzelne nichts, der Staat alles ist. Das ist vielmehr gerade eine atomistische Auffassung vom Universalismus, die ihn eigentlich sinnlos macht. Nur ganz extreme Formen des Universalismus gehen so weit; grundsätzlich aber behält das Individuum auch für das universalistische Denken seinen unverlierbaren inneren Wert und seine sittliche Autonomie. Die Würde des Einzelnen braucht also beim Universalismus nicht geringer zu sein als selbst beim Individualismus. Praktische Aufopferung des Einzelnen für das Ganze hingegen kann auch nach der individualistischen Staatsauffassung und Staatsgestaltung oft nicht vermieden werden. Vielmehr kommt es auf die Begründung der Voranstellung des Ganzen oder des Einzelnen an, auf das Verständnis und die Erklärung solcher Sachlagen.

Allerdings ist zu gestehen, daß das Wesen des Universalismus weniger eindeutig ist und viel verschiedener gefaßt wird, als des Individualismus. Zunächst möchte ich darum meine persönliche Auffassung entwickeln, die allerdings bei einer Theorie, welche seit 2000, ja seit 3000 Jahren (nämlich seit Platon wie Konfucius und Laotse) die meisten Kulturepochen beherrschte, nicht eigentlich neu genannt werden kann, da hier schwerlich noch Neues zu denken ist. Am meisten stimme ich mit jener Form überein, die Fichte (allerdings bei gleichzeitiger Beibehaltung naturrechtlicher Konstruktionen) zuerst in den „Grundlagen des Naturrechtes“ entwickelte[1]), die später Schelling und Hegel übernommen haben; bei diesen beiden aber durch den Gedanken eines gegenständlichen kosmischen Entwicklungssubstrates in einer Weise umgebildet ist, die dem Individuum leicht Gewalt antut und das Ganze der Gesellschaft zu einer an sich seienden

[1]) Sämtliche Werke Bd. III, Ausgabe von Medicus Lpz. 1912 Bd. II. — Die entscheidenden Gedankengänge sind unten Buch IV, Fichte, dargestellt.

Wesenheit zu machen droht[1]). Eine solche Auffassung mag von einem höheren geschichtsphilosophischen Standpunkte aus Rechtfertigung finden können. In der Gesellschaftslehre selbst kann nur ein analytischer Begriff vom Ganzen Platz finden. Dieser aber findet ein an sich seiendes Substrat des Gesellschaftsganzen in der empirischen Wirklichkeit nicht vor.

3. Das Wesen der universalistischen Gesellschaftsauffassung. Der Hauptgedanke des Universalismus besteht darin: in dem geistigen Zusammenhang der Einzelnen den Quellpunkt und das Wesen der Gesellschaft zu erkennen. Denn dieser geistige Zusammenhang wird schöpferisch gedacht, so zwar, daß die Menschen durch den Widerhall und die Anregung, den sie in bloßer Mitteilung, bloßem Austausch von Gedanken und Gefühlen finden, allein schon innerlich gefördert werden, also schöpferische Wirkungen empfangen.

Damit sagt der Universalismus: Das wesentliche an dem gesellschaftlichen Verhältnis der Menschen zueinander ist, daß es ein geistiges Verhältnis sei (nicht ein nützliches, wirtschaftliches); das wesentliche des geistigen Verhältnis ist die schöpferische Wirkung der Menschen aufeinander (welche sich notwendig und unausbleiblich damit verknüpft findet).

Anmerkung. In der früher entwickelten Theorie vom Aufbau der Gesellschaft (Objektivationssystemen) ist diese universalistische Auffassung bereits zum Ausdrucke gekommen, insofern geistige Gemeinschaft als schöpferischer Widerhall aufgefaßt wurde und der handelnden Genossenschaft gegenüber als primär erschien. Es muß dies offen gesagt und ausdrücklich festgestellt werden. Bei individualistischer Auffassung könnte ein großer Teil der entwickelten Theorie des materialen Gesellschaftsbegriffes nicht aufrecht erhalten werden.

Worauf beruht also die menschliche Gesellschaft?

Beruht sie darauf, daß wir uns gegenseitig Hilfe leisten, einander nützen durch Mitwirken an gegenseitiger Zielerreichung

---

[1]) Vgl. z. B. Hegel, Rechtsphilosophie §§ 257 ff. — In der Philosophie der Geschichte heißt es: „Das ist die List der Vernunft [des Weltgeistes] zu nennen, daß sie die Leidenschaften für sich wirken läßt, wobei das, durch was sie sich in Existenz setzt, einbüßt und Schaden leidet. Denn es ist die Erscheinung, von der ein Teil nichtig, ein Teil affirmativ ist. Das Partikulare ist meistens zu gering gegen das allgemeine, die Individuen werden aufgeopfert und preisgegeben." (Einleitung, S. 70 bei Reclam.) — Dagegen vgl. aber auch die Hervorhebung des Individualen S. 57 ff. ebenda.

(so daß wir autarke aber einander unterstützende Kraftpunkte wären, die Gesellschaft also deren Summe); beruht sie also handgreiflich gesprochen darauf: daß der Bauer das Feld bestellt, der Handwerker gewerbliche Güter erzeugt, der Kaufmann sie auf die Märkte bringt, der Staatsmann allgemeine Ordnungsvorsorge trifft, der Krieger diese Tätigkeiten schützt — beruht auf solchen und ähnlichen Gegenseitigkeiten, Hilfenaustauschen, die im Grunde auf Arbeits- oder Funktionsteilung hinauslaufen, die menschliche Gesellschaft?; oder ist diese Funktionsteilung nur eine äußere Form, welche die Gesellschaft (das gesellschaftliche Verhältnis der Menschen) annimmt — deren wahres Wesen aber ganz wo anders liegt?

Die universalistische Antwort lautet: ja, jene Hilfeerteilung ist nur äußere Erscheinungsform, das wahre Wesen der Gesellschaft liegt ganz wo anders: es liegt in der geistigen Kräfteschöpfung, die im seelischen Verhältnis der Einzelnen zueinander von selbst gegeben ist, es liegt in der geistigen Geburtshilfe, welche das Verhältnis der Menschen in sich schließt. Diese geistige Geburtshilfe, diese geistig-moralische Gegenseitigkeit ist in ihrem Wesen niemals äußerliche Hilfe (wie z. B. beim Unterricht und schulgemäßem Erlernen), sondern unmittelbarste, innerste Schöpfung selber, reflexartiges Emporschießen eines Gefühls, eines Willens, Auferweckung, Anregung; sie ist geistige Geburtshilfe nicht durch mechanisches gegenseitiges Nehmen und Geben, sondern: als Gegenseitigkeit, als Widerhall und Widerstrahl schlechthin, ohne Zutun des einen oder andern. Beschenke ich meinen Freund mit einer Gabe: das wirft einen schöpferischen Strahl der Freude in mein Gemüt. Ich gebe und empfange doch. Nicht die mechanische Handreichung und Hilfeleistung, sondern das geistige Verhältnis, wodurch sie gestiftet wird und welches jene Hilfeleistung nachträglich selbst wieder stiftet, das ist das wesentliche. Auch ohne solche mechanische Begleiterscheinung offenbart sich die schöpferische Wirkung der Geister aufeinander. Daß ich Gegenstand des Interesses meiner Freunde und Feinde bin, ihre Wünsche mich begleiten, ihr Haß mich verfolgt: das allein schon weckt Kräfte in mir, gestaltet etwas in mir, indem es mir ein Ansporn hier, eine Zurückhaltung dort wird, führt mich zu Kraftanstrengungen, zur Abwehr, zu Wünschen und Ansprüchen, Gefühlen und Gedanken, die sonst geruht hätten. Was vorher nur Fähigkeit und Möglichkeit war, wird jetzt zur Wirklichkeit aufgerufen. Was vielleicht vorher schon Wirklichkeit war, wird nun zu gesteigerter Entfaltung gebildet. Nicht ein Geben und Nehmen, Helfen und Tauschen, liegt hier vor, ein urtümliches Entspringen tritt uns entgegen. Die menschliche Empfindung gleicht dem Blitze, der nicht einer, sondern zwei Wolken entspringt, der geboren wird aus der Anziehung der einen zur andern. Und in solchem Entspringen sieht der Universalismus das Wesen der Gesellschaft. Er muß daher in der Gesellschaft die Geburt des Individuums sehen — nicht bloß dessen nützliche Erhöhung, mechanische Unterstützung. Die Geistigkeit ihres Verhältnisses zueinander allein gebiert die individuellen Geister; sie ist der Gertenschlag der Wünschelrute, welcher Verborgenes zutage bringt, eine noch im Unbewußten schlummernde Fähigkeit zum leibhaftigen Können bildet. Mechanische Mithilfe zur Erreichung äußerer Ziele für sich genommen ist dagegen nur eine technische Bedingung, kein innerer Bestandteil gegenseitigen Lebens.

So können wir mit einem Worte Schellings (das allerdings entwicklungsgeschichtlich gemeint war) sagen: Das Individuum wird gelebt — es lebt sich selbst, aus Autarkie heraus, gar nicht (unbeschadet logischer und moralischer Autonomie); oder, wenn wir an unsere Zerlegung der Gesellschaft in Zweige anknüpfen: Das Individuum wird nur in Gemeinschaft; Genossenschaft, die Verbundenheit im Handeln dagegen ist nur Ausdruck und Mittel dieses geistig-moralischen Werdens.

Nun erhebt sich vor allem die Frage: ist dieses Verhältnis der Menschen zueinander Liebe?, führt die universalistische Theorie die Gesellschaft auf Liebe und deren Formen (Mitleid, Mitfreude u. a. m.), zurück? Nein! Geistigkeit des Verhältnisses der Menschen ist nicht einerlei mit Liebe, nicht selber Liebe, denn sie kann auch in Abstoßung, Widerspruch, Zurückweisung, ja Haß und Verachtung bestehen. Auch solche negative Verhältnisse werden notwendig schöpferische Eigenschaften haben, sei es in positiver Entfaltung des Eigenen zur erfolgreichen Entgegensetzung, sei es in der wesenhaften Unterdrückung und Rückbildung des gehaßten seelischen Elementes in sich selber, sei es endlich nur in der leibhaftigen kenntnismäßigen Nachbildung des Negativen in sich zur „Abschreckung". Liebe, d. h. positives Miterleben, bejahende Anteilnahme, die Eigenes nach fremdem (dem Geliebten) bildet, ist allerdings immer die wesentlichste und wichtigste, auch vielfältigste Erscheinungsform und Folge geistiger Beziehungen.

Will man das Verhältnis der Menschen, wie es der Universalismus denkt, ganz erfassen, so muß man zum lebendigen Gefühl davon, zur inneren Erfahrung seine Zuflucht nehmen, zu jenem Erlebnis selber, welches uns die schöpferische Wirkung, die der Geist auf den Geist übt (auch ohne äußere Hilfeleistung wie in Unterricht und Erziehung) von innen her verstehen lehrt. Es ist die Empfänglichkeit für andere Wesen, auf die man vor allem blicken muß, und was daraus für das eigene geistige Werden folgt; das Bereitsein für Anregungen, für Liebe, aber auch für Gegnerschaft jeder Art, hinter dem eine ganze Fülle von Kräfteweckung und Wachstum steht; die unendliche Bedeutung des Mitgefühls, sei es im Leid, sei es in der Freude, im Guten oder Bösen, für das Aufspringen aller knospenden Keime in der harrenden Seele des Kindes, des Mannes, selbst des Greises. Auf diesem Wege kann Gesellschaft empfunden, das geistige Verhältnis des Menschen zum Menschen erlebt werden: als das Sein des Einen im Anderen; das Werden des individuellen Geistes in solchem Sein (als Ineinandersein). Nur durch solches eigenes Erleben wird man schöpferische Geistigkeit als das Wesen, als die Grund- und Urtatsache alles geselligen Lebens leibhaftig erkennen. Wer sich aber dazu nicht aufschwingt, wird vom Wesen der Gesellschaft nicht anders zu reden vermögen, wie ein Farbenblinder von der Farbe.

Literatur. Als Werke in denen dieser Geist waltet und auch programmatisch entwickelt wird, möchte ich vor allen betrachten: Platon, Phaidros und Symposion; Dante, Göttliche Komödie (Dante vergleicht z. B. die Bewohner der Hölle einem Haufen welker Blätter, die Menschen des Paradieses einem Glockenspiel); dazu das vortreffliche Erläuterungsbuch von Kern, Humana Civilitas (Staat, Kirche und Kultur), eine Dante-Untersuchung, Lpz. 1913; Novalis, Die Lehrlinge zu Sais (Fragment). — Systematische Literatur s. oben unter Individualismus S. 243.

4. Nachweis gleicher Grundtatsachen in allen Teilgestaltungen der Gesellschaft. Wandeln wir nun die wichtigsten Teilgestaltungen der Gesellschaft als die typischen Formen geistiger Beziehungen ab, um überall die Grundtatsache schöpferischer Geistigkeit kennen zu lernen.

Wie das rein intellektuelle Verhältnis in der wissenschaftlichen Erörterung, das künstlerische im Miterleben verborgener und großer Regungen des Genies, das moralische in der lebendigen Wirkung des Beispiels und das religiöse wie philosophische in ähnlichen Reflexen sich fruchtbar zeigt, das hat die Untersuchung der Gemeinschaften (s. oben zweites Buch) hinlänglich gezeigt oder nahe gelegt.

Vielartige Zusammensetzungen solcher geistiger Grundverhältnisse kommen dann als Freundschaft, Liebe, Geselligkeit in den praktischen Beziehungen der Menschen vor.

Was in Sympathie und Freundschaft uns am Denken und Tun, an den Freuden und Leiden anderer Anteil nehmen läßt, das erweitert unser Gemüt, vergrößert unsern Gesichtskreis, stärkt unsern Charakter und das Ganze dieser Vorgänge (nur als geistiger Inbegriff gedacht ohne die begleitenden nützlichen Hilfenaustausche) wird so zum Bildungsorgan unserer gesamten geistig-moralischen Persönlichkeit.

Das Neue und Eigentümliche, was bei der Liebe der Geschlechter zu diesen rein geistigen Beziehungskomplexen hinzutritt und das in der Wirksamkeit des geschlechtlichen Sinnesorgane gegeben ist, verstärkt und vergrößert noch dieses erhabene Bild. Was zwischen den Herzen der Liebenden schwebt, jene geheimnisvolle Anziehung, die eine ganze Welt neuer Empfindungen und Gesichte wachruft, das fügt dem Gliederbau der Seele ganz neue Gestaltungen und Teile hinzu, es schafft, gebiert damit einen ganz neuen Menschen in den umgebildeten geistigen Bezirken und offenbart so jene schöpferischen Kräfte, die überall walten, wo Geist mit Geist in Berührung tritt, aufs deutlichste und am meisten. Und was bei den Liebenden mit solcher Gewalt wirkt, das gehört auch keinem von beiden an, das setzen sie nicht, es einzeln habend, zusammen [gerade dies ist ja der Kardinalpunkt, der allen Individualismus ausschließt, indem er die Autarkie vernichtet!]; sondern es waltet über ihnen als Objektives, es steht über beiden und bildet eine Kraft, eine Wesenheit für sich. Und so wird es den von ihm neu geschaffenen Empfindungen und Seelenkräften gegenüber zum Primären, zum Ganzen, welches, wie jedes echte Kollektivum, logisch vor seinen Teilen ist. (Hierüber wird später noch zu handeln sein).

Gleiche Wirkungen wie Bekanntschaft, Freundschaft und Liebe zeitigt die Geselligkeit, welche ja nichts andres als die Organisation (organisierte Ansammlung) solcher Vorgänge geistigen Austausches ist. Durch die, wenn auch noch so zarte und unbestimmte Gebundenheit sowie durch das Element der Massenhaftigkeit, das neu hinzukommt, erhalten die geistigen Beziehungen im Rahmen der Geselligkeit neue Gestaltungen und andere Stärken als sonst. — Zunächst ist Geselligkeit nur scheinbar, wie es die individualistische Auffassung nahelegen würde, ein Sich-Ausleben, ein freies Sich-Ausgeben im Tummelplatz vieler Kräfte, nur scheinbar ein freies (autarkes) Sich-Ergehen aus eigener Kraft. In Wahrheit liegt das wesentliche auch hier im Gegenteil, in der innern Umbildung jener Kräfte aus Gegenseitigkeit.

Wer in einen Salon eintritt fühlt die unausgesprochene und vielfältige Verbindung, die durch alle Einzelnen hindurchgeht und eine allseitige Verwobenheit, ein verschlungenes Gespinst schafft, das eben der Zusammenhang ist, der hier besteht. Der Neuling sowohl wie auch der in geselligen Dingen Bewanderte wird sogleich von diesen innern Kräften bewegt und aufgeregt. Eine leise Scham, die ihn erfaßt, eine Schüchternheit dieser geschlossenen, größern Welt gegenüber, heißen ihn seine Kräfte zusammenhalten. Unvermerkt findet er sich zugleich in Interessen und Gesprächsziele eingesponnen, und er wird der Spiegel dieser Interessen und Bewegungen. Der Eifer, die Beflissenheit, die in ihm wach werden, sind die ersten Früchte, welche das Walten der geistigen Kräfte, die ihn umstricken, zeitigt. Und ebensoviel bedeutet die Verbindlichkeit, die sein äußeres Verhalten nicht nur, sondern mehr noch seine innern Regungen leitet und gestaltet. Die freundliche Gesinnung, von der diese Verbindlichkeit getragen ist, bedeutet das Entspringen eben solcher (freundschaftlicher) Gefühle und damit eine rein schöpferische Wirkung auf den menschlichen Geist. Und doch ist Verbindlichkeit als Eifer zugleich und als zurückhaltende Gemessenheit auch ein schönes Gleichgewicht gegensätzlicher Kräfte und so außerdem: beherrschte Kraft, Selbstdisziplin, welche abermals der innern Bildung der Persönlichkeit dient.

Und in jener Beflissenheit sowohl wie in dieser Verbindlichkeit entstehen dem Geiste neue Interessen. Was heißt es aber, daß Interessen geweckt werden? Interesse haben heißt, einen lebendigen Wunsch, einen plötzlich erwachten Willen besitzen und den Vorsatz, die Mittel zu seiner Zielerreichung anzuwenden. So wird alles, was an Kräften und Anlagen in uns schlummert, für das neue Ziel wachgerufen, angewandt, dann neu gesteigert und gebildet.

Diese Betrachtung zeigt, daß die scheinbare Autarkie bei der Anwendung geistiger Kräfte, von welcher der Individualismus wie die gewöhnliche Meinung stets ausgeht, gerade in der Geselligkeit, wo es sich doch um leichtere Inhalte handelt, deutlich als Irrtum erkannt werden kann. Alle jene Regungen von Scham, Befangenheit, Selbstbeherrschung, freundlicher Gesinnung, verbindlicher Bemühung beruhen ja auf inneren Veränderungen derselben geistigen Kräfte, die sich angeblich so autark und selbstherrlich betätigen. (Abgesehen selbst davon, daß sie vor Eintritt in die Gesellschaft noch alle ruhten, also überhaupt erst geweckt wurden). Innere Veränderung bedeutet eine Umbildung, also schließlich die Bildung von etwas Neuem, das hinzukommt — eben jene neue, jene schöpferische Wirkung auf den individuellen Geist, welche die Autarkie ausschließt. — Bei dieser Betrachtung sind überdies die komplexeren Vorgänge, wie sie durch Ehrgeiz, Wettkampf u. ä. hervorgerufen werden nicht einmal berücksichtigt. Schon das Elementare genügt aber.

Das vielfältige Gewebe hin und her gesponnener Beziehungen, das Ganze, das in der geselligen Gemeinschaft gegeben ist, wird natürlich wieder (wie in den früheren Fällen) nicht geschaffen, indem geistige Elemente es als schon fertige gleich einem Aggregat oder Kompositum zusammensetzen — auch von dieser Seite her ist nochmals der Autarkievorstellung entgegenzutreten; vielmehr wird es als Ganzes nur durch die schöpferischen Wirkungen erzeugt, die hin und her erfolgen und so erst jenes Gebilde ergeben, das wirklich da ist (nicht jenes, das als bloßes Kompositum nur gedachterweise da sein könnte). Daher es auch nicht ein Werk ist, dessen Teile jedem Einzelnen zugerechnet werden könnten, wie in der Arbeitsteilung; sondern: im Zusammenhang als solchem liegt das Fluidum, in der Natur der geistigen Berührung für sich schon der schöpferische Zauber, welcher Kräfte auslöst und schafft. So wird der geistige Zusammenhang zu etwas Objektivem, und nicht wir bilden ihn (durch Zusammensetzung aus unsern Eigenschaften), sondern er bildet uns, indem er neue Eigenschaften, neue Ziele, neues Wollen in uns lebendig macht.

Um auch auf eine andere als die spezifisch individualistische Betrachtungsweise geistiger Gemeinschaftverhältnisse einzugehen, sei ganz ausnahmsweise einmal auf eine Untersuchung Simmels über die „Soziologie der Geselligkeit" hingewiesen[1]). Das Wesen der Geselligkeit charakterisiert er als eine Spielform der Vergesellschaftung, zum Unterschied von jenen Vergesellschaftungen, die sich in den realen Lebensinhalten, wie Wirtschaft, Familie, Politik, Kunst usw. bilden. Die Geselligkeit löst aus den Realitäten des sozialen Lebens die Form des Miteinander heraus. Sie hebt auf diese Weise einen bloß gesellschaftlichen Vorgang als besonderen Wert zu selbständiger Wirksamkeit empor. Die objektiven Interessen des Lebens und ebenso das Allerpersönlichste in den Individuen ist aus der Geselligkeit ausgeschaltet. Sie verhält sich zur Vergesellschaftung auf den Gebieten wirklicher Zweckverfolgung, wie das Kunstwerk zur Realität. In der Geselligkeit wird Gesellschaft sozusagen nur gespielt. — Daraus erklärt Simmel sowohl die Tendenz zur Förmlichkeit und Etikette, wie auch zum Oberflächlichen in aller Art von Geselligkeit. Es ist der unwirkliche, symbolische, einem ähnlichen Spieltrieb wie jenem, aus dem man die Kunst abgeleitet hat, entspringende Inhalt, der die Konstitution der Geselligkeit bestimmen und der erlösend und befreiend, gleich der Kunst auf den Menschen wirken soll. Diese gänzlich verfehlte Analyse Simmels scheint mir ganz die Nachteile seiner Methodik und Arbeitsweise aufzudecken. Wer könnte ernstlich glauben, daß die Grundform des Geselligkeitslebens in irgendeinem wesentlichen Sinne eine „Spielform" sei, daß Oberflächlichkeit und hohle Form irgendwie notwendig zu ihm gehören? Sofern die große Masse Eigenschaften hat, welche unvermeidlich ihren geistigen Verkehr zu solchem Niveau herabzwingen, sind entsprechende Eigenschaften ihrer Geselligkeit freilich notwendig. (Ähnlich etwa sofern Geselligkeit in müden Stunden oder unter anderen beschränkenden Bedingungen sich abspielt.) Aber die Geselligkeit als Quell und Born geistiger Nahrung, als eine Sphäre aller Art von Geistigkeit, der Liebe, des Erlebens anderer, der Mitteilung von Kenntnissen, der wissenschaftlichen Erörterung, gegenseitiger geistiger Wettkämpfe — ist ein reales, autogenes Gebiet geistigen Gemeinschaft und Zweckverfolgung. (Dabei ist von

---

[1]) Verhandlungen des Deutschen Soziologentages. Bd. I. Tübingen 1911.

der Geselligkeit als Träger verschiedener sozialer Funktionen, z. B. politischer, pädagogischer natürlich ganz abgesehen.) In Geselligkeit ist allerdings ein vielgliedriger Inhalt vereinigt, da sie wie wir oben sahen, eine organisatorische Zusammenfassung, ein Tummelplatz aller geistigen Gemeinschaften darstellt, wie: Bekanntschaft, Freundschaft, Kameradschaft, Liebesverhältnis u. dgl. Ein Salon, ein Fest, eine vereinbarte Zusammenkunft, das ist einfach das Forum, die Organisation der Betätigung der geselligen Gemeinschaft. Diese besteht aber in wirklichen geistigen Beziehungen. So vielerlei es sein mögen, sie sind alle wirklich und eigentümlich, nicht gespielt. Hier ist die Ursprünglichkeit und der Ernst des Lebens, die Realität der verfolgten Interessen, ebenso streng gewahrt, wie in der wissenschaftlichen Diskussion, in der Familie, in der Kirche, der Politik und auf anderen Gebieten. Wenn Simmel auf die Gesellschaftskunst des Ancien Régime verweist, so möchte ich es für richtiger halten, das Wesentliche in solchen Darstellungen der Geselligkeit zu erblicken, wie sie uns in Novalis „Heinrich von Ofterdingen" und den „Lehrlingen zu Sais", vor allem aber in Platons „Phaidros" und „Symposion" gegeben werden. War das Ancien Régime spielerisch, so war es dies im Leben. Ist eine Geselligkeit streng förmlich, so liegt der Grund dafür auch nur im Leben. So wickeln sich bei Hofe, bei Ministern u. dgl. die Regierungsgeschäfte unter strengen Formen ab, das Leben selber ist dort förmlich, weniger noch die Geselligkeit selbst.

Wieder scheint mir der gefährliche Formbegriff Simmels an dieser verzerrten Charakteristik der Geselligkeit wesentlichen Anteil zu haben. Denn der Umstand, daß wir in ihr, wie Simmel nicht unrichtig sagt, das Miteinandersein, die Vergesellschaftung schlechthin vor uns haben, bedeutet keineswegs, daß es sich dabei schon um einen formalen, in sich inhaltsleeren, also lebensunwirklichen, spieggemäßen Vorgang handelt. Das Gegenteil ist der Fall. Je reiner das Gesellschaftliche als solches (geistige Gemeinschaft) verwirklicht wird, um so wahrer und voller sprudelt schöpferisches kräfteweckendes Leben.

Wie in Freundschaft, Liebe, Geselligkeit geht es durch alle Sphären der Gesellschaft und durch alle Arten von Begabungen, Charakteren und ihre Betätigungen hindurch. Nicht nur in rein geistigen Verhältnissen auch in den Verhältnissen, die das Handeln begründet, im Staatsleben, in der Politik, im Krieg, und selbst im Geschäftsleben (das doch als freier Wettbewerb viel Geistiges ertötet) finden wir überall die gleichen Grundvorgänge. Ungeistiges Handeln gibt es eben nicht, Handeln ist der Ausdruck bestimmter Geistigkeit (auch des Willens), und indem diese notwendig überall durchbricht, wird sie auch schöpferisch wirksam. Der Schauspieler braucht den Zuschauer — nicht als Statisten, sondern als lebendigen Reflex, als Mitfühlenden und als Kritiker, anders wird er seine Fähigkeiten (etwa als Robinson vor Puppen spielend) niemals entwickeln. Was die altfranzösische Novelle vom Tänzer unserer lieben Frau erzählt, der vor einem Marienbilde seine Gaukelspiele ausführt, beruht gerade auf vollster Beseelung, auf innigstem, verehrendem Zusammenhang mit seinem Zuschauer. Genau so ergeht es dem Künstler mit dem Publikum. Darüber sagt Goethe:

Was wär' ich ohne dich Freund Publikum.
All mein Gedanke Selbstgespräch
All mein Empfinden stumm.

Und was wären Feldherr und Soldaten ohne die Gegenwirkung der Feinde, Erfinder ohne lohnende Verbraucher und verehrende Nachahmer? sie könnten zu keiner Entwicklung weder der innern Geistigkeit, die dem Verhältnis zugrunde liegt, noch der äußern Kraftanstrengung des Handelns, die es verwirklicht, kommen. — Auch dort wo bloße Wettbewerbe und Kämpfe vorherrschen, wie auf wirtschaftlichem Gebiete, wird die notwendige Anspannung aller Kräfte überall höchste Tüchtigkeit (Tugenden des Wollens, klaren Denkens, der Kenntnisse und Fähigkeiten, die dahinter stehen) bilden helfen. Diese Wirkungen der freien Wettbewerbe in der modernen Zeit sind ja bekannt. Die wirtschaftliche Kraftanstrengung selbst leitet sich allerdings großenteils von der vielfachen Notdurft des Lebens (dem Zielsysteme der Vitalität) ab und hat insofern, das muß ausdrücklich zugegeben werden, allerdings eine rein persönliche also autarke, individualistisch zu erklärende Grundlage. Aber doch nur als ersten Grundstock. Wirtschaft, welche Kulturbedürfnissen dient, entspringt schon aus Geistigkeit und alle erzieherischen Wirkungen des so bedingten Handelns, schlagen wieder in Geistigkeit, in deren gegenseitige Umbildung, aus.

Bedenkt man dies alles, so begreift man, wie auch der Tatmensch in Beruf, Unternehmung, Politik und Staat, nur lebt und wird durch den innern Widerhall, welchen die hinter seinen Verhältnissen des Handelns stehende Geistigkeit begründet. Diese gibt nicht nur den Grund für das Handeln selbst ab (als Ziel desselben), sondern wird in Gegenseitigkeit geschaffen und umgebildet, empfängt und gibt schöpferische Wirkungen und bildet so den Menschen unmittelbar wie es ihn mittelbar durch die Kraftanstrengungen, welche die Ziele vom Handeln fordern, erzieht und bildet. Denkt man an Gestalten wie

Perikles, Demosthenes, Alexander, Cäsar, Karl den Großen, Friedrich den Großen, Napoleon, Bismarck so löst sich das Werden und der Grund ihrer Tatkraft vollständig in die Geistigkeit auf, die teils in ihrer Persönlichkeit noch mehr in den Staats- und Kulturkörpern liegen, denen sie dienten. Denn diese Geistigkeit allein stellte ihnen zuletzt auch ihre Aufgaben und war somit der Entwickler auch ihrer äußern, auf das Handeln selbst gehenden Kräfte und Talente. Denkt man dagegen an Erfinder, Unternehmer, Parteiführer, namentlich in engeren Verhältnissen, wie etwa Watt, Stephenson, die Fuggers, Rotschilds, Krupp, Edison, Richter, Bebel — so kann man den engeren Umkreis von Geistigkeit, der da vorhanden ist, eine gewisse Leerheit des Partei- und Wirtschaftslebens, nicht wegleugnen. Dennoch wird Ruhmsucht, Ehrgeiz, Humanität, Interesse an der Lösung rein technischer, politischer, unternehmerischer Probleme zumeist den weit größeren Anteil an dem Wirken solcher Persönlichkeiten haben, als die reine Gewinnsucht (die übrigens auch in dem Wunsche, der Familie und sich ein reicher gestaltetes Leben zu ermöglichen ihre geistige Seite hat) und der bloße Drang zu wirken, dem der Inhalt gleich gilt.

Alles in allem müssen wir folgern: auch das Handeln bedarf durchaus der Geistigkeit, nur diese bedingt es, nährt, schafft und ermöglicht es (hiervon macht nur ein Grundstock bloß organisch bedingter Ziele — die Vitalität — eine Ausnahme); denn rein mechanisches Handeln gibt es nicht, es muß immer dabei etwas gedacht und gefühlt werden. Diese bedingende Geistigkeit selbst wird und lebt natürlich wieder nur durch schöpferischen Widerhall, schöpferische Gegenseitigkeit. So leiten sich, wie die Welt des Handelns selbst, auch die Menschen, welche ihr dienen, mit jenen Fähigkeiten und Teilen ihres Wesens, die sie in deren Dienst stellen, von der zugrunde liegenden Geistigkeit ab. In diesem (mittelbaren) Sinne ist auch die Wesenheit des Tat- und Berufsmenschen ganz auf innere, geistige Gegenseitigkeit gegründet.

5. Geistige und helfende Gegenseitigkeit. Die bisherigen Erörterungen dürften den Begriff schöpferischer Geistigkeit als das Wesentliche der Gesellschaft und den

Grundbestandteil des Gesellschaftsbegriffes hinlänglich klar gemacht haben. Eine besondere Betrachtung erfordert noch sein Gegensatz zum Nützlichen, Helfenden, der wiederholt hervorgehoben wurde, weil von hier aus allein die reinliche Scheidung vom Individualismus, der im Grunde stets utilitarischer Art ist, vollzogen werden kann. Auf diesen Gegensatz hat schon Aristoteles entschieden hingewiesen, wenn er sagt: „Niemand möchte sich, auch wenn er alle übrigen Güter sein nennte, zu leben wünschen, ohne die liebevolle Teilnahme anderer. Ja man darf sagen, daß gerade für diejenigen, die Reichtum, Herrschaft und Macht besitzen, das Bedürfnis solcher liebevoller Beziehungen zu andern sich am dringlichsten erweist. Denn was hätten sie von ihrem ganzen Glückszustande, wenn sie nicht vermittels desselben die Möglichkeit hätten, andern Freude zu bereiten? Oder wie ließe sich das Glück bewahren, ohne die wohlwollende Gesinnung anderer?“ [1]).

Ich möchte den Bereich des bloß Nützlichen (Utilitarischen) gegenüber dem Geistigen als Hilfeleistung bestimmen. Hilfeleistung ist dabei stets eine mechanische Handreichung, ein Handeln. Durch gegenseitige Hilfeleistung nun — man denke an die Arten gegenseitigen Handelns in: Arbeitsteilung (Wirtschaft), Schutz und Ordnung (Armee und Staat), Interessenvertretung (Politik), Unterricht und Erziehung — wird bewirkt: 1. die allseitige Erhöhung der Annehmlichkeiten des Lebens und aller Güter; 2. aber auch die Möglichkeit zu leben überhaupt, so indem der Mensch von der Mutter gesäugt und dann noch lange, rein tiermäßig gedacht, genährt und aufgezogen werden muß. Später lehrt man ihn die Sprache (s. Kaspar Hauser!), man lehrt ihn gehen, die wichtigsten Handgriffe tun und bringt ihm verstandesmäßige Kenntnisse bei. Erziehung in diesem rein helfenden Sinne ist so in der Tat die Bedingung jedes menschlichen Lebens und sie ist nichts anderes als eine ununterbrochene Kette von Hilfeleistungen, also (von dieser Seite her gesehen) eine rein utilitarische Erscheinung.

Diese Tatsache der Ermöglichung des Lebens durch Hilfeleistung führt leicht irre und bewirkt oberflächlichsten

---

[1]) Nikomach. Ethik, VIII, 155 a., übersetzt von Adolf Lasson, Jena 1909.

Universalismus, indem man sagt: da der Einzelne der Gesellschaft nicht nur Erhöhung der Annehmlichkeiten verdankt (auf die er schließlich verzichten könnte), sondern auch die Möglichkeit überhaupt zu leben, ist er der Gesellschaft so verpflichtet, daß diese alles, was sie braucht, von ihm fordern darf. Es mag dies eine praktisch gesunde Argumentation sein, dennoch ist sie im Grunde individualistisch, denn sie denkt den Einzelnen, sofern er schon in der Gesellschaft als ausgebildetes Individuum darinnen ist, doch schließlich (indem er nun der Robinsonade fähig erscheint) geistig-moralisch auf sich selbst gestellt, autark. Die Pflichten gegen das Ganze werden nur als Dankespflichten aufgefaßt. Das sind sie aber nicht. Die Gesellschaft steht glücklicherweise auf stärkeren Füßen.

Daß der Mensch im Grunde ohne die andern Menschen nicht leben kann, darf man also dem Individualismus nicht ankreiden. Man kann diese Tatsache ins Auge fassen, und dennoch Individualist sein, wenn man nämlich auf Grund der Robinsonadischen Natur des Menschen, diesem geistig-moralische Autarkie zuschreibt. Man kann dann (mit Recht) *gerade* deshalb noch Individualist sein, *weil man die spezifische Wirkung der Gesellschaft auf die Welt des Handelns beschränkt*; hier allein in der Arbeit, im Schutz, der Ordnungsvorsorge, der erziehenden und unterrichtenden Hilfe, hier allein existierte dann Gesellschaft (ganz unentbehrliche allerdings) — aber die Burgfreiheit der geistig-moralischen Persönlichkeit würde damit nicht angetastet. Diese ist autark und wünscht eben gerade, daß man sie in Ruhe lassen und die gesellschaftlichen Angelegenheiten im Bereiche des Handelns suchen und fördern solle. Reinste, radikale Vertragstheorie!

Auf diesem Boden also würde jeder Universalismus aus dem Felde geschlagen werden. Das einzige, was diesem übrig bleibt, ist: die Gesellschaft auch in der Sphäre der Geistigkeit zu suchen. Im Hinblick auf die Erziehung also: nicht die Hilfeleistung, sondern die gegenseitige bildende Wirkung geistiger Berührung als wesentlich anzusehen, und demgemäß: im Verhältnis von Lehrer und Schüler nicht den (mechanisch hilfeleistenden) Unterricht, im Verhältnis von Mutter und

Kind nicht die Ernährungshilfe und die Anleitungsdienste als das letzte und wesentlichste anzusehen, sondern vielmehr: das was von rein geistigen, neuen, eigentümlichen Wirkungen vorhanden ist. Einer Mutter ist durch ihr Kind schon oft eine andere Welt inneren Lebens aufgegangen, „durch Lehren lernt man" — und das Kind selbst wird nicht nur mechanisch angeleitet, dem Schüler wird nichts von automatischen Sprechmaschinen eingepaukt, sondern sie nehmen beide Seele von der Seele ihrer Erzieher, deren Charakter und Eigenart ist ihnen zugleich inneres Vorbild.

Und so geht der Universalismus vom Handeln (das kraft seiner mechanischen Natur die volle geistige Einsamkeit und Autarkie des Einzelnen bestehen lassen müßte) überall auf die Empfindung, die Geistigkeit zurück, die dahinter steht. Zur Gesellschaftlichkeit des Handelns fügt er die Gesellschaftlichkeit des Empfindens (des Geistes) hinzu. Es muß ausdrücklich anerkannt werden, daß die Gesellschaftlichkeit des Handelns noch keinen Universalismus begründen kann; denn dann erschiene Gesellschaft noch immer als eine Summe, Zusammensetzung autarker Kraftpunkte, die im Bereiche des Handelns zwar eine „G. m. b. H." gründen müssen, im geistigen Bereiche aber isoliert bleiben, daher über das Geschäftsverhältnis hinaus auch moralisch in keiner Verbindung wären. Zweitens muß bekannt werden: daß auch darin, daß das Handeln nur dem Geistigen dient und entspringt, noch nichts liegt, was für den Universalismus spräche. Denn dieses Geistige wäre ja dann immer noch autark, alle Vergesellschaftung des Handelns, von wo immer her bedingt, könnte das nicht umstoßen.

Worin so das alleinige unterscheidende Merkmal und die Rechtfertigung des Universalismus liegt, ist die Gesellschaftlichkeit des menschlichen Geistes, die er erkennt und ihm zur Grundlage der ganzen Gesellschaftsauffassung wird. Daß die Geburt des Geistes wie seine immerwährende Fort- und Neubildung eine rein gesellschaftliche Tatsache ist, nur innerhalb der schöpferischen Aufeinanderwirkung der Einzelnen (die von aller mechanischen Hilfeleistung in Erziehung, Unterricht und

Leben streng zu trennen ist) sich vollzieht — das ist der Hauptsatz des Universalismus. Universalistisch ist jede Auffassung der Gesellschaft, welche im geistigen Zusammenhang der Individuen ein schöpferisches Prinzip erblickt, und diesem Zusammenhang, dem Ganzen, daher die logische Priorität vor den Teilen zuschreibt. Universalismus ist jede Auffassung der Gesellschaft als eines über die Individuen hinausgehenden selbständigen Ganzen.

II. Der universalistische Begriff des Individuums.

Wie das Wesen des Einzelnen universalistisch zu denken ist, ergibt sich aus dem bisherigen eindeutig. Wir haben nur die wesentlichen Merkmale herauszuheben und für sich zu betrachten.

Vor allem zeigt sich, daß das Individuum die geistige Verbindung mit andern nicht als fertiges eingeht, nicht schon vor Eingehen der Verbindung geistig fertig ist (in bezug auf die beteiligten Vermögen), sondern erst innerhalb der Verbindung sich gestaltet.

Damit ist aber zweitens gegeben, daß der Begriff der Individualität nur als Anlage oder Vermögen (Potenz, Latenz), welche in geistiger Verbindung (Gesellschaft) erst entwickelt wird, zurückbleibt.

Beide Begriffselemente folgen aus der Natur der geistigen Verbindung zwischen Menschen, der Gemeinschaft.

Die geistige Verbindung erschien kraft ihrer schöpferischen Eigenschaft vor allem als solche, in welche das Individuum als Werdendes eintritt, mithin niemals als fertig gegebene geistige Bestimmtheit; und deswegen wieder nur in Ansehung dieser Unfertigkeit, d. h. als: Anlage, als Vermögen oder Potenz. Denn indem ein Geist in den Bereich des andern gezogen wird, erfahren beide jene schaffende Kraft, die notwendig im Verhältnis zweier Menschen zueinander liegt und beide verändert. In beiden Menschen wird ein seelisches Element geweckt, umgebildet, angefeuert, gestärkt, entwickelt, aber auch zurückgedrängt, richtig gestellt, oder sogar abgetötet, vernichtet. Daher ergibt sich: nachdem jemand ein geistiges Verhältnis — sei es ein

Freundschaftsverhältnis, eine wissenschaftliche Erörterung, ein künstlerisches Genießen usw. — hinter sich und durchgemacht hat, ist er ein anderer als vorher (in bezug auf den betr. geistigen Inhalt), denn er hat nun jene Anregungen empfangen, jenes innere Wachstum vollzogen oder jene Rückbildungen erduldet, die tatsächlich bewirkt worden waren. — Ganz anders hält sich der Individualist dieses Verhältnis vor Augen, wie früher wiederholt darzulegen war. Ihm ist auch die geistige Verbindung etwas Äußerliches, Helfendes, Utilitarisches, z. B. bloße Kenntnisnahme wie beim Unterricht (was in Hilfeleistung aufzulösen ist), so daß jedes Individuum rein autark, grundsätzlich nur aus sich selbst heraus [bloß äußerer Handreichung bedürftig] sich entwickelt, in die geistige Verbindung also nicht als Werdendes sondern schon Fertiges eintritt. Hingegen zeigt schon der Sprachgebrauch an, wie falsch es ist, die Dinge so zu sehen, wenn er sagt: es habe jemand ein Verhältnis innerlich „ausgeschöpft" (daß es daneben auch unausschöpfbare Verhältnisse gibt, ist selbstverständlich); oder er sei innerlich darüber hinausgewachsen — vor der Ausschöpfung und dem darüber Hinauswachsen wirkte mithin das Verhältnis unaufhörlich bildend, vor der Ausschöpfung waren also seine Teilnehmer noch Werdende, immerfort geistig Empfangende. Und somit war jeder Teilnehmer vor Eingehen in das Verhältnis — in bezug auf die dabei beteiligten seelischen Vermögen — noch nicht fertig, er war nur Anlage oder Vermögen, Potenz, zu jenem Ausbildungsgrad, den er nach „Ausschöpfung" des Verhältnisses erreicht hatte.

Auf die Frage, wie im besonderen die geistige Schöpfung des Individuums vor sich gehe, haben unsere früheren Betrachtungen den Gemeinschaften (s. oben S. 57 ff.) sowie einiger Grundformen gesellschaftlicher Beziehungen (s. S. 251 ff.) bereits eine grundsätzliche Antwort gegeben. Wollen wir die Frage nach psychologischer Systematik beantworten, so können wir kurz folgendes sagen. Im Denken bewirkt die gegenseitige Erörterung: schöpferische Anregung, d. h. sie ruft hervor, weckt den Einfall, wirkt also bildend (neu schaffend), im übrigen wirkt sie übend und stärkend wie berichtigend. Im Gefühl sodann ist es die Erscheinung unmittelbaren Widerhalls (des Gefühlsreflexes) die grundlegend wirkt; dafür sind Beispiele etwa: Begeisterung, Mitleid, Ehrgefühl, Scham, geistige Epidemien. Der Reflex ist sowohl bildendes (neu aufbauendes) wie übendes (stärkendes) Element. Die schöpferisch-bildende Wirkung hat aber an der Erweckbarkeit von Gefühlen, der Anlage, ihre individuellen Grenzen. Wird ein Gefühl neu erweckt (gebildet), so wird es damit auch von selbst Antrieb für Handlungen. Diesen wichtigen Vorgang haben wir als Interessenweckung schon kennen gelernt. Im Willen endlich zeigt sich gleichfalls ein „Willensreflex" der sogar in der Gewöhnung einen mechanischen Charakter annehmen kann (Reflexbewegung). Die Verhältnisse liegen wie beim Gefühl, jedoch ist die praktische Wirksamkeit der Ausbildung durch Gemeinschaft hier weit geringer. Der Wille, die Energie, ist ausgesprochen Charakteranlage. (Ein Beispiel: den Nachfolgern der Dorer im spartanischen Staate nützte die alte Verfassung nichts, sie konnte ihnen Energie und kriegerischen Geist nicht anerziehen.)

Fragt man, was nun noch von der Individualität übrig bleibt, so muß man antworten: die Ichheit, Ichform aller geistigen Vorgänge, die sich in und durch Gemeinschaft abspielen; und die Anlagen, Vermögen in dieser Ichform — also das inhaltlich angelegte Ich selbst.

Es ist ja das Individuum, welches selbst denken muß. Denken beruht auf Festhalten des Identischen. Dieses logisch richtige Denken kann gestärkt, geübt, das falsche berichtigt werden, aber das Denken selbst wird dem Einzelnen auch dann nicht abgenommen, wenn ihm die Gedankenreihen vorgesagt werden. Noch weniger der „Einfall", d. i. die selbständige Erzeugung neuer Denkinhalte. Ebenso steht es mit Gefühl und Wille. Das macht ja gerade den Unterschied von Abrichtung, d. i. unselbständiger Nachahmung, und Ausbildung, d. i. eigener Nachschöpfung des Vorbildes. Die Gemeinschaft übt und stärkt, wo das Individuum schon etwas entwickelt hat, sie weckt (ruft also neu hervor) — aber nur wo etwas zu wecken da ist. Das Weckbare selbst, die Anlage, kann Gemeinschaft niemals geben, und ebensowenig kann sie dem Einzelnen die Vollziehung der Ausnutzung (Aneignung, Assimilation) der gegebenen geistigen Umwelt abnehmen. Sie kann nicht wirklich für ihn fühlen und wollen, ebensowenig wie denken. Ein dummer, ein stumpfer, ein willenschwacher Mensch wird durch keine Gemeinschaft zum Denker, zum leidenschaftlichen Genie, zum Helden gebildet werden.

In diesem gesellschaftswissenschaftlichen Zusammenhange erscheint sonach der Begriff der menschlichen Individualität zweifach bestimmt: erstens als Ichheit, Ichform, zweitens als zwar ichförmiger aber nur anlagemäßig gebildeter Kraftpunkt, der die Vergemeinschaftung eingeht; und demgemäß nur als bestimmt entwickelbarer Punkt, d. i.: als Summe von Anlagen, was Begabung oder Charakter im weitesten Sinne des Wortes genannt wird.

Anmerkung. Daß die Ichform als einzige Daseinsart der geistigen Vorgänge in der Gesellschaft übrig bleibt, drückt der Theorie wie dem Bau der Gesellschaft völlig seinen Stempel auf. Es ermöglicht (richtiger: bedingt) eine autonome Ethik, eine Ethik der Vernünftigkeit nach Kantischer Art. Denn Ichform ist gleichbedeutend mit Vernünftigkeit, diese mit Autonomie. Die Vernünftigkeit als solche ist daher die Grundlage des Sittengesetzes, ja sie ist das Sittengesetz selbst. (Näheres darüber s. unten „Über d. philosophischen Voraussetzungen des gesellschaftswissenschaftlichen Denkens, 4. Buch). — Daß die Potenzen, welche in die Gesellschaft eingehen Ichform, haben, bestimmt das formelle Gefüge der Gesellschaft. Daran scheitert vor allem die streng organische Analogie, ebenso wie jede andere Verdinglichung der gesellschaftlichen Vorgänge!

Vernichtet das aber wieder nicht den Universalismus, nicht sowohl weil die Verdinglichung des gesellschaftlichen Ganzen unmöglich ist, als weil die Ichpunkte logisch und sittlich autonom (selbstständig) sind? Nein! Ich als Seinsform des Geistes bedeutet nur Freiheit als Seinsform des Denkens und Wollens, anders gesagt: Vernünftigkeit (Autonomie) des Daseins überhaupt. Also: daß gut erst das ist, logisch wahr erst das ist, was sich vor dem Richterstuhl der Vernunft als solches ausweist, nicht aber was befohlen, von außen her mir vorgesagt ist — das ist das wesentliche an der Ichform des Geistes. Dies nennt eben die philosophische Sprache Autonomie der Moral und der Vernunft, im Gegensatz zur Heteronomie der Moral, und diese Autonomie erhält ihren unmittelbaren Ausdruck im Begriffe der individuellen Verantwortlichkeit. — Die ichförmige Vernünftigkeit gewährt zwar dem Individuum sittliche und logische Autonomie, aber dem Geist im empirischen Ablauf seines Lebens nicht Autarkie, nicht selbstherrliche Kraft der Entwicklung. Die Selbstentwicklung geschieht nur in und durch Gemeinschaft, das Leben des Ich ist Selbstschaffung aus Gemeinschaftlichkeit. Denn nur in schöpferischer Wechselbeziehung der Geister entwickelt sich die bloße Anlage zum Können, jegliches Vermögen zur tatsächlichen Wirksamkeit. Ichform des Geistes ist mit der reinen Gesellschaftlichkeit seiner Daseinsweise durchaus vereinbar, darum begründet die Ichform und Autonomie noch keinerlei Individualismus.

Daß der Einzelne gesellschaftswissenschaftlich nur als (ichförmige) Anlage zu denken ist, die in der Gemeinschaft erst ihre Weckung und Entwicklung findet, hat die grundlegend wichtige Folge, daß nur jene Anlagen, die positive Elemente des geistig-moralischen Gesamtdaseins (der Gesellschaft) sind, zur vollen Entwicklung kommen. Denn nur diese finden in der sie umgebenden geistigen Umwelt, der Gesellschaft, überall einen fruchtbaren Mutterboden, nur sie finden volle Vergemeinschaftung, Übung, Aufmunterung. So fand in der spartanischen Gemeinschaft alles was mutig und kriegerisch war ein volles Echo, alles was sich davon entfernte immer weniger Echo und Gemeinschaftlichkeit. Niemals können, wie die Gemeinschaft auch beschaffen sei, alle Anlagen, alle Charaktere gleiche, volle Entwicklungsbedingungen in der menschlichen Gemeinschaft finden. Z. B. werden verbrecherische geschlechtliche Anlagen in der Natur keiner Gemeinschaft (sie sei denn selber entartet) fördernden Widerhall finden. Dies ist für den Begriff der Gemeinschaft sehr wichtig. Gemeinwird dadurch ein ethischer Körper. (Näheres darüber s. unter Begriff d. Gemeinsch. S. 274 f.).

Bei Beurteilung der Entwicklungsbedingungen des Einzelnen ist stets ins Auge zu fassen, daß diese durch das unmittelbare Verhältnis zur Gemeinschaft (also durch unmittelbare Vergemeinschaftung mit andern Geistern und durch die aus Gemeinsamkeit des Handelns sich ergebende) bei weitem nicht erschöpft sind. Die Auferweckung und Fortbildung des individuellen Geistes erfolgt vielmehr außerdem: erstens durch das, was ich die innere Wechselbezüglichkeit oder Entsprechung der Begriffe, der Tugenden und Handlungen untereinander nennen möchte; zweitens durch jene Gemeinschaftsverhältnisse, die der Mensch zur Natur (sofern er diese beseelt) hat. Letztere wurden bei der Betrachtung von Kunst, Religion, Metaphysik, Wissenschaft (Natur als Erkenntnisaufgabe) schon früher besprochen. Die Selbstentwicklung des Individuums auf dem Wege der Entsprechung dagegen ist von größter Bedeutung, erfordert daher eine besondere Bemerkung.

Anmerkung. Entsprechung besteht in jeder Art von Zugehörigkeit oder Korrelation. Auf intellektuellem Gebiete haben wir diese Erscheinung (oben S. 62) auch als die natürliche Problemfolge bezeichnet. So entspricht einer bestimmten neuen Einsicht stets eine Berichtigung und Umbildung anderer Erkenntnisse, aber auch weiterhin ein dieser Einsicht gerecht werdendes Empfinden und Handeln. Der Erkenntnis, daß Wasserstoff das leichteste Gas ist, entspricht dessen Verwendung zur Ballonfüllung; der Erkenntnis, daß Kupfer ein guter Elektrizitätsleiter ist, entspricht die Anwendung des Kupferdrahtes für Leitungen. So auch entspricht dem Grundsatze der Nächstenliebe im Christentume die Milderung und Abschaffung der Sklaverei; dem Rationalismus das Naturrecht, dem romantischen Empfinden in der Kunst ein gewisser Subjektivismus der Form. Die ganze nachkantische Philosophie von Fichte bis Hegel, Schopenhauer und Hartmann kann, von gewisser Seite her gesehen, als Entsprechung des kantischen Transszendentalismus angesehen werden. Und so allgemein: wer a sagt muß auch b sagen. Wenn daher in einem unmittelbaren Verhältnis zur Gemeinschaft nur das A-sagen zur Entwicklung kommt, so wird doch das Individuum kraft normativer Gesetze seines Geistes zum B-sagen gedrängt. Dies ist also eine Nachwirkung der Vergemeinschaftung. Je bedeutender die Anlagen und entwickelten Kräfte des Einzelnen sind, um so energischer und schneller wird es von a zu b auch zu c (usw.) übergehen. Es sind dies die bahnbrechenden Genies, die am meisten den Eindruck geistiger Autarkie zu erwecken vermögen. Aber mit Unrecht, denn die Vergemeinschaftungsgrundlagen in Gesellschaft oder Natur fehlen auch für die Entsprechung nicht. — Gleiches findet im Hinblick auf die Grundzüge statt, welche die jeweiligen geschichtlichen Gemeinwesenn aufweisen. So hat der ägytische, spartanische, athenische, römische Staatsgeist, der Geist des Mittelalters, der Renaissance, des Kapitalismus usw. nicht nur jeweils unmittelbare (spezifische) geistige Gemeinschaftsverhältnisse ausgebildet; es bilden sich mehr oder weniger unabhängig davon, ja oft im Gegensatze dazu bestimmte Entsprechungen, die sich weniger aus unmittelbarer Vergemeinschaftung als aus logischer, moralischer, religiöser, künstlerischer, philosophischer, wirtschaftlicher politischer, organisatorischer (staatlicher, kirchlicher), technischer usw. Folgerung, d. i aus innerer Wechselbezüglichkeit nach den Normen unseres Geistes ergeben. Die Förderung der Naturerkenntnis und Technik liegt unmittelbar in den Aufgaben und geistigen Beziehungen, die eine kapitalistisch geordnete (d. h. individualistische, unorganisierte) Wirtschaft enthält. Daß solcher Aufschwung der Naturerkenntnis religionsfeindlich und vor allem dogmenfeindlich wirkte, ist eine Entsprechung, die sich bei bestimmtem Stande der Volksbildung, bestimmten politischen Verhältnissen u. dgl. mit fast elementarer Notwendigkeit ergibt. Gerade der radikalen Religionsfeindlichkeit und der damit gegebenen inneren Öde und Diesseitigkeit einer Bildungsrichtung aber entspricht dann weiterhin ein entschiedener Widerspruch der natürlichen Empfindung sowohl wie der logischen (theoretischen) Überlegung und Folgerung. Trotzdem so in die Verfolgung einer solchen gegensätzlichen Entsprechung in der augenblicklich gegebenen geistigen Gemeinschaft keinen Widerhall findet, ist doch gerade diese Gemeinschaft der Grund zur Bildung der beiden angeführten Entsprechungen.

Diese Erscheinungen von Entsprechung hat die materialistische Geschichtsauffassung sehr richtig im Auge, wenn sie von dem berühmten „Überbau" spricht, der in Staatsverfassung, Recht, Politik, Wissenschaft, Religion usw. aus einer jeweiligen Wirtschaftsverfassung sich ergeben soll. Falsch ist diese Behauptung nur insofern als die wirtschaftliche Zielerreichung, als das Primäre und Unveränderliche gesetzt wird, nach dem sich alles andere richtet, während sie in Wahrheit nur dienender Art ist; weiterhin insoferne als das System der Entsprechungen (der „Überbau") als eindeutig, als bestimmt gegeben angenommen wird, was es aber nicht sein kann. Einmal wegen der Ursprünglichkeit und Selbständigkeit aller Ziele und Seiten des Geistes (wie relativer Selbständigkeit der Systeme des Handelns, sofern sie einmal entwickelt sind); das bedingt stets ein anderes Bild, je nachdem dieses oder jenes geistige Grundziel die Oberhand erlangt. Sodann aber auch weil das, was aus einer tatsächlichen Gegebenheit (Prämisse) folgt, doch nicht immer das gleiche ist. Hätte z. B. Marx nicht den historischen Materialismus, seine Ausbeutungslehre u. dgl. ausgedacht — schwerlich würden trotz gleicher Voraussetzungen in der wirtschaftlichen Entwicklung die wissenschaftlichen Theorien des Sozialismus so aussehen, wie es gegenwärtig der Fall ist, und ebensowenig die politischen Programme der Arbeiterparteien. Jener geistige Überbau über wirtschaftliche Tatsachen, jene Entsprechung, wie sie der Sozialismus darstellt, ist also keineswegs eindeutig, vielmehr höchst persönlicher Art. Daß den idealen Richtmaßen unseres Geistes jeweils nur eindeutige Entsprechungen angemessen sind, will ich (innerhalb gewisser Einschränkungen, die der jeweilige letzte philosophische Standpunkt des Einzelnen auferlegt) gerne zugeben. Daß sie geschichtlich immer gefunden werden oder gar durchdringen, davon kann keine Rede sein.

Alles in allem ergibt sich trotz voller Gesellschaftlichkeit der Daseinsweise des menschlichen Geistes eine weitgehende Unabhängigkeit des Einzelnen von den unmittelbaren geistigen Gemeinschaften, in die er verwebt ist, und in denen er seine Entwicklung vollzieht. Diese Unabhängigkeit trägt wieder die gewaltigsten Triebfedern zur F o r t b i l d u n g d e r G e m e i n s c h a f t e n s e l b s t in sich. Über diese Grundtatsachen darf keine Geschichtstheorie hinweggehen.

Wenn bei diesem Punkte länger verweilt wurde, geschah es um auch von dieser Seite her der Annahme entgegenzutreten, der Universalismus (als angebliches Gegenteil des Individualismus) vernichte die geistig-moralische Selbstbestimmung des Einzelnen. Universalismus führt in Ansehung des menschlichen Geistes keineswegs notwendig zur Umwelt- oder Milieutheorie, für welche das Individuum nichts ist, als ein Medium, in dem sich die Strahlen des Geistes brechen, wie das Licht nach optischen Gesetzen[1]). Oder, wie es Marx als Grundlage seines materialistischen Geschichts-

[1]) So G u m p l o w i t z, Grundriß der Soziologie, 2. A. Wien 1905 S. 167.

philosophie formuliert hat: „Es ist nicht das Denken der Menschen, welches ihr Sein, sondern ihr Sein, welches ihr Denken bestimmt" — zu solchem Begriffe vom Menschen braucht der Universalismus ebensowenig zu kommen, wie der Individualismus notwendig Anarchismus sein muß. Im Gegenteil läßt der Universalismus sogar für rationalistische und rassentheoretische Geschichtserklärungen weiten Spielraum.

III. Der universalistische Begriff der Gemeinschaft.

1. Der Begriff des Ganzen im Gemeinschaftsverhältnis und seine Bestimmungsstücke. Wird das Verhältnis zwischen Geist und Geist als ein solches schöpferischer Gegenseitigkeit bestimmt, so folgt daraus für den Begriff dieses Verhältnisses (als ein Ganzes für sich betrachtet), daß es nicht ein totes Ganzes, eine atomistische Summe darstellt. Um den Begriff des Ganzen der Gemeinschaft zu fassen, darf man nicht die Vielheit der Individuen zum Ausgangspunkt nehmen, sondern muß den Blick auf jenes verborgene Fluidum lenken, welches die Geburt des menschlichen Geistes durch Gemeinschaft bewirkt. Indem nicht jeder einzelne Geist für sich, sondern erst durch den andern zur Entwicklung kommt, wird dieser Vorgang, von Seite des Einzelnen aus betrachtet, ein überindividueller; von Seite der Gesamtheit aus aber mehr als eine bloße Summe, Vielheit oder Haufen der Einzelnen. Denn nun ist außer den Individuen etwas da. Das, was zwischen ihnen steht, jene schöpferische, gebärende Kraft — das gehört keinem der Teile allein oder größenmäßig zurechenbar an; es steht über ihnen und bildet daher eine eigene Wesenheit. So ist ein echtes Ganzes entstanden, das mehr ist als die Summe der einzelnen Teile, daher auch logisch vor den Teilen ist. Die Teile sind ihm gegenüber, wie wir schon sahen, nicht dinglich-selbständige Wesen, sondern bloß Anlagen, Möglichkeiten, die von der nun waltenden Lebenskraft erst entfaltet werden.

In welchem Sinne kann man nun, da das selbständige Dasein eines Ganzen gesichert ist, auch von einer Substanz, einer Dinglichkeit dieses Ganzen sprechen? Offenbar nur in bildlichem Sinne. Das überindividuelle Moment besteht ja nur in der Erscheinung des Widerhalles, in der schöpferischen Kraft, die damit zwischen den Teilen entsteht und auf sie ausgeübt wird, sie bildet. Dieser Widerhall, diese Art schöpferischer Wirkung, welche das selbständige Wesen des Ganzen begründet, ist nichts stoffliches, dingliches, also auch nicht materialisierbar, vielmehr ein Geschehen, das ganz im Bereiche des Geistigen bleibt. Mehr als ein Bild kann es daher nicht sein, wenn von der Substanz oder dem „Organismus" der Gemeinschaft (und Gesellschaft überhaupt) gesprochen wird; der Tatbestand und Begriff einer eigenen Wesenheit, Selbständigkeit des gesellschaftlichen Ganzen, der damit bezeichnet wird, ist indessen vollständig zutreffend! Man kann ihn am besten als Gegenständlichkeit der Gemeinschaft bezeichnen (wofür allgemeiner: Gesellschaft überhaupt gesetzt wird). Denn Gegenständlichkeit muß nicht stofflich, sie kann auch geistig sein, auch schließt sie den Begriff des Lebens nicht aus. Leben muß nicht aus Fleisch und Blut bestehen, es gibt auch einen geistigen Pulsschlag. (Weiteres s. unten: 3. „Der objektive Geist" S. 273.)

Zergliedern wir die Bestimmungsstücke oder Momente der Gegenständlichkeit des Ganzen der Gemeinschaft näher, so finden wir:

1. Das Ganze als solches besteht in Auferweckung, welche der geistige Widerhall bewirkt. Stärkung, Bildung, Übung (nicht mechanisch, sondern durch Widerhall gedacht) sind nichts eigenes, sondern nur Formen der Auferweckung; desgleichen Berichtigung, die als Erweckung oder Stärkung des Richtigen aufzufassen ist, womit die Zurückdrängung und Rückbildung des Unrichtigen von selbst gegeben ist.

In dieser Eigenschaft als Fähigkeitsbildung ist Gemeinschaft Gebärerin, Lösung von Gebundenem, Auferweckerin, Ernährerin und gemeinsamer Odem der Geister.

2. Der Vorgang von Auferweckung durch Widerhall hat noch eine andere Seite, die als selbständiges Element der Gegenständlichkeit des Gemeinschaftskörpers zu betrachten ist. Widerhall als Auferweckung gefaßt, bestimmt diesen

Vorgang nur von der formalen Seite: sofern schlummernde Anlagen, Fähigkeiten neu geweckt und gebildet werden.

Dem entspricht aber auch eine inhaltliche Seite. Was mit jenen Anlagen usf. geweckt und gebildet wird, sind Vorstellungs- und Gefühlsinhalte, welche auch sogleich allseitig als Antriebe des Wollens und Handelns, d. h. als Wünsche, Ansprüche, „Interessen“ auftreten. Wir können diesen Vorgang, wie es schon geschah, am besten als Anregung oder Interessenweckung bezeichnen. Die unmittelbare Bedeutung der Interessenweckung ist aber die Erhöhung der Lebendigkeit unseres Daseins (des geistigen Daseins, denn ein anderes gibt es gar nicht) kurz gesagt: die Realitäts- oder Wirklichkeitserhöhung des Geistes im Gegensatz zu einer mehr traumhaften, trägen, unlebendigen und uninteressierten Daseinsweise der gleichen Bewußtseinsinhalte. Vermehrung der Bewußtseinsinhalte, Verlebendigung dieses Inhaltes durch Kräfteerweiterung — das ist alles zugleich Wirklichkeitserhöhung dieses geistigen Lebensinhaltes und Daseins.

Die grundsätzlichste Wirkung der Aussetzung Robinsons ist die innere Verödung seiner gesamten geistigen Interessenwelt durch den Mangel an Widerhall, noch bevor eine Schwächung seiner Fähigkeiten (usw.) dadurch eingetreten ist. Ein Stück Robinsonade spielt sich aber auch inmitten der buntesten menschlichen Gesellung täglich ab: überall wo eine Freundschaft, eine geistige Gemeinschaft irgendwelcher Art zerbricht. Dieselben Ziele und geistigen Inhalte, die uns angesichts von Freunden oder im Gefühle des Zusammenhanges mit den Bestrebungen großer Gruppen, Richtungen, Schulen wertvoll waren und zu heißer Bemühung entflammten, können plötzlich wertlos, leer und öde werden, wenn jene Freunde uns verloren gehen, jene Gruppen uns im Stiche lassen oder zerfallen. Schon die Gleichgültigkeit des Gegenpartes wirkt wie ein solcher Bruch. So werden Regierungen und öffentliche Meinungen, die z. B. für Patriotismus und nationale Gesinnung die nötige Anerkennung (den Widerhall) vermissen lassen, der Ausbildung des Gemeingeistes in allen Formen unendlich schaden. (Beispiele für solche Fehler dürften die deutschen Regierungen bieten. Österreich gar hat in der Kriegsgefahr 1912, wie sie die widerstrebenden Slawen zu wenig bestrafte, patriotische und kriegsfreudige Bewegungen bei den Deutschen zu wenig ermuntert.)

Es ist wie eine Erscheinung geistiger Spiegelung, als welche Gemeinschaft hier erscheint. Gemeinschaft als Realitätserhöhung bedeutet Spiegelung der auferweckten Geister ineinander. Wenn ein Glied der geistigen Gemeinschaft an uns irgendeine Lebendigkeit entfaltet, fühlen auch wir erst unsern eigenen Bewußtseinsinhalt durch solchen Abglanz in seiner lebendigen Wirklichkeit erhöht. Ein Geist spiegelt sich im andern und steigt damit aus einem Traum- und Schattendasein in die lebendige Welt der Leidenschaft und Wirklichkeit. Die ergreifende romantische Stimmung Walters von der Vogelweide, der im Alter seine Heimat wieder begrüßt:

O wê war sint verswunden alliu mîniu jâr,
ist mir mîn leben getroumet oder ist ez wâr?

— diese Stimmung ist nur möglich bei einem Gefühle innerer Vereinsamung oder von Weltflucht. Für den feurigen, innigen Zusammenhang mit den anderen Geistern ist nichts Traumhaftes, wird alles zu lebendiger Wirklichkeit.

So ist das, was an der Gesellschaft von der einen Seite her gesehen Auferweckung, Gebären des menschlichen Geistes ist, von der andern Seite her Wirklichkeitsverleihung für die Inhalte dieses Geistes, Schöpfung geistiger Realität.

3. Nicht als allgemeines Moment der Gegenständlichkeit des Ganzen, aber als praktisch unendlich bedeutsamer Sonderfall läßt sich die Gemeinschaft der Geschlechter betrachten. In das eben erörterte zweifache Verhältnis der Geister hinein (Fähigkeitsbildung und Wirklichkeitsverleihung) greift mit magnetischer Gewalt die Anziehung der Geschlechter. Hier gründet sich die Gemeinschaft außer auf die Geistigkeit noch auf die förmliche Mitwirkung eines neuen Sinnesorganes, das aber an keiner Außenwelt, sondern wieder nur an empfindungsmäßiger Gegenseitigkeit sein Objekt findet — ein augenfällig deutlicher Fall der überindividuellen Beschaffenheit eines gesellschaftlichen Ganzen. Dieses Verhältnis sinnlicher Gegenseitigkeit in der Gemeinschaft der Geschlechter (wohlgemerkt: ein empfindungsmäßiges

Gegenseitigkeitsverhältnis nicht gegenseitiger Handlungsweisen — diese folgen ja erst aus jenem!), dieses sinnliche Gegenseitigkeitsverhältnis stellt abermals ein eigenes Moment der Gegenständlichkeit des Ganzen dar. Denn dieses Ganze wird so noch über die schöpferische Geistigkeit hinaus durch das überindividuelle Moment gegenseitig sinnlicher Anziehung gebildet. Indessen gilt dieses Moment nicht allgemein für menschliche Gemeinschaft, sondern nur für den Sonderfall der Geschlechtergemeinschaft.

Praktisch ist die Geschlechtergemeinschaft eine der wichtigsten Klammern, welche alles gemeinsame Leben und den Staat zusammenhalten.

Fassen wir zusammen, so finden wir das überindividuelle Ganze der Gemeinschaft aufgebaut: 1. formal als Fähigkeitsbildung oder Auferweckung; 2. inhaltlich als Interessenschöpfung oder geistige Lebendigkeitsverleihung, d. i. Wirklichkeitserhöhung geistigen Daseins; 3. im Sonderfall der Geschlechtergemeinschaft außerdem als: sinnliche Anziehung, empfindungsmäßige Gegenseitigkeit im Bereiche eines neuerweckten Sinnesorganes.

Die Bedeutung, welche die Gemeinschaft in diesen zwei bzw. drei, Eigenschaften erlangt, ist keine geringere als: die allgemeine und notwendige Daseinsart und Werdeform des Geistes zu sein; Gemeinschaft wird damit aber überhaupt (trotz der ichförmigen Struktur des Geistes): zur Bahn und Form wie das Ich sich darlebt, wie es Gestalt und Wirklichkeit gewinnt; zur Lebensbahn, Lebensform, zum Mutterboden, zur Geburtsstätte des Einzelnen.

2. Der Gegensatz zum individualistischen Gemeinschaftsbegriffe bestimmt sich nach dem Vorangegangenen sehr einfach. Während Gemeinschaft individualistisch gesehen etwas Nothaftes ist und der helfenden Gegenseitigkeit, Nützlichkeit (Utilität) gewidmet, so erscheint sie nun universalistisch als geistig-moralische Bedingung des Daseins (und zwar natürlich des geistigen, nicht des handelnden) oder, wie es soeben bestimmt wurde: als Wirklichkeits- und Lebensform des Ichs, sohin nicht nothaft auf Tausch und Geschäft gestellt, sondern wesentlich, dem Geiste selber eigen-

tümlich; nicht als Anhängsel des Geistes, sondern als dessen Leben selber.

Im Gegensatze zu dem rein atomistischen Charakter, welchen Gemeinschaft, nach individualistischer Auffassung hat, indem sie als Konglomerat, als bloße Zusammensetzung autarker Ich-Dinge erscheint, tritt nunmehr Gemeinschaft auf als lebendiges, überindividuelles, d. h. gegenständliches Ganzes; als echter Gesamtzustand, in dem das Ganze logisch früher ist als der Teil, weil gerade die überindividuellen Momente Bildungs- und Gestaltungskräfte der Teile sind. Gemeinschaft ist jetzt nicht mechanisches, sondern Leben spendendes, die Gestalt des Ich wirkendes Ineinander, nicht handreichende Hilfe in mechanischer Gegenseitigkeit, sondern geistig-moralische Bildungskraft in geistiger Gegenseitigkeit, nicht Nutzenerhöhung für den Einzelnen, sondern Erweckung und Verlebendigung des Einzelnen. Mit einem Wort: universalistisch ist Gemeinschaft nicht Ende, sondern Anfang, nicht Akzidenz, sondern Prinzip, nicht Erfolg, sondern Bedingung, nicht Nutzen und Gewinn, sondern Geburt und Werden.

3. Die Gegenständlichkeit der Gemeinschaft. Der objektive Geist. Dieser überindividuelle Charakter des Vorganges bedeutet nun, wie oben S. 269 schon ausgeführt wurde, eine zwar nicht stofflich-dingliche aber darum doch wahre, buchstäblich zu nehmende Gegenständlichkeit oder Objektivität des Gemeinschaftsverhältnisses. Gegenständlichkeit heißt aber ihrem Begriffe nach: systematische Verknüpftheit, also geistige Substantialität. Diese Substantialität ist buchstäblich zu nehmen — nur darf man sie nicht materiell, man muß sie geistig und dynamisch auffassen! Die Summe geistiger Vorgänge, welche in den schöpferischen Wirkungen geistiger Gegenseitigkeit beschlossen liegen, bilden die gegenständliche Substantialität der Gemeinschaft. Diese Substantialität darf also nicht gefaßt werden: 1. als für sich seiende, gleichsam tot daliegende Wesenheit (ohne Individuen, vielmehr nur als deren Gegenseitigkeit); 2. nicht als materielle, nur als geistige Wesenheit.

Für die Gegenständlichkeit der Gemeinschaft in diesem

Sinne kann die Hegelische Bezeichnung „objektiver Geist“ gebraucht werden oder die schöne Bezeichnung der Gesellschaft durch Schelling als einer „zweiten Natur“. Denn das Geistige wird in seinem überindividuellen Dasein als „Gemeinschaft“ zu einer eigenen, gegenständlich aufgebauten Welt, einem eigenen Naturreiche. — S. dar. auch unten S. 280.

4. Gemeinschaft als ethischer Körper. Ist Gemeinschaft die Lebensbahn, Darlebensform des Ich und ist sie so zugleich Bedingung und Wesen, nicht Beifügung und Handreichung für den Einzelnen, so ist sie damit, das folgt notwendig, auch: ein rein ethischer Körper! Bedingung des Einzelnen ist sie ja nur für dessen geistig-moralisches Dasein, sohin Bedingung in bezug auf dessen geistig-moralische Wesenheit. Der reine Begriff der Gemeinschaft geht also dahin: Fähigkeitsbildner, Lebendigkeitsverleiher und Geschlechtswecker in bezug auf alle jene Latenzen des Ich zu sein, welche zur vollen Entwicklung seines geistig-moralischen Daseins führen und gehören. Also: nicht Bildner aller schlummernden Anlagen (z. B. der pathologischen) zu sein, sondern nur jener, die zum reinen Begriffe des geistig-moralischen Daseins gehören! Anders ausgedrückt: die zur geistig-moralischen Höchstbildung, Maximalgestaltung, gehören. Keineswegs die, welche etwa zur sinnlich-vitalen Höchstbildung führen. Warum? weil dies die Höchstbildung des ganzen Menschen nicht ergibt, somit aber auch kein Höchstmaß von Vergemeinschaftung der einzelnen Geister und somit auch kein Höchstmaß von Gemeinschaft (als Körper betrachtet).

Der ganze Gedankengang kann auch, wie man sieht, umgekehrt, vom Ganzen statt vom Einzelnen aus, aufgebaut werden: das Höchstmaß von Gemeinschaftsbildung fordert ein Höchstmaß von Vergemeinschaftung der Einzelnen, das Höchstmaß von Vergemeinschaftung ist nur möglich bei höchstgestalteter Einbeziehung der geistig-moralischen Anlagen aller Einzelnen in sie. Hierfür sind aber nicht alle Anlagen und Elemente gleichwertig, sondern nur jene wertvoll, welche zur Höchstbildung des Geistes führen.

Welcher ist aber dieser reine Begriff des menschlichen Geistes, der seine höchste Entwicklung ausdrückt und so auch den reinen Begriff der Gemeinschaft bestimmt? (weil umgekehrt Maximalgestaltung der Gemeinschaft nur bei maximaler Vergemeinschaftung, d. i. höchster Entwicklung des Ich möglich ist). Darüber wird schwerlich volle Einigkeit zu erzielen sein. Es ist eine philosophische Frage, eine Frage der Weltanschauung. Man beachte aber, daß die bisherige Bestimmung des Gemeinschaftsbegriffes eine rein formale war; sie bleibt bei jeder beliebigen inhaltlichen Ausfüllung aufrecht. Es ergab sich also allgemeingültig: *Gemeinschaft ist ein ethischer Maximumbegriff*, denn Gemeinschaft ist ihrem reinen Begriffe nach Träger der Höchstbildung, der maximalen Vergemeinschaftung der Einzelnen. Diese Sätze sind für die politischen Folgerungen, welche aus der universalistischen Theorie der Gemeinschaft zu ziehen sind, von grundlegender Wichtigkeit. Daß Höchstbildung nicht *gleichmäßige* Entwicklung *aller* Anlagen heißt, ist abermals eine rein formale Bestimmung, die sich notwendig für *jedes* Ideal des Lebens ergibt. Für den Materialisten wird Ideal sein die größte Vergemeinschaftung (d. h. Bildung) der Nützlichkeitselemente im Leben (zum „Sieg im Kampf ums Dasein", „Höherentwicklung" und was dergleichen mehr ist); für den Idealisten, um nur die einfachsten Gegensätze anzuführen, die höchste Bildung der geistig-moralischen, d. i. im Grunde metaphysischen Bauelemente des menschlichen Wesens.

Zusammenfassend ergibt sich: *Gemeinschaft ist höchste Vergemeinschaftung ihrer Teile; höchste Vergemeinschaftung der Teile ist Höchstbildung ihrer geistig-moralischen Anlagen und Elemente; dagegen Unterdrückung aller gegensätzlichen Elemente; die geistig-moralische Höchstbildung ist gegeben mit der Höchstbildung der im Begriffe des menschlichen Wesens gedachten ethischen* (z. B. im Kantischen Sinne: transscendentalen) *Idealwerte; damit wird die Gemeinschaft zum Träger der Idee des Guten.*

Anmerkung. Es darf nochmals betont werden: Diese Schlußkette ist gesellschafts-wissenschaftlich *allgemeingültig*, soweit sie formal ist; nur bedingt gültig, soweit sie einen *bestimmten* Begriff des Individuums und seiner Höchstbildung verwendet. Gemeinschaft bleibt also Träger des Guten auch für den Darwinisten und Materialisten; bloß versteht er darunter nicht transscendentale, sondern biologische Werte, nicht das Gute auf philosophisch-metaphysischer Grundlage, sondern als Tüchtigkeit im Kampf ums Dasein.

Der universalistische Begriff von Gemeinschaft ist, soweit er rein formal ist, analytisch gewonnen, daher unabhängig von aller Philosophie und Weltanschauung (Dar. s. unten 4. Buch).

IV. Das Verhältnis von Individuum und Gemeinschaft.

1. Das Verhältnis in sittlicher Beziehung. Das Verhältnis des Einzelnen zum Ganzen liegt nach den bisherigen Bestimmungen der Begriffe von Individuum und Gemeinschaft klar zutage. Erscheint es individualistisch gefaßt wieder rein nothaft, utilitarisch, d. i. als geschäftsmäßiger Austausch von Hilfen, deren Wert größenmäßig gegeneinander abgewogen werden kann; so ist es dem universalistischen Denken durch und durch ethisch. Ethisch nicht, weil die Abrechnung von Gewinn und Verlust ein Plus für die Gemeinschaft ergibt und das Individuum so dieser als einer vorteilhaften Genossenschaft verbunden bleibt; sondern weil Gemeinschaft jene Daseinsart und Werdeform ist, in der das Ich allein seine Lebensakte vollzieht, jene Bahn, in der es allein seine Schritte macht. Sohin ist das Verhältnis des Ich zum Ganzen konstitutiv für das Ich, daher in demselben Sinne ethisch, in welchem das Ich selbst eine ethische Erscheinung ist.

Das Verhältnis des Ich zum Ganzen ist seinem Begriffe nach rein sittlich, heißt: es leitet sich von vorneherein aus Pflicht ab. Denn was Pflicht gegen sich selbst ist: die Höchstgestaltung der eigenen geistig-moralischen Persönlichkeit, wird nur in der Form der maximalen Vergemeinschaftung erreichbar (Gemeinschaft ist ja selbst schöpferische Gegenseitigkeit); was Pflicht gegen sich selbst ist, schließt so zugleich die Pflicht gegen die Gemeinschaft (d. i. deren geistig-moralische Höchstgestaltung) in sich, ist zugleich Pflicht gegen die Gemeinschaft! Kennt der Individualismus nur individuelle Verantwortlichkeit, so wird dem Universalismus von selber die individuelle zur sozialen Verantwortlichkeit.

Ist Gemeinschaft die Darlebensform des Ich, so bin ich für die Gestaltung der Gemeinschaft als meiner eigenen Daseinsform mir selbst verantwortlich. Diese Verantwortlichkeit kann nur das Gute in sich schließen, muß rein ethisch sein, denn das Ich muß auf seine geistig-moralische Höchstbildung gehen. Dieses reine geistig-moralische Dasein selbst ist nur das Gute. Dem entspricht es dann, daß die Gemeinschaft ihrem Begriffe nach ein rein sittlicher Körper, Träger der Idee des Guten ist, was sich schon früher (v. S. 274 f.) ergab.

Die universalistische Gesellschaftsauffassung allein vermag von einem individuellen zum gesellschaftlichen Sittenbegriff fortzuschreiten und so die von Kant bloß für die Individualethik durchgeführte Befreiung von der utilitarisch-hedonischen Sittenlehre zu vollenden. Dieser Gedanke wird an anderer Stelle weiter zu verfolgen sein (s. dar. auch 4. Buch).

Die Literatur ist sehr groß und umfaßt alle Lehrbücher der Ethik und größeren ethischen Schriften.

2. Die organisierte Gemeinschaft und der Einzelne als Rechtssubjekte. Schließlich muß noch, obwohl nicht streng in diesen Zusammenhang, sondern mehr in die Staats- und Organisationslehre gehörig, eine schwierige Frage jeder universalistisch gerichteten Gesellschaftstheorie erörtert werden, die Gierke in allen seinen Schriften mit Recht in den Vordergrund gestellt hat. Sie besteht darin zu erklären, wieso Einzelner und Gemeinwesen, wenn sie schlechthin ein Ganzes aus Gliedern bilden, einander selbständig, d. i. als Rechtssubjekte, gegenübertreten können. Wieso also im besondern: 1. der Einzelne z. B. gerade dem Staate gegenüber auch in einem Verhältnis gedacht werden kann, in dem er nicht bloß Teilglied eines größern Ganzen ist, sondern selbständiges Wesen, selbständiges Rechtssubjekt; und wieso 2. der Staat als Ganzes Persönlichkeit besitzt, daher auch seinem eigenen Gliede gegenüber selbständig, mit Rechten und Pflichten auftritt. Diese zweite Teilfrage löst sich schließlich in die Frage nach der Möglichkeit der Verbandspersönlichkeit auf, die schon früher behandelt wurde (s. o. unter Veranstaltung, S. 163 f.). — Die erstere Frage muß aber auf Grund des Gemeinschaftsbegriffes gelöst werden. Grundlegend ist hier: Daß nicht alle Gemeinschaften eine geistige Einheit bilden, sondern sich in viele besondere Gemeinschaften auflösen, die einander teilweise fremd ja gegensätzlich gegenüberstehen können. (Die Summe der Gemeinschaften, die Nation, erwies sich ja als bloßer Gradbegriff.) Nun ist es klar: daß nur jene Gemeinschaft, deren geistig geschaffenes Glied der Einzelne ist, schlechthin ein Ganzes darstellt, ein solches Ganzes, in dem sich Teilglied und Gesamtbau nicht als selbständige Subjekte voneinander trennen. Aber gegenüber Gemeinschaften anderer Menschen, deren geistiges Glied ein

Individuum nicht ist, benimmt es sich als selbständiges Subjekt, ebenso wie ihm gegenüber nun diese andere Gemeinschaft Subjekt werden kann. Z. B. sind in einem Freundschafts-, einem Liebesbunde, einer religiösen Gemeinschaft die Individuen schlechthin Glieder, andern solchen Gemeinschaften und Religionen treten sie aber als Fremdlinge, als Träger eigener, unvergemeinschafteter Kräfte gegenüber. Daher sind nicht alle Menschen, die in Gesellschaft zusammenleben in ihren sämtlichen geistigen Beziehungen zueinander Teilglieder eines größern Ganzen, nicht nach allen Richtungen hin wirklich vergemeinschaftet.

Wie geistige Gemeinschaft erst durch Veranstaltung (Organisation) wirklich und stetig gemacht wird (was früher dargelegt wurde), so wird auch diese Tatsache selbständigen Gegenübertretens von Einzelnem und Gemeinschaft erst voll wirklich, ausgebildet und verschärft durch die Anstaltsmäßigkeit aller Verbindungen und Gebilde. Die Gemeinschaft wird zum Verband, dem Verband kommt als solchem Einheit, Rechtspersönlichkeit zu, denn er ist eine Wirkungseinheit. Im Verband wird aber auch das Individuum etwas anderes als bloßes Glied, als bloßes Teilganzes eines größern Ganzen, denn es nimmt damit an Handlungen teil, nicht an Geistigkeit (die nur das Zugrundeiegende ist). Veranstaltung, Verband, löst sich in Handeln auf, das Individuum ist nicht mehr geistig geschaffenes Glied — wie in der geistigen Gemeinschaft — sondern tätig mitwirkendes Subjekt. „Handeln" unterliegt aber weder selbst Vergemeinschaftung noch ist es ein adäquater Ausdruck davon. Als Handelndes ist das Individuum notwendig selbständiger Träger seiner Kräfte; als geistiges Wesen ist es vergemeinschaftet, d. i. bloßer Träger von Anlagen, Möglichkeiten. Geistig ist es Teilglied; handelnd ist es eigene Wesenheit. Daher tritt das Individuum als selbständiges Subjekt gegenüber: 1. nicht nur allen Verbänden, denen es nicht angehört („Privatrecht"); sondern 2. auch dem eigenen Verband. Der Geistigkeit dieses Verbandes gehört es als bloßes Teilglied an z. B. der Fromme, der religiösen Gemeinschaft, der Liebende, dem Liebesbunde; dem Verbande gehört es als handelndes Subjekt an — der Kirche, der Familie. Wer im Geistig-Religiösen schlechthin teilnehmendes Glied ist, kann in der Kirche, dem Verbande, rebellieren; das Handeln in der Familie kann sich kreuzen usw., 3. insbesondere auch dem Staate gegenüber, der ideellen Einheit aller Verbände. Wie sehr oder wie wenig das Handeln hier zusammenstimmt, hängt von dem Zusammenhang der Gemeinschaften ab, denen es dient. In ganz primitiven Verhältnissen sind die Gemeinschaften einfach, einheitlich, daher auch Verbände und Einzelne einander weniger scharf gegenübertreten. In allen geschichtlichen Gebilden aber findet diese Trennung statt, auch wenn sie nicht im Rechte einen formalen Ausdruck findet. In autokratischen Staaten ebenso wie im antiken und mittelalterlichen Staate, und ebenso schließlich in der Familie. Wo das Recht diese gegenseitigen Selbständigkeiten nicht widerspiegelt, sind die Verhältnisse eben meistens weit patriarchalischer, persönlicher, die Veranstaltungen weniger objektiv und festgeregelt.

Literatur. Vgl. Gierke, Genossenschaftsrecht, 3 Bde., Berlin 1868—1881, bes. 3. Bd. und oben unter Veranstaltung S. 164.

V. Die Formen und Arten des Universalimus.

Diese sind weit vielfältiger als beim Individualismus, ihr heutiges Verständnis in Wissenschaft und Leben zugleich viel mangelhafter. Daher ist eine ausführlichere Auseinandersetzung als dort notwendig, die hier in kleinem Druck Platz finden möge.

1. Geschichtlicher Überblick. Die Sittenlehren und Staatstheorien von Platon, Aristoteles den Stoikern stellen durchgebildete universalistische Systeme dar; ebenso die chinesische Ethik und Staatslehre des Kungfutse (Confucius) und Laotse [1]). Charakteristisch für alle diese Theorien ist, daß der Staat ihnen kein Verein, sondern eine sittliche Erziehungsanstalt, nicht Ordnungs-, sondern Lebensgemeinschaft ist. Universalistisch ist auch die Sitten- und Gesellschaftslehre des Christentums, obwohl mit einigen Vorbehalten (dar. s. unten Abgeschiedenheit). Auf universalistischer Grundlage bleiben auch die Theorien des Mittelalters, worunter Dante hervorzuheben ist [2]). Dann kommen die individualistischen Naturrechtstheorien zur Herrschaft. Die Kantische Sittenlehre, als absolut utilitätsfeindlich, zerstört zuerst deren ethische Grundlage, Fichte, Schleiermacher, Schelling, die Romantiker, darunter besonders Adam Müller (auch Schlegel und Novalis), Hegel, Krause und daneben die historische Rechtsschule bilden wieder großartige universalistische Theorien aus. Dies ist die größte Leistung des deutschen Geistes in der Geschichte, denn damit sind wieder die Grundlagen für die Neugestaltung der abendländischen Kultur geschaffen worden, während der Individualismus, mag er auch als berechtigter Widerspruch gegen schlechte und unfruchtbare geschichtliche Bindungen und Zustände seine begrenzte Berechtigung haben, im letzten Grunde notwendig kulturfeindlich ist. Freilich gelangte in Deutschland besonders nach dem Sturze der Hegelischen Philosophie und ihrer Schulen der Individualismus in Theorie und Praxis zur Herrschaft, während daneben die universalistische Rechtsphilosophie in Ahrens und Stahl ebenso wie im Grunde auch der Sozialismus nur wenig Einfluß auf den Geist der Kultur gewann. Seit den siebziger Jahren des vorigen Jahrhunderts wachsen dagegen die universalistischen Strömungen unaufhörlich an. Und durch die Überwindung der empiristischen und relativistischen Philosophie mit dem Siege der neukantischen Schule (die Herren Ostwald, Häckel und Genossen spielen daneben nur eine klägliche Figur), ja durch die innere Umbildung sogar, welche die Naturwissenschaft mit der Abkehr vom Darwinismus erfährt, sind die Grundlagen für eine hoffnungsvollere Entwicklung gegeben.

---

[1]) Kungfutse, Gespräche. Aus dem Chinesischen verdeutscht und erläutert von Richard Wilhelm. Jena 1910. — Laotse, das Buch vom Sinn und Leben. Aus dem chinesischen verdeutsch u. erläutert von Richard Wilhelm. Ebenda 1911. — Vgl. hierüber meine ausführliche Besprechung in den „Philosoph. Jahrbüchern", hrsg. von Frischeisen-Köhler, Bd. II. Berlin 1914.

[2]) Vgl. darüber Kern, Humana civilitas. Eine Danteuntersuchung Berlin 1912.

2. Systematischer Überblick. Die wichtigsten Arten des Universalismus, welche heute Bedeutung haben, möchte ich folgendermaßen einzuteilen und zu bestimmen versuchen.

1. Der theokratische Staatsbegriff oder die Vergöttlichung von Staat und Gesellschaft. Hier wird die Gottheit als oberster Regent, damit zugleich aber der Staat als ihre Darstellung und Verdinglichung aufgefaßt. Diese vornehmlich in orientalischem Denken wurzelnde Vorstellung überschreitet die Grenzen des universalistischen Auffassung. Eng damit verwandt aber ist

2. die Verdinglichung von Staat und Gesellschaft, und überhaupt: die dinghafte, substanzielle Vorstellung vom Wesen des Ganzen, das die Gesellschaft darstellt. Diese Vorstellungsweise beherrscht eigentlich jede populäre und oberflächliche Auffassung des Universalismus, und ihr vornehmlich entspringt die oben wiederholt erwähnte gerade Umkehrung des Individualismus, wonach der Universalismus einfach das Ganze über den Teil stelle, das Individuum dem Ganzen aufopfere. Hier wird das Ganze mehr oder weniger klar als selbständiges, von dem Einzelnen unabhängiges Ding, als Substanz gefaßt. Auch Schelling und Hegel machen sich, wie ich glaube, dieser Verdinglichung in nicht geringem Grade schuldig. Am augenfälligsten tritt sie auf

3. in der organischen Staats- und Gesellschaftslehre. In demselben Maße wie diese Theorie mit der Betrachtung der Gesellschaft als Organismus Ernst macht, in demselben Maße verdinglicht, substanziiert sie das gesellschaftliche Ganze. Daß im organischen Staats- und Gesellschaftsbegriff eine rein universalistische Auffassung vorliegt, ist nach allem bisherigen selbstverständlich. Heute ist das namentlich den Vertretern der organischen Soziologie allerdings meistens durchaus nicht klar.

4. Der Sozialismus (Kollektivismus, Kommunismus) ist zunächst als ein Universalismus im Bereiche des Handelns, vor allem natürlich des wirtschaftlichen Handelns, zu bestimmen. Wie weit von hier aus auch zur universalistischen Auffassung der geistigen Sphäre der Gesellschaft fortgeschritten wird, dafür bleibt dem einzelnen sozialistischen Theoretiker einiger Spielraum. Folgerichtig müßte freilich zur rein universalistischen Auffassung aller Bereiche der Gesellschaft übergegangen werden. Ein solches Bild der Gesellschaft gibt der „Staat" von Platon, aber nicht alle sozialistischen Schriftsteller vollziehen den Schritt von der universalistischen Auffassung des Handelns zu universalistischer Auffassung der Geistigkeit der Gesellschaft in gleichem Maße. Es bleiben oft recht grobe individualistische Elemente stehen. Und gerade daraus folgt der grundsätzlichste Tadel, welcher den Sozialismus trifft: die Sphäre der Wirtschaft (und allgemeiner: des Handelns überhaupt) unverhältnismäßig zu überschätzen, für sich aus dem Ganzen der Gesellschaft herauszuheben und gesondert zu behandeln. Wie er sie behandelt, das wird als das formale Ideal der Wirtschaft stets seine Gültigkeit haben, denn es wird einfach das Höchstmaß an Gemeinsamkeit des Handelns verlangt, und dagegen kann an sich, (als universalistisches Ideal dieses Zweiges gesellschaftlicher Gestaltungen genommen) niemand etwas logisch Stichhaltiges einwenden, es sei denn vom individualistischen Standpunkte aus. — Daß aber diese gesonderte Behandlung eintritt, und daß nicht im Gegenteil die geistige Sphäre ganz im Vordergrund bleibt, die handelnde als dienendes Glied, vielmehr als Herrschendes, erscheint — das ist der innere Fehler, den der Sozialismus

macht. Geschichtlich begreifen kann man ihn, wenn man bedenkt, wie die sozialistischen Theorien und Utopien meistens in Ansehung größten wirtschaftlichen Elendes und furchtbaren menschlichen Jammers, welche durch Ungemeinsamkeit des Handelns verursacht waren, entstanden. Theoretisch entschuldigen kann man deshalb jenen Fehler natürlich nicht.

Dagegen wird aus dieser fehlerhaften Absonderung des Handelns vom Empfinden die traurige Erscheinung innerer Leerheit, der Leerheit an wahrem Idealismus (mit dem natürlich nicht Mitleid und Humanität verwechselt werden darf) erklärt, die der Sozialismus eigentlich von jeher aufweist. Lassalle macht seit dem Aufkommen des Sozialismus im 19. Jahrhundert die einzige Ausnahme hiervon. (Selbst Rodbertus nur bedingt!) Dagegen sehen wir im historischen Materialismus von Karl Marx eine im Grunde barbarische, weil geistes- und kulturfeindliche Denkweise in ein wirksames System gebracht, welches die edelsten Erzeugnisse der Kultur, Wissenschaft, Kunst, Religion, Moral innerlich entwertet, indem sie sie als Reflexe oder „Überbau" rein wirtschaftlicher Entwicklungsvorgänge betrachtet. Zugleich vollendet diese mehr paradoxe als wahre Theorie (obzwar sie nicht ohne richtige Elemente ist) die Sonderung und Voranstellung des Handelns vor der Geistigkeit in der Gesellschaft. Und die moderne Sozialdemokratie teilt, indem sie ja nur praktischer Marxismus ist, die Entleerung von Idealismus mit dem letztern vollständig. So sehr die ideale Selbstaufopferung vieler ihrer Mitglieder und Führer anzuerkennen ist, kann der kulturfeindliche Geist des Gesamtprogrammes und der Gesamttheorie nicht übersehen werden. Schlimm genug ist schon allein die Feindschaft gegen alles, was Staat und Nation heißt. Indem aber die Gesellschaft in Klassen zerrissen und der „bürgerlichen" Kunst, Wissenschaft, Religion und Kultur je eine proletarische gegenübergestellt werden soll, wird eine verheerende Zerstörung geistiger Gemeinsamkeit in der Gesellschaft bewirkt. Dieses gewaltsame Sich-Losreißen vom Staate, der Nation und ihren Kulturinhalten, diese Absage an gemeinsame Geistigkeit, sie vor allem ist das Gefährliche und Furchtbare am heutigen Sozialismus. Über wirtschaftliche Forderungen würde sich bei den größten Verschiedenheiten der Standpunkte reden lassen. Daß die Sozialisten aber (mit ihrer Million organisierter Parteimitglieder in Deutschland!) einen Staat im Staate aufrichten, das macht sie zu den eigentlichen Feinden der Gesellschaft. Angesichts einer solchen Zerreißung der heutigen Kulturwelt muß sich die bürgerliche Gesellschaft allerdings auch ernsthaft sagen, wie schlecht sie für diese sich aufbäumenden Schichten gesorgt haben muß, daß es soweit kommen konnte!

Literatur. Statt weitläufiger Literaturangaben verweise ich auf die Art. Sozialismus, Sozialdemokratie von Grünberg im Handwörterb. d. Staatsw. 3. A. — Über das Verhältnis von Kant u. Marx s. unten 4. Buch.

5. Der Konservativismus ist gleichfalls eine Staatsauffassung von universalistischer Grundrichtung. Das beweist unter andern Adam Müller (Elemente der Staatskunst, Berlin 1809, 3 Bde.), dessen offenkundiger Universalismus zu konservativster Politik führte. Die Hochschätzung der historisch gegebenen Lebensformen und der Autoritäten im Verein mit dem Widerspruch gegen allzu autarke Freiheitsbestrebungen — das sind ja schon die Hauptbestandteile konservativer Parteirichtung. Genauer noch kann man diese bestimmen: als das Streben, bestehende Bindungen zu erhalten, also nicht das Bestehende überhaupt, das ja

auch starke individualistische Ordnungselemente enthalten kann (daher z. B. gegenwärtig in Deutschland: nicht das allgemeine Wahlrecht), sondern solche Einrichtungen, die Gegenseitigkeiten, organisatorische Bindungen universalistischer Art enthalten. Unter diesen Bindungen werden Autorität, Gottesgnadentum und mehr oder weniger ständisch gedachte Gliederung der Gesellschaft eine besondere Rolle spielen, wenn auch bei verschiedenen konservativen Gruppen eine recht verschiedene.

Daß der Konservativismus bestehende Bindungen zu erhalten sucht, das verleiht ihm den starken Zug zur Stetigkeit, von der er seinen Namen erhielt, der aber nicht sein entscheidendes Kennzeichen ist. Dieses ist vielmehr, wie sich zeigte, der universalistische Grundzug seiner Gesellschaftsauffassung, ein Grundzug, der ihn nicht selten mit seinem vermeintlichen Gegenpol, der Sozialdemokratie, zu gemeinsamem politischen Kampf gegen den Liberalismus führt.

Dies sind freilich nur ganz grundsätzliche Einsichten. Wie sich die Parteiprogramme gegenwärtig gestaltet haben, ist weder der Konservativismus noch (wie wir schon oben sahen) der Sozialismus von starkem individualistischem Einschlage frei.

6. Auch von den christlich-klerikalen Parteien gilt, daß sie eine universalistische Grundrichtung aufweisen, die sich indessen, je nachdem sie mehr mittelständische, feudale oder proletarische Interessen vorwiegend vertreten, in hohem Grade ändert. Auch evangelisches und katholisches Bekenntnis verhalten sich sehr verschieden. Letzteres neigt, sofern die Idee des Gottesstaates wirksam wird, zur Sonderstellung vom Staate in dem Sinne, daß der organisatorischen Vereinheitlichung des gesamten gesellschaftlichen Lebens im Staate widerstrebt, wofür die politische Geschichte eine deutliche Sprache spricht. (Dar. s. Hegel, Religionsphilosophie, hg. v. Drews 1905. S. 444 ff.) Der universalistischen Richtung tut dies keinen Abbruch.

7. Die Schutzzollehre oder der Protektionismus hat gleichfalls universalistisches Gepräge. Indem sie die vom Staate zusammengefaßte Volkswirtschaft gegenüber ausländischen Volkswirtschaften als Einheit zusammenfaßt, stellt sie eine innige Vergesellschaftung der nationalen Volkswirtschaft, bzw. den Versuch dazu dar. Sie strebt also, diese zu einer Gemeinsamkeit wirtschaftlichen Handelns zu bringen, welche freilich auf anderer Grundlage ruht, als die sozialistische Gemeinsamkeit, weil die individualistische Ordnung im Innern nicht angetastet wird. Dennoch ist es das Moment der Gemeinsamkeit und Solidarität, welches im Vordergrunde steht, und wovon auch die produktiven wirtschaftlichen Wirkungen des Systems abgeleitet werden. Wenn List, der die Schutzzolltheorie begründet hat, sagt: es handle sich in der Volkswirtschaftslehre nicht um eine Theorie der Werte, d. i. der unmittelbar gegebenen Gütermengen mit ihren Preisen (wie die Freihandelstheorie glaubt), sondern um jene der Produktivkräfte einer Volkswirtschaft, so heißt dies: nicht um den Austausch fertiger Erzeugnisse, die als Ergebnisse gegebener (sohin: scheinbar autarker) Kräfte betrachtet werden, sondern: um die Neuschaffung, Weiterbildung und Erziehung dieser Kräfte selbst. Daß dabei die Bilanz der Ergebnisse während der Anfangsstadien jener Bildungsvorgänge ganz gleichgültig ist, versteht sich von selbst. Lists Lehre geht, wie klar ersichtlich ist, auf die fruchtbaren schöpferischen Wirkungen, welche die Gegenseitigkeit des

wirtschaftlichen Handelns haben muß. Damit allein schon ist sie universalistischer Art. Daß sie überdies auf die Bedingungen wirtschaftlichen Handelns, nämlich die produktiven Kräfte, auf Recht, Staat, Verkehrswesen, Volksbildung, Unternehmerschulung, Arbeitsgeschicklichkeit usf. zurückgeht und nicht bei den unmittelbar gegebenen Ergebnissen autark gedachter wirtschaftlicher Faktoren stehen bleibt, bedeutet dabei noch eine Vertiefung der universalistischen Denkweise. Diese Vertiefung verleiht ihr eine Richtigkeit, welche moderne Freihändler vom Schlage Brentanos noch immer nicht zu ahnen scheinen.

8. Die Sozialreform, auch kurz Sozialpolitik genannt, worunter dann sowohl die Theorie wie die ihr entsprechenden praktisch-politischen Vorgänge verstanden werden, ist gekennzeichnet durch die universalistischen Bindungen, welche sie der gegenwärtigen Gesellschaftsordnung auf organisatorischem Wege wieder einfügen will. (Eine nähere Entwicklung des Begriffs der Sozialpolitik s. in meiner Schrift „D. Erweiterung der Sozialpolitik durch d. Berufsvormundschaft". Tübingen 1912.)

9. Die Bodenreform kann einfach als eine Abart des Sozialismus bezeichnet werden, welche die Gemeinsamkeit („Sozialisierung") aber nur auf Besitz- und Bewirtschaftungsrechte des Bodens erstreckt. Der universalistische Grundzug dieser Sondertheorie dürfte, soweit eben ihr Bereich geht, allseitig zugestanden werden.

10. Das Genossenschaftswesen und der Solidarismus bedeuten eine Vergesellschaftung des Handelns, die sich zwar nicht soweit erstreckt wie der Sozialismus — sie will die gesamte Gütererzeugung nicht von staatswegen planmäßig ordnen, sondern freiwilliger Vergenossenschaftung (Assoziation) überlassen —, die aber dennoch innerhalb ihres engeren Rahmens auf Gemeinsamkeit geht. Innerhalb der verbundenen Genossen ist doch jedenfalls freier Wettbewerb ausgeschaltet, herrscht Solidarität des Handels. Es kommt dann darauf an, wie weit das Genossenschaftswesen getrieben werden soll, und wie die Genossenschaften selber einander gegenüberstehen. Soll zwischen diesen freier Wettbewerb herrschen, so tritt das individualistische Moment wieder hervor; soll eine Gesamtheit organisatorisch verbundener Genossenschaften im Staate eingerichtet werden, so ist das Ende der Sozialismus. Zwischen diesen beiden Polen bewegen sich alle vorhandenen Theorien und Gruppen.

Anmerkung. Zu Punkt 9 und 10 kann auch gerechnet werden das gesellschaftstheoretische Paradoxon eines „liberalen Sozialismus", welches Franz Oppenheimer nicht ohne Geist entwickelt hat. (Vgl. Theorie der reinen u. politischen Ökonomie, 2. A. Berlin 1911.) Solche innern Gegensätze lassen sich indessen unmöglich vereinigen.

11. Daß der Nationalismus universalistischer Art ist geht aus der Theorie der Nation, die oben (S. 200ff.) entwickelt wurde, von selbst hervor. Der Nationalismus kann als Gegenstück zum Sozialismus angesehen werden. Geht dieser einseitig auf Gemeinsamkeit des Handelns, so jener einseitig auf gemeinsame Geistigkeit; denn Nation ist die geistige Einheitserscheinung eines bestimmten Kulturlebens. Daß die Förderung der im Volkstum vereinheitlichten geistigen Gegenseitigkeit eine Lebensnotwendigkeit im Dasein des Gesellschaftsganzen ist, braucht hier nicht mehr ausgeführt zu werden. Ebenso sicher ist aber, daß vom nationalen Gedanken aus sich heraus noch keine Brücke zur Welt des Handelns

führt. Das erklärt die Schwäche der nur nationalen Parteien wirtschaftlichen Fragen gegenüber. Indem sie sich meistens auf die Förderung des Mittelstandes beschränken, werden sie eine Art kleinbürgerlichen Seitenstücks zu den aristokratisch-konservativen Parteien.

Zusammenfassende **Literatur** vom gesellschaftstheoretischen Standpunkte aus ist kaum vorhanden; vgl. die geschichtlichen Werke oben unter Individualismus (S. 243), ferner die Angaben unter den Bündnissen, Recht, Staat, Politik (oben S. 125, 185, 194, 135). — R. Schmidt u. Grabowsky, die Parteien, Urkunden u. Bibliographie, 2 Bde., Berl. 1912; Salomon, die dtschen Parteiprogramme, 2 Bde., Lpz. 1912; Handb. d. Politik, 3. A. 1914, 2. Bd. — Ztschr. f. Politik hrsg. von R. Schmidt u. Grabowsky.

Die politischen Folgerungen des Universalismus werden unten (4. Kap. S. 302 ff.) im Vergleich mit denen des Individualismus ausführlich betrachtet werden.

III. Kapitel. Die Abgeschiedenheit.

I. Das Wesen der Abgeschiedenheit.

Die Einheitstheorien der Gesellschaft wären nicht vollständig, wenn nicht einer Lehre und des ihr entsprechenden Zustandes gedacht würde, welche zwar verneinend über die menschliche Gesellschaft hinausgeht, trotzdem aber eine bestimmte, geschichtlich sehr wichtige Auffassung und Form menschlichen Daseins darstellt — der Abgeschiedenheit. Gesellschaftstheoretisch wurde die Abgschiedenheit bisher wohl kaum beachtet und in der Tat ist sie ja ein Grenzfall, wo Gesellschaft überhaupt aufhört da zu sein; dennoch wird sich zeigen, wie sie im Grunde einer Art stufenweiser Steigerung der universalistischen Anschauungen entspringt und so durch ihre Betrachtung die Theorie der Gesellschaft erst vollendet wird.

Geht der Individualismus von der inneren Selbständigkeit des Ich, die als Autarkie gedacht wird, aus; der Universalismus von der schöpferischen Wirkung geistiger Gegenseitigkeit im Verhältnis von Mensch zum Menschen und zwischen Mensch und (beseelt gedachter) Umwelt; um in beiden Fällen von diesen Grundtatsachen aus die Gesellschaft zu erklären; so vereinigt Abgeschiedenheit Elemente beider Auffassungen in sich. Als einsiedlerischer Zustand ähnelt sie, äußerlich gesehen, dem Fürsichsein des Individualisten; ihrer inneren Bedingung nach aber hat sie innigste Verwandtschaft mit dem Universalismus.

Der Abgeschiedene sucht und sieht nur eines, nur das göttliche Prinzip, das hinter der Welt steht. Gemeinschaft mit diesem erfühlten Weltgeiste, Gemeinschaft ohne Vermittlung durch Natur oder Seele, unmittelbare Gemeinschaft mit diesem Göttlichen selbst — das ist das Wesen der Abgeschiedenheit. Weltflucht und Menschenflucht sind daher ihre Begleiterscheinungen. (Askese dagegen kommt nur dann noch hinzu, wenn die ersehnte Gemeinschaft an die Abtötung des des Fleisches gebunden erscheint. Dies ist keineswegs notwendig der Fall. Meister Eckehart z. B. verwirft die Askese. In den meisten Systemen wird sie nicht durch die Sehnsucht nach göttlicher Gemeinschaft, sondern durch andere philosophische Gründe bestimmt, im Christentum z. B. durch den Gedanken der Sündhaftigkeit des Fleisches.)

Auf diese Weise wird die menschliche Gesellschaft gemieden, ohne daß dem aber ein individualistischer Gedanke zugrunde läge, ein Fehler, den man z. B. bei Beurteilung der gesellschaftsphilosophischen Natur des Christentums mit seiner Unsterblichkeitsidee macht; und auf gleiche Weise wird selbst die Gemeinschaft mit der Natur, den Dingen der Umwelt gemieden. Beides ist keinerlei wahrer Individualismus. Denn nichts von Autarkie, nur völlige, höchste Vergemeinschaftung mit dem Göttlichen selbst beherrscht das abgeschiedene Leben. So hat die Abgeschiedenheit stets und notwendig die gleiche Wurzel wie der Universalismus. Das gleiche Formprinzip der Vergemeinschaftung bildet und beherrscht in ihr den menschlichen Geist. Denn der abgeschiedene Zustand beruht nur in Gesellschaftlichkeit, allerdings bloß in einer einzigen Form, in einer einzigen Gemeinschaft, die aber dafür unendlich gesteigert ist.

Abgeschiedenheit hat wegen dieser universalistischen Bedingtheit als Element jeder Staatstheorie, die religiös begründet oder überhaupt universalistisch gerichtet ist, eine Bedeutung. So wird durch ihre theoretische Behandlung die Theorie der Gemeinschaft erst vollständig. Dazu kommt die große geschichtliche Wichtigkeit, welche einsiedlerische Zustände und Bewegungen erlangt haben.

Ich möchte drei Arten von Abgeschiedenheit unterscheiden. Eine solche, welche die Wirklichkeit der Welt anerkennt und das Dasein des eigenen individuellen Ich in der Gemeinschaft mit Gott noch aufrecht erhält; und eine andere, die das Ich darin aufgibt. Wird zum dritten aber alle Individualität und folgerichtig auch die Wirklichkeit der Welt (die ja immer nur in Einzelheit erscheint) geleugnet, alle Vielheit als Wahn, alles Einzelne für Schein erklärt, dann ist nicht eigentlich mehr Abgeschiedenheit (Abscheidung) als Gemeinschaft mit dem Göttlichen, sondern Selbstvernichtung vorhanden.

Die erstere Art Abgeschiedenheit ist Pantheismus (Beispiel: Platon), die zweite mystischer Pantheismus (Meister Eckehart), die dritte uneigentliche Art ist verbunden mit solcher Mystik und Erkenntnislehre, welche die Wirklichkeit für Schein erklärt (Beispiel: die Eleaten, der Buddhismus).

Zusammenfassend möge nochmals hervorgehoben werden: Den beiden Auffassungen vom Wesen der menschlichen Gemeinschaft Individualismus und Universalismus kann in bedingtem Sinne noch eine dritte hinzugefügt werden, die Abgeschiedenheit. Es handelt sich in ihr aber um keine vollständige menschliche Gemeinschaftsidee, weil sich Staat und Gesellschaft nicht nach ihr konstituieren könnten. Sie stellt sich indessen als der Gesellschaftsbegriff aller Art von Mystik dar, und hat nicht nur eine gewisse allgemeine theoretische, sondern auch historische Geltung. Abgeschiedenheit ist jener Zustand, welchen der fromme Einsiedler oder der vom Getriebe der Welt innerlich zurückgezogene Mensch verwirklicht, indem er nur in Hingabe an das göttliche Prinzip zu leben trachtet; Gemeinsamkeit mit Menschen und den Aufgaben ihres Lebens aber sein läßt oder auf Äußerliches beschränkt. In der Abgeschiedenheit wird jenes Göttliche, das nach universalistischer Auffassung in der Menschengemeinschaft ohnehin schon waltet, wenn diese Gemeinschaft pantheistisch gedacht wird, unvermittelt aufgesucht, ohne den Weg über andere menschliche Seelen, ohne den Weg der Liebe zu gehen; oder der Abgeschiedene will, indem ihm Welt und Wirklichkeit zum Schein zu werden droht, durch Vereinigung mit der wahren, göttlichen Realität sich selbst und der Welt entfliehen. — Solchermaßen bildet sich in allen Arten von Abgeschiedenheit ein Verhältnis zur Welt, welches das wahre Leben nicht im Zusammenhang mit den irdischen Dingen, noch im Ineinandersein von Geist und Geist, sondern im unmittelbaren Aufsuchen und mystischen Spüren Gottes findet.

II. Die Lehren von der Abgeschiedenheit.

Theorien von Abgeschiedenheit finden sich notwendig in jeder metaphysischen Philosophie und Religion, sofern jede metaphysische Vorstellung zur Gottesgemeinschaft drängt, und sofern sie auch die diesseitige Wirklichkeit gegenüber der jenseitigen, göttlichen notwendig herabmindern und, wenn auch nicht zum Schein, so doch zu einer Wirklichkeit zweiten Grades machen muß.

Eine geschichtliche Betrachtung ist hier nicht beabsichtigt. Besonders würde eine Behandlung der Bekenntnisse und Sekten des Christentums zu weit führen. Hingegen erfordert es die Neuheit des Gegenstandes, die fünf typischen Formen, die im folgenden herausgegriffen werden, etwas ausführlicher zu behandeln.

1. Die Ataraxie oder unerschütterliche Seelenruhe. Diese kann, im weitesten, allgemeinsten Sinne gefaßt, als Vorstufe der Abgeschiedenheit betrachtet werden, als ein Zwischending zwischen reiner Gottesgemeinschaft und universalistischer Weltverbindung. Dieser Zustand erscheint als Bedürfnislosigkeit (*μηδενὸς δεῖσθαι*) bei den Kynikern Antisthenes und Diogenes von Sinope, denen diese Tugend hinreichend zur Glückseligkeit war (*αὐτάρκης πρὸς εὐδαιμονίαν*); als Unempfindlichkeit oder Apathie (*απάθεια*), d. h. Affektlosigkeit, bei den Kynikern, Megarikern, Skeptikern, Stoikern und unter den Neuern bei Spinoza und selbst bei Kant (in der Anthropologie); endlich als Ataraxie (*ἀταραξία*) im engern Sinne, d. i. Unverworrenheit, Unerschütterlichkeit, bei den Skeptikern, wo sie an die Enthaltung vom Urteil über die Dinge geknüpft ist (vgl. Diogenes L. IX, 11). — Zur Kennzeichnung echter Seelenruhe mag die Anekdote des Plutarch mitgeteilt werden, wonach Alexander d. Gr. in den Hain Kraneion

bei Korinth zu Diogenes von Sinope kommt, der eben an der Sonne lag. Als ihn Alexander fragte, womit er ihm dienen könnte, antwortete er: Geh mir ein wenig aus der Sonne. Danach soll Alexander bewundernd gesagt haben: Wahrlich, wenn ich nicht Alexander wäre, möchte ich Diogenes sein. — In dieser Antwort liegt die Erkenntnis, daß aus Diogenes nicht die bloße Absonderlichkeit spricht, sondern wie es vielmehr eine wahre Seelengröße erfordert, alle Dinge in der Welt zu lassen und ein Verhältnis zu ihr als Ganzem zu suchen.

Seelenruhe ist noch nicht bewußte, als solche gestaltete Gottesgemeinschaft; dennoch kann sie nur auf einem Gefühl der Aufgehobenheit in der Welt beruhen und auf der Herstellung eines Verhältnisses des menschlichen Lebens als Ganzes zum Kosmos. Seelenruhe ist vor allem nicht Askese, kein Absterben des Leibes. Sie ist eine heitere, innere Festigkeit, die der Weise nur aus einem vertrauenden Verhältnis zur göttlichen Natur der Welt schöpfen kann. Das Leben wird allein auf dieses Verhältnis gegründet, aber dieses selbst wird nicht als bewußte, persönliche und mystische Gemeinschaft gepflegt, und wird so zwar zur Beschaulichkeit, aber nicht zu reiner Abgeschiedenheit.

2. Platon. Die ethischen Lehren Platons sind bekanntlich nicht durchaus einheitlich, indem der Grad von Weltflucht, der sich in Ansehung des Reiches der ewigen, unwandelbaren und unbedingten Ideen ergibt, nicht immer der gleiche ist. Hierüber eine Untersuchung anzustellen, ist unsere Aufgabe nicht. Die Richtung auf die Abgeschiedenheit, um die es sich uns hier handelt, kommt in leicht verständlicher Form besonders in jener unsterblichen Rede im „Gastmahl“ zum Ausdruck, die Sokrates der Mantineischen Seherin Diotima in den Mund legt. (Außerdem ist noch auf den Phaidros, Gorgias und Theaitätos zu verweisen.)

Dort heißt es: „Wer nämlich auf die rechte Art diese Sache angreifen will, der muß in der Jugend zwar damit anfangen, schönen Gestalten nachzugehen, und wird zuerst freilich, wenn er richtig beginnt, nur Einen solchen lieben und diesen mit schönen Reden befruchten, hernach aber von selbst innewerden, daß die Schönheit in irgendeinem Leibe der in jedem andern verschwistert ist, und es also, wenn er dem in der Idee Schönen nachgehen soll, großer Unverstand wäre, nicht die Schönheit in allen Leibern für eine und dieselbe zu halten, und wenn er dies innegeworden, sich als Liebhaber aller schönen Leiber darstellen und von der gewaltigen Heftigkeit für Einen nachlassen, indem er dies für klein und geringfügig hält. Nächstdem aber muß er die Schönheit in den Seelen für weit herrlicher halten als die in den Leibern, so daß, wenn einer, dessen Seele zu loben ist, auch nur wenig von jener Blüte zeigt, ihm das doch genug ist und er ihn liebt und pflegt, indem er solche Reden erzeugt und aufsucht, welche die Jünglinge besser zu machen vermögen, damit er selbst so dahin gebracht werde, das Schöne in den Bestrebungen und in den Sitten anzuschauen, um auch von diesem zu sehen, daß es sich überall verwandt ist, und so die Schönheit des Leibes für etwas Geringes zu halten. Von den Bestrebungen aber muß er weiter zu den Erkenntnissen gehen, damit er auch die Schönheit der Erkenntnisse schaue und, vielfältiges Schöne schon im Auge habend, nicht mehr dem bei einem Einzelnen ... dienend sich schlecht und kleingeistig zeige, sondern auf die hohe See des Schönen sich begebend und dort umschauend viel schöne und herrliche Reden und Gedanken erzeuge in ungemessenem Streben nach Weisheit, bis er, hierdurch gestärkt und vervollkommnet, eine einzige solche Erkenntnis erblicke, welche auf ein Schönes folgender Art geht. Hier aber, sprach sie, bemühe dich nur, aufzumerken so sehr du kannst. Wer nämlich bis hierher in der Liebe erzogen ist, das mancherlei Schöne in solcher Ordnung und richtig schauend, der wird, indem er nun der Vollendung in der Liebeskunst entgegengeht, plötzlich ein von Natur wunderbar Schönes erblicken, nämlich jenes selbst, o Sokrates, um deswillen er alle bisherigen Anstrengungen gemacht hat, welches zuerst immer ist und weder entsteht noch vergeht, weder wächst noch schwindet, ferner auch nicht etwa nur insofern schön, insofern aber häßlich ist, noch auch jetzt schön und dann nicht, noch in Vergleich hiermit schön, damit aber häßlich, noch auch hier schön, dort aber häßlich, als ob es nur für einige schön, für andere aber häßlich wäre. Noch auch wird ihm dieses Schöne unter einer Gestalt erscheinen wie ein Gesicht oder Hände oder sonst etwas, was der Leib an sich hat, noch wie eine Rede oder eine Erkenntnis, noch irgendwo an einem andern seiend, weder an einem einzelnen Lebenden, noch an der Erde, noch am Himmel; sondern an und für und in sich selbst ewig überall dasselbe seiend, alles andere Schöne aber an jenem auf irgendeine solche Weise Anteil habend, daß, wenn auch das andere entsteht und vergeht, jenes doch nie irgendeinen Gewinn oder Schaden davon hat, noch ihm sonst etwas begegnet. Wenn also jemand, vermittelst der echten Knabenliebe von dort an aufgestiegen, jenes Schöne anfängt zu erblicken, der kann beinahe zur Vollendung gelangen. Denn dies ist die rechte Art, sich auf die Liebe zu legen ..., daß man, von diesem einzelnen Schönen beginnend, jenes einen Schönen wegen immer höher hinaufsteige, gleichsam stufenweise von einem zu zweien und von zweien zu allen schönen Gestalten und von den schönen Gestalten zu den schönen Sitten und Handlungsweisen und von den schönen Sitten zu den schönen Kenntnissen, bis man von den Kenntnissen endlich zu jener Kenntnis gelangt, welche von nichts anderem als eben von jenem Schönen selbst die Kenntnis ist und man also zuletzt jenes selbst, was schön ist, erkenne." (Gastmahl, 210 f., Platons Werke, übersetzt von Schleiermacher, Bd. II/2, 3. A. Berlin 1856.)

Diese Lehre von der Liebe endet ganz in Abscheidung von den Dingen, und sie zeigt so deutlich, als man nur wünschen kann, wie die universalistische Verbindung mit der Welt und den Menschen je tiefer um so mehr zugleich von den Dingen fort zu abgeschiedenem Leben führt.

Denn, und das ist der Grundgedanke dieser Theorie wie jeder ähnlichen, das Verhältnis zu den Dingen wie den Menschen bekommt um so größere und wahrere Bedeutung für uns, je mehr uns alle Dinge nur Spiegelungen werden für die höhere Wesenheit, die in ihnen wohnt, für den göttlichen Grund, dessen Ausdruck sie sind. Damit aber beginnt uns gerade das Wirkliche und Dinghafte an ihnen zu entschwinden! Nichts ist um seiner selbst willen zu lieben, sondern um des Höhern willen, das es widerspiegelt. So läßt man die Dinge selber stufenweise fallen, je höher man emporsteigt. Schreitet man fort von den Leibern zur Seele, so sucht man nun nur noch das Seelische in allen Leibern; dann wieder im Seelischen die schönen Bestrebungen, schreitet weiter fort zu den Erkenntnissen, die „vielfältiges Schöne schon im Auge habend nicht mehr bei einem Einzelnen“ verweilen, sondern ganz aufs Allgemeine gehen und so auf die hohe See des Schönen selber führen. Die Dinge selbst werden wertlose Gefäße, was sich in ihnen spiegelt, was sie uns symbolisch darstellen, das ist das an sich Wertvolle. So wird der letzte Schritt vollzogen, das Schöne an sich (*αὐτὸ τὸ καλόν*), die unwandelbare, transszendente Idee selber, an der die irdischen Dinge nur als Symbole oder Spiegelungen Anteil haben, wird in unmittelbarer Erkenntnis geschaut.

In diesem abgeschiedenen Schauen liegt wohl eine Überwindung der Welt, aber nicht eine solche, die sich als Individualität selbst aufgäbe. „Meinst du wohl, daß das ein schlechtes Leben sei, wenn einer dorthin sieht und jenes erblickt und damit umgeht? Oder glaubst du nicht, daß dort allein ihm begegnen kann, indem er schaut, womit man das Schöne schauen muß; nicht Abbilder der Tugend zu erzeugen, weil er nämlich auch nicht ein Abbild berührt, sondern Wahres, weil er das Wahre berührt? Wer aber wahre Tugend erzeugt und aufzieht, dem gebührt, von den Göttern geliebt zu werden, und wenn irgendeinem andern Menschen, dann gewiß ihm auch, unsterblich zu sein“ (ebenda 212).

Für die Abgeschiedenheit Platons ist die im Theaitetos erzählte Anekdote von Thales bezeichnend, der beim Beobachten der Sterne in den Brunnen fällt, was ihm den Spott einer Thrakerin einträgt. Der Philosoph sieht von den Dingen nichts, nichts von der Welt und den Menschen. Dennoch weiß er, „was der Mensch als solcher ist“ und was ihm kraft seiner Natur zukommt zu tun und zu leiden (Theaitetos S. 174 B) — er bleibt trotz der weltabgewandten Richtung des Geistes ethisch. Ja dies befähigt ihn, sich im Staate als Herrscher einzurichten, um die Idee des Guten in ihm zu verwirklichen. Er behält das Göttliche im Auge, ohne die Dinge selber zu verlieren.

Weiter geht Platons Abgeschiedenheitslehre nicht. So entspricht es auch ganz der plastischen Natur des Griechentums, welche zwischen immanenter, innerweltlicher Befangenheit und jenseitiger Mystik die reinste Wage hielt und daher nicht wie Inder und Germanen in der Philosophie, sondern in der Kunst ihren höchsten Kulturausdruck fand.

3. Das Christentum. Welche gesellschaftstheoretische Anschauung liegt dem Christentum zugrunde? Der ausgebildete Unsterblichkeitsgedanke, verbunden mit der Willensfreiheit, scheint einen individualistischen Grundzug zu ergeben, indem er dem Individuum unumstößlichen Wert und Autarkie zuspricht; die Sittengebote dagegen einen durchaus universalistischen, indem sie Liebe und Selbstaufopferung (Demut) gebieten; die Weltflucht, welche sich auf die Sündhaftigkeit der Dinge stützt (daher zugleich asketische Form hat) hinwider: Abgeschiedenheit.

Wie gegenwärtig diese Frage behandelt wird, dafür scheint mir das umfangreiche Werk von Ernst Troeltsch über „Die Soziallehren der christlichen Kirchen und Gruppen“ [1]) bezeichnend. Troeltsch faßt die soziale Grundlehre oder, wie er es nennt, die „soziologische Struktur“ des Christentums folgendermaßen auf: Einerseits ist das Christentum unbegrenzter Individualismus, da der Mensch sein Maß in sich selbst, seinen Grund in der Unsterblichkeit seiner individuellen Seele hat. „Das Individuum darf sich als unendlich wertvoll betrachten“ (S. 39). Damit werden zugleich alle irdischen und sozialen Unterschiede der Menschen verwischt, sie alle können unendlichen

[1]) I. Bd. der Gesammelten Schriften. Tübingen 1912, 2 Teile.

Wert erlangen, sich ihn durch sittliches Handeln schaffen. Aber dieser „absolute Individualismus“ enthält, so sagt Troeltsch, doch zugleich einen starken Gemeinschaftsgedanken, der aus der gleichen Grundidee hervorgeht. Der Gemeinschaftsgedanke liege einmal darin, „daß zu den in der Selbstheiligung für Gott befolgten Geboten die altruistischen Gebote überhaupt mitgehören, noch mehr aber darin, daß die für Gott sich Heiligenden im gemeinsamen Ziel, in Gott, sich treffen; und da der . . . Gottesgedanke nicht der einer ruhenden . . . Seligkeit, sondern der eines schaffenden Willens ist, so müssen die in Gott Geeinigten den Liebeswillen Gottes betätigen. Daher gibt es für die Gotteskinder kein Recht und keinen Zwang, keinen Krieg und Kampf, sondern nur eine restlose Liebe . . .“ (S. 40). „So entsteht aus dem absoluten Individualismus ein ebenso absoluter Universalismus, beide rein religiös begründet, ihren festen Halt in dem Gedanken des heiligen, festen Liebeswillens besitzend . . .“ (S. 41).

Dieser Auffassung gegenüber ergibt sich die Frage, wie weit ein individualistisches und universalistisches Urelement, sofern sie in der angenommenen Weise im Christentum gesehen werden müßten, dennoch eine universalistische Einheit ergäben? Ich kann jene Einheit, die Troeltsch mit andern behauptet, nicht sehen; mir scheint diese Schwierigkeit unter seinen Voraussetzungen unlösbar. Letztere bestehen eben darin, daß der Individualismus aus dem Verhältnis des Individuums zum Kosmos, zu Gott sich ergäbe, der Universalismus aber einfach aus dem ethischen Grundsatz der Nächstenliebe. Hinter diesen zwei voneinander völlig verschiedenen Wurzeln, dem kosmologischen und dem ethischen Element, liegt aber keine verbindende Einheit, da im Christentum das Ethische vom Kosmologischen nicht innerlich abgeleitet wird, sondern nur geoffenbart ist.

Wie könnte aber nun doch eine innere Einheit zwischen dem, was Troeltsch das individualistische Element nennt, und dem universalistischen Elemente herbeigeführt werden? Offenbar nur dadurch, daß das universalistische Prinzip in einer echten Form: als Allteilhabung, als schöpferische Gegenseitigkeit, schon im kosmologischen Element enthalten wäre. Und das wäre nur bei einer pantheistischen Wendung oder Grundlage des Verhältnisses zwischen Individuum und göttlichem Prinzip der Fall! Eine andere philosophische Voraussetzung des Universalismus als: Enthaltensein des Individuums im Göttlichen (d. i. Pantheismus in irgendeiner grundsätzlichen Form), scheint mir logisch nicht möglich. Und in Wahrheit ist denn auch eine innere Einheit der Ethik des Christentums und seiner Kosmologie nur insofern vorhanden, als das Verhältnis des Menschen zu Gott ein pantheistisches Element in sich aufnimmt. Das ist denn auch notwendig bei wahrer Religiosität der Fall und liegt am Grunde jeder Gottesvorstellung verborgen.

Der letzte grundsätzliche Fehler im Gedankengange von Troeltsch — und die heutige gesellschaftsphilosophische Beurteilung des Christentums fällt ja zunächst in diese Richtung — liegt dann darin, daß das, was im Verhältnis der einzelnen unsterblichen Seele zu Gott beschlossen liegt, gar nicht eigentlich Individualismus, sondern Abgeschiedenheit begründet. Denn Gottesgemeinschaft ist niemals Individualismus, sondern beruht auf dem gleichen bildenden Verhältnis wie gesellschaftliche Gemeinschaft. Wohl entsteht dadurch eine Absonderung des Einzelnen von der Welt und den Menschen, aber nicht aus Autarkie und Selbstherrlichkeit (Individualismus), sondern weil die Gemeinschaft mit Gott die allbeherrschende, alleinige wird, aus der alle anderen Verhältnisse ihren Wert ableiten. So stehen nicht Individualismus und Universalismus, sondern Abgeschiedenheit und Universalismus einander als letzte Wurzeln des Christentums gegenüber! Und das sind nun keine gegensätzlichen sondern nur noch stufenweise Unterschiede. Nur jenes Element im christlichen Glauben, welches auf die Sündhaftigkeit der Welt geht und *daraus* [nicht aus dem Verhältnis der unsterblichen Seele zu Gott] Abgeschiedenheit ableitet, schafft einen innern Gegensatz zwischen Universalismus, der weltfreudig, wirklichkeitsbejahend sein muß, und der Askese, die nicht bloß weltfremd und abgeschieden, sondern welt*feindlich* ist. Dies ist auch die Ursache für die staatsfeindliche Tendenz, die das Christentum in Geschichte und Theorie oft genug gezeitigt hat. Seele und Welt als sündhafte Kreaturen, Gott als Person — das gibt nicht jenes Zusammenströmen und

Ineinanderfließen, das die reine Abgeschiedenheit sucht und selbst wieder Universalismus zur innersten Voraussetzung hat (wie wiederholt gezeigt wurde). Je mehr von dieser Sündhaftigkeit bestehen bleibt, je weniger pantheistisch die Gottesidee gefaßt wird, um so mehr allerdings liegen asketische Abscheidung und Universalismus unausgeglichen im Christentum. Man kann sich nur damit trösten, daß das innere Ziel des Pantheismus notwendig gerade auch in der frömmsten Gottesvorstellung liegt, wie die Bekenntnisse des heiligen Augustin, die Lehren des Franz von Assissi und viele andere christliche Dokumente bezeugen.

4. Meister Eckehart. Den reinsten und tiefsten Begriff der Abgeschiedenheit hat Meister Eckehart entwickelt, wohl der größte Geist, den die germanische Rasse, ja überhaupt das Abendland hervorgebracht hat, und dessen Gedanken die deutsche klassische Philosophie von Fichte bis Hegel im Grunde nur wiedererzeugte. Seine Werke hat jüngst Hermann Büttner in neuhochdeutscher Übersetzung herausgegeben [1]). In dem Stück „Von der Abgeschiedenheit" (bei Büttner, Bd. 1 S. 9ff.) wird ihr Wesen im Gegensatz zur Liebe, zur Demut und Barmherzigkeit entwickelt: „Viele Lehrer rühmen die Liebe als das Höchste... Ich aber stelle die Abgeschiedenheit noch über die Liebe. Einmal darum: Das Beste an der Liebe ist, daß sie mich Gott zu lieben nötigt. [Denn Liebe wird hier wie bei Platon als Teilhabung an den Dingen angesehen, somit an der Welt und, weil diese pantheistisch gedacht wird, auch an Gott. A. d. V.] Nun ist das aber etwas weit Bedeutsameres, daß ich Gott zu mir her, als daß ich mich zu Gott hin nötige ... Daß nun Abgeschiedenheit Gott zu mir nötige, beweise ich damit: Jedes Wesen ist gern an seiner natürlichen, ihm eigenen Stätte. Gottes natürliche, eigenste Stätte ist Einheit und Lauterkeit; die aber beruhen auf Abgeschie-

---

[1]) „Meister Eckeharts Schriften und Predigten", aus dem Mittelhochdeutschen übersetzt und herausgegeben von Hermann Büttner. I. Bd. 2. Aufl. Jena 1912. II Bd. Jena 1909. Ein III. Bd. ist noch ausständig. — Die bisherige mittelhochdeutsche Ausgabe von Franz Pfeiffer (Anastatischer Neudruck der Ausgabe von 1857. Göttingen 1906) bleibt daneben natürlich noch immer unentbehrlich.

denheit. Darum kann Gott nicht umhin, einem abgeschiedenen Herzen sich selber zu geben. Der zweite Grund, warum ich Abgeschiedenheit über die Liebe stelle, ist der: Bringt die Liebe mich dahin, um Gottes willen alles zu erdulden, so bringt die Abgeschiedenheit mich dahin, nur noch für Gott empfänglich zu sein. Dies ist aber das Höhere. Denn im Leiden hat der Mensch immer noch ein Absehen auf die Kreatur, durch die er leidet; hingegen steht Abgeschiedenheit aller Kreaturen ledig.“ Nicht nur die Liebe, auch die anderen höchsten Tugenden, wie überhaupt alles Ethische, stehen nach Meister Eckehart vor der Abgeschiedenheit zurück. „... Auch Demut preisen die Meister vor vielen anderen Tugenden. Ich aber stelle die Abgeschiedenheit über alle Demut. Und zwar deshalb: Demut kann bestehen ohne Abgeschiedenheit, aber vollkommene Abgeschiedenheit nicht ohne vollkommene Demut ... Mein zweiter Grund ist der; Vollkommene Demut beugt sich unter alle Kreaturen, — womit der Mensch aus sicht herausgeht auf die Kreatur; Abgeschiedenheit aber bleibt in sich selber. Mag nun ein solches Herausgehen etwas noch so Vortreffliches sein, das Inneleben ist doch immer noch etwas Höheres ... Vollkommene Abgeschiedenheit ... will nur auf sich selber ruhen, niemandem zuliebe und niemandem zuleide ... Auch über die Barmherzigkeit stelle ich die Abgeschiedenheit. Barmherzigkeit ist ja auch nichts anderes, als daß der Mensch aus sich herausgeht auf die Gebrechen seines Nebenmenschen, und sein Herz davon betrübt wird. Dessen steht die Abgeschiedenheit ledig und steht in sich selbst und läßt sich nichts betrüben. Kurzum, wenn ich alle Tugenden ansehe, so finde ich keine so ohne Mängel ... wie Abgeschiedenheit.“

Meister Eckeharts Abgeschiedenheit steigt nicht von den Dingen auf, wie jene Platons, sie hat überhaupt kein „Absehen auf die Dinge“ mehr. Sie ist ledig aller Kreatur, ein unmittelbares Zusammenströmen mit dem göttlichen Urgrund. Und Ein Gedanke kehrt dabei immer wieder: daß es nur dessen bedarf, sich von den Dingen abzuwenden, um der Seele die reine, göttliche Gemeinschaft zu gewähren. „Wahre Abgeschiedenheit bedeutet, daß der Geist so unbeweglich steht in allem, was im widerfährt, es sei Liebes oder Leides,

Ehre oder Schande, wie ein breiter Berg unbeweglich steht in einem kleinen Winde. Diese unbewegliche Abgeschiedenheit macht am meisten den Menschen Gott ähnlich . . . In ihr ist Gott ewig gestanden und steht er noch. Selbst da er Himmel und Erde schuf und alle Kreatur, das ging seine Abgeschiedenheit so wenig an, als ob er nie etwas geschaffen hätte. Ja, ich behaupte: alle Gebete und alle guten Werke, die der Mensch hier in der Zeit verrichten mag, von denen wird Gottes Abgeschiedenheit so wenig bewegt, als ob es so etwas gar nicht gäbe . . . Ja, selbst als der Sohn in der Gottheit Mensch werden wollte und ward, . . . das ging die unbewegliche Abgeschiedenheit Gottes so wenig an, als ob er niemals Mensch geworden wäre." Minne, Demut, Barmherzigkeit, alle beschäftigen sich noch zuviel mit den Dingen. So sind sie nur Vorstufen reiner, lauterer Abscheidung von diesen. Auch das Gebet gewährt keine vollkommene Gemeinschaft mit Gott. Es enthält gerade ein Absehen auf irdische Dinge. Vor ihm kann sich daher Gott nicht neigen, der selber das rein Abgeschiedene ist und nichts tut. So kann man auch die Barmherzigkeit nicht auf ihn übertragen. — Abgeschiedenheit ist die Geburt Gottes in der Seele. Da dieser selbst die lautere Einheit ist, würden Liebe (die doch auch auf Dinge gehen muß), Demut, Barmherzigkeit — sie alle würden diese Geburt hindern.

In jedem Menschen sind eigentlich zwei Menschen, der äußere oder Sinnenmensch, und das innere Leben, die Innerlichkeit des Menschen. „Nun gibt es manche Menschen, die verzehren die Kräfte der Seele vollständig in dem äußeren Menschen . . . Die wissen nichts von dem inneren Menschen. Aber: der äußere Mensch kann eine Tätigkeit üben, während doch der innere Mensch davon völlig frei und unbewegt bleibt. Auch in Christus war ein äußerer und ein innerer Mensch . . . und alles, was er in bezug auf andere Dinge tat, tat er vom äußeren Menschen aus, und stand dabei der innere Mensch in unbeweglicher Abgeschiedenheit . . ." Vom Wert und Nutzen der Abgeschiedenheit spricht Meister Eckehart so: „Der Menschen Wege sind mannigfach. Der eine lebt so, der andere so. Wer zu dem höchsten Leben in dieser Zeitlichkeit gelangen will, der nehme . . . die kurze Lehre, die hier geschrieben steht: Halte dich abgeschieden von allen Menschen, bleibe ungetrübt von allen aufgenommenen Eindrücken . . . und richte dein Gemüt allezeit auf ein heilsames Schauen: bei welchem du Gott in deinem Herzen trägst als den Gegenstand, von dem deine Augen nimmer wanken . . . Nun möchte jemand sagen: Wer könnte denn im unverwandten Anblicken des göttlichen Gegenstandes verharren? Dem erwidere ich: Niemand, der lebt, hier in der Zeit. Es soll dir auch nur darum gesagt sein, damit du wissest, was das Höchste ist . . . Wenn aber dieses Schauen dir entzogen wird, und du bist ein guter Mensch, so muß dir sein als sei dir deine ewige Seligkeit genommen. Dann kehre bald darin zurück . . . und behalte dich allezeit fest in Obacht. Und dorten laß, soweit es irgend möglich ist, dein Ziel und deine Zuflucht sein."

Abgeschiedenheit wird solchermaßen dem Sittlichen wie dem Gesellschaftlichen gegenübergestellt. Als reine, unbewegliche, von allem Besondern befreite Gottesgemeinschaft ist sie über beidem erhaben. Das ergibt die obige Darstellung von selbst. Und noch mehr: Haben wir universalistisch immer gesagt: Gesellschaftlichkeit des Geistes ist die Geburt der Seele in und an den Dingen; so sehen wir nun Abgeschiedenheit erklärt als die Geburt Gottes in der Seele. Damit wird aber die Seele als Individuelles, als Ding vernichtet; denn nur vollkommene Einheit mit der Gottheit, welche selber absolute Einheit ist, bedeutet Abgeschiedenheit.

Dennoch ist Meister Eckehart weder weltfeindlich, noch asketisch, noch ist ihm die Vielheit und das Ding nur Schein, wie dem indischen Buddhismus. Ihm ist Gott und Gottheit verschieden. Gott, die Darlebung des göttlichen Prinzips in der Welt, wird und vergeht. „Da alle Kreaturen ihn aussprechen, da wird Gott[1])." Die Gottheit selbst aber ist nur Eines, der ewige, unbewegliche Urgrund. Gott wohnt in der menschlichen Seele und in allen Kreaturen. Die sind damit wirklich und unumstößlich.

So setzt Abgeschiedenheit das wirkliche Leben und damit sogar eine bestimmte Auffassung des Gesellschaftlichen und

---

[1]) Bei Büttner I, Nr. 12: Von des Geistes Ausgang und Heimkehr.

Sittlichen voraus! Und sie selbst ist ja nur als innerer Gipfel des Lebens, nicht als stetiger Zustand gedacht. Auch muß der Mensch, praktisch gesehen, durch einen gesellschaftlichen Werdegang hindurch, ehe er die Stufe des inneren oder äußeren Einsiedlertums erreichen kann. Das Ethische wird daher weder verworfen, noch die Gesellschaft praktisch verneint. Was in dieser pantheistisch gedachten Welt und Gesellschaft waltet, ist die Minne, die Vermischung mit den Dingen, von denen Meister Eckehart sagt: „Mein innerer Mensch schmeckt sie nicht als Kreaturen, sondern als Gabe Gottes[1].“

Die Abgeschiedenheit hat bei Meister Eckehart den Universalismus zur Voraussetzung und Vorstufe, sie kann das Gesellschaftliche und Moralische nur universalistisch fassen.

5. Die Philosophie der indischen Upanischaden entwickelt die Abgeschiedenheit ganz auf pantheistischer Grundlage. Alles ist Brahman, das göttliche Prinzip. „Wie, wenn man ein Feuer mit feuchtem Holze anlegt, die Rauchwolken sich rings umher verbreiten; ebenso, fürwahr, sind aus diesem großen Wesen ausgehaucht worden ... alle Wesen . . .[2].“ „Dieses ist, — gleichwie der Einigungsort aller Gewässer der Ozean ist, — ebenso der Einigungsort aller Tastempfindungen als Haut, und ebenso der Einigungsort aller Geschmacksempfindungen als Zunge [usw. usw.,] und ebenso der Einigungsort aller Wissenschaften als die Rede[2].“ Sein Name aber ist: „die Realität der Realität“[3]). Dieses göttliche Prinzip, das alles in allem ist, ist aber zugleich mit der eigenen Seele des Menschen identisch. Brahman und Atman, Gott und das Ich, sind Eins. „In jeglicher Gestalt ward er sein Abbild[3].“ „Er, fürwahr, ist . . . zehn und ist tausend, ist vieles, ist unendlich . . . . Diese Seele ist das Brahman . . .[4].“ — Dieser Pantheismus bedingt noch keine

---

[1]) a. a. O. S. 147.

[2]) Brih.-Upan. 4, 5, 11. — In: „Sechzig Upanishads des Veda“ übersetzt von Paul Deußen, 2. Aufl., Lpz. 1905; dazu als weitere wichtige Quelle: „Die Sutras des Vedânta (usw.) nebst dem vollständigen Commentare des Çankara“. Aus dem Sanskrit übersetzt von P. Deußen, Lpz. 1887.

[3]) Brih.-Up. 2, 3, 6.

[4]) Brih.-Up. 2, 5, 19.

strenge Abgeschiedenheit, er ist zugleich universalistisch. Denn sind Gott und die Welt einerlei, so sind auch alle Wesen, alle Dinge untereinander eins. In der ergreifenden Unterredung des Lehrers Uddâlaka Âruni mit seinem Sohne Çvetaketu (Chandogya-Upanishad 6, 8) wird dies in neunfacher Wiederholung dargestellt. Die Urelemente der Gestaltung und Besonderung, die Keimkräfte der Natur, die Lebendigkeit des Lebendigen und die Kraft der Wahrheit, auf welcher das Heil ruht, werden genannt, und immer heißt es: Dieses Unerkennbare, Feine, Subtile — „ein Bestehen, aus dem ist dieses Weltall, das ist das Reale, das ist die Seele, das bist du, o Çvetaketu!" Diese Identität ist es, welche ein geheimes Band der Liebe um alle Wesen schlingt. Nur um dieser Gemeinschaft willen, die eben Identität ist, sind sie einander wert. „Fürwahr," sagt der Lehrer Yâjñavalkya beim Abschied zu seiner Gattin Maitreyî, „nicht um des Gatten willen ist der Gatte lieb, sondern um des Selbstes willen ist der Gatte lieb; fürwahr, nicht um der Gattin willen ist die Gattin lieb, sondern um des Selbstes willen ist die Gattin lieb [usw. usw.]; fürwahr, nicht um der Wesen willen sind die Wesen lieb, sondern um des Selbstes willen sind die Wesen lieb; fürwahr, nicht um des Weltalls willen ist das Weltall lieb, sondern um des Selbstes willen ist das Weltall lieb." Das Selbst aber ist das Brahman, das göttliche Prinzip. Und fortfahrend: „Der Brahmanenstand wird den preisgeben, der den Brahmanenstand außerhalb des Selbstes weiß.... die Wesen werden den preisgeben, der die Wesen außerhalb des Selbstes weiß; das Weltall wird den preisgeben, der das Weltall außerhalb des Selbstes weiß[1])." Und so hängen nicht nur die Seelen, sondern auch die Elemente, und selbst die geistigen Gestaltungen in Liebe und innerstem Bedürfen zusammen: „Diese Erde ist aller Wesen Honig, dieser Erde sind alle Wesen Honig; aber was in der Erde jener kraftvolle unsterbliche Geist ist, und was in bezug auf das [menschliche] Selbst jener aus Körper bestehende, kraftvolle, unsterbliche Geist ist, dieser ist eben das, was diese Seele ist; diese ist das Unsterbliche, diese das Brahman, diese das Weltall[2])." Und darum, „von wem das

[1]) Brih. 2, 4, 5a, 6.
[2]) Brih. 2, 5.

Selbst gesehen, gehört, verstanden und erkannt worden ist, von dem wird diese ganze Welt gewußt"[1]).

Hier ist aber der Punkt, wo der universalistische Allzusammenhang mit Menschen und Welt zur Abgeschiedenheit, zur einsamen Gottesgemeinschaft wird oder wenigstens werden kann. Um die Verbindung mit der Welt, mit den andern Seelen zu verwirklichen, bedarf es nicht des Hinausgehens und Umherschweifens, sondern nur der Einkehr in das eigene Herz. „Hier in dieser Brahmanstadt [dem Leibe]" heißt es, „ist ein Haus, eine kleine Lotosblume [das Herz]; inwendig darinnen ist ein kleiner Raum; was in dem ist, das soll man erforschen, das wahrlich soll man suchen zu erkennen . . . Wahrlich, so groß dieser Weltraum ist, so groß ist dieser Raum inwendig im Herzen; in ihm sind beide, der Himmel und die Erde, beschlossen; beide, Feuer und Wind, beide, Sonne und Mond, der Blitz und die Sterne, und was einer hienieden besitzt und was er nicht besitzt, das alles ist darin beschlossen . . ." „Alle die Seinigen, welche hier leben, und diejenigen, welche dahingeschieden sind, und was er sonst ersehnt und nicht erlangt, — alles das findet er, wenn er hierher [ins eigene Herz] geht. Wahrlich, dieser Âtman ist im Herzen! . . . Das ist der Âtman, das ist das Unsterbliche, das ist das Furchtlose, das ist das Brahman[2])!"

Die vollkommene, vollendete Abgeschiedenheit aber beginnt erst mit dem völligen Wissen vom Brahman. Sie geht über alles Lieben und zu zweit sein hinaus. „Denn wo einem alles zum eigenen Selbste geworden ist, wie sollte er da irgendwen sehen . . . erkennen? Durch welchen er dieses alles erkennt, wie sollte er den erkennen, wie sollte er doch den Erkenner erkennen? Dieses fürwahr", so schließt die Belehrung, „reichet hin zur Unsterblichkeit[3])."

Denn mit diesem Stande der reinsten Abgeschiedenheit, mit diesem höchsten Wissen von der Einheit der göttlichen Welt und des eigenen Selbst ist zugleich die Erlösung erreicht.

---

[1]) Brih.-Up. 4, 5, 6.
[2]) Chandog.-Up. 8, 1 u. 3.
[3]) Brih.-Up. 4, 5, 15.

Sie ist von Ewigkeit her verwirklicht [1]), denn diese Identität ist ja eine schon bestehende Tatsache; aber nur dadurch, daß man sie erkennt, daß man sie weiß, eignet man sie sich an. Wer sich als Brahman weiß, der wird zu Brahman, der ist erlöst. Und umgekehrt, „wer aus dieser Welt dahinscheidet, ohne daß er die eigene Welt [die Welt des Âtman] geschaut hat, dem hilft sie, da sie unerkannt geblieben, nicht, wie der Veda, wenn er nicht studiert, wie ein Werk, wenn es nicht getan wird" [2]), der muß von neuem in dem Strudel von Geburt und Tod zurückkehren.

Gleichsam als äußeres Symbol für diesen Seelenzustand innerer Erleuchtung hat die vedische Lebensordnung nach der Zeit der Schülerschaft und der darauffolgenden des Ehelebens die Greisenperiode des Waldeinsiedlertums festgelegt, wo der Brahmane, ferne vom Treiben der Welt, im Walde sich der Betrachtung der höchsten Dinge widmet [3]).

Von der brahmanischen Philosophie der Upanischaden wohl zu unterscheiden ist der Buddhismus, dessen philosophische Wurzeln freilich auch schon in den Upanischaden zu finden sind. Ihm ist das Dasein Schein und Leiden zugleich, dessen Ursache der Durst nach dem Dasein ist, der von Wiedergeburt zu Wiedergeburt führt. Die Erlösung kann der Einzelne nur erreichen durch gänzliche Ertötung jeglichen Begehrens, durch innere Selbstvernichtung; die ganze Welt als solche kann nie erlöst werden, immer erhebt sich ein neuer Welttag trügerischer Freuden und tiefer Leiden aus der Nacht des Todes. Wie anders alles in den Upanischaden, welcher Optimismus und Pantheismus gegenüber diesem asketischen, hoffnungslosen Atheismus, denn was dort das Brahman, das All ist, das ist hier das Nirwana, das Nichts! — Die buddhistische Abtötung ist natürlich zugleich Abwendung von den Dingen; aber um sich und ihnen gänzlich zu entfliehen, als dem Bösen; nicht um Alles in Einem wiederzufinden, wie in der wahren Abgeschiedenheit.

---

[1]) Cankara, Kommentar zu den Sûtra's des Vedânta, übersetzt von Dr. Paul Deußen. Sûtram III, IV, besonders 52. 1047.

[2]) Brih.-Up. 1, 4, 15.

[3]) Vgl. Die Sannyâsa-Up. und die Kanthacruti-Up.

Überblickt man diese kurze Darstellung, so wird man finden, daß die Theorie der Abgeschiedenheit schon deswegen für die Gesellschaftslehre wichtig ist, weil sie große geschichtliche Bewegungen, die ganze Länder entvölkert und im Kulturleben eine großartige Rolle gespielt haben, erkennen lehrt. Sie ist aber auch darum als Element jeder Staats- und Gesellschaftslehre unentbehrlich, weil sie zeigt, wie dasselbe bildende Prinzip, das in der Gesellschaft (universalistisch gesehen) herrscht, in einsiedlerischen und abgeschiedenen Zuständen wieder erscheint und weitergeführt wird; und wie nur völliges Verneinen der Welt (Buddhismus, Eleaten) auch zum Aufgeben der bildenden Gemeinschaft führt; damit aber auch des eigenen Selbst. Während sich so das universalistische Gemeinschaftsprinzip in jeder Art zu leben durchsetzt, kann dagegen das individualistische Autarkieprinzip niemals in irgendeiner wahren Durchführung zur Erscheinung kommen.

IV. Kapitel. Freiheit, Gleichheit und die übrigen politischen Grundsätze universalistisch betrachtet.

Nachdem wir die Einheitstheorien erschöpfend kennen gelernt haben, erwächst uns noch die wichtige Aufgabe, die politischen Folgerungen zu betrachten, die sich daraus ergeben. Und zwar sowohl um der Sache selbst willen wie aus methodischen Gründen. Denn es muß endlich einmal bewiesen werden, daß die politischen Grundsätze — Freiheit, Gleichheit, Gerechtigkeit, Höchstmaß oder Mindestmaß der Staatsaufgaben — insofern wissenschaftlicher Betrachtung fähig sind, als sie erstens gänzlich von der individualistischen oder universalistischen Grundauffassung der Gesellschaft abhängen, daher von dieser aus einheitliche Begründung erfahren können, und als sie zweitens untereinander eng zusammenhängen, daher ein einheitliches Begriffssystem bilden. Und zwar ist es der Begriff der Freiheit, welcher allen andern politischen Hauptbegriffen zugrunde liegt. Denn er bildet die unmittelbare Weiterführung des Begriffes vom Individuum, indem er aus diesem für das Verhalten des Einzelnen in der Gemeinschaft Folgerungen zieht. Daraus erst können sich weitere politische Grundsätze ergeben.

I. Der Grundsatz der Freiheit.

1. Freiheit im individualistischen Sinne. Diese ist vor allem 1.: nicht Willkür. Gegen einen solch rohen Freiheitsbegriff muß man den ernsteren Individualismus in Schutz nehmen. In keiner Fassung der Autarkie liegt Willkür als Folge für das Verhalten des Einzelnen. Vielmehr kann das richtige Verhalten stets nur, in Ansehung welchen Lebenszieles des Einzelnen immer, mit logischer Notwendigkeit sich ergeben, somit ein gesetzmäßiges, kein willkürliches sein. — 2. Vielmehr ist der wahre, individualistische Freiheitsbegriff der rein autarker Betätigung des Einzelnen schlechthin. Welches Lebensziel dem Menschen gesteckt werde und nach welchem (individuellen) Moralprinzip das menschliche Leben auch geregelt erscheine, ob empiristisch (utilitarisch) oder nach dem vernünftigen Sittengesetze (Kant): immer erscheint Freiheit als die autarke Betätigung innerhalb der dem Einzelnen zugewiesenen Grenzen. Nur diese Grenzen können verschieden gedacht werden, nicht jene Betätigung selbst, die von sich aus will, in der sich der Einzelne seine Lebensziele und -inhalte selbst schafft und erwirbt; sie ist von bloß formaler Struktur — d. h. eben autark!

Wichtig ist es nun, festzustellen, daß jene Betätigung nur eingeschränkt gedacht wird durch die maximalen Bedingungen für sie (und zwar nach allen Gesellschaftstheorien, auch den universalistischen, wovon später zu handeln sein wird). Es sind daher nicht die Einschränkungen der Bewegungsmöglichkeit des Einzelnen, welche den Freiheitsbegriff kennzeichnen, sondern es ist der Charakter der Betätigung selbst, welcher für ihn maßgebend ist. Dieser Charakter ist für den Individualismus eben die Autarkie. Von ihr aus führt der schroffste Standpunkt zur absoluten praktischen Autarkie oder zum Anarchismus Stirnerischen Schlages. Es ist eigentlich die Verneinung der Gemeinschaft. Ein anderer, logisch weit richtigerer Standpunkt, weil er die Vorteile der Gesellschaft annehmen will, ohne die absolute Bewegungsfreiheit aufzugeben, betrachtet Staat und Gemeinschaft als Herrschaft des Siegers über die

Besiegten, so daß der Staat als Ausbeutungsverhältnis, nicht als Organisation von Gemeinsamkeit erscheint (Macchiavellismus); hiermit wird die Autarkie des Siegers unbegrenzt aufrecht erhalten, die des Besiegten allerdings bedingungslos preisgegeben. Dies ist gerade jener Zustand, den die dritte Fassung des Individualismus, die Vertragstheorie, nur als vorgesellschaftlichen oder Naturzustand gelten läßt und durch seinen Gesellschaftsvertrag zu überwinden sucht. Dieser Vertrag beschränkt nun die Freiheit, die autarke Betätigung aller, soweit es die Erreichung der gemeinsamen Zwecke (insbesondere der Sicherheit) fordert. Und auch in der absoluten Staatsform, die sich bekanntlich von hier aus ableiten läßt, erscheint dann der Fürst nicht eigentlich als Herrscher (Sieger), vielmehr als Beauftragter der Bürger, als souverän aber die Auftraggeber, das Volk. So leitet sich, individualistisch gesehen, auch der Begriff der Volkssouveränität nur von der Autarkie her.

3. Eine volle Klarstellung des individualistischen Freiheitsbegriffes erfordert noch die Betrachtung seines Gegensatzes. Der reine Gegensatz von Freiheit ist Zwang, Zwang ist immer Einschränkung der Autarkie, Zurückdämmung und Hemmung individuellen Wollens schlechthin. Denn das sich selbst genügende, aus eigener Kraft werdende Individuum hat keinen Grund, irgendeine Einschränkung anders denn als Entwicklungshemmung, als inneren Abbruch an Freiheit zu beurteilen.

So entsteht auch der Gegensatz von Recht und Moral, den jede noch so gemäßigt individualistisch konstruierte Gesellschaftslehre festsetzen muß. Moral ist das innere (logische) Gesetz autarken Verhaltens (gleichgültig, ob nun nach empiristischer Theorie vom Nutzen, nach philosophisch strengerer Theorie vom vernünftigen Sittengesetz abgeleitet); Recht aber der äußere Zwang, die äußere Einschränkung, welche das autarke Individuum in Kauf nehmen muß, um die Vorteile geselligen Lebens für sich zu erlangen. Der Gegensatz von Sittlichkeit und Recht, von Moralität und Legalität kennzeichnet so überall individualistische Beurteilung von Gesellschaft und Staat. Sachlich wurde diese Frage schon oben (S. 179ff.) behandelt.

2. Freiheit im universalistischen Sinne ist:

1. ein dynamischer Begriff. Während der individualistische Freiheitsbegriff von der Autarkie ausgeht, vom Fertigsein des Individuums vor aller Vergemeinschaftung und Verbindung, also, trotzdem Entwicklung auf eigener Basis möglich ist, die Freiheit mehr statisch, mehr autark gegeben denkt; erscheint Freiheit im universalistischen Sinne vor allem als das Werden der Potenzen und Möglichkeiten, welche der Einzelne in sich trägt. Das Zur-Entwicklung-Kommenlassen der geistigen Kräfte in Gemeinschaft, in und durch Wechselbeziehung ist Freiheit. Damit ist es: ein Gewährenlassen der Kräfte in gemeinschaftsmäßiger Selbsterziehung (1), was zur wahren Freiheit, zur vollen Entwicklung der eigenen Persönlichkeit führt.

Mit dem unbehinderten Spielenlassen der Kräfte in Gemeinschaft ist aber der universalistische Freiheitsbegriff noch nicht erschöpft. Denn ein wichtiges Moment der Kräfteerzeugung und -Erziehung kann auch in äußerer Beeinflussung, im Zwang gegeben sein. So sehen wir, um nur die typischesten Beispiele anzuführen, im wirtschaftlichen Arbeitszwang (u. zw. nicht nur der Jugend, auch Erwachsener), in der Schulerziehung und vor allem in militärischen Verbänden eine äußere Beeinflussung und Zwangsausübung, welche wichtige Potenzen im Menschen weckt und unter Umständen fast gewaltsam zur Entwicklung bringt: Selbstdisziplin, Ordnungssinn, Festigkeit, Männlichkeit und andere Kräfte. — Damit ergibt sich als zweite Seite des universalistischen Freiheitsbegriffes: Freiheit ist auch im Zwang zu finden (2) — sofern dieser wirklich ein Bildungselement des gezwungen beeinflußten Individuums zu werden vermag, sofern er wirklich Kräfte weckt und entwickelt, die ohne ihn weniger entwickelt worden wären. Daß auch Zwangsausübung zugleich immer nur ein Zwang zur Vergemeinschaftung, zur Gemeinschaftsbildung ist, lehren schon die angeführten Beispiele, es braucht nicht näher ausgeführt zu werden.

2. Aus dem bisherigen folgt endlich, daß Freiheit ein Begriff der ethischen Ausbildung und des ethischen Gebrauchs der Kräfte des Einzelnen ist (3). Dies ergibt sich auch unmittelbar vom rein gesellschaftstheoretischem Ausgangspunkte des Freiheitsbegriffes her. Schon das

Verhältnis des Individuums zur Gemeinschaft ergab sich ja — nach universalistischer Auffassung — bereits als ein rein ethisches (s. o. S. 274ff.). Es ist die geistig-moralische Wesenheit des Individuums, die sich in Gemeinschaft erschafft und die in Gemeinschaft wird; somit ist es das in der Idee des Menschen liegende Moralische schlechthin, das Gute, welches in der Gemeinschaft (der Idee nach) zur Verwirklichung kommt. Alles Unmoralische, das dennoch entwickelt wird (es geschieht ja reichlich), ist gemeinschaftsfeindlich und dem Menschen seiner reinen Wesenheit nach abträglich. Diesen Sinn hat es, wenn Platon den Staat als Verkörperung der Idee des Guten bezeichnet.

Freiheit, universalistisch gedacht, schließt daher nicht ungehindertes Werden und Förderung aller Fähigkeiten des Menschen mittels der bildenden Kräfte der Gemeinschaft in sich, sondern ihrem strengen Begriffe nach nur der in der Wesenheit, in der Idee des Menschen (sohin auch in der Idee der Gemeinschaft) liegenden Kräfte: Freiheit heißt Entwicklung des Vernünftig-Positiven, des Guten im Menschen.

Daß hier für die Gesellschaftslehre und die wissenschaftliche Politik die Aufgabe entsteht, an einen bestimmten Begriff des Ethischen anzuknüpfen — im strengsten Gegensatz zur macchiavellistischen Auffassung der Politik als eines amoralischen Gebietes — muß betont werden. Die Schwierigkeit dabei ist, daß der Inhalt des Guten und sittliche Gebotenen in hohem Maße nach Zeiten, Kulturen, Ideenrichtungen, äußeren Umständen wechselt. Das ist selbstverständlich und muß von vorneherein zugegeben werden, ebenso wie das rein vernünftige Handeln unter andern Voraussetzungen ein anderes sein muß. Der wahre Moralbegriff kann eben in dieser Hinsicht nur ein formaler sein (Kant).

3. Mit all diesem ergibt sich endlich Freiheit als ein Begriff harmonischer Ausbildung des Menschen und des harmonischen Gebrauches seiner Fähigkeiten (4). Harmonisch, nicht nur ethisch, obgleich im Enderfolg beides Wechselbegriffe sind, weil in der gegenseitigen Bindung, im gegenseitigen Aufwand und Gebrauch der eigenen Kräfte die Gewähr für die höchste Ausbildung und Vollendung der eigenen Persönlichkeit (von sich selbst aus) liegt. Freiheit ist dann jene zarte Rücksichtnahme auf andere, welche nicht aus Gründen der Ordnung, der Konvention und der Nützlichkeit eigenen Egoismus bändigt, sondern aus gegenseitigem innern Miterleben heraus Platz greift und jedes vertiefte Gemeinschaftsverhältnis beherrscht. In solchem zart ge-

bundenen, rein innerlich (nicht durch äußere Gewalt) beherrschtem Verhältnisse können die Regungen und Wünsche des Einzelnen nicht wild wuchernd sich hervordrängen, sondern werden, indem sie durch inneres Mitfühlen und innere Gegenseitigkeit Ausgleich und Ordnung erfahren, zu einem harmonischeren Ganzen zusammengebildet, also wieder zu einem Höchstmaß eigener Kraftausbildung und eigenen Kraftgebrauches geführt. Zwischen Liebenden, Freunden, zwischen Künstler und Publikum, Forscher und Nachschöpfendem, Nachprüfendem, die alle aufrichtig das Schöne und die Wahrheit suchen, findet solche Freiheit als selbstauferlegte Reserve in den eigenen Ansprüchen, als Achtung vor den Fehlern und Irrtümern auch des Gegners statt und stiftet so in wahrer Gegenseitigkeit, welche allseits die eigenen Kräfte steigert, indem sie sie bindet, die fruchtbarste und vollendete Gemeinschaft.

Fassen wir den Gegensatz von Individualismus und Universalismus im Freiheitsbegriffe kurz zusammen. Ist das Gegenteil der Freiheit, individualistisch gedacht, Zwang, so ist ihr Gegenteil im universalistischen Sinne Verkümmerung (Unterdrückung), während Zwang sehr wohl noch ein Bildungselement für das Individuum sein kann. Ist ferner individualistisch die Freiheit innerhalb der Grenzen, welche Sicherheit und Ordnung ziehen unbeschränkt und ihre Betätigung der Weltansicht des Einzelnen überlassen, so hat Freiheit, universalistisch erfaßt, von vorneherein eine innere Grenze wie ein inneres Ziel an den konstitutiven Kräften, in deren gemeinschaftsmäßigem Werden das Individuum erst sich selbst gebiert und findet. Die Vollendung dieses Wesens ist das Gute. Und so folgt ein ethisches wie ein dynamisches, entwicklungsmäßiges Element für diesen Freiheitsbegriff, der schließlich mit der maximalen auch die allseitige, harmonische Ausbildung der Fähigkeiten des Einzelnen (auf ethischem Grunde) in sich schließt.

Anmerkung. 1. Auf das Verhältnis des Einzelnen zur Gemeinschaft angewandt folgt, daß individualistische Freiheitsorganisation staatlich völlig undurchführbar ist. Individualistische Freiheit geht auf Autarkie, auf geistige Isolierung, zerstört also die Grundlage aller geistigen Kultur. Nie war denn auch in der Geschichte dauernd ein Gemeinwesen auf individualistische Grundlage gestellt.

2. Geschichtliche Umorganisationen der Staaten sind demgemäß ganz anders zu

beurteilen als herkömmlich. Daß im Mittelalter nur die Gruppe existiert habe, die Renaissance dann die künstlerisch-philosophische Befreiung des Individuums brachte (vgl. z. B. Burkhart, Kultur d. Renaissance I., S. 141 f.), die Reformation die religiöse, die französische Revolution die staatliche — das ist durchaus schief gesehen. Solche große Umwälzungen sind einfach Umwälzungen der Bildungsinhalte selber, es sind nicht primäre organisatorisch-staatliche Umwälzungen. Ausbildung der Individualität war auch im Mittelalter und zu jeder Zeit möglich: aber allerdings nur innerhalb der herrschenden Bildungsinhalte. Sind diese nun zerfahren und unbestimmt wie heute, kann freilich jeder so ziemlich tun und lassen was er mag. (Darunter leidet dann der Einzelne wie die Kultur!) Sind sie aber streng einheitlich, so kann notwendig nur innerhalb ihrer Grenzen Individualität aufkommen. Z. B. hat die Lehrfreiheit erst dann einen vollen sozialen Sinn, wenn das Leben nicht mehr von einem einzigen religiösen Gedanken beherrscht ist. Solange dies der Fall war, war für Ausbildung antireligiöser Individualität (vielleicht staatlich-organisatorische aber jedenfalls) gar keine innere, geistige Möglichkeit vorhanden. „Lehrfreiheit" wird erst verlangt werden, wenn die innere Einheit fehlt: geistige Umwälzung, nicht äußere Befreiung ist also die Signatur solcher geschichtlicher Vorgänge. Es brechen in solchen Fällen nicht „Epochen der Freiheit" an, um der Menschheit zum ersten Male das Licht zu bringen; es sind vielmehr nur Epochen anderer Bildungsbetätigung, welche sich die ihnen entsprechenden, sie vom Alten befreienden Organisationsformen schaffen.

II. Gleichheit und Gerechtigkeit.

Die bloß grundsätzlichen Freiheitsbegriffe beider Gesellschaftstheorien bedürfen noch näherer Bestimmung, weiterer Formung, um praktisch brauchbare Grundsätze politischen Handelns zu werden.

Die praktische Form, welche der Grundsatz der Freiheit nach individualistischer Auffassung im Zusammenleben Vieler verwirklicht, ist beim Anarchismus die unversehrte Freiheit, ebenso beim Macchiavellismus (als Herrschaft des Stärkeren), in der Naturrechtslehre dagegen mit logischer Notwendigkeit — die Gleichheit.

1. Der individualistische Gleichheitsbegriff. Das Naturrecht und die von ihm beherrschten Verfassungen seit der französischen Revolution stellen unveräußerliche Menschenrechte an die Spitze des Staatsprogramms. „Das Ziel aller politischen Gesellschaften ist die Erhaltung der natürlichen und unveräußerlichen Rechte des Menschen . . ." heißt es in Art. 2 der Erklärung der Menschenrechte. Diese

unveräußerlichen Rechte [„Freiheit, Eigentum, Sicherheit, Recht des Widerstandes gegen willkürliche Bedrückung“ — alles nur Freiheit des Verhaltens in besonderer Hinsicht] sollen im Staatsvertrag erhalten bleiben, während die andern Freiheitsrechte, soweit nötig, vom Staate zugunsten seiner eigenen Leistungen beschnitten werden dürfen. Nach welchem Grundsatze kann nun diese Einschränkung der Freiheiten Einzelner (zugunsten der Sicherheit usw.) stattfinden? Kaum anders als indem sie für alle gleich ist. Politische Gleichheit ist daher nichts anderes als gleiche Einschränkung der Freiheiten aller; daher in erster Linie gleiche Geltung des Rechtes für alle, weil das Recht individualistisch ja als Ausgleich der Freiheitssphären aller gedacht wird.

Ist dieser Vorgang gleicher Einschränkung der Einzelnen nun Sozialismus, also eine Abart des Universalismus? Er ist in der Tat die universalistische Konstruktion — aber eines individualistischen Gedankens! Es ist jenes schiefe universalistische Element, welches zur Erklärung von Staat und Gesellschaft als Vertrag von vorneherein der reinen Autarkie hinzugefügt wird, und welches sogar den Schein herbeizuführen vermag, als sei die liberale (individualistische) Staatsauffassung zur Begründung systematischer Sozialpolitik oder ähnlicher Umbildung der Autarkie grundsätzlich fähig. Reine Autarkie hält nur der Macchiavellismus aufrecht — eine zwar absolut unethische aber in ihrer Folgerichtigkeit große Staatserklärung. Vertrag hingegen — das heißt schon innere Preisgabe eines Stückes von Autarkie, das heißt schon einen Schritt weit universalistisch denken (nämlich die Gemeinschaft als Kräfte bildend) dabei aber doch den autarken Begriff des Individuums noch aufrecht erhalten.

So ergibt sich Gleichheit wohl als grundsätzlich universalistisches Element im staatstheoretischen Denken, aber als ein solches, das auf individualistischer Grundlage aufbaut — also von vorneherein ein zwiespältiges, verzerrtes Erzeugnis unklaren Paktierens darstellt.

Betrachten wir nun die nähere Begründung. Der Staatsvertrag ist als rein äußerliche, mechanische Abgrenzung der

Freiheitssphären aller gedacht und kann als Vertrag gar nicht anders gedacht werden. Solche äußere Abgrenzung verlangt aber gleiche Abgrenzung, gleiche Freiheit, schon weil ein anderes Kriterium für die Abgrenzung aus Vertrag gar nicht zu finden wäre. Gerade das individualistische Denken der (zu beschränkenden) Freiheit verlangt dies; denn es gründet sich auf Autarkie des Einzelnen und rein mechanische Ansicht vom Wesen der gesellschaftlichen Verbindung. Autarkie und mechanistischer Begriff der Gemeinschaft fordern also beide: gleiche Beschränkung der staatsbürgerlichen Freiheit. Aber nicht von sich aus (man könnte von da aus ja auch zur Anarchie folgern). Sondern es ist der Begriff der Beschränkung der Freiheit, der notwendig universalistisch ist, wie sich schon oben ergab. Diese Beschränkung wieder wird von dem Begriff des Vertrages in sich geschlossen; der Vertrag verlangt ein Opfer! Die Autarkie opfert so, um sich wenigstens einen festen Burgfrieden für sich zu erhalten, eine Menge möglichst peripherischer Freiheitsrechte; Sicherheit, Gewährleistung freien wirtschaftlichen Handelns (Eigentum usw.) und ähnliche Grundbedingungen ihrer selbst bekommt sie dafür in Kauf. Das Opfer kann natürlich nur für alle gleich sein, denn sonst beruhte es nicht auf Vertrag.

Wie sehr die politische Gleichheit (wirtschaftliche Gleichheit ist ja ganz etwas anderes) auch praktisch ein unmögliches Gebilde ist, zeigt überall die empirische Wirklichkeit. Nie war Gleichheit vollständig möglich. Ungleiche Geschäftsfähigkeit der Bürger: Entmündigung, Vormundschaft, Pflegschaft; Ungleichheit der Wahlrechte, sei es zwischen Klassen, oder zwischen Frauen und Männern, zwischen Unterstützten und wirtschaftlich auf eigenen Füßen Stehenden, zwischen Fremden und Einheimischen; ungleiche Amtsfähigkeit der Bürger, wie sie durch das ganze reichgegliederte Prüfungswesen festgelegt ist (nicht einmal die Athener haben für alle Ämter ausgelost!); die in irgendeiner Form immer vorhandene ungleiche Beschränkung der Meinungsäußerung und der Presse, z. B. sittlichen und religiösen Dingen gegenüber; Ungleichheiten und Vorzugsrechte namentlich auch im Erbrecht, im Familienrechte, in wirtschaftlichen Dingen — solche und viele andere zumeist unumgängliche Beschränkungen öffentlich- und privatrechtlicher Gleichheit und des Vertragsgrundsatzes in der Rechtsordnung überhaupt, beweisen, auf welcher widerspruchsvollen Konstruktion das ganze Prinzip beruht.

2. Der universalistische Gleichheitsbegriff. Im wahrhaft universalistischen Sinne dagegen kann es keine Gleichheit geben: Angemessenheit im Hinblick auf Fähigkeit und Leistung, Gerechtigkeit — das ist der Begriff, der an die Stelle der Gleichheit tritt. Er folgt unmittelbar aus dem universalistischen Freiheitsbegriff. Ist Freiheit nicht Autarkie, sondern Werden und Entwicklung der gesamten geistig-moralischen Wesenheit des Menschen in und durch Gemeinschaft, so können nicht alle Kräfte und Fähigkeiten gleiche Stellung inne haben, gleiche Zulassung zur Gemeinschaft, gleiche Berücksichtigung in ihr finden und gleichen Wert in ihr erlangen. Vielmehr haben sie vom Subjekt aus betrachtet: nur jenen ethischen Wert, der ihnen ihrer Bedeutung, ihrer ethischen Leistung im Einzelnen gemäß zukommt; von der Gemeinschaft aus betrachtet aber: den ihrer Leistung im Ganzen angemessenen Wert. Diese Angemessenheit heißt Gerechtigkeit. Gerechtigkeit und Freiheit sind daher im Grunde Wechselbegriffe, sofern sie beide auf dem ethischen Werden des Individuums in Gemeinschaft basieren. Die innere Beschränkung der Freiheit durch das Ethische entspricht dem Anblick von der subjektiven Seite her, die äußere Beschränkung der Anteilnahme des Einzelnen durch die Gerechtigkeit entspricht dem Anblick von der gesellschaftlichen Seite her. Mit andern Worten: wie die einzelne Fähigkeit oder Kraft im Ganzen der Persönlichkeit nur ihrem ethischen Werte gemäß (ideellerweise) zur Entwicklung kommen kann, so kann diese Kraft auch im Ganzen der Gemeinschaft nur dieser ihrer Bedeutung — die im Ganzen idealer Weise die gleiche wäre wie im Einzelnen, da Gemeinschaft nur die Gegenseitigkeit und Steigerung der Einzelnen ist — angemessen zur Geltung kommen, das heißt eine gerechte Stellung einnehmen.

Wie Gerechtigkeit aus der Freiheit folgt, fallen beide in ihrer letzten Wesenheit und idealen Verwirklichung notwendig auch zusammen. Die gerechteste Gemeinschaft wäre die Gemeinschaft der freiesten Menschen. Die individualistisch-naturrechtliche Konstruktion dagegen ergibt immer nur einen Gegensatz zur Freiheit, nämlich (gleiche) Einschränkung der Freiheit in der Staatspraxis, so daß Autarkie und ihre idealste Verwirklichung auch begrifflich niemals zusammenfallen können. Universalistisch aber sind Freiheit und Gerechtigkeit im innersten eins.

Werfen wir einen Blick auf die konkrete Wirklichkeit, so finden wir gleiche Kräfte fast nie aufeinandertreffen. Gleiche Intelligenz, Begabung und Geschicklichkeit, gleiche innere Größe, überhaupt gleiche Elemente finden sich selten. In der Regel treten Gebende und Nehmende, Schöpferische und Nachschöpfende, Lehrer und Schüler in der Gemeinschaft auseinander. Diese Unterschiede sind fast durchgängig. Die äußere Schichtung aller menschlichen Gemeinschaft in Führer und Geführte, die nicht nur im Gebiete des Handelns (Partei, Politik usw.), sondern auch im geistigen Leben durchaus vorherrscht, entspricht jener Gliederung der Funktionen nach Kräften und Personen. Wer daher nur auf diesen funktionellen Aufbau der Gesellschaft blickt und den geistigen Zusammenhang ganz verschiedener Kräfte, den die Erfahrung lehrt, bedenkt, wird schon, bloß auf dieser empirischen Grundlage, zu dem Grundsatze kommen: jedem das Seine, das Entsprechende, jedem jene Stellung, jene Wertung und Berechtigung, welche seiner Funktion und Bedeutung im Vergemeinschaftungsvorgang entspricht. Niemals könnte dagegen die Erfahrung selbst zu dem Grundsatze: jedem das Gleiche, führen. Ebensowenig aber zu dem Satze: jedem möglichst große Freiheit (was zur Gleichheit führte); sondern auch hier ergäbe die Erfahrung allein den Grundsatz gerechter, angemessener Freiheitsgewährung.

Der logischen Aufeinanderfolge nach ist zwar der Begriff der Freiheit das erste, das sich aus dem Begriffe der Gemeinschaft und dem Verhältnis des Einzelnen zu ihr ergibt; Gerechtigkeit erst die Folge universalistisch gedachter Freiheit. Praktisch aber, nämlich vom empirischen Standpunkte, dem der Gemeinschaft aus, kehrt sich das Verhältnis um: Die Gewährung von Freiheit wird von der Gerechtigkeit abhängig. Das macht, daß Gerechtigkeit und Freiheit im Grunde Wechselbegriffe sind, wie wir schon sahen. Daher die Umkehrbarkeit. Gehe ich vom Einzelnen und seinem Verhältnis zur Gemeinschaft aus, ist es der Begriff der Freiheit (als Begriff des Verhaltens des Individuums in der Gesellschaft), der alles beherrscht und zur Gerechtigkeit führt. Gehe ich vom wirklichen Leben der Gemeinschaft aus, ist es Gerechtigkeit, als konstitutiver Grundsatz der Ordnung, des Aufbaues jeglicher Gemeinsamkeit, die alles beherrscht, und dem Individuum zum angemessensten Platze, zur angemessensten Betätigung verhilft. Hier ist Gerechtigkeit die Form, in welcher die Verwirklichung der Freiheit, dort Freiheit die Form, in welcher die Verwirklichung der Gerechtigkeit erfolgt.

III. Maß und Art der Staatsaufgaben.

Über das individualistische Ideal der Staatsbetätigung ist nach allem bisherigen kein Zweifel: möglichst viel Freiheit (Autarkie) und möglichst wenig Einschränkung für jeden. Mit andern Worten: ein Mindestmaß der Staatsaufgaben entsprechend dem Höchstmaß an Autarkie. Demgemäß hat sich der Staat, wie oben (S. 242) schon ausgeführt wurde, auf Sicherheit der Person, des Eigentums und ähnlich Unerläßliches zu beschränken, positive Aufgaben hat er nicht.

Das universalistische Ideal hingegen geht auf ein Höchstmaß der Staatsaufgaben. Um diesen Grundsatz aber richtig zu verstehen und nicht ein Bild unkritischer, starr-autoritativer Allherrschaft des Staates zu entwerfen, gilt es, klar auf seine Grundlage zurückzugehen.

Als Grundlage des Maximums der Staatsaufgaben möchte ich den Grundsatz des Höchstmaßes an Gemeinschaftlichkeit betrachten und zwar an geistig-moralischer Gemeinschaft, denn die des Handelns, welche der Sozialismus in den Vordergrund stellt, ist in Wahrheit das Abhängige. Ist Sein und Werden des Individuums im letzten Grunde in seiner Teilnahme an geistiger Gemeinschaft beschlossen, so fordert das Höchstmaß individueller Lebensbedingungen ein Höchstmaß an Gemeinschaftlichkeit des Individuums!

Höchstmaß an Gemeinschaftlichkeit ist so gesehen allerdings nur eine rein geistige Angelegenheit, noch keine staatliche. Aber die stetige Sicherstellung und die systematische Gestaltung der geistigen Gemeinschaftsbeziehungen kann nicht dem Ungefähr überlassen werden: sie geschieht durch Veranstaltung. Als die ideelle Summe aller Anstalten haben wir nun aber früher den Staat kennen gelernt (s. o. S. 180 ff.). So aufgefaßt, entspricht dann dem Maximum an Gemeinschaftlichkeit als begriffliches Ideal auch ein Maximum an Veranstaltung, also an Staatlichkeit. Es ist aber klar, daß dies nur ein End- und Zielpunkt ist, welcher klar erkannt, zwar auf die Richtung des gemeinsamen Lebens im Staate, auf dessen innerste Wesenheit, ein Licht wirft, der aber noch lange nicht starre Allherrschaft des Staates im wirklichen, empirischen Leben bedeutet.

Prüfen wir diesen Gedanken näher im Hinblick auf die handgreifliche Wirklichkeit. Da ist zunächst zu bedenken, daß einerseits alle Organisationen geistigen Lebens (z. B. Schule, Kirche, Vereinswesen) eine ideelle innere Einheit insofern bilden, als die Gesamtheit des geistigen Lebens wie eines Individuums so auch einer Gruppe notwendig solch innerer Einheit zustrebt. (So können die von der Kirche organisierten religiösen Inhalte den Bildungsinhalten der Schule, des freien Vereinslebens u. dgl. nicht dauernd und wesentlich widersprechen, soll sie einen bedeutenden Platz behaupten; denn das Geistesleben der Individuen erträgt dauernd starke, unausgleichbare Widersprüche auch nicht.) Ferner ist zu bedenken, daß wegen dieser innersten (idealen) Einheit alle Organisationen einer Gruppe zusammenhängen, einheitlicher Natur sind, d. h. aber als ideelle (ideell gleichberechtigte) Glieder des Staates (der ideellen All-Organisation) betrachtet werden müssen. Und vom Standpunkt des wirklichen, empirischen Staates aus wieder, der nicht All-Organisation, sondern nur die höchste Organisation ist (als Souverän), heißt dies: alle nichtstaatlichen Organisationen sind der Idee nach dennoch als seine Teilorgane anzusehen, aber nicht konkretermaßen, sondern nur als delegierte, die vom Staate geduldet oder unterdrückt werden, je nachdem sie sich ihm einordnen oder gegen ihn richten (worüber schon oben S. 188 das nötige gesagt wurde). Wie gering die geistige wie organisatorische Einheit im Einzelnen oft ist, braucht nicht erörtert zu werden. Dem inneren Zwiespalt einer Nation entspricht die Zwiespältigkeit ihrer Organisation. Im Kleinen macht daher jeder Staat täglich und stündlich innere Umbildungen, kleine Revolutionen durch. Sofern sich die geistigen Vergemeinschaftungsvorgänge im Leben ändern, ändern sich auch die ihnen entsprechenden Anstalten. Damit wachsen dem Staate neue (ideell als delegiert zu betrachtende) Teilorganisationen zu. Der Widerspruch, in dem diese neuen Gebilde zu ihm stehen, muß ausgeglichen werden, indem der Staat sich selbst umgestaltet, Neugebilde in sich aufnimmt, Altes abstoßt usw. Häuft er sich aber unausgeglichen an, führt er zu gewaltsamen Ausbrüchen; schlichtet er sich im Stillen, so erfährt der Staat jene schrittweise Umbildung, die man „Entwicklung" des Staates nennt.

So ergibt sich für die universalistische Auffassung zweierlei: daß der Staat zwar seiner Natur nach zur Allherrschaft streben müsse, daß dieses Ziel aber nur der ideellen All-Einheit des (von ihm organisierten) geistigen Lebens selbst entspreche, und daß ferner die stete innere Umbildung und Entwicklung des Staates auch nach universalistischer Auffassung möglich, ja notwendig ist, und unter Umständen sogar die Revolution sittlich geboten sein kann: wenn eben die neuen geistigen Inhalte, die Platz fordern, dies zu rechtfertigen vermögen. Eine starre Allherschaft des Staates kann daher echtes universalistisches Denken, das von der lebendigen geistigen Wechselbeziehung als der sozialen Urtatsache ausgeht, niemals verkünden. Dies ist nur exzessiven Formen des Universalismus, wie z. B. die theokratische Staatsidee eine darstellt, eigen.

Nun kann auch über den Grundsatz, welcher praktisch das Maß jeweiliger Staatsaufgaben bestimmt, kein Zweifel sein. Gäbe es irgendwo einen Staat, der wirklich volle innere Einheit seines Geisteslebens aufwiese — eine communio sanctorum, ein Kloster frommer Brüder — dann müßte ihm jegliche Regelung und organisatorische Einwirkung auf die geistige Wechselbeziehung seiner Glieder als Aufgabe zugeschrieben werden. Einen solchen Staat gibt es aber nicht, weil es eine solche Gemeinschaft nicht gibt. Daher ist der Staat organisatorisch nur ein Gradbegriff, wie wir auch schon früher sahen. Umgekehrt folgt im Hinblick auf die empirische Uneinheitlichkeit des Lebens: je mehr sich der Staat von jenem Ideal der communio sanctorum entfernt, je uneinheitlicher das Kulturleben einer Gruppe ist, um so nötiger ist die Delegierung von Organisationen in untergeordnetere, öffentliche und „private" Sphären, um den Ausgleich der Gegensätze, die Beweglichkeit der Umbildung zu ermöglichen. Um so zerrissener ist allerdings ein solches Gemeinwesen, um so weniger einheitlich durch den Staat organisiert. Das entspricht aber genau den Erfahrungen der Geschichte. Man denke z. B. an die Verhältnisse in unsicheren Zeiten, etwa an die schweren Verfallszeiten des Deutschen Reiches (Interregnum!).

Praktische Allherrschaft des Staates, Höchstmaß an Staatsaufgaben ist, so fassen wir nochmals zusammen, nur ein letztes universalistisches Ziel, nur ein regulativer, kein konstitutiver Grundsatz. Was sich daraus für die Politik ergibt, ist dann: über den Staat als bloße Minimumorganisation, als bloßen Hüter der Ordnung hinauszugehen, wo immer es nur die Einheit der Kulturinhalte und die Beweglichkeit der Entwicklung erlaubt. So wird der Staat praktisch zwar nicht zur Allorganisation des gesamten Lebens, wohl aber zur Wohlfahrts- und Erziehungseinrichtung, und mit all dem: zum Träger und zur Verkörperung der Idee des Guten. Das Ethische als sein Lebenselement lernten wir ja schon früher genau kennen.

Nur in diesem bedingten Sinne tritt an die Stelle des individualistischen Minimums das universalistische Maximum der Staatsaufgaben.

Hiermit sind die obersten Grundsätze der Politik gesellschaftstheoretisch abgehandelt. Wir wenden uns noch kurz zwei einzelnen aber sehr wichtigen Begriffen zu.

IV. Die Menschenrechte.

Wie steht es nun mit der Achtung der Menschenrechte? (Sie wurden oben im Kapitel über Gleichheit S. 309 aufgezählt). Liegt darin nicht ein individualistischer Kern, über den auch die universale Auffassung nicht hinwegkommt?

Individualistisch erscheinen die Grundfreiheiten oder Menschenrechte (gleichgültig wie man sie im besondern formuliert) als die Grundpfeiler autarker Betätigung des Individuums, als unumstößliches Mindestmaß der Autarkie. Muß nicht die universalistische Theorie auch ein solches Mindestmaß annehmen? Gewiß! aber nicht als Mindestmaß von Autarkie, sondern als Grundbedingung der ethischen Entwicklung individueller Kräfte. Universalistisch gedachte Freiheit als Werden ethischer Kräfte im Individuum — das ist ja auch ein Freiheitsbegriff! Auch für diesen wird es daher letzte Bedingungen, Mindestmaße geben. Freilich sind sie viel beweglicher als für den Individualismus, für die Autarkie; auch sind es andere Bedingungen als für den Individualismus. Nicht nur sind jetzt Zwang und Erziehung auch Freiheitselemente, während diese der Individualismus ausschließt; die ethische Richtung für alles Tun ist zugleich allgemeine Voraussetzung. Was dann, universalistisch gesehen, als letztes, d. h. durchaus allgemeines Mindestmaß für vollkommenes, freies Werden des Individuums zurückbleibt ist nur noch Eines: ethische Autonomie, d. h. aber nichts anderes als: Vernunft, eigenes Schaffen an sich selbst. Das Gefüge und innere Gesetz individuellen Handelns, eben dessen Vernünftigkeit, kann vom Universalismus nicht nur nicht geleugnet werden: er muß es im Gegenteil voraussetzen. Gerade er arbeitet immer mit dem Begriff des Guten, er kann die Autonomie, worauf dieses sich gründet, nicht umstoßen wollen.

Exzessive Formen des Universalismus allerdings, welche den Staat materialisieren, können dem Einzelnen, sofern er bloß Glied des Ganzen schlechthin ist, nur unvollkommen seine vollen Eigenwert wahren, können letzte Menschenrechte als Grundbedingungen politischer Gebilde und politischen Handelns nicht voll anerkennen. So die streng organische und die theokratische Auffassung. Jeder Universalismus aber, der die Individualität als eigene Potenz bestehen läßt, kann und muß sie als eigenartige, unwiederholbare, nach eigenem innern (autonomen) Gesetz schaffende Wesenheit anerkennen — unbeschadet der rein universalen Konstruktion von Gesellschaft, Staat und Freiheit.

V. Das größte Glück der größten Zahl.

Schließlich möge noch des Benthamschen Grundsatzes, der die ausgebildetste Form des Utilitarismus darstellt, kurz gedacht werden, daß das größte mögliche Glück der größten möglichen Zahl, die „Maximisation der Glückseligkeit", als höchstes Ziel des Gemeinschaftslebens anzustreben sei. Dieser sozialethische und politische Grundsatz, der Art und Maß der Staatsaufgaben feststellt, ist insoferne bedeutsam, als er den Versuch darstellt, über die reine Autarkie hinauszugehen und ein inhaltliches Prinzip für die Konstruktion der Gesellschaft auf individualistischer Grundlage zu finden, statt des rein formalen des Mindestmaßes der Freiheitseinschränkung.

Zunächst fragt es sich, ob der Benthamsche Grundsatz wirklich reiner Utilitarismus sei? Zweifellos ist dies der Fall hinsichtlich des ersten Elementes jenes Grundsatzes, des „größten Glückes". Es geht auf Glückseligkeit, also Nutzen, denn beides ist gleichbedeutend. Als rein utilitarisch ist dieses Moment zugleich rein individualistisch. Das ist nach unsern frühern Erörterungen selbstverständlich und gar nicht anders möglich — trotz der heute beliebten Verwahrung des Utilitarismus gegen die Gleichstellung mit dem Individualismus. — Was die universale Auffassung dem Moment des höchsten Glückes entgegensetzt, ist die höchste geistig-moralische Entwicklung des Individuums in der Gemeinschaft; also: der höchste Wert, nicht das größte Glück! Damit stellt sich ja der Universalismus auf den rein ethischen Boden und hat dadurch den ewig uneinholbaren Vorsprung vor jeder Art vom Individualismus voraus. Deshalb erscheint ihm auch die Gemeinschaft ihrer Idee nach nur als Verkörperung ethischer Werte schlechthin, dem Individualismus dagegen im besten Falle als nützliches Verhältnis, das dem autarken Individuum dienlich zu sein vermag.

Wie verhält es sich dagegen mit dem zweiten Elemente jenes Grundsatzes: mit der größten Zahl? Dieses erscheint in der Tat als universelles Element, es entspricht offensichtlich derselben Einschränkung, welche die Gleichheit in staatspolitischer Hinsicht an der Autarkie darstellt. Gleiche Freiheitssphären für alle ergeben sich notwendig, wenn man den Staat als Vertrag denkt. Genau ebenso: die größte Zahl, wenn man Glückseligkeit (Nutzenmaximum) als Lebensideal des autarken Individuums denkt und die gesellschaftliche Verbindung in den Dienst der Erlangung dieses Maximums stellt. Die Gesellschaft wird also hier: 1. vertragstheoretisch gedacht, d. h. als tauglich zur Erreichung von Lebenszielen des autarken Individuums anerkannt (daraus folgt außerdem Gleichheit, Minimum der Staatsaufgaben und was sonst Elementarbegriffe des Individualismus sind); 2. es wird das menschliche Lebensideal, das der reine Individualismus sonst noch offen hält, als Maximum von Nutzen oder Glückseligkeit bestimmt; indem nun die Gesellschaft als taugliches Mittel betrachtet wird, den Einzelnen — und d. h. nach dem Prinzip der vertragsmäßigen Gleichheit: möglichst jedem, der möglichst großen Anzahl von Staatsmitgliedern! — zur Erreichung dieses Ideals behilflich zu sein, wird allerdings die Aufgabe der Gesellschaft aus einer rein negativen (der gleichen Sicherheits- und Rechtsgewährung für alle) zu einer positiven: der gleichen Hilfeleistung zur Erreichung des utilitarischen Lebensziels für alle. Dasselbe universalistische Element, das im Begriff der Gleichheit nur negativ auftrat, tritt hier in positiver Gestalt auf! „Größte Zahl" heißt zugleich: größtmögliche Indienststellung der Gesellschaft — ein Begriff welcher dem universalistischen Grundsatz größter Gemeinschaftlichkeit von außen her zum Verwechseln ähnlich sieht. Dieses kecke, pseudouniversalistische Ergebnis, auf Grund dessen sich jenes System „sozialer Utilitarismus" nennt (das praktisch in der Tat zum Altruismus führt), darf aber über die wahre Natur des utilitarischen Gedankens nicht täuschen. Seine Elemente: Nützlichkeit als Moralprinzip, sowie: Autarkie des Individuums, sind beide rein individualistisch. Überdies ist diese Moral mit ihrem Lebensideal innerlich trostlos, unmöglich und kann nur dem philosophisch Ungeschulten etwas sagen. Die praktische Umkehrung in „Altruismus" und „Mutualismus" beweist nur, welch elementare praktische Notwendigkeit den Individualismus zu universalistischen Gestaltungen drängt, damit der empirischen Wirklichkeit genug getan werde, und wie unfähig die individualistischen Grundbegriffe von sich aus sind, geschichtliche Tatsachen der Gesellschaft zu erklären. So müssen sie derart verrenkt und verdreht werden, daß schließlich das Gegenteil des Anfanges herauskommt.

Trotzdem nun das Begriffselement der größten Zahl universalistischer Art ist, kann es der Universalismus nicht eigentlich anerkennen. Es ist eben, wie der Begriff der Gleichheit, auf individualistischer Grundlage aufgebaut, daher falsch. In einem rein tatsächlichen Sinne ist das Streben nach Glückseligkeit freilich allgemein und als eine gegebene Voraussetzung, mit der jede Gesellschaftslehre und Moraltheorie rechnen muß; einfach hinzunehmen. „Glücklich zu sein, ist notwendig das Verlangen jedes vernünftigen aber endlichen Wesens und also ein unvermeidlicher Bestimmungsgrund seines Begehrens"[1]) — das hat Kant selbst ausdrücklich anerkannt, trotzdem aber die Moral nicht darauf gegründet. Ebensowenig kann die Gesellschaftslehre auf diese Banausie eingehen. „Denn obgleich der Begriff der Glückseligkeit der praktischen Beziehung der Objekte aufs Begehrungsvermögen allerwärts zum Grunde liegt, so ist er doch nur der allgemeine Titel der subjektiven Bestimmungsgründe und bestimmt nichts spezifisch . . ."[2]). Die Glückseligkeit hat subjektiven Inhalt, die geistig-moralische Natur des Menschen ist dagegen in ihren Grundzügen objektiv festgelegt. Daher ist nicht Glückseligkeit, sondern Wert das maßgebende Prinzip, daher kann sich die Gesellschaft ihrer innersten Natur nach nicht auf die größte Zahl einstellen, sondern nur auf die dem höchsten Wert angemessene Zahl. Wie die Gleichheit durch Gerechtigkeit (welche nichts anderes ist als Angemessenheit), so muß auch hier die größte Zahl ersetzt werden durch die angemessene, die würdige Zahl. Praktisch heißt dies einfach: Staat und Gemeinschaft sollen nicht zur Masse der Unbegabten herabgezogen werden, sondern den höchsten Kräften und Fähigkeiten dienen, d. h. der Vergemeinschaftungskörper dieser Kräfte sein. Dann stellen sich in der Gemeinschaft die höchsten Werte dar, dann verkörpert sie die Idee des Guten. Diese Tendenz ist zugleich innerstes Bildungsgesetz der Gemeinschaft, das in Geschichte und Wirklichkeit immer sich durchzusetzen strebt. Nivellierende Demokratien sind ebenso wie faule, entwertete Oligarchien, stets ein Zeichen von Verfall und Niedergang der Gemeinschaft.

Zusammenfassend möchte ich sagen, daß die universalistische Entsprechung des utilitarischen Satzes vom größten Glück der größten Zahl lauten würde: die Gemeinschaft sei so zu gestalten, daß die höchste (zugleich allgemeinste) Ausbildung der wertvollsten Potenzen erreicht werde; kürzer: höchste Ausbildung der höchsten Werte, oder: höchster Wert, angemessene Zahl. Im platonischen Staate ist dieses Prinzip richtig verwirklicht, indem einerseits nur die Philosophen herrschen, andererseits nur solche der Philosophie teilhaftig werden, die ihrer fähig und würdig sind.

Schluß. Überblickt man diese Untersuchung der politischen Grundsätze auf ihre methodische Natur hin, so ergibt sich zuerst: daß die politischen Grundsätze, wie sie in den Begriffen der Freiheit, Gleichheit, Gerechtigkeit usw. niedergelegt sind, nur gesellschaftstheoretisch, nur durch Erkenntnis ihres Gehaltes an individualistischer oder universalistischer Vorstellung vom Wesen und Aufbau der Gesellschaft von Grund auf verständlich werden können. Die Notwendigkeit der Bezugnahme auf diese gesellschaftstheoretischen

---

[1]) Kritik der prakt. Vernunft, S. 25.

[2]) Ebenda.

Ausgangspunkte, an jedem Punkte der Untersuchung hat dies unwiderleglich gezeigt. — Es ergibt sich ferner: daß die politischen Grundbegriffe alle untereinander eng zusammenhängen, im Begriffe der Freiheit aber, als dem Begriffe des gesellschaftlichen Verhaltens des Individuums, zu welchem die Gesellschaftstheorie zuerst fortschreiten muß, ihren gemeinsamen Ausgangspunkt haben. Freiheit führt zur Gleichheit hier, zur Gerechtigkeit dort; Freiheit führt zugleich zur Bestimmung der zulässigen Staatseingriffe, damit zur Bestimmung der ursprünglichen Freiheits- oder der Menschenrechte, wie zur Bestimmung der Staatsaufgaben, ihrer Art, ihres Maßes. So führt die Fortführung dieses Begriffes mitten in die Politik hinein. Denn das, was man im Staate will und von ihm verlangt, ist der Inhalt politischen Lebens.

Mit all dem ist eine solche Untersuchung endlich auch Grundlegung einer Parteienlehre. Indem sie alle politischen Grundbegriffe feststellt, ist sie fähig, auf die konkreten Grundsätze und Bestrebungen der wirklichen politischen Parteienwelt angewandt zu werden. Einiges darüber wurde schon oben (S. 124 ff. und S. 280 ff.) ausgeführt.

Viertes Buch.

Philosophie und Gesellschaftswissenschaft.

I. Kapitel. Die philosophischen Begriffe von den Grundtatsachen der Gesellschaftswissenschaft.

I. Gesellschaftswissenschaft und Philosophie gehen auf das gleiche Nacherleben zurück.

Klarzustellen, welches Verhältnis das gesellschaftswissenschaftliche zum philosophischen Denken habe, ist nicht nur aus methodischen Gründen nötig, um die eigentümliche Tat des Verstandes beim gesellschaftswissenschaftlichen Erkennen von jeder anderen zu unterscheiden; auch die stofflichen Beziehungen, die sich aus der Untersuchung des Gegenstandes selbst ergeben, erfordern dies. Der Gegenstand aller Gesellschaftswissenschaft besteht ja zuletzt nur im Tun und Empfinden der Menschen selbst, ist also in diesem Sinne, wie schon in der Einleitung hervorgehoben wurde, durch und durch ethisch und nur durch inneres Verstehen und Nachbilden zu erforschen.

Ist diese Nachbildung nicht eigentlich eine psychologische Aufgabe? (So daß auch alle Gesellschaftswissenschaft nur eine Art angewandter Psychologie wäre — eine Frage, der wir bei der späteren methodischen Untersuchung noch begegnen werden.) Keineswegs! Die Psychologie untersucht ja gerade nur die Gesetzmäßigkeiten, die sich bei jenen Erlebnissen selbst zeigen; nicht aber die Natur ihres Inhaltes, nicht ihre Gestaltung zu gesellschaftlichen Erscheinungen und deren Gesetzmäßigkeiten. Der Gesellschaftsforscher geht dagegen auf die lebendige, d. h. inhaltliche, sinnvolle Nachbildung des Empfindens und Tuns des Menschen aus, das sich in der Gesellschaft darstellt. Und demgegenüber ist dann wesentlich: daß dasselbe Erlebnis, dasselbe innere Verstehen auch aller Philosophie zugrunde liegt. Nur wendet sich die Philosophie von da zur Weltanschauung (das Wort im buchstäblichen Sinne zu verstehen), die Gesellschaftswissenschaft zum Anschauen des Sichdarstellens der Erlebnisse in gegenständlichen gesellschaftlichen Gestaltungen. Ein Beispiel. Platon nimmt im „Gastmahl" die Liebe zum Gegenstande der Betrachtung. In genialem Nacherleben aller ihrer Seiten und Arten durchwandelt er das ganze Erlebnis und findet ihr wahrstes und tiefstes Wesen darin, daß sie, je reiner und geläuterter sie sich entfaltet, desto mehr über ihren Gegenstand hinaus auf ein Prinzip, eine Idee führt, deren Symbole und Gefäße nur die einzelnen Dinge sind. Und dies wird fortgeführt zu einer Anschauung vom Wesen der Welt selber. Der Gesellschaftsforscher aber muß von demselben inneren Verständnis der Liebe ausgehen, wenn er deren gesellschaftliche Darlebung in Ehe, Freundschaft und anderen Gestaltungen verfolgen will. Er erlebt die menschlichen Empfindungen als Gesellschaftsbestandteile. Der Philosoph erlebt sie als Weltbestandteile. Diesen Sinn hat das Wort Fichtes: Was für eine Philosophie man wählt, hängt davon ab, was für ein Mensch man ist. Und das gilt nur mit geringen Einschränkungen auch von der Gesamtauffassung der Gesellschaft. — Weil hier die Persönlichkeit angerufen wird, bedeutet dies keineswegs Psychologismus, die Frage der Allgemeingültigkeit ist damit keineswegs für den Relativismus entschieden, denn die objektive Richtigkeit kann noch immer erweisbar sein.

Sogar die Erkenntnistheorie, die ja in vielen Bereichen auf rein logischer Analyse beruht, vermag ein Beispiel zu bieten. Die gesamte Kantische Kritik der Vernunft wäre ohne den Begriff der Apperzeption als synthetischer Einheit des Bewußtseins keineswegs möglich; noch weniger die Philosophie Fichtes und was ihr nachfolgt. „Einheit der Apperzeption" ist aber weniger ein Begriff als ein Erlebnis. Ein Erlebnis, das gerade deswegen Positivisten, Relativisten, Psychologisten, Pragmatisten und wie die empiristischen Gruppen sonst heißen mögen, stets anfechten werden, weil es immer Banausen und seichte Gelehrsamkeitskrämer geben wird, die es nicht nachzuerleben vermögen, so daß sie lieber versuchen, assoziierte Empfindungsmassen, psychische Energien u. dgl. womöglich mit der Wage zuzumessen, als einer synthetischen Wirksamkeit, die ihnen genau so unheimlich als unverständlich ist, nachzuspüren.

II. Nachweis im Einzelnen.

Daß die Gesellschaftswissenschaft im Nacherleben und innern Verstehen menschlichen Empfindens und Tuns denselben letzten Ausgangspunkt hat wie die Philosophie, nur von ihm aus eine andere Richtung des Erkennens einschlägt, soll nun im einzelnen nachgewiesen werden. Hierfür genügt es natürlich, den ersten Ursprung der Gesellschaft ins Auge zu fassen, wo gewissermaßen die Empfindung unmittelbar in die Vergesellschaftung eintritt und gesellschaftliche Gestaltung annimmt. Das ist nur bei den geistigen Gemeinschaften der Fall. Das Handeln, als von ihnen abhängig, unterliegt dem Verständnis der Gemeinschaften. Diese waren: Wissenschaft, Kunst, Religion, Philosophie, Moral und die Neigungsgemeinschaften.

Es genügt nun für die Gesellschaftswissenschaft nicht, die Erfahrungstatsachen, die sich in den gegenständlichen Erscheinungen der Gemeinschaften darbieten, einfach hinzunehmen. Denn die geschichtliche wie die beschreibend-statistische Darstellung geben zunächst nur den Tatsachenstoff selber. Um ihn darüber hinaus als gesellschaftliche Erscheinung, d. h. als eigentümliche Teilgestaltung, Lebensäußerung der Gesellschaft zu begreifen, muß bestimmt werden, welche besondere geistige Daseinsform Wissenschaft, Kunst, Religion usf. darstellt. Es fragt sich z. B., ob Wissenschaft, Kunst usw. ebensolche Lebensäußerungen sind wie etwa die Wirtschaft? Wenn nicht: wodurch unterscheiden sie sich voneinander; wer hat irgendeine Priorität unter ihnen; und weiterhin entsteht die Frage: sind sie eigengesetzliche Darlebungen und Funktionen des Geistes, oder sind sie bloße Reflexe des Nutzens, Gebilde von reiner Zweckentwicklung, die gleich der biologischen Erscheinung als Ergebnisse des Daseinskampfes u. dgl. zu betrachten sind; inwiefern, so muß man diese Frage dann verallgemeinern, werden sie grundsätzlich von der Umwelt (Milieu), inwiefern von eigener Gesetzlichkeit aufgebaut und gestaltet? Es ist klar: um der Sache auf den Grund zu kommen, muß von der geistigen Wesenheit dieser Kulturerzeugnisse ausgegangen werden. Nur so können sie jeweils in der Gesellschaft als deren eigentümliche Lebensäußerungen und Bestandteile bestimmt werden.

Die geistige Wesenheit der Wissenschaft wird nun bestimmt durch die Entscheidung über die Natur des Logischen, der Kunst über die Natur des Ästhetischen usf., wie ja schon unsere frühere Untersuchung des Aufbaues der Gesellschaft gezeigt hat. Und es fragt sich dabei: fällt in der Wissenschaft das Logische mit den Vorstellungsassoziationen zusammen; in der Kunst: das Ästhetische mit den psychologisch-biologischen Vorgängen der Einfühlung, innern Nachahmung, Illusion, Funktionslust (Betätigungsdrang); in der Religion: das Transszendenzgefühl mit der Furcht vor höheren Mächten oder dem empirischen Seelenglauben aus Traumerfahrung; in der Moral: das Sittliche mit Glückseligkeit und Nutzen; in der Philosophie: die Weltanschauung (Metaphysik) mit der Vereinheitlichung des Inhaltes der empirischen Wissenschaften; in der Liebe endlich: mit der Gesellschaftlichkeit unserer geistigen Natur (Hingabe) oder mit dem Geschlechtstrieb und eigennütziger Bestrebung, sinnlicher Empfindung?

Betrachtet man die Sachlage, so wird man finden, daß jede der möglichen Entscheidungen, einer philosophischen Bestimmung vom Wesen des geistigen Elementes oder Erlebnisses, welches den betreffenden gesellschaftlichen Gestaltungen zugrunde liegt, gleichkommt. Wie das Wesen der Teilgestaltungen (Empfindungselemente) der Gesellschaft begriffen wird — das entspricht einer philosophischen Bestimmung. Daher gilt auch umgekehrt: von der philosophischen Bestimmung aus können die betreffenden Elemente gesellschaftswissenschaftlich begriffen werden.

Als maßgebend ist bei den Fragen nach dem Wesen der Wissenschaft, Kunst usw. festzuhalten: daß die rein empirische Betrachtung unmöglich eine Entscheidung herbeiführen kann. Diese Aufgabe gliche der, aus einem wüsten Durcheinander von Büchern eine geordnete Bücherei zu machen. Nach welchem Grundsatze soll ich ordnen: nach der Farbe, dem Format, der Buchstabengrößen, der Blätterzahl? — ich muß lesen! Der Inhalt allein liefert das ordnende Kennzeichen. So kommt es auch bei den gesellschaftlichen Erscheinungen auf die Bestimmung ihres Gehaltes an. Man möge zum Verständnis der Entwicklung der Wissenschaft, der Kunst noch so viele Bedingungen, die in der äußern Lebensweise (z. B. Wirtschaft) liegen, nachweisen; daß sich die Bedingungen gerade in dieser spezifischen Gestalt als Wissenschaft usw. reflektieren, das kann man damit nicht erklären. Man redet nur wie ein Blinder von der Farbe. Es muß daher zur innern Bestimmung der Wesenheit von Wissenschaft, Kunst usw. fortgeschritten werden: zum Erlebnis, zum gleichen Erlebnis und Nachverstehen, das auch den Ausgangspunkt der Philosophie bildet.

Im ganzen betrachtet gibt es nur zwei grundsätzliche Möglichkeiten diese Erlebnisse philosophisch zu bestimmen: als Nutzenreflexe oder als rein eigengesetzliche (apriorische) Daseinsformen des menschlichen Geistes (für welche dann Nutzen usw. nur äußere Entstehungs- und Abänderungsbedingung ist). Das erste Ergebnis begründet den philosophischen Standpunkt des Empirismus im weitesten Sinne; das letztere den des Idealismus im weitesten Sinne, in gesellschaftstheoretischer Hinsicht vielleicht besser Apriorismus genannt. Diese philosophischen Bestimmungen treffen überall mit den gesellschaftstheoretischen zusammen. Auch von dieser Seite aus zeigt sich also: daß niemand sich der philosophischen Stellungnahme entziehen kann. Auch der reine Empirist trifft überall solche Entscheidungen, die zusammengefaßt ein philosophisches System bilden. Besinnt er sich über das System als Ganzes nicht, um so schlimmer für die Untersuchung, die dann richtungslos ist.

II. Kapitel. Die philosophischen Folgerungen aus Individualismus und Universalismus.

Wie die gesellschaftswissenschaftliche Einzeluntersuchung auf geistige Elemente führt, deren philosophische Bestimmung unerläßlich ist; so auch die Betrachtung der Gesellschaft als Ganzes. Die Einheitstheorien des Individualismus und Universalismus (von der Abgeschiedenheitslehre kann, weil sie über die Gesellschaft hinausgeht, abgesehen werden) führen aber nicht mehr auf Teilkräfte des Geistes, sondern: auf den Begriff des menschlichen Geistes oder Bewußtseins überhaupt, des menschlichen Individuums.

Ich möchte das (in Übereinstimmung mit der obigen Betrachtung der Elemente) auf die Formel bringen: Wie die Gesellschaft begriffen wird, so der Mensch, dessen Daseinsform ja nur die Gesellschaft ist; wie der Mensch begriffen wird, so auch die Welt, deren Bestandteil ja nur der Mensch ist.

Nun möchte ich allerdings aufs nachdrücklichste betont wissen, daß die Einheitstheorien der Gesellschaft rein analytisch gefunden und begründet werden können. Die Tatsachen der gesellschaftlichen Erfahrung, die Untersuchung ihres Gesamtzusammenhanges und zuletzt des geistigen Geschehens, das sich in der Gesellschaft darstellt, des Ichs, das in ihr erscheint — das sind rein analytische Forschungen, die ohne Philosophie, ohne Weltanschauung durchführbar sind. Sie führen nur zu einer Philosophie, sie bedeuten unmittelbar Ausgangspunkte philosophischen Denkens. (Genau so war ja auch die Bestimmung des geistigen Elementes bei der Einzeluntersuchung von Kunst, Wissenschaft usf. rein analytisch, bedeutete aber eine Bestimmung, die zugleich einen philosophischen Begriff jener geistigen Wesenheit in sich schloß.) Wenn die gesellschaftliche Beobachtung und das Nacherleben (die Analyse) der geistigen Grundvorgänge, welche Gesellschaft bilden, mich zu der Bestimmung bringt: es seien autarke Individuen, welche die Gesellschaft bilden, so ist diese Bestimmung analytisch gewonnen; wenn zu dem Ergebnisse: es seien bloße Anlagen, die in schöpferischer, gesellschaftlicher Berührung erst entwickelt, entbunden werden — so ist das ebenfalls rein analytisch gewonnen. Aber diese Ergebnisse selbst haben unmittelbar philosophische Bedeutung, sie schließen als Begriffe des menschlichen Ichs schon einen philosophischen Standpunkt in sich.

Der individualistische Standpunkt führt, sofern er das Ich durchaus selbstherrlich, autark denkt, zu einer prometheischen Lebens- und Weltauffassung, wie etwa bei Nietzsche und

Stirner. Das Logische, das Ästhetische usw. werden hier zwar durchaus relativistisch gefaßt, erscheinen aber nur als Ausfluß individueller (autarker) Willkür. Auch die Monadenlehre (wenigstens von gewisser Seite her gesehen) und jede Art von Pluralismus sind solche Folgerungen, wie sie aus strengsten Fassungen des Autarkiebegriffes sich ergeben. — Dem absoluten Autarkiebegriffe entspricht ferner der Nominalismus, den man auch logischen Individualismus genannt hat. Danach kann es nichts Allgemeines, nur Individuelles geben. Das Allgemeine ist nicht einmal Begriff, sondern nur leerer Name (daher auch „Terminismus")[1]).

Wird die Autarkie bloß kasuistisch gefaßt, d. h. erscheint der Mensch als jeweilig schlechthin gegebener Bewußtseinsinhalt, der zu jedem bestimmten Zeitpunkte eine bestimmte Summe selbständiger Gegenwirkungen zu üben vermag, als eine Summe jeweils gegebener autarker Wirkungskraft; dann stellt sich das Individuum zwar auch in jedem möglichen Falle als Fertiges dar; der Staat als ein Vertrag, das Recht als Naturrecht, jede Gemeinsamkeit als gegenseitige Hilfe zur Nutzenstiftung, zur Glückseligkeitserhöhung; aber über die Weiterbildungsfähigkeit der geistigen Teilkräfte, wie ihrer Gesamtheit, ist damit keineswegs in rein autarkem Sinne entschieden. Gerade die kasuistische Betrachtung führt dann zu einem Widerspruch in der Gesamtanschauung, den man kaum für möglich hielte. Unsere modernen naturwissenschaftlich arbeitenden Soziologen (z. B. Spencer, um ein Vorbild zu nennen) unterliegen ihm ganz besonders. Derselbe Mensch, der als psychisch autarke Wesenheit und Bürger den Staatsvertrag schließt, souverän wird, erscheint in jedem Einzelfalle als Erzeugnis objektiver Entwicklungsvorgänge! In seiner Moral, Religion, Kunst, Wissenschaft, Wirtschaft, überall ist der Mensch nur Reflex der Umstände. So wird auf der einen Seite Autarkie, auf der andern Anpassung bis zur äußersten

---

1) Lehrreich und tröstlich ist es zu sehen, wie die moderne Naturwissenschaft sich anschickt, vom Nominalismus wieder zu einer Art Universalienlehre zurückzukehren, indem sie die Art als eigenes Ganzes, als einen „höchst planvollen Organismus, dessen Organe die Individuen sind" betrachtet. (v. Üxküll, Biologische Weltanschauung, München 1913.)

Umweltgeltung (Milieulehre) gepredigt — eine Folge der bloß fallweisen Autarkievorstellung.

Dieses widerspruchsvolle Ergebnis kann man keineswegs als Fehler unserer Begriffsbestimmung des Individualismus (die eben auf dem Autarkiebegriffe ruht) deuten. Es ist vielmehr ein überaus beschämendes Zeichen des Tiefstandes unserer zeitgenössischen Bildung. Den Engländern als einer völlig unphilosophischen Nation kann man dergleichen noch hingehen lassen. Leider aber trifft es auch das Volk der Dichter und Denker. Gerade an diesem Beispiele, das ja eine tiefgewurzelte Denkweise unserer heutigen Wissenschaft berührt, kann man sich klar machen, wie weit uns die mechanistische Methode, die der Darwinismus oder gar die Ostwaldische Energetik übt, heruntergebracht hat. Wenn man Werte (der Logik, Ästhetik usw.) in Auslese, Anpassung, Energie auflöst, vernichtet man eben das Individuum in seiner Autarkie und macht es zu einem mechanisch geschaffenen Gebilde, einer mathematischen Funktion der Größen, die hinter ihm stehen. Allerdings hat die utilitarische Ethik schon lange vor dem Darwinismus die Moral in Nutzen sohin Anpassung aufgelöst. Aber das betraf keineswegs das Ganze des menschlichen Geistes, der vielmehr rationalistisch, also doch autark, nicht als Entwicklungs- und Umweltreflex gefaßt wurde.

Die universalistische Einheisvorstellung der Gesellschaft führt, wie die individualistische, je nach ihrer Fassung auf verschiedene Begriffe des menschlichen Geistes.

Der äußerste, verabsolutierte Universalismus, der nur im Ganzen der Gesellschaft Wirklichkeit sieht, im Individuum den unselbständigen, vollständig nichtigen daher sogar unwirklichen Teil (theokratischer Staatsbegriff, organische Gesellschaftslehre) kann zwar niemals zu eleatischem oder buddhistischem Standpunkte führen, weil dieser auch das Gesellschaftsganze verneinen und so zu weltfeindlicher Abgeschiedenheit und Vernichtung auch der Gesellschaft führen müßte; aber er führt zu strengster Umweltgeltung (Milieulehre), darunter allerdings zunächst nicht die geographische Umwelt rechnend, denn diese wirkt mehr mittelbar durch das Gesellschaftsganze; aber der Einzelne ist Erzeugnis und Spiegel des Ganzen.

Dem verabsolutierten Universalismus entspricht logisch der Begriffsrealismus (logischer Universalismus), welcher das Allgemeine, die „Universalien", vor den Dingen (ante res), etwa als Idee in Gott sieht, mithin unabhängig vom menschlichen Denken und der Erfahrung; oder nur „in rebus", in den einzelnen Dingen.

In jener Fassung, in der das Individuum als eigentümlicher, vom Ganzen der Gesellschaft aber zur Entwicklung gebrachter Anlage- und Kraftpunkt gedacht wird, führt, der Universalismus zum Pantheismus in dem allgemeinsten Sinne, daß das Ich zwar wahre Wirklichkeit und Eigenheit hat, aber in irgendeiner Art am Göttlichen, dem bildenden, in der Welt sich darlebenden Prinzip Teil hat. Eine universalistische Gesellschaftsauffassung ohne Pantheismus ist nicht möglich.

Einen nicht folgerichtigen widerspruchsvollen Universalismus vertreten die meisten Formen des Sozialismus, so besonders der Marxismus. Das Individuum wird rein milieutheoretisch gedacht und ist eine Funktion der wirtschaftlichen Entwicklung. Das Gesellschaftsganze erscheint aber demgegenüber nicht als geistige Einheit und einzige Realität. So mischen sich naturrechtliche, individualistische Widersprüche in diese Ansicht, der daher samt einer Dosis von politischem Liberalismus philosophisch meist ein bunter Empirismus, Darwinismus u. dgl. entspricht.

In ethischer Hinsicht entspricht dem strengen Individualismus der autarke, herrschende, unterwerfende Herrenmensch (Macchiavelli, Stirner, Nitzsche); in geschichtsphilosophischer Hinsicht die Große-Männertheorie.

Dem weniger folgestrengen Individualismus genügt der Eigennutz als ethisches Prinzip, der bis zum sozialen Eigennutz (größtes Glück der größten Zahl) verwässert werden kann und geschichtsphilosophisch in „sozialen" Darwinismus und Lamarkismus ausartet.

Dem verabsolutierten Universalismus entspricht ethisch eine völlig heteronome Moral, für welche „gut" das ist, was dem Ich äußerlich als Staatsgebot entgegentritt. Der Einzelne wird schlechthin aufgeopfert, ohne sittlichen Eigenwert und Autonomie zu haben. Geschichtsphilosophisch mußte ein solcher Universalismus das Gesellschaftsganze als eigenes, allein selbständiges Entwicklungsobjekt, wenn auch auf pantheistischer Grundlage, betrachten (Hegel, Schelling).

Jeder andere Universalismus wird dem Individuum ethische Autonomie zuschreiben und geschichtsphilosophisch Rasse und Individualität nicht fallen lassen, indem die Gesellschaft überall nur als die das Individuum entfaltende, seine Anlagen auslösende, nicht aber es stofflich absolut neu schaffende Kraft erscheint.

Hat die bisherige Darstellung die Formel: wie die Gesellschaft begriffen wird, so der Mensch; wie der Mensch so die Welt, reichlich erhärtet; so bedarf es wohl keines Beweises, daß dies Verhältnis auch umkehrbar ist. Es gilt: wie die Welt begriffen wird, so das Ich; wie das Ich, so die Gesellschaft. Und das bedeutet: Die philosophischen Folgerungen, die sich aus den Einheitstheorien der Gesellschaft durch den Ich-Begriff, den sie in sich schließen, ergeben, werden zu philosophischen Voraussetzungen, der Einheitstheorien und damit des gesellschaftswissenschaftlichen Denkens überhaupt. Denn die Einheitstheorien sind notwendige Denkformen bei der gesellschaftswissenschaftlichen Begriffsbildung, was unten S. 342 ff. zu beweisen sein wird.

Wie nun die Philosophie zu einer Gesellschaftsauffassung

führt, hat im grundsätzlichen schon die bisherige Darstellung veranschaulicht. Im besonderen möge es noch an Kant und Fichte in gedrängtester Kürze dargestellt werden. Diese Abschweifung möge damit entschuldigt werden, daß sie sowohl eine philosophische Begründung wie eine geschichtliche Ergänzung der früheren Darstellung des Universalismus (Buch 3) nachträgt.

III. Kapitel. Die Begründung der Gesellschaftslehre durch Kant und Fichte.

I. Kant.

1. Darstellung[1]). Kant denkt das menschliche Bewußtsein als System apriorischer Formen, d. h. normativer Bestimmungen. Es sind dies die Kategorien oder Verstandesbegriffe (welche Erkenntnisse aus reiner Vernunft ermöglichen) und die Anschauungsformen (Raum und Zeit). Die apriorischen Formen beruhen auf der Spontaneität der Apperzeption (deren synthetische Einheit allein den gesamten Verstandesgebrauch ermöglicht). Dieser Bewußtseinsbegriff ergibt erkenntnistheoretisch die Unterscheidung von Phänomena (auf welche die Verstandesbegriffe Anwendung finden) und Noumena (auf welche sie keine Anwendung finden); ethisch aber ergibt er die Autonomie der Vernunft. Die letztere Folgerung ist grundlegend für das Wesen der Ethik, also auch der Gesellschaftslehre. Autonomie heißt nichts anderes als: die Eigengesetzlichkeit, das Sichselbstgehorchen der Vernunft, was gleichbedeutend ist mit: Freiheit, Freiheit nicht im gesellschaftlichen, sondern ethisch-vernünftigen Sinne. Die Autonomie ergibt sich mit Notwendigkeit daraus, daß die Vernunft einen absoluten Einheitsbezug an ihrer Ichform (synthetische Einheit der Apperzeption) hat. Dadurch, durch die eigengesetzliche Einheit wird theoretische Vernunft praktisch; das heißt nichts anderes als: dadurch wird das innere Gesetz der Vernunft (das in ihrer eigenen Einheitlichkeit, im Logischen ohnehin

[1]) Es war mir unmöglich in Kürze die Darstellung auch für philosophisch weniger unterrichtete Leser leicht verständlich zu gestalten. Solchen Lesern dürfte, auch wenn ihnen anfangs manches unverständlich bleibt, im Laufe der Erörterungen doch das gesellschaftwissenschaftlich Wesentliche, wie ich hoffe, klar werden.

schon waltet) auch in bezug auf das wirksam, was sie sich als Ziel vorstellt. Man kann das in dem Gesetz fassen: handle vernünftig, handle nach dem Gesetz der Vernünftigkeit schlechthin. Dieser reine Selbstbezug der Vernunft auf ihre eigene Einheit — das ist die Autonomie der Vernunft, ihre Selbstbestimmung oder Freiheit. Was von einem Individuum wirklich gewollt oder getan wird, hat nunmehr zweierlei Seiten: 1. den Naturmechanismus, welcher alles Geschehen als mechanische Wirksamkeit von Lust- und Unlustgefühlen erscheinen läßt; 2. aber die Vernünftigkeit oder Unvernünftigkeit des Handelns nach seinen eigenen ideellen, logischen Voraussetzungen. In ersterer Hinsicht (psychologisch, naturkausal) haben wir also in der Vernunft vor uns ein Vermögen, welches mit seinen subjektiven Bestimmungsgründen von Lust und Unlust als dem Mechanismus der Naturursachen seiner Handlungen in Verbindung steht; in letzterer Hinsicht haben wir vor uns ein solches Vermögen, welches objektive, rein vernünftige Gründe, die bloße Ideen sind, kennt. Diese Beziehung auf die (bloß vorgestellten, ideellen) Vernunftgründe heißt Sollen (Prolegomena S. 113). Indem die Vernunft sollend wird, wird sie praktische Vernunft — eine Vernunft also, die aus Ideengründen heraus, nicht aus Naturgründen handeln will. Weil sie aus verbindlichen Ideengründen handeln will, heißt sie praktische Vernunft, aus Lust- und Unlustgründen handeln wollend wäre sie praktische Begierde, d. h. nathaftes Wollen. Theoretische Vernunft als ideell sollende heißt daher sittliche (oder praktische) Vernunft. Sollend ist die Vernunft durch Freiheit; das ist wie dargelegt durch Beziehung auf objektive Vernunftgründe, also durch Selbstbestimmung, Autonomie. Die Unterwerfung unter die psychologischen Naturursachen ergibt eine äußerliche, also nicht autonome, sondern heteronome Notwendigkeit: Determination — Unfreiheit. Dieses Ergebnis läßt sich, nochmals zusammengefaßt, auch so ausdrücken. Das empirische Handeln ist stets kausal bestimmt, also nicht frei; als gesolltes Handeln betrachtet aber hat es Freiheit an sich, denn als solches ist es aus logischen objektiven Vernunftgründen heraus konstruiert, mithin durch Selbstbestimmung wirkend. So ist Kant zu verstehen, wenn er sagt: „Alle Handlungen . . . in irgendeiner Erfahrung angetroffen . . . stehen unter der Naturnotwendigkeit; eben dieselben Handlungen aber, bloß respektive [= im Hinblick] . . . auf das Vermögen nach bloßer Vernunft zu handeln, sind frei" (Prolegomena S. 114).

Die theoretische Vernunft wird praktisch durch die bloße Vorstellung der gültigen Gründe, d. i. eines Gesetzes; sie läßt sich also ideell von ihrem eigenen Gesetz bestimmen. Daher ist das moralische Gesetz nur formal, es geht auf die Vernünftigkeit selbst, nicht auf den Inhalt des Gewollten; nur auf Übereinstimmung der Vernunft mit sich selber. „Es ist überall nichts in der Welt", sagt Kant zu Beginn seiner „Metaphysik der Sitten", „ja auch außer derselben zu denken möglich, was ohne Einschränkung für gut könnte gehalten werden als ein guter Wille." Dieser stützt sich nur auf die Gültigkeit der vernünftigen Gründe als solche, auf das Vernunftgesetz, ist als gehorchender Wille gut, nicht in Ansehung seiner Triebe und Inhalte. Auf welche besonderen Inhalte ein Wille ausgeht, worein jeder seine Glückseligkeit, den stofflichen Inhalt seiner Zielerreichung zu setzen habe, kommt auf das besondere Gefühl von Lust und Unlust an, welches das individuelle Begehrungsvermögen enthält. Vom bloßen Inhalte her kann deswegen der gute Wille, das Moralische nicht konstruiert werden.

Dieses rein formale Grundgesetz der praktischen Vernunft, der „kategorische Imperativ", lautet nach Kant: „Handle so, daß die Maxime deines Willens jederzeit zugleich als Prinzip einer allgemeinen Gesetzgebung gelten könne."

Das wichtigste Ergebnis der Kantischen Erkenntniskritik und Morallehre darf hier nicht unerwähnt bleiben, obzwar es nicht unmittelbar in unsern jetzigen Gedankenkreis gehört. Es ist dies die Lehre vom sog. Primat oder Vorrang der praktischen Vernunft über die theoretische — zugleich die höhere Grundlage und der tiefste Gehalt der Kantischen Philosophie. Der Kern dieser Lehre ist, daß das moralische („praktische") Element in uns den obersten Bestimmungsgrund, das tiefste Wesen unserer Existenz ausmache, nicht das theoretische (logische, rationalistische) Element. Da somit die menschliche Existenz im Ethischen wurzelt, so hat das Ethische gegenüber dem Logischen den Vorrang, den Primat. Nicht Rationalismus, sondern Ethizismus ist daher das Kantische System. — Begründet wird diese Lehre so. Die theoretische Vernunft läßt die Möglichkeit von Freiheit offen (auf dem Gebiete der Noumena);

die praktische Vernunft stellt dagegen die Freiheit als Gesetz dar, nämlich in der (Kausalität) der intelligiblen Welt, d. i. des reinen Willens. Wenn daher die praktische Vernunft gewisse Begriffe (Gott, Freiheit, Unsterblichkeit) als Postulate ergibt, welche die theoretische Vernunft nicht einsieht (ihnen aber auch nicht widerspricht), hat sie selbe anzunehmen, „sich bescheidend, daß dieses nicht ihre Einsichten . . . sind“, sondern „Erweiterungen ihres Gebrauches“ in einer andern, nämlich praktischen Absicht (Kr. d. pr. Vern. S. 155). „Zwei Dinge“ — so sagt Kant am Schlusse seiner Kritik der praktischen Vernunft — „erfüllen das Gemüt mit immer zunehmender . . . Bewunderung . . ., je . . . anhaltender sich das Nachdenken damit beschäftigt: der bestirnte Himmel über mir und das moralische Gesetz in mir . . . Der erstere Anblick einer zahllosen Weltenmenge vernichtet gleichsam meine Wichtigkeit als eines tierischen Geschöpfes, das zweite erhebt dagegen meinen Wert, als einer Intelligenz, ins Unendliche, durch meine Persönlichkeit, in welcher das moralische Gesetz mir ein von der Tierheit unabhängiges Leben offenbart . . .“ In diesen herrlichen Worten spricht Kant mit einer Klarheit, die dem Geiste unmittelbar einleuchtet, den Triumph der moralischen Welt über das Naturgesetz, das kausale Geschehen, die bloße empirische Existenz aus. Was der Verstand über den Lauf der Sterne sagt, vernichtet den Menschen als eine vergängliche Existenz; das moralische Bewußtsein, das eine vom Kausalen unabhängige, ewige Welt in sich trägt, richtet ihn wieder auf. Für uns ist an der Lehre vom Primat der praktischen Vernunft wesentlich, daß sich das Individuum in der Besinnung auf seine moralische Existenz, der er den Primat in seinem Wesen zuschreiben muß, ganz vollendet, sich in der Besinnung auf seine moralische Wesenheit selbst genug ist.

2. Beurteilung. Faßt man dieses Ergebnis vom gesellschaftstheoretischen Standpunkte aus ins Auge, so ergibt sich folgender Begriff des menschlichen Ich oder Bewußtseins bei Kant: 1. Das Bewußtsein ist vollständig durch sich selbst, eigengesetzlich bestimmt, sowohl moralisch wie erkennend; 2. aber auch: diese moralische Autonomie wird zugleich als empirische Autarkie des Individuums gefaßt! Dies folgt daraus, daß die Vielheit der Individuen zur Vollendung desselben, weder aus irgendeinem erkenntnistheoretischen, noch aus irgendeinem ethischen (praktischen) Grunde notwendig ist. Kant konstruiert den Menschen rein aus seiner Ichform, daher bleibt es in erkenntnistheoretischer Hinsicht bei der Einheit der Apperzeption (d. i. dem eigentlichen Grunde der Ichform) in ethischer bei der Selbstbestimmung oder Autonomie. Dem entspricht: 3. Die Vielheit der Individuen ist für Kant vollständig irrational und die individuelle Ethik kann niemals zu wahrer gesellschaftlicher Ethik fortgebildet werden. Kantens moralisches Grundgesetz: Handle so, daß die Maxime deines Willens, Prinzip einer allgemeinen Gesetzgebung

sein könne — enthält nur scheinbar ein gesellschaftsethisches Moment. In Wahrheit gilt es bloß für die Vernünftigkeit als solche, das heißt für jedes vernünftige Wesen für sich, aber nicht für das Zusammenleben vieler, nicht für ihre geistige Verbindung als eigentümliche Erscheinung. Richtig hat es Fichte in der „Bestimmung des Gelehrten" formuliert: „Handle so, daß du die Maxime deines Willens als ewiges Gesetz für dich denken könnest". Im letzten Grunde lautet es einfach: handle vernünftig!; denn es ist nur ein Gesetz der absoluten Übereinstimmung der Vernunft mit sich selbst.

Man könnte vielleicht einwenden, daß Kant, so wie seine meisten Beispiele der Anwendung des kategorischen Imperativs auf gesellschaftliche Verhältnisse gehen, gelegentlich auch ausdrücklich eine Vielheit organischer Wesen konstruiert. So in der Kritik der praktischen Vernunft S. 57, Metaphysik der Sitten, S. 29, 51 ff. u. ö. Ein solcher organisch-universalistischer Zusammenhang gilt aber nur für die reine Vernunftwelt, für ihre rein intelligible Ordnung. Eben diese Bewandtnis hat es mit dem Satze, daß jedes Wesen zugleich Zweck, niemals bloßes Mittel sein soll — einfach eine Bestimmung der Vernunftwelt als solcher, nicht einer gesellschaftlich verbundenen Welt vieler Vernunfteinheiten.

Demgemäß hat Kant in der Staats- und Rechtslehre einen rein individualistischen Standpunkt vertreten. Der Staat ist ihm „die Vereinigung der Menschen unter Rechtsgesetzen" — ein reiner Summenbegriff, wonach Recht nichts anderes ist als „die Herstellung der Bedingungen, unter denen die Willkür des einen gegen die Willkür des andern durch ein allgemeines Freiheitsgesetz abgegrenzt wird". Dies ist durchaus naturrechtlich gedacht. Kant vermag erkenntnistheoretisch die Welt (als geordnete Natur), ethisch die autonome Ichform des Individuums zu konstruieren, nicht aber die Gesellschaftlichkeit der Individuen, daher nicht den Staat, nicht das Recht, nichts eigentümlich Gesellschaftsethisches! Auf diesem Gebiete verfällt er ganz in die naturrechtliche Vorstellungsweise, welche aus der sittlichen Selbstbestimmung (Autonomie) eine lebendige und geistig-moralische Selbstherrlichkeit (Autarkie) macht.

Zusatz über die „Synthese von Kant und Marx". Schon seit länger als einem Jahrzehnt ist eine Bewegung unter Neukantianern sowohl wie Sozialisten vorhanden, welche versucht, die in der Philosophie längst zum Siege durchgedrungene Losung „Zurück auf Kant" auch auf den Sozialismus und seine philosophische Begründung zu übertragen. (Eine ausführliche dogmengeschichtliche Darstellung hierüber bei: K. Vorländer, Kant und Marx. Ein Beitrag zur Philosophie des Marxismus, Tübingen 1911).

Wer der Frage, ob eine Synthese von Kant und Marx möglich sei, auf den Grund gehen will, muß sich vor allem klar machen, welche Auffassung von Staat und Gemeinschaft dem Sozialismus (ob individualistisch oder organisch) zugrunde liegt, und welche Auffassung von Staat und Gesellschaft Kant entwickelt hat und wie diese in seiner Philosophie begründet ist?

Der universalistische Grundzug des Sozialismus ist oben (S. 280 ff.) kurz dargestellt worden und steht übrigens ohnehin außer Zweifel. Kantens Ethik dagegen, indem sie nur von der Willenssphäre des Individuums ausgeht, in der Gesellschaft aber keine selbständige Wesenheit findet, ist rein individualistisch, wie sich eben ergab; ebenso seine Rechts- und Staatstheorie, die noch dazu in überkommenen naturrechtlichen Bahnen wandelt. Wie aber kann eine antiindividualistische Gesellschaftsauffassung, wie es der Sozialismus ist, eine Synthese mit einem so tief fundierten Individualismus eingehen? Das ist unmöglich —, und die ganze „Synthese" von Marx und Kant muß daher als völlig widerspruchsvoll zurückgewiesen werden. — Marx selber wußte das ganz genau. Er hat die Kantische Philosophie als „die deutsche Theorie der französischen Revolution", (nicht ohne Ironie auf das deutsche Theoretikertum!), bezeichnet.

Noch schroffer ist der Widerspruch hinsichtlich der Geschichtsphilosophie Kantens. Wenn z. B. Conrad Schmidt sagt, daß die „entscheidenden Züge" der Hegel-Marxischen Geschichtsauffassung „viel einfacher und klarer [als von Hegel] bereits von Kant herausgearbeitet . . ." (S. 8 bei Vorländer am oben angef. Orte) worden sind, so kann man nach dem bisherigen leicht erkennen, daß Schmidt und die mit ihm einer Meinung sind, Kantens Lehre als Ganzes nicht beherrschen und über ihren sozialphilosophischen Grundzug niemals ernstlich nachgedacht haben. Denn wie könnte diese Lehre, da sie vom autonomen und autarken Individuum ausgeht, eine Geschichtsauffassung, in der das Ideelle ein Spiegel des Materiellen, die Moral also ein Erzeugnis der wirtschaftlichen Gestaltung der Gesellschaft statt höchsten geistigen Elements des Individuums wäre — das ist der Grundgedanke des historischen Materialismus — ausgebildet haben? — Solcher Mangel an Beherrschung gesellschaftstheoretischer Gedanken wird noch klarer, wenn man sieht wie Vorländers oben genannte Darstellung jene Elemente und zerstreuten Fragmente der Kantischen Geschichtsphilosophie zusammenträgt, die ein zwar naturalistisches, aber dabei geradezu physiokratisch-Shmithisches (also individualistisches!) Gepräge haben, während er die auf die Entwicklung des Ethischen, den Sinn der Geschichte gehenden Elemente unbeachtet läßt. Dieses letztere allein aber kann dem reinen Ethiker Kant in bezug auf die Geschichte nahe liegen — wieder das Gegenteil vom historischen Materialismus. Wahrlich, strenge Marxisten von gesunden Instinkten, wie Kautsky, wehren sich mit Recht nach allen Kräften gegen die „Synthese" von Kant und Marx.

Noch bleibt die Frage, ob die Bestrebungen auf dem methodischen Gebiet an und für sich betrachtet, möglich sind, ob die dialektische und kritische Methode sich verbinden lassen. Was ist die „kritische Methode"? Sie ist bei Kant nicht in jener strengen Form ausgebildet, die der Neukantianismus entwickelt hat, und die auf Windelband, Rickert u. a. zurückgeht. Ihr Schwerpunkt liegt in der strengen Unterscheidung von gesetzes- und normwissenschaftlicher Betrachtung. Jene Unterscheidung von Naturkausalem und Moralgesetzlichem (dem Reich der Werte), welche die Grundlage der Kantischen Moralbetrachtung ist, wurde vom Neukantianismus auf das streng logische Fachgebiet übertragen, so daß die Begriffsbildung gegenüber dem Reich der Natur und dem der Werte — oder andere Wendungen dieses Gegensatzes: Kausalität und Telos (Finalität), Materie und Form, Sein und Sollen, theoretisch (logisch) und praktisch (ethisch) usw. — je andere Wege einzuschlagen hat. Hier ist nun ein allgemeinerer und ein besonderer Gesichtspunkt zu unterscheiden. Allgemein: sofern man in der kritischen Methode einen Fortschritt auf dem Fachgebiete der Logik (Methodenlehre) schlechthin erblickt, ist wohl naheliegend, daß jede wissenschaftliche Betrachtung ihn anwenden kann und soll. Da muß man also zugeben, daß auch die theoretische Pflege des Sozialismus daraus Nutzen ziehen kann. Geht man aber der Sache auf den Grund, so zeigt sich sogleich, daß dies recht enge Grenzen hat. Worum es sich praktisch bei der Anwendung der kritischen Methode handelt, ist die Analyse der gesellschaftlichen Entwicklung. Die kritische Methode ermöglicht nun allerdings, in einer geschichtlichen Entwicklung das Naturalistische (Naturkausale) vom Teleologischen (der Wertbetrachtung) strenge zu unterscheiden. Dies wird aber gerade dem Marxismus wenig nützen! Denn sobald jene kritische Unterscheidung in der Geschichtsbetrachtung Ernst macht und eine sozialphilosophische Beziehung erhält, wird sie sofort in Widerspruch zu jenen Grundanschauungen gelangen, welchen die dialektische Methode, der ganze Marxismus, entsprang. Der dialektischen Methode nämlich ist, um es kurz auszudrücken, die geschichtliche Entwicklung gleichsam eine objektivierte Substanz, ein gegenständlicher Prozeß, und während sie bei Hegel die höheren ethisch-religiösen Elemente kraft ihres metaphysischen Ursprungs und Charakters noch hat (ich sage noch: weil das Ethische zwar vorhanden ist, aber nicht mehr, wie bei Kant, dem autonomen, autarken Individuum entspringt), hat sie solche bei Marx in der materialistischen Geschichtstheorie gar nicht mehr! Wenn nach dieser nicht das Denken der Menschen ihr Sein bestimmt, sondern ihr Sein das Denken und Wollen, dann ist gerade die Unterscheidung von Sein und Sollen, Naturkausalem und Zweckbetrachtung, hinfällig, denn das Wollen, das Ethische ist nun ein Spiegel oder Produkt des Materiellen, und somit ist die Geschichtsentwicklung nur noch naturkausal („materialistisch") betrachtbar, das Ethische ist zur Natur geworden — also eine vollständige Auflösung des Wertes in Entwicklung, in Milieu! Diese geradezu barbarische Wertvernichtung ist das genaue Gegenteil von allem Kritizismus, das Gegenteil von kritischer Methode! Es ist ein gefährlicher Formalismus, wenn einige von den Neukantianern (Vorländer, Stammler u. a.) trotz dieser Notwendigkeit, nach der materialischen Geschichtsauffassung das Ethische in Natur aufzulösen, noch die — formal allerdings vorhandene — Möglichkeit jenes gesamte soziale Naturgeschehen einer Zweckbetrachtung zu unterwerfen, zum Angelpunkt der „Synthese" von Marx und Kant machen. Das ist aber nicht nur Formalismus, sondern widerspricht auch dem innersten Geist und Quellpunkt der Kantischen Lehre vollständig. Ihm kann, wie schon hervorgehoben, in keiner Weise das Ideelle Spiegel des Natürlichen (Materiellen) sein, das Logische und Ästhetische nicht das Psychologische, das Moralische nicht Erzeugnis der Wirtschaft. Vielmehr ist die Gewalt des

Moralischen so groß, daß es den Primat in unserm ganzen Ich und seinem Dasein hat und dieses zum Einen, Autonomen und Autarken vollendet.

Auch auf das Methodische kann man sich also nicht stützen. Die Methodik ist gerade bei Kant der Ausfluß einer ganzen Lehre, einer ganzen Philosophie. Daher kann Kant weder für die materialistische Geschichtstheorie noch für den Sozialismus als Gesellschaftsauffassung etwas leisten.

II. Fichte.

Einen andern Anfang nimmt die Philosophie bei Fichte. Fichte stellt die Spontaneität des Bewußtseins an die Spitze. Das Ich ist Spontaneität der Apperzeption schlechthin, reine Tätigkeit, und dies ist die Bedeutung des Satzes mit dem Fichte seine Philosophie beginnt: Das Ich setzt sich selbst. Das heißt natürlich nicht, daß das Individuum sich selbst in die Welt setze, indem es auf einmal durch einen Akt des Tuns gewappnet aus sich selbst entspringt wie die Athena aus dem Haupte des Zeus. Es heißt zunächst nur, daß das Bewußtsein grundsätzlich und fortdauernd auf einem Akte der Tätigkeit, der inneren Spannkraft, des Wollens beruht; daß das Bewußtsein kein Fait accompli, kein Fertiges ist, sondern etwas, das getan werden muß, um stets aufs neue vollzogen zu werden. In diesem Sinne also ist das Ich seinem Wesen nach Tätigkeit, Aktivität, daher: Selbstsetzung. Es setzt sein eigenes Sein und umgekehrt: das Sein des Ich ist dessen eigene Tat.

Dieser Satz mag für unser, an die mechanistische Assoziationspsychologie und überschätztes psycho-physiologisches Experimentieren gewöhnte Vorstellungsweise befremdlich klingen. Tatsächlich war er weder damals neu, noch ist er seit Kant je aus der deutschen Philosophie gewichen. Schelling hat den Begriff des Bewußtseins auf gleiche Weise entwickelt und ebenso Hegel, z. B. indem er in der „Phänomenologie" das Selbstbewußtsein als Begierde charakterisiert.

Wird aber das Ich schon ursprünglich als tätige Wesenheit betrachtet, so ist es von der Wurzel aus praktischer Natur. Das praktische Ich wird der Grund des theoretischen, des erkennenden Ich. Mit dem Primat der praktischen Vernunft wird nun gründlich Ernst gemacht. In diesem Sinne konnte sich Fichte mit vollem Recht als strenger Kantianer bezeichnen.

Für uns entsteht nun die Frage, was der Fichtesche Ichbegriff gesellschaftstheoretisch bedeutet? Das ergibt sich aus der vollen Ableitung des Ich, obwohl sie zunächst nur erkenntnistheoretischer Natur ist.

Kann das Ich als Actus purus, als Tätigkeit, Wollen, sich selbst setzen, kann es also als Selbstsetzung schlechthin gedacht werden? Die Antwort muß lauten: Nein. Denn zur Tätigkeit, Wirksamkeit gehört ein Gegenstand, auf den sie geht, zum Wollen ein Objekt; die Wirksamkeit, das Wollen, kann also nicht entstehen, ohne auf ein Objekt zu gehen. Man kann nur wollen, wenn man etwas will. Um aber etwas zu wollen, d. h. um das Objekt des Wollens im Geiste vorzufinden, muß schon Bewußtsein da sein, denn man muß das Objekt schon im Bewußtsein haben (anders ausgedrückt: schon gesetzt haben). Ist also das Ich: Wollen, das Wollen: bewußtes Haben eines Objektes; Objekt-Haben aber selber: Wollen (anders gesagt: schon gewollt haben, schon ein Objekt gesetzt haben) — so führt jedes Wollen auf ein früheres Bewußtsein, oder, da dieses auch Wollen ist, schärfer gesagt: auf ein früheres Wollen. — Das Ich müßte daher als Selbstsetzung Wirksamkeit sein, die auf etwas geht; wenn aber das Etwas schon gesetzt ist, muß es schon früher Wirksamkeit gewesen sein, früher etwas gewollt haben. So führt jeder Punkt des Bewußtseins auf einen früheren zurück.

Diese Untersuchung mündet in die Frage aus: wie kann das Wollen (das Ich als Tätigkeit), das immer schon ein Objekt haben muß, entspringen, noch bevor es das Objekt hat? Wie kommt man aus diesem Zirkel heraus? Fichte antwortet: nur dann, wenn wir uns das erste Objekt, das erste Bestimmtsein des Menschen denken als „Bestimmtsein zur Selbstbestimmung“[1]). Es muß eine Aufforderung an das Ich herantreten, ein Antreiben, denn nur dieses kann das Ich über den ersten toten Punkt hinausbringen. Dieses Anfeuernde, Auferweckende kann nur eine menschliche Intelligenz selbst sein, der andere Mensch.

Hören wir darüber Fichte selbst. Er sagt:

„Sollen überhaupt Menschen sein, so müssen mehrere sein . . . Dies ist nicht eine auf Erfahrung . . . aufgebaute Meinung, sondern es ist eine auf den Begriff des Menschen streng zu erweisende Wahrheit. Sobald man diesen Begriff

---

[1]) Grundlage des Naturrechts von 1796, Werke III, S. 33. (In der Ausgabe von Medicus II, S. 37.)

vollkommen bestimmt, wird man von dem Denken eines einzelnen aus getrieben zur Annahme eines zweiten, um den ersten erklären zu können . . ." „Die Aufforderung zur Selbsttätigkeit ist das, was man Erziehung nennt[1])." „Nur freie Wechselwirkung durch Begriffe und nach Begriffen, nur Geben und Empfangen von Erkenntnissen ist der eigentümliche Charakter der Menschheit, durch welchen allein jede Person sich als Menschen unwidersprechlich erhärtet."[2]) „Der Begriff der Individualität ist aufgezeigtermaßen ein Wechselbegriff, das ist ein solcher, der nur in Beziehung auf ein anderes Denken gedacht werden kann und durch dasselbe . . . der Form nach bedingt ist . . . Es ist demnach nie mein; sondern . . . mein und sein."[3]).

Mit diesem Gedankengang ist die entscheidende weltgeschichtliche Wendung in der deutschen Philosophie vollzogen. Die Vielheit der Menschen ist nicht mehr irrational, sondern aus dem erkenntnis-theoretischen Begriff des Individuums abgeleitet. Der Fortbildung der Individualethik zur echten Gesellschaftsethik ist die Bahn frei gemacht. Die Wiedergeburt der universalistischen Staatsidee hat begonnen. In Schleiermacher, Schelling, den Romantikern (besonders Adam Müller) Krause setzt sie sich mächtig fort, um sich in Hegel zu vollenden. Auch die historische Rechtsschule, die spätere Rechtsphilosophie (Ahrens, Stahl), die historische Schule in der Nationalökonomie samt der ganzen modernen Sozialpolitik, der Sozialismus von Lassalle und Marx — sie alle fußen auf dieser von Fichte eingeleiteten Umbildung des gesellschaftstheoretischen Denkens. Fichte freilich hat daneben die naturrechtliche Form der Konstruktion des Staates nie ganz los werden können, namentlich nicht in den ersten Schriften, z. B. wird in der „Grundlage des Naturrechtes" sogleich nach der oben angeführten universalistischen Begriffsbestimmung

[1]) Grundlage des Naturrechts nach Prinzipien der Wissenschaftslehre, Werke III. S. 39 (Ausgabe von Medicus Band II, S, 43).

[2]) Ebenda III. 40, (bei Medicus II, S. 44).

[3]) Ebenda III, 47 f. (bei Medicus II, S. 51 f.),

des Individuums ein Staatsbürgervertrag, dazu noch in mehrfacher Form, konstruiert, ähnlich im „Geschlossenen Handelsstaat“ und den späteren Schriften! Aber im Grunde treibt sein ganzes Denken auf echte Gesellschaftsethik, reinen Universalismus hin. Behält er auch noch formelles Rüstzeug des Naturrechtes bei, so ist er doch innerlich schon darüber vollständig hinaus. Damit beginnt eine Überwindung des Individualismus, welche vielleicht die größte Leistung des deutschen Geistes in der Geschichte ist, und die noch lange nicht alle ihre Kreise gezogen hat, von der vielmehr noch eine neue Kulturepoche ihren Ausgangspunkt nehmen wird. Die Geburtsstunde des Umschwungs, der mit der Abwendung vom Naturrecht im deutschen Denken, trotz aller nachträglichen Siege des Manchestertums (die mehr in äußern Wirtschaftsverhältnissen ihren Boden fanden) vollzogen wurde, schlug, als Fichte 1796 seine Grundlagen des Naturrechtes herausgab. Dieser Umschwung dauert zurzeit noch an und findet namentlich in der fortgesetzten Organisierung der gesellschaftlichen Verhältnisse durch die moderne Sozialreform seinen Ausdruck.

Wenn dagegen von Philippovich in seiner so vortrefflichen Untersuchung über das Eindringen des Gesellschaftsbegriffes in die Literatur, (Festgabe f. Schmoller Bd. II, XXXI) glaubt, die Abwendung der politischen Ökonomie vom Individualismus und das Eindringen gesellschaftswissenschaftlicher Betrachtung in sie, sei dem Sozialismus und der Stein-Mohlschen Gesellschaftslehre zuzuschreiben, so ist er zu sehr bei den *unmittelbar* gegebenen Erscheinungen stehen geblieben. Der deutsche Sozialismus wie jene „Gesellschaftslehre“ sind in dieser Beziehung selbst Früchte der deutschen klassischen Philosophie.

IV. Kapitel. Ist die Gesellschaftswissenschaft, insbesondere die theoretische Nationalökonomie wertfrei?

Die wichtigste Literatur zu dieser anläßlich der Hauptversammlung des „Vereins für Sozialpolitik“ zu Wien 1909 von Max Weber, Sombart und v. Gottl aufgeworfenen, gegenwärtig heiß umstrittenen Frage dürfte folgende sein: C. *Menger*, Untersuchungen über die Methode der Sozialwissenschaften (usw.), Lpz. 1883 (darin bes. I. Buch und die Abhdlg. „Über d. sog. ethische Richtung der polit. Ökonomie“ und „daß der Ausgangspunkt u. der Zielpunkt aller menschlichen; Wirtschaft streng determiniert seien“ — eine der besten Arbeiten Mengers); *Dietzel*, Art. Individualismus im Handwörterb. d. Staatsw., wonach Individualismus u. Universalismus analytisch wertlose, lediglich der Weltanschauung entspringende Theorien seien — *heute die herrschende Ansicht!*; *Max Weber*, in der oben genannten Diskussion, Schr. des Ver. f. Soz.

Bd. 132. Lpz. 1910, dazu seine logischen Abhandlungen im „Archiv f. Sozialw." (die in Buch V angegeben sind); W. Sombart, ebenda; v. Gottl, Herrschaft des Wortes, Jena 1901; Grenzen d. Geschichte, Lpz. 1904; Zur sozialwissenschaftl. Begriffsbildung, „Archiv f. Soz." 1906ff.; Julius Wolf, Gegen Gesinnungs- u. Tendenzwissensch., Ztschr. f. Sozialw. 1912; Pohle, D. Krisis in der Nationalökonomie, Lpz. 1911 (wendet sich bes. gegen den Kathedersozialismus und behauptet gleichfalls die „Unfähigkeit der Wissenschaft, den Streit zwischen Individualismus und Nationalismus zu schlichten"); Andreas Voigt, Ztschr. f. Sozialwissensch. Jg. 1913, Teleologische und objektive Volkswirtschaftslehre, ebenda; Die Untauglichkeit der historischen Methode zur Lösung gesellschaftswissenschaftlicher Probleme, ebenda 1912. — Hierzu vgl. auch die in Buch V angegebene logische Literatur. — Max Weber, Sombart, v. Gottl, Pohle, J. Wolf, Voigt behaupten die völlige Wertfreiheit der theoretischen Nationalökonomie, während die Vertreter der historischen Schule sie — oft allerdings in recht unkritischer und mißbräuchlicher Weise — mehr als ethische Wissenschaft in Anspruch nehmen.

1. Feststellung unseres Standpunktes als Folgerung aus dem Bisherigen. Fassen wir das Bisherige zusammen. Wir fanden die geistigen Grundtatsachen, welche vergemeinschaftet werden, nur durch eine nacherlebende Analyse, die zugleich philosophische Bedeutung hat, bestimmbar; wir fanden, daß die Einheitstheorien unmittelbar philosophischen Folgerungen entsprechen. (Daß diese Folgerungen wieder die Bedeutung von Voraussetzungen annehmen können oder müssen, lassen wir hier der Einfachheit halber beiseite.)

Daraus scheint sich unmittelbar zu ergeben: daß die gesellschaftswissenschaftlichen Erkenntnisse zwar die bedeutendsten philosophischen Folgen haben; aber selbst rein analytisch gewonnen, mithin „wertfrei" sind, als rein generalisierende Begriffe keine Wertungen enthalten.

Diese Folgerung wird in der Tat häufig gemacht, ist aber doch nur mit wesentlichen Einschränkungen richtig. Inwiefern, möchte ich nun kurz sagen und nachher erst den zusammenhängenden Beweis versuchen.

Den Gegenstand der Gesellschaftswissenschaften bilden grundsätzlich Wertungen, die nacherlebt werden müssen, nicht „objektiv" mit Sinnesorganen beobachtet werden können, um zu Objekten zu werden. Diese Nacherlebung bedeutet selber eine bestimmte Fassung des Wertes. Daher gilt: es ist nur innerhalb der nacherlebten Fassung eine generalisierende Begriffsbildung möglich. Und das ergibt die erste

Einschränkung der theoretischen Natur der Gesellschaftswissenschaft: die theoretische Begriffsbildung ist an dem Nacherleben orientiert (1). Das ist z. B. der Grund, warum es immer Empiristen in der Kulturbetrachtung geben wird: weil es immer unbedeutende Menschen geben wird, die das tiefere Wesen einer Kulturerscheinung nicht begreifen, daher in Kausalität, Nutzen, Physiologie auflösen möchten. So können Wissenschaft, Kunst, Religion usw. als gewohnheitsmäßige, psychologische Vorgänge, die reflexartig ablaufen müssen und das von der Umwelt gegebene Übungshöchstmaß darstellen, aufgefaßt werden und insofern bestimmten „Naturgesetzen" in ihrer Bildung unterliegen; oder als eigengesetzliche, spezifische Geistesgebilde, die unverbrüchlichen Gestaltungen unterliegen. In beiden Fällen hat man die Wertungen, welche in religiösen, künstlerischen, logischen Gefühlen (Evidenzgefühlen) liegen, anders nacherlebend begriffen. — Ferner ist wichtig, daß alle Gegenstände der Gesellschaftswissenschaften nur unterstellterweise als Einzelerscheinungen, d. h. an sich, gegeben sind! In Wahrheit sind sie ihrer Natur nach wie geschichtlich von vornherein nur in Zusammenhängen, Gliederungen gegeben. Daher aber gilt: a) die gesellschaftlichen Erscheinungen müssen auf Grund einer formalen Bildungs- oder Einheitstheorie begriffen werden, welche ihre Daseinsbedingungen im Zusammenhange untereinander erfaßt; b) diese Einheitstheorien sind aber zugleich Theorien der reinsten, maximalen Verwirklichung der gesellschaftlichen Erscheinungen, sohin Maximumtheorien, denn sie stellen einen Ordre naturel der Gesellschaft auf; damit endlich c) fassen sie den Begriff der Einzelerscheinung so, wie er der als reinste „idealtypische" Gestaltung gedachten Art entspricht. An den Maximumbegriffen (welche die Einheitstheorien darstellen) wird die Begriffsbildung der Einzelerscheinungen orientiert (2) — abermals eine teleologische Einschränkung der rein generalisierenden Natur der Gesellschaftswissenschaft. — Demgegenüber nimmt die theoretische Nationalökonomie eine gewisse Sonderstellung ein als eine Wissenschaft, deren Gegenstand Mittel für Ziele sind, und zwar Handlungen, nicht die geistigen Gestaltungen. (Hinter den Handlungen stehen erst die Empfindungen.)

Das System der Mittel ist ein rein kausales, die theoretische Erklärung der kausalen Zusammenhänge steht somit im Vordergrunde und macht die Nationalökonomie zunächst zu einer völlig theoretischen Wissenschaft. Dennoch: Das System der Mittel steht ebenfalls unter maximalen Bedingungen (3), weil das Handeln ebenso unter die Einheitstheorien fällt; und die Begriffe der wirtschaftlichen Erscheinungen unterliegen daher derselben teleologischen Einschränkung. — Nicht am gegebenen Mittelsein werden die Begriffe orientiert, sondern an ihrer rein wirtschaftlichen, idealtypischen Wesenheit oder Funktion. D. h. aber: an ihrem wirtschaftlichen Gesamtzusammenhang. Dieser aber wieder muß nach einer Einheitstheorie individualistisch oder universalistisch gedacht werden. Wenn man also sagt: Die Gesetze (theoretischen Begriffe) der Nationalökonomie seien einfach die Gesetze der reinen Wirtschaftlichkeit, so ist das wohl richtig. Nur ist damit der logische Aufbau der Nationalökonomie noch nicht vollständig bestimmt, denn die Frage, welche reinen (maximalen) Bedingungen das Wirtschaften, die Wirtschaftlichkeit selbst habe, ist nur individualistisch oder universalistisch zu beantworten! Je nachdem aber die maximale Gesamtentfaltung gedacht wird, ändern sich die Teilgestaltungen, die Einzelbegriffe.

2. Beweisführung für die theoretische Nationalökonomie. Dies möge nun vom Standpunkte der Logik aus näher betrachtet und bewiesen werden. Zunächst ist davon auszugehen, daß ein grundsätzlicher logischer Unterschied zwischen generalisierender („nomothetischer") und teleologischer Erkenntnis besteht.

Nach den Arbeiten der neueren Logiker insbes. Windelbands und Rickerts[1]) ist eine nähere Begründung dieses Satzes entbehrlich. Generalisierend (nomothetisch oder theoretisch) ist alle auf Gesetzes- und Klassifikationsbegriffe ausgehende Begriffsbildung; teleologisch im weitesten Sinne ist jede Erörterung des Verhältnisses von Mittel und Zweck, d. h. jede Beziehung der Mittel auf Zwecke oder Werte, jedes Wert urteil, welches eine Entscheidung über das, was sein soll, ergibt, eine Übereinstimmung von Werten ausspricht, wobei die obersten Zwecke auf Forderungen (Axiomen der Weltanschauung, Gefühlen) des Individuums beruhen. Daher ist die teleologische Erkenntnis, als Beziehung auf

[1]) Vgl. D. Grenzen der naturwissenschaftl. Begriffsbildung. 2. A. Tübingen 1913. — Die Aufsätze Max Webers und v. Gottls im „Archiv f. Sozialw."; auch auf meinen Aufsatz „Der logische Aufbau d. Nationalökon." Ztschr. f. d. ges. Staatsw. 1908 darf ich verweisen.

einen Zweck oder Wert, von der praktischen Wertschätzung des Zieles selbst, dem Wertgefühle streng zu scheiden.

Nomothetische und teleologische Art der Erkenntnis oder Begriffsbildung können ferner niemals aufeinander zurückgeführt werden. Insbesondere kann man niemals, wie Darwinisten, Monisten u. dgl. heute glauben, durch biologische, psychologische, geschichtliche Untersuchungen die Richtigkeit eines Wertes erweisen, Werte in Natururszachen auflösen[1]). Die Werte ruhen in den Gefühls- und Vernunft*inhalten* selber.

Die *Nationalökonomie* muß als eine streng theoretischer (nomothetischer) Begriffsbildung fähige Wissenschaft betrachtet werden. Der Nachweis hierfür wird unten, Buch V, S. 355 f. noch vervollständigt werden; es genügt, hier folgendes hervorzuheben: Der Gegenstand der Nationalökonomie sind die menschlichen Handlungen, welche mit ihren Hilfsmitteln (Gütern) auf die Erreichung von wirtschaftlichen Zielen gerichtet sind. Also: Mittel für Ziele. Dennoch ist die Aufgabe der theoretischen Nationalökonomie nicht (wie z. B. Stammler meint) die Untersuchung der Zweckbeziehungen dieser Mittel, sondern: *des kausalen Systems* der Mittel, d. h. der generellen, gesetzmäßigen Bewirkungen oder Leistungen der Mittel, deren Eignung als am Zwecke gemessene *richtige* Mittel ganz verschieden ist von ihrer kausalen, wirkenden Stellung im System der betreffenden richtigen, reinen, maximalen Mittel. Die theoretische Nationalökonomie wir damit zur generalisierenden oder Gesetzeswissenschaft.

Bis hierher stimme ich mit den Verkündern einer wertfreien Volkswirtschaftslehre vollständig überein. Nur glaube ich, daß es mit der Scheidung von Logischem und Ethischem — d. i. von Sein und Sollen, von generalisierender (kausaltheoretischer, nomothetischer) und teleologischer Begriffsbildung — in den Gesellschaftswissenschaften, auch in der Nationalökonomie, noch nicht getan ist. *Aus dem nomothetischen Charakter der Nationalökonomie folgt noch nicht, daß das teleologische Erkenntniselement keinerlei Platz in seinem logischen Aufbaue habe.* Da den Gegenstand der Nationalökonomie Handlungen bilden, die auf Zielsetzungen, auf Wertungen beruhen, enthält er ein teleologisches Element, das gewiß nicht ohne Einfluß bleiben kann, trotz des grundsätzlich nomothetischen (nicht auf die Wertungen selbst, sondern auf generalisierende Begriffsbildung gehenden) Charakters der Betrachtung. Es fragt sich nur, wie sich dieses teleologische Moment durchsetzt, wie es sich in der logischen Struktur rein theoretischer Betrachtung zur Geltung bringen kann?

Auszugehen ist davon, daß die Nationalökonomie, wie schon früher hervorgehoben wurde, nicht einen durch die bewußtlose (kausale) Produktion der Natur dargebotenen, schlechthin gegebenen, sozusagen toten Gegenstand hat, wie etwa die Physik, sondern einen solchen von ganz anderer Struktur, der selbst bei gleichen Zielen der Wirtschaft und gleichen Grundbedingungen (Privateigentum usw.) stets aus *veränderlichen* Mitteln zusammengesetzt ist. Diese Veränderlichkeit der Mittel hat aber ein Prinzip: daß alle Hand-

[1]) Darüber kann man am besten in Kants Prolegomena nachlesen (Unterschied von Glückseligkeitsinhalt und Moralität); das Logische erschöpfend bei *Rickert*, Lebenswerte und Kulturwerte Loges, Bd. 2 (1911/12).

lungen und ihre Hilfsmittel so rationell als möglich eingerichtet werden, was als „wirtschaftliches Prinzip“ längst jede Begriffsbestimmung der Wirtschaft beherrscht; anders ausgedrückt: Das Prinzip rein wirtschaftlicher, „idealtypischer“ Gestaltung des Gesamtzusammenhanges. Alle Einzeltatsachen sind Mittel im wirtschaftlichen Gesamtzusammenhang aller Mittel. Dieser Gesamtzusammenhang ist „reine“ Wirtschaft, d. h. zugleich: Maximum der Zielerreichung. Für diesen maximalen Gesamtzusammenhang als solchen genommen, muß es nun allgemeinste, beste Lebensbedingungen geben (ähnlich wie für den Organismus). Die Theorien von diesen Bedingungen, der maximalen Entfaltung des Wirtschaftskörpers sind der Individualismus und der Universalismus. Somit ergeben sich die individualistische und die universalistische Auffassung vom Wesen der Wirtschaft (und der menschlichen Gemeinschaft überhaupt) als Theorien der reinen u. damit maximalen Lebensbedingungen von Wirtschaft und Gesellschaft, als allgemeinste Theorien der natürlichen (gesunden, maximalen) Konstitution des Gesamtsystems der wirtschaftlichen Mittel. Und umgekehrt: Ein individualistisches oder universalistisches Ideal ist in jedem Begriffe der Wirtschaft (als „vollkommenster“, reiner Wirtschaft) notwendig enthalten!

Das teleologische Moment, das im Objekte der Nationalökonomie enthalten ist, kommt im Individualismus oder Universalismus als Maximumtheorien vom wirtschaftlichen und gesellschaftlichen Leben zum Ausdruck. Ob die wirtschaftliche Zielsetzung des einzelnen Individuums für sich im Grunde ein ganz selbständiges Leben führe und daher in der Beobachtung dieser innersten, letzten Lebensbedingungen des wirtschaftlichen Handelns sich das Maximum ergibt — Individualismus; oder ob ihr gegenseitiger Zusammenhang ein schöpferischer, wie bei den Zellen des Organismus durch ihr Beieinandersein von innen her Leben spendender, sie erst schaffender und erhaltender ist — Universalismus; ob also das maximale Konstitutionsprinzip von Wirtschaft und Gesellschaft individualistisch oder universalistisches gedacht wird — immer sind es Urteile über die letzten Bedingungen einer maximalen Gestaltung der Wirtschaft. Es ist schon jetzt klar: daß jede solche Anschauung zugleich ein oberstes, auch das theoretische Denken orientierendes Prinzip solzialwissenschaftlichen Denkens ist, weil sie erst das ganze Bild vom Wesen der Wirtschaft und der Gesellschaft vollendet.

Nun ergibt sich die Frage: ob die Begründung einer individualistischen oder universalistischen Theorie nicht alle möglichen Standpunkte und Wertsphären in sich schließt? Empirisch und psychologisch gesprochen: ja, sofern soziologischer und philosophischer Individualismus in allen Schattierungen innig miteinander zusammenhängen, logisch gesprochen: nein, denn, wie oben bereits ausgeführt wurde: die Begründung der Einheitstheorie ist analytisch, auf Grund empirischer Untersuchung möglich. Dies folgt schon daraus, daß es sich dabei nur nicht um die Inhalte des Gemeinschaftslebens, um die Erkenntnis der maximalen Lebensbedingungen, des innersten Konstitutionsprinzips der Gemeinschaft handelt, nicht um die Inhalte des Gemeinschaftslebens, also zunächst immer nur um das **formale** Entfaltungsmaximum, gar nicht um Gerechtigkeit, Metaphysik, Weltanschauung selber. Allerdings: wie die Inhalte, die man als vergemeinschaftete denkt (Kunst, Wissenschaft usw.) gefaßt werden — das hängt vom Nacherleben dieser Werttatsachen und Gefühle ab. Auch daß man psychologisch je nach diesem Erlebnis leichter zu dieser als zu jener Maximumtheorie gedrängt wird, gebe ich zu. Die Maximumtheorie selber ist darum doch eine auf die zergliedernde Erfahrung gesellschaftlicher Vorgänge [„wo entwickelt sich Kunst (usw.)“?] gestützte, also rein empirisch zu rechtfertigende Theorie vom Lebensganzen gesellschaftlicher Erscheinungen. Sohin eine formale, keine inhaltliche, auf Wertgefühle gehende Lehre. Wenn so das Urteil über die individualistische oder universalistische Natur der Gemeinschaft analytisch zu begründen ist, so ist es kein Werturteil mehr, hängt es nicht selbst von Inhalten der Zielsetzung und Weltanschauung ab. (Letzter Zusammenhang besteht, ist aber nur mittelbar.) Auf Werturteilen (Forderungen, Gefühlen, Bedürfnissen, Axiomen) beruhen nur die wirtschaftlichen Ziele selbst. Wenn aber diese durchgeführt, wenn Wirtschaft überhaupt gewollt wird, dann — das allein wird behauptet — ist die maximale Gestaltung der Wirtschaft erfahrungsmäßig (theoretisch) festzustellen.

Dagegen begründet die individualistische oder universalistische Gesellschaftsauffassung ein generelles Ziel der Begriffsbildung, indem sie für jede wirtschaftliche Einzelerscheinung einen Idealtypus, eine Vorstellung des vollkommenen Mittels als Glied des Gesamtzusammenhanges entwickelt. Damit wird aber die an sich nomothetische Begriffsbildung der Nationalökonomie an ganz bestimmten Forderungen orientiert, und neben die rein nomothetische (generalisierende) Begriffsbildung der theoretischen Nationalökonomie tritt noch die Bezugnahme auf die reine (maximale) Gestaltung der untersuchten Erscheinungen, auf die Idealtypen, Maxima der betreffenden Funktionen, also eine Wertbeziehung, ein teleologisches Erkenntniselement — allerdings nicht ein Wertgefühl, eine ethische Wertschätzung selbst. Damit ist jenes teleologische Moment, welches wir im Aufbau des nationalökonomischen Objektes selbst fanden, auch im logischen Aufbau der nationalökonomischen Wissenschaft endgültig nachgewiesen.

Ein ähnlicher Sachverhalt findet sich in der Physiologie, welche für die Untersuchung typischer Funktionen, z. B. von Herz, Lunge, Nieren usw., die Vorstellung von der maximalen, d. h. gesunden Gestaltung der organischen Erscheinungen (d. i. der Mittel für das Ziel der Lebenserzeugung) nicht entbehren kann. So daß sich in die generalisierende Untersuchung auch die teleologische Bezugnahme auf ein analytisch konstruiertes Maximum mischt.

Weil jene Wertbeziehung auf das analytisch begründbare Maximum etwas ganz anderes ist als Wertgefühle, Wertungen (der wirtschaftlichen Ziele und Ergebnisse selbst), so ergibt sich: daß die Nationalökonomie unbeschadet des nomothetischen Charakters ihrer Begriffsbildung zugleich systematisch Erkenntniselemente teleologischer Art (Beziehungen auf wirtschaftliche Maxima, Ziele) enthält. Trotzdem diese Erkenntniselemente nicht mit Wertgefühlen, ethischen Anschauungen zusammenfallen, ist es geboten, zwischen den nomothetischen und den teleologischen (wertbezogenen) Erkenntniselementen eine strenge Scheidung vorzunehmen.

Den bisherigen Gedankengang mögen folgende Anwendungen verdeutlichen.

Zunächst zeigt die Geschichte: daß es eine wertfreie Nationalökonomie noch nie gegeben hat. Immer war es eine allgemeine Gesellschaftstheorie, welche hinter ihr stand, und von welcher sie ihre Maximumtheorien bezog. Selbst die untheoretischen Merkantilisten zeigen sich deutlich als Universalisten. Unzweifelhaft aber erscheinen die Physiokraten, Smith, Ricardo, Malthus als Individualisten. Die Romantiker (Adam Müller!), List, die historische Schule, die Sozialisten waren dagegen wieder universalistisch gerichtet. Man denke nur an die Geldlehre Adam Müllers.

Mit dieser Feststellung will ich aber keineswegs die heute so sehr im Schwange befindliche unkritische, „ethische" oder sonstige politisierende Methode entschuldigen.

Das Greshamsche Gesetz: „Schlechtes Geld verdrängt das gute" ist keineswegs auf ein Werturteil gerichtet, sondern stellt eine generelle Aussage über das Funktionieren verschiedener Geldarten, bzw. über das gegenseitige Verhältnis beider Funktionsweisen dar — also eine nomothetische Begriffsbildung. Wenn aber auch die Ausdrücke „gut" oder „schlecht", die durch „vollwertig" und „unterwertig", „unbeschränkt" und „beschränkt" funktionsfähig ersetzt werden können, ein Werturteil unmittelbar nicht einschließen — ohne die Beziehung auf ein Maximum (ein Ziel, einen Wert), wäre eine Scheidung der Funktionen, d. h. der Geldarten, gar nicht möglich. Diese nomothetische Begriffsbildung (die Scheidung von Geldarten nach dem Grad ihrer Funktionsfähigkeit) ist also teleologisch orientiert.

Von anderer Seite aus beleuchtet denselben Sachverhalt die Theorie des Freihandels und Schutzzolles. Die Freihandelstheorie faßt hauptsächlich die größere Fruchtbarkeit der Arbeitsteilung bei gegebenen, autark gedachten, Kräften ins Auge und fordert daher ein Maximum der wirtschaftlichen Werte, d. i. ein Maximum von gegebenen Erzeugungsmengen auf Grund wirtschaftlicher Kräfte; dazu führt die möglichst unbehinderte Entwicklung der weltwirtschaftlichen Arbeitsteilung. D. h. aber: es wird diese Gestaltung der Dinge als jenes Funktionssystem erklärt, das dem individualistischen, atomistisch gedachten wirtschaftlichen Lebensmaximum entspricht.

Wie nimmt sich daneben die Schutzzolltheorie aus? Sie kann die größere Ergiebigkeit weltwirtschaftlicher Arbeitsteilung keineswegs leugnen. Aber mit Rücksicht auf die von ihr behaupteten noch unendlich viel größeren fruchtbaren Entfaltungen allseitiger Produktion im Innern (Schaffung von Produktiv kräften usw.) wird der Ausbau der nationalen Arbeit weit über den der weltwirtschaftlichen Arbeitsteilung gestellt. Nicht die als gegeben, d. i. atomistisch, autark, gedachten wirtschaftlichen Verhältnisse werden ins Auge gefaßt, sondern die Gegenseitigkeit ihres Bedingtseins, ihr Wachstum in Gegenseitigkeit — und dieses Wachstum wird über augenblickliche autarke Mehrleistung gestellt. Sofern dabei außer den wirtschaftlichen auch die gesellschaftlichen Bedingungen fruchtbarer Arbeit in Betracht gezogen werden (Recht, Bildung usw. als Produktivkräfte betrachtet!) kann man noch allgemeiner sagen, daß die Schutzzolltheorie ihre Entscheidung treffe mit Rücksicht auf die gemeinschaftsfördernden Wirkungen des Zolles, d. h. aber: mit Rücksicht auf das nach universalistischer Theorie gedachte Maximum der Wirtschaft — wobei diese eben nicht für sich, sondern nur als Teilinhalt der nationalen Gesellschaft und des nationalen Staates aufgefaßt wird.

Auch in diesem Falle sehen wir, wie zwei Theorien zunächst nomothetisch die generellen Wesenheiten oder Funktionen der betreffenden Einrichtungen, Zoll und Zollosigkeit, untersuchen. Die Grundtatsachen, die beide vor sich haben (vor allem: Mehrergiebigkeit weltwirtschaftlicher Arbeitsteilung) sind gleich. Aber derjenige, der das Lebensmaximum der Wirtschaft rein individualistisch auffaßt, wird diese funktionelle Untersuchung mehr auf die unmittelbare Wirkung beschränken, jener, der es universalistisch (und organisch verbunden mit andern gesellschaftlichen Sphären) denkt, die Untersuchung auch auf die innere Gegenseitigkeit, die in aller Wirtschaft herrscht, und auf deren Verbindung mit der Gesellschaft erstrecken. *So wird jeder der beiden nicht nur einen andern Maximalwert zum Maßstab nehmen, sondern* (was ebenso wichtig ist) *auch andere Funktionen zur Analyse aufsuchen.* Wieder sieht man also, *wie der Maximumbegriff die nomothetische Analyse der Funktionen selbst orientiert.*

Dieses Ergebnis gilt nicht nur für die Volkswirtschaftslehre, es gilt ganz allgemein. *Jeder sozialwissenschaftliche Grundbegriff muß nach individualistischer oder universalistischer Einheitstheorie verschieden gefaßt werden.* „Wertfrei" in diesem Sinne ist also keines der möglichen Lehrgebäude. *Individualismus oder Universalismus sind unumgängliche Denkformen aller Gesellschaftswissenschaft.* Die Gesellschaft selbst, die Gemeinschaften und ihre Erzeugnisse: Wissenschaft, Kunst usw.; Staat, Recht, Politik; die Geschichtsauffassung — das alles muß neben der Volkswirtschaft vom individualistischen oder universalistischen Standpunkte aus stets verschieden gefaßt werden. Der Staat z. B. wird entweder als Schutz- oder als Kultureinrichtung gedacht, und dem folgend Recht und Politik.

Bemerkenswert und zuzugeben ist allerdings: *daß nicht alle Teile der Nationalökonomie jener freien Wahl von universalistischer oder individualistischer Typenkonstruktion unterworfen sind.* **Dieser Umstand allein ist es, welcher für weite Gebiete der Nationalökonomie eine für alle Parteien gleich objektive Wissenschaft möglich macht.** Augenscheinlich frei davon ist die Werttheorie Ein Satz von der Art wie: die Güter werden nach ihrem Grenznutzen geschätzt, stellt ein rein formales, allgemeinstes Gesetz der Funktionalität der Güter als Hilfsmittel des Handelns dar. Er nimmt scheinbar in keiner Weise auf einen, sei es individualistisch, sei es universalistisch gedachten Maximalzustand Bezug. Ähnlich aber auch alle Preisgesetze, das Gesetz vom abnehmenden Bodenertrage, das Thünensche Gesetz und andere reine Verkehrstheorien.

Der Grund dafür ist: **daß die theoretische Nationalökonomie dabei notwendig eine individualistische Unterstellung macht,** daß sie in solchen Fällen nur individualistisch gedachte Maximumfunktionen untersucht! Diese Bedeutung ganz allein hat ja das Dogma vom „Eigennutz". Dieses schließt (wie neuerdings z. B. von A. Voigt richtig hervorgehoben wurde) nicht etwa bloßen Egoismus in sich, sondern es denkt die Individuen als voneinander unabhängige, selbständige Wesen, die autark nach dem wirtschaftlichen Prinzip („eigennützig") handeln und sich so auch auf dem Markte gegenübertreten. Die Nationalökonomie kann gar nicht anders vorgehen, soll sie die Gesetze des rein wirtschaftlichen Handelns erforschen.

Die Nationalökonomie also unterstellt rein individualistische, ja atomistische Aggregate von Wirtschaft — wie sie die Märkte ja auch annähernd darzustellen scheinen! Die Frage ist nur: ob und wie weit jener individualistisch konstruierte Zustand für wirklich gehalten werden darf, und somit die unter seiner Voraussetzung gewonnenen Ergebnisse auch der Wirklichkeit gegenüber aufrecht erhalten werden können. Ein Beispiel bietet jede Wert- und Preistheorie. Wenn die Grenznutzenlehre die kausale Bedeutung der Handlungen von Grenzkäufer und -verkäufer zur Erklärung des Preises in den Vordergrund stellt und damit (einmal angenommen) die Preisbildung restlos erklärt — so hat sie natürlich nur mit gegebenen Angeboten, Kaufkräften usw. gerechnet, also mit autark gedachten, atomistischen Kräften; anders wird auch eine Preistheorie keinen Anfang machen können. Was aber nun fehlt, ist: die Berücksichtigung der Bildung dieser Elemente selbst, so insbesondere die Rückwirkung, welche die jeweils erklärte Preisbildung auf die Bedarfsentfaltung, die Angebote usw. ausübt. Hier kommt nun schon die gegenseitige Bedingtheit des Handelns in Frage und der Widerstreit der Einheitstheorien beginnt. Also schon die Untersuchung der Preisentwicklung (nicht in historischer, nur in theoretischer Absicht!) erfordert die Bezugnahme auf die Einheitstheorie der Wirtschaft. Das ist ja der Grund, warum die historische Schule mit keiner, auch an sich richtigen, Werttheorie zufrieden sein will: sie will dauernde Entfaltungen betrachtet wissen. — Bedenkt man dies, so sieht man, daß der Begriff auch der elementaren wirtschaftlichen Handlung und des wirtschaftlichen Wertes von der Einheits- oder Maximumtheorie abhängig ist. In der theoretischen Untersuchung werden sie aber zumeist nach individualistischer Auffassung (unterstellungsweise) gedacht und müssen so gedacht werden. Die universalistisch gerichtete Nationalökonomie hält nun jene Annahme der Autarkie für eine Unterstellung (d. i. eben eine Abstraktion) und denkt die wirtschaftenden Individuen nicht wirklich atomistisch gegeben, autark, sondern innerlich voneinander abhängig, durcheinander erst handelnd und bedingt, so daß: 1. jene rein wirtschaftlichen Gesetze empirisch nicht nur als bloße „Tendenzen" erscheinen, wie ja alle Theoretiker natürlich zugeben, sondern vor allem 2. bloß in ihrer organischen Beziehung auf die Bildungsgesetze des wirtschaftlichen Ganzen selber und 3. noch auf die übrigen Sphären des Gesellschaftslebens.

Obige Beispiele dürfte es hinreichend verständlich gemacht haben, daß die ausdrückliche Bezugnahme auf eine Einheitstheorie der Wirtschaft in der theoretischen Nationalökonomie um so weniger nötig, ja möglich, ist, je mehr sie sich auf Gebieten streng individualistischer Voraussetzung bewegt — weil sie dann ein in seiner Wertbezogenheit eindeutiges Objekt vor sich hat; um so nötiger hingegen, je mehr diese Voraussetzung an der empirischen Wirklichkeit oder dem universalistischen Maximumbegriff einer Richtigstellung bedarf. Während Wert- und Preislehre auf der Abstraktion selbstherrlicher, wirtschaftlich richtig handelnder Menschen aufgebaut sind, kann die Produktions-, Geld- und Verteilungslehre nicht immer damit auskommen; je mehr sie aber empirische Elemente hineinmischt, um so weniger kann sie der ausdrücklichen Beziehung auf die individualistische oder universalistische Orientierung entbehren, denn um so strittiger ist die Berechtigung der individualistischen Unterstellung. Zugleich ist ersichtlich, wie dies den eigentlichen Unterschied der Schulen ausmacht, daß die historische Methode auf eine solche individualistische Unterstellung gar nicht eingehen will, damit allerdings den theoretischen Charakter der Nationalökonomie überhaupt vernichtet. Andererseits muß jede theoretische Richtung, auch z. B. die methodisch so gut fundierte österreichische Schule, sich dessen stets bewußt bleiben, daß jede streng theoretische Untersuchung nur auf Grund jeweiliger individualistischer Unterstellungen möglich ist, es daher bei jedem einzelnen theoretischen Begriffe nötig wird zu untersuchen, wie weit er im Gesamtleben der reinen Wirtschaft und ferner wieder in Ansehung des Zusammenhangs derselben mit der Gesellschaft Gültigkeit behalten kann. Die Einheitstheorie der Wirtschaft und die Verhältnisbestimmung der Wirtschaft zum Gesellschaftsganzen birgt so, wie ich an anderer Stelle ausgeführt habe (Wirtschaft und Gesellschaft S. 1 ff), das methodologische Problem der Nationalökonomie in sich.

Fünftes Buch.

Das System der Gesellschaftswissenschaften.

I. Kapitel. Der Begriff der Gesellschaft.

Das Wort Gesellschaft wird im Sprachgebrauch wie in der Wissenschaft recht vieldeutig angewendet. Man versteht darunter: 1. im engsten Sinne bloße Geselligkeit; 2. die bürgerliche Gesellschaft, unter der man nach Hegel uud der Stein-Mohlischen Gesellschaftslehre alle zwischen Individuum und Staat liegenden Verbindungen zusammenfaßt; 3. den Staat. Gesellschaft und Staat pflegen namentlich in den philosophischen Staatslehren seit Platon und Aristoteles meistens gleichgesetzt zu werden, was insofern seine Berechtigung hat, als der Staat zugleich eine Einheitserscheinung der Gesellschaft ist; 4. den Inbegriff sämtlicher sozialen Erscheinungen, die „menschliche Gesellschaft", welche alle Teilgebiete oder Objektivationssysteme, auch den Staat und die bürgerliche Gesellschaft in sich schließt. Dieser Gesellschaftsbegriff, von dem jede allgemeine Gesellschaftslehre ausgehen muß, ist nun näher zu bestimmen. Durch die analytischen Untersuchungen in Buch II und III ist er bereits nach allen Richtungen hin untersucht worden. Wir brauchen daher nur früher Gesagtes zusammenzufassen.

Das Fundament unserer Untersuchungen war die Unterscheidung von Empfindung und Handlung, sowie die damit gegebene Unterscheidung von Gemeinschaft und Genossenschaft. Der weitere Leitbegriff, der hieraus folgte, war: das Handeln grundsätzlich als dienendes, die Empfindung als schöpferisches Element zu betrachten. Durch das dienende, zielerreichende Handeln kommt aber Gemeinschaft erst zur Verwirklichung.

Wie geschieht dies? 1. durch das wirtschaftliches, mittelbeschaffendes Handeln (Zweckhandeln), 2. durch mitteilendes und veranstaltendes Handeln (Hilfshandeln), 3. durch anstaltbildendes Handeln (Hilfshandeln höherer Ordnung, z. B. Politik). Die Wesenheit aller dieser Handlungsarten zeigt aufs deutlichste an, daß sie nur verwirklicht werden nicht um ihrer selbst willen, sondern um geistige Gemeinschaft in die Erscheinung treten zu lassen (außer daß sie noch dem System der Vitalität dienen).

Bedenkt man diese vier Begriffselemente: Empfinden, Handeln; schöpferisch, dienend, so kann man zusammenfassend den formalen Gesellschaftsbegriff so umschreiben: Wesen und Quellpunkt der menschlichen Gesellschaft liegt in geistiger Gemeinschaft; die Welt des Handelns dagegen ist nur dienend, verhilft aber der Gemeinschaft erst zur Wirklichkeit, läßt sie erst in Erscheinung treten.

In diesem formalen Begriffe der Gesellschaft liegen auch die Bestimmungsstücke für das System der Gesellschaftswissenschaften beschlossen. Denn es folgt unmittelbar daraus: daß die Gemeinschaft apriorischen, die Welt des Handelns leistungsmäßigen (funktionellen) Aufbau besitzt. Die Untersuchung des apriorischen Aufbaues kann natürlich nur normativen Wissenschaften zufallen. Und es folgt, daß dieses ganze Gebiet aus dem Bereiche der Gesellschaftswissenschaften ausscheiden muß.

In dem Maße, als sich dann von dem formalen Begriff der Gesellschaft aus, die einzelnen Teilinhalte (Objektivationssysteme) besondern, wird auch das System der einzelnen Gesellschaftswissenschaften sichtbar.

Mit der Bestimmung der Gesellschaft als geistiger Gemeinschaft ist nicht gleichzusetzen die herkömmliche Definition, welche Gesellschaft als Summe „psychischer Wechselbeziehungen" erklärt. (So Schäffle, Rümelin, Dilthey, Simmel, Ratzenhofer u. viele andere. Vgl. dar. meine Kritik „Wirtsch. und Gesellsch. Dresden 1907 S. 178 ff.). Diese Definition ist durchaus psychologisch, kann über psychische Erscheinungen, also Psychologie nicht hinauskommen, daher vermag sie die Gesellschaft nicht als etwas Eigenes, Spezifisches zu bezeichnen.

Gemeinschaft, Vergemeinschaftung sind dagegen keine psychologischen Begriffe. Denn die Gesellschaftslehre sucht, bei diesen Vorgängen (des Widerhalles,

Reflexes), keine Assoziationserscheinungen u. dgl. auf; sondern erblickt darin jene überindividuelle Tatsache, welche, indem sie eine Vereinigung und Verankerung des einen Individuums im andern herstellt, ein Ganzes schafft, dessen Glieder die einzelnen Individuen sind. So bedeutet Gemeinschaft etwas Eigentümliches, Spezifisches, ein Ganzes aus Gliedern; und die psychologischen Gesetze und Vorgänge, welche der Entstehung dieses Gebildes zugrunde liegen, haben mit ihm selber nichts zu tun. Das Psychologische ist nur Naturbedingung, das Gesellschaftliche etwas Eigenes. Daher ist Gesellschaftslehre ebensowenig erweiterte Psychologie wie die Psychologie Physiologie und wie die Physiologie Physik ist.

II. Kapitel. Das System der Gesellschaftswissenschaften in schematischer Darstellung.

Der Gesellschaftsbegriff lehrt, daß nicht alle Teilgestaltungen der Gesellschaft (Objektivationssysteme) gleichen inneren Aufbau und Charakter haben. Daraus ergibt sich die wichtige Folgerung: daß nicht jede Gesellschaftswissenschaft gleicher Struktur sein kann, z. B. nicht ebenso theoretischen Charakter wie die Volkswirtschaftslehre haben kann; es wird nicht einmal jedem Objektivationssysteme eine eigene Wissenschaft entsprechen. Daraufhin sind nun zu betrachten: die Gemeinschaften; das unmittelbar dienende oder Zweckhandeln; das Hilfshandeln; das Hilfshandeln höherer Ordnung.

I. Die Gemeinschaften.

Es leuchtet ein, daß die gesellschaftlichen Erscheinungen: Wissenschaft, Kunst, Religion, Philosophie keinesfalls jene theoretische Behandlung finden können, wie etwa die Volkswirtschaft, denn ihr Inhalt ist apriorisch, normativ bestimmt, während letztere funktionellen Charakter hat. Was wahr ist, schön, göttlich, darüber kann die Gesellschaftswissenschaft weder etwas entscheiden, noch kann sie diese Erscheinungen erklären. Sie sind überhaupt unerklärbar, weil sie von jeder Kausalität losgerissen, rein nach eigenen Richtmaßen gebildet werden. Nur eine grobe Umweltlehre (Milieutheorie) kann sich zum Versuche einer gesellschaftlichen Erklärung der Gemeinschaften versteigen.

Auf ihre normative Natur hin, sind die Gemeinschaften Gegenstand normativer Wissenschaften, die aber selbst nur als Teile der Philosophie möglich sind. Die Wissenschaft wird

Gegenstand der Logik und Erkenntnistheorie; die Kunst Gegenstand der Kunstphilosophie oder Ästhetik; die Religion der Religionsphilosophie; die Metaphysik ihrer eigenen geschichtlichen Betrachtung und systematischen Begründung.

Dazu ist zu bemerken: 1. Eine eigene „Religionspsychologie" gibt es im Grunde nicht, ebensowenig wie eine eigene Kunstpsychologie. Was man heute Religionspsychologie nennt, gehört entweder in die Psychologie, oder in die Ethnologie, oder in die Religionsphilosophie, oder endlich in die gesellschaftswissenschaftliche Betrachtung der Religion.

2. Geschichte und Ethnologie sind niemals weder mit der normativen noch mit der gesellschaftswissenschaftlichen Betrachtung der Gemeinschaften zu verwechseln. Sie sind beschreibende Disziplinen, die überallhin Stoff liefern können.

Außer der normativen findet eine gesellschaftswissenschaftliche Betrachtung statt, welche auf die äußeren Geburtsbedingungen dieser normativen Gebilde und auf ihre Leistungen im Haushalt der menschlichen Gesellschaft geht. Freilich muß diese Untersuchung der gesellschaftlichen Bedingtheit und Funktion der Gemeinschaften immer von einem solchen Begriff ihrer Wesenheit ausgehen, wie ihn die Normwissenschaften (Logik usw.) liefern. Das hat unsere obige Untersuchung, Buch II, deutlich gezeigt. Daher beherrscht der Streit zwischen Empirismus und Kritizismus notwendig diesen Teil der Gesellschaftslehre.

Apriorischen Charakter haben auch die Liebesgemeinschaften. In normativer Hinsicht unterliegen sie daher philosophischer Untersuchung, in gesellschaftlicher der gleichen (bloß klassifikatorischen und beschreibenden) Behandlung wie die andern Gemeinschaften.

Das Vorstehende können wir dahin zusammenfassen: daß es keine „Kunstsoziologie", „Religionssoziologie", „Wissenschaftssoziologie", „Soziologie der Geschlechtsgemeinschaft", als selbständige Wissenschaft geben kann. Solche Bestrebungen sind nur bei extrem milieutheoretischem Standpunkte oder bei arger methodischer Unklarheit und dilettantischem Großtun möglich. Was an gesellschaftswissenschaftlicher Erkenntnis dieser Gegenstände geleistet werden kann, fällt in begrifflicher Hinsicht allein der Gesellschaftslehre zu, in beschreibender der Geschichte und Völkerkunde.

Zu den bisher genannten Gemeinschaften kommen noch die Neigungsgemeinschaften (Massenzusammenhänge), welchen, da sie abgeleiteter Natur sind, keine eigenen Normwissenschaften entsprechen. Von der Gesellschaftslehre werden sie am besten gemeinsam mit den Bündnissen behandelt.

Eine besondere Aufgabe stellt endlich die Tatsache der Einheit der Gemeinschaften. Sie ist Gegenstand der Theorie der Nation. Ähnlich der Begriff der Gemeinschaften oder Kulturinhalte überhaupt, welcher die Aufgabe stellt, Begriff und Wesen der Kultur zu bestimmen, eine Aufgabe, die aber mehr der Philosophie als der Gesellschaftslehre zufällt.

II. Die Systeme des Handelns.

Diese sind insofern ein gleichartiger Gegenstand der Gesellschaftswissenschaft als sie sämtlich leistungsmäßiges (funktionelles) Gefüge haben. Dennoch kommt dieser leistungsmäßige Charakter nicht gleichmäßig zur Erscheinung, (wie oben S. 108 ausgeführt wurde) weil sie im Zweckhandeln, Hilfshandeln und Hilfshandeln höherer Ordnung ganz verschiedene Arten von Leistungen ausüben.

1. Das Zweckhandeln oder die Wirtschaft haben wir früher als das einzige System des Handelns kennen gelernt, welches Mittel für die Zielerreichung beschafft, nicht erst auf Bedingungen für diese Zielerreichung (auf Gemeinschaftsbildung) geht, wie Mitteilung, Organisation usw. Daher ist es das einzige kausale System von Mitteln, welches in der Welt des Handelns verwirklicht wird. Die Natur dieser Funktionalität und die Kategorien, die sie entfaltet, haben wir oben dargelegt (s. S. 105 ff., 109 ff.).

Die Volkswirtschaft stellt demnach ein Objektivationssystem mit durchaus eigenem Aufbau, eigener Gesetzmäßigkeit dar, und die Volkswirtschaftslehre wird damit notwendig zu einer selbständigen Wissenschaft, die außerhalb der Gesellschaftslehre steht. Die Bestrebungen, Volkswirtschaftslehre in Gesellschaftslehre aufgehen zu lassen, die seit Comte nicht aufhören wollen, sind methodologisch falsch, denn der Gegenstand der Volkswirtschaftslehre nimmt eine einzigartige, selbständige Stellung im System der gesellschaftlichen Erscheinungen ein. Umgekehrt ist es aber ebenso falsch, die enge methodische Verknüpfung der Volkswirtschaftslehre mit der Gesellschaftslehre nicht zu beachten — wie dies heute sowohl die Vertreter der historischen Schule, ebenso aber auch die meisten Theoretiker tun — denn die Eigenschaft der Volkswirtschaft bloßer Teilinhalt (Objektivationssystem) der Gesellschaft zu sein ist von grundlegender Wichtigkeit und schließt das ganze methodologische Problem der Nationalökonomie in sich. Dieses besteht keineswegs im Streite um Induktion und Deduktion, sondern: im Streite um die grundsätzliche Bestimmung des Verhältnisses der Wirtschaft zu den übrigen gesellschaftlichen Teilinhalten oder Objektivationssystemen, darin, ob das Objekt der Nationalökonomie die ganze empirische Wirtschaft oder ein reiner, abstrakter Teilinhalt der Gesellschaft sei (s. dar. auch oben S. 117 und „Wirtsch. u. Gesellsch." S. 1 f.). Die Klassiker der Nationalökonomie haben denn auch alle auf dem Grunde einer Gesellschaftslehre ihr System aufgebaut.

Fassen wir kurz zusammen, in welcher Weise sich im Verlaufe unserer früheren Untersuchungen die Anknüpfung der Wirtschaftswissenschaft an die Gesellschaftslehre fruchtbar zeigte:

1. Für den Begriff der Wirtschaft. Dieser erschien als Zweckhandeln, d. i. als Beschaffung von Mitteln für Ziele. Damit wurde die Wirtschaft a) als System von Handlungen bestimmt; b) im bes. von Handlungen mit leistungsmäßigem (funktionellem) Aufbaue (s. o. S. 101 ff.); ferner wurde damit auch der Umfang der Wirtschaft genau umschrieben, u. zw. wesentlich weiter als bisher üblich ist (s. o. S. 105—107).

2. Diese Begriffsbestimmung der Wirtschaft, insbes. die Erkenntnis des leistungsmäßigen Aufbaues, ermöglicht eine streng systematische Gestaltung der theoretischen Nationalökonomie, eine deduktive Gestaltung und Vereinheitlichung ihres Begriffssystems, dessen Grundlinien oben (S. 109 ff.) angedeutet wurden: die Trennung von Mittel und Ziel, die Unterscheidung der Handlung als Subjektsmittel von ihrem Hilfs- oder Objektsmittel, dem Gut, von da aus endlich die Unterscheidung der Kategorien oder Leistungsgestalten des Handelns monogenetisch wie polygenetisch.

3. Zeigte sich die Anknüpfung der Wirtschaftsbetrachtung an die Gesellschaftslehre fruchtbar für die Methodenfrage. Dies einmal durch die gewonnene Begriffsbestimmung; sodann im besondern durch die Bestimmung der Wirtschaft, als Teilgestaltung (Objektivationssystem) der Gesellschaft, worin wie oben angedeutet, der Schlüssel zum Methodenproblem liegt.

Am deutlichsten zeigt sich die Verbindung der Volkswirtschaftslehre mit der Gesellschaftslehre an dem funktionellen Aufbau ihres Gegenstandes. Der funktionelle Aufbau der Volkswirtschaft ist durch Gegenüberstellung mit den apriorischen oder normativen gesellschaftlichen Teilinhalten (Objektivationssysteme) zu erkennen. Das Wesen der Funktionalität oder Leistungsmäßigkeit haben wir schon oben dargestellt. Nun ergäbe sich als erste Aufgabe, die Theorie der Leistungen oder

Funktionen auszubauen, als weitere, die leistungsmäßigen Kategorien, die wir in ihrer elementarsten Gestalt gleichfalls schon kennen gelernt haben, auf dieser Grundlage weiter zu verfolgen.

Um den Weg zu zeigen, wie dies meiner Ansicht nach zu geschehen habe, kann ich leider nicht, wie es in meiner Absicht lag, einen Abriß der Theorie der Funktionen hier anfügen und die Weiterführung ihrer Begriffe auf ein grundsätzliches Problem, die Produktivität, zeigen. Das hätte eine wesentliche Vergrößerung dieses Buches bedingt, was über das gesetzte Ziel hinausgegangen wäre. So muß ich mich begnügen, auf meine bisherigen diesbezüglichen Versuche, die allerdings sehr knapp sind, hinzuweisen: Der logische Aufbau der Nationalökonomie und ihr Verhältnis zur Psychologie und den Kulturwiss., Ztschr. f. d. ges. Staatsw., 1908; Über d. Produktivität der Berufsstände, Jahrb. d. Gesellsch., österr. Volkswirtsch. 1913, Wien 1913.

2. Das Hilfshandeln a) als Sprache. Diese ist rein formale, neutrale Bedingung der Gemeinschaftsbildung. Die unmittelbare Verbindung mit dem Denken, die ihr als bloß darstellendem, ausdrückendem Handeln zukommt, verleiht ihr normativen Charakter. Ihre Normwissenschaft ist die Grammatik, eine Art von Logik. Gesellschaftswissenschaftlich ist daher nur eine gleichartige Behandlung wie bei den Gemeinschaften möglich. Ähnlich wie es eine eigene Religionssoziologie nicht geben kann, kann es auch keine eigene „Sprachsoziologie“ (die sich etwa auf einen eigenen „Mitteilungstrieb“ stützte) geben. Gesellschaftswissenschaftliche Betrachtung der Sprache ist nur im Rahmen der Gesellschaftslehre möglich.

b) Die Anstalten. Veranstaltendes Handeln ist nicht bloß formale, sondern bereits reale, sachlich beeinflussende, Bedingung der Gemeinschaftsbildung. Daher entspricht diesem Handeln keine Normwissenschaft (nur indirekt, nämlich seinen Maximen). Dagegen bietet es der gesellschaftswissenschaftlichen Erforschung schon ein relativ selbständiges Objekt dar. Welcher Art diese Erforschung ist, hat die obige Darstellung (S. 151 ff.) wohl hinlänglich gezeigt, ebenso daß die Anstalts- oder Verbandslehre unmittelbarer Bestandteil der allgemeinen Gesellschaftswissenschaft selber ist.

Die Möglichkeit, Verbandslehre als eigene Disziplin zu betreiben, wird nur durch die Tatsache der ideellen Einheit aller Verbände nahegelegt, indem sie im Staate ein vor andern ausgezeichnetes Objekt darbietet. Die Staatstheorie wird ja in der Tat bisher als eigene Gesellschaftswissenschaft betrachtet. Dennoch ist sie das keineswegs, denn als die Lehre vom obersten aller Verbände ist sie nur allgemeine und zusammenfassende Verbandslehre und als solche gerade in ihrer Allgemeinheit ein unentbehrlicher Bestandteil der Gesellschaftslehre selbst. Staatstheorie ist nicht nur die Theorie der Organisation „Staat", sondern zugleich Theorie einer Einheitserscheinung, eines Integrationsorganes der Gesellschaft. Als Einheitstheorie aber muß sie mit den höchsten Begriffen und Verallgemeinerungen der Gesellschaftslehre arbeiten ganz ähnlich wie die Theorie der Nation, die doch niemand als eigene Wissenschaft in Anspruch nehmen wird.

Nicht richtig ist es, die Staatslehre in eine Soziallehre des Staates und eine Staatsrechtslehre unterzuteilen, wie Jellinek (Allg. Staatslehre, Berlin 1905) tut. Letztere gehört in die darstellende Rechtswissenschaft, erstere ist die gesellschaftliche Theorie des Staates als Verbands- und als Einheitserscheinung. — Das umfangreiche Gebiet der gesellschaftlichen Verbandslehre gliedert sich etwa folgendermaßen: 1. beschreibende und analytische Betrachtung der Verbände (als „Berufsvereine" von der Volkswirtschaftslehre behandelt, analytisch z. B. von Schäffle bearbeitet); 2. allgemeine Theorie der Organisation (davon hat z. B. Simmel die Abhängigkeit der Organisation von der Zahl der Elemente, von ihrer räumlichen Ausbreitung untersucht, v. Wieser die Verhältnisse von Führung und Nachfolge); 3. insbesondere aber ist die Verbandslehre Staatstheorie, bekanntlich ein sehr ausgebautes Gebiet; 4. eine besondere Behandlung erfuhren auch andere bedeutende Anstalten: die Kirche und die Familie, was in Buch II schon zum Ausdrucke kam. Einer ähnlichen Erforschung wäre auch das Vereinswesen bedürftig. Daß die Erforschung aller dieser Anstalten nur im Rahmen der Gesellschaftslehre möglich ist, beweist z. B. bei der Kirche die enge Verbindung mit der religiösen Gemeinschaft, bei Staat, Familie und allen andern Verbänden die wichtige Lehre von ihren Leistungen in der Gesellschaft, die doch nur auf ganz allgemeiner Grundlage möglich ist.

Eine eigene Betrachtung erfordert die Lehre von den Satzungen.

c) Die Satzungen oder Systeme organisatorischer Regeln fanden wir gegliedert in: individuelle Moral, gesellschaftliche Moral, Sitte, Brauch, Konvention und die Vorschriften fester Organisationen, welche im Recht gipfeln. Die Einheit dieses Gesamtsystems ist methodologisch von entscheidender Wichtigkeit. Denn ist die Moral apriorischen Charakters, so muß es dann notwendig auch das Recht sein. Nach der normativen Seite hin sind sie daher Gegenstand der Moralphilosophie und der Rechtsphilosophie als Normwissenschaften, nach der gesellschaftlichen Seite hin Gegenstand der allgemeinen Gesellschaftslehre. Die „Rechtssoziologie“ aber ist wie die Staatslehre keine eigene Wissenschaft, sondern Teil der Gesellschaftslehre. Denn auch sie hat das Recht nicht nur als gesellschaftlich bedingte Satzung für sich, sondern zugleich als Einheitserscheinung zu betrachten. — Neben dem Recht als gesellschaftliche Erscheinung steht noch verhältnismäßig selbständig die Rechtspflege oder Rechtsausübung, denn Recht ist noch nicht selber Handeln, wie Organisation, Politik, sondern nur Maxime des Handelns. Das Recht als System von Regeln bedarf zu seiner Ausübung gründlicher Kenntnisnahme und logischer Durcharbeitung, der „Auslegung“. Das ergibt die wissenschaftliche Aufgabe: erstens der Kenntnis und Erklärung des Rechtssatzes sowie seiner unmittelbaren Vorstufen (Gewohnheitsrecht, Usancen). 2. Der Kenntnis und Erklärung der übrigen organisatorischen Maximen des Handelns (Sitte, Brauch, soziale Moral, individuelle Moral). Die erste Aufgabe erfüllt die Jurisprudenz oder darstellende Rechtswissenschaft, welche auch die Staatsrechts- und Verwaltungsrechtslehre in sich schließt; die zweite eine darstellende Moralwissenschaft.

Die Gesellschaftslehre des Rechtes nimmt insofern eine Sonderstellung ein, als sie in der Rechtsdarstellung oder Jurisprudenz eine Hilfswissenschaft zur Seite hat, welche bei der Betrachtung der Gemeinschaften fehlt (denn die Darstellung der Kunst, Wissenschaft usw. kann nur geschichtlich sein). Einem gegebenen System von Rechtssätzen gegenüber hat die Gesellschaftslehre des Rechtes die Aufgabe, das Recht als Ausdruck und Niederschlag gesellschaftlichen Lebens zu erkennen, es auf seinen Ursprung zurückzuführen. — Die Beziehungen des Rechtes zur Wirtschaft, zur Politik und anderen Systemen des Handelns können niemals solche von unmittelbarer Wechselbeziehung sein. Denn das (wirtschaftliche usw.) Handeln ist selbst Ausdruck primärer Zielsetzungen; das Recht regelt das Handeln; also dient das Recht zuletzt der Zielsetzung selber, nicht eigentlich dem Handeln. Die vielbesprochenen Beziehungen von Wirtschaft und Recht existieren nur als Beziehungen zur primären Zielsetzung: Die Zielsetzung liegt aber nicht in der Wirtschaft, welche vielmehr nur ihr Umweg, ihr Mittel ist; sie steht hinter dem Handeln.

Literatur. S. oben unter Recht, 2. Buch. — Methodologisch noch: Stammler, Wirtsch. u. Recht, 2. A., Lpz. 1906; ders., D. Lehre vom richtigen Rechte, Lpz. 1902 (dazu meine Kritik in „Wirtsch. u. Gesellschaft“, 1907; Max Weber i. Archiv f. Sozialw., 1907). — Über das Verhältnis von Recht u. Wirtschaft zutreffend A. Voigt i. d. Ztschr. f. Sozialw., Jg. 1911.

III. Das Hilfshandeln höherer Ordnung.

Es ist dies das Handeln der Bündnisse; seine gesellschaftswissenschaftliche Betrachtung gliedert sich: 1. in die beschreibend-klassifikatorische Darstellung der Systeme gleichgerichteten Handelns als der Bedingungen der Bündnisse; 2. in die beschreibend-klassifikatorische Darstellung der Bündnisse selbst (soweit sie nicht als wirtschaftliche in die Volkswirtschaftslehre fallen); 3. in die Untersuchung des Handelns der Bündnisse oder Politik; 4. des gewaltsamen Kampfes oder Krieges. — Während 1, 2 und 4 offenbar nur der allgemeinen Gesellschaftslehre als Gegenstände zufallen können, tritt der Politik gegenüber, ähnlich wie bei der Staatslehre der Anspruch auf, eine eigene Disziplin zu begründen. Dieser Anspruch ist zu untersuchen.

Politik als theoretische Wissenschaft hat die politische Erscheinung zum Gegenstand. Als das Wesen der politischen Erscheinung lernten wir oben kennen das Handeln der Bündnisse. Dieses wieder bestimmten wir als gegensätzliches Handeln, als einen Wettstreit der Bündnisse um die Hervorrufung oder Erlangung organisatorischer Maßregeln durch den Staat oder andere Mächte, als „anstaltbildendes Handeln“.

Ist dieses Handeln von gleichem funktionellen Aufbau wie das Zweckhandeln, so daß es den Gegenstand einer eigenen Wissenschaft bilden könnte? Von der Beantwortung dieser Frage hängt es ab, ob die Politik selbständige Wissenschaft sein kann oder nicht.

Prüft man die Ziele der Politik als Praxis, so findet man nur: organisatorische Maßregeln, Zolltarife, sozialpolitische Reformen, Steuereinrichtungen, Rechtseinrichtungen. Der organisatorische Gedanke gehört dabei wie die Organisation selber der Verbandslehre, nicht der Politik an. Was dieser letzteren verbleibt, besteht nur noch in eigenem Handeln, welches zur Organisation führt: das Redenhalten, die Kundgebungen, die Werbetätigkeit u. ä. (soweit es Mittel gebraucht, „Geld kostet“, ist dieses Handeln wirtschaftlich, also wieder nicht Politik). Das politische Handeln ist also nur unmittelbare Vorstufe des Organisierens selber, und so leuchtet es ein, daß Politik unmöglich eine selbständige Wissenschaft sein kann. Das politische Handeln hat keine eigene Funktionalität, keine selbständige Gesetzmäßigkeit, denn es ist nur Vorstufe organisatorischen Handelns. Daher kann Politik zu selbständigen theoretischen Sätzen, etwa ähnlich wie die Volkswirtschaftslehre, niemals kommen. Der beste Beweis dafür ist denn auch die Zersplitterung in den überkommenen Auffassungen vom Wesen der Politik. Viele wollen sie mit der Staatstheorie gleichsetzen, andere in eine praktische Kunstlehre, eine Technik, auflösen. Als solche ist sie aber nur angewandte Wissenschaft, also etwas anderes als die theoretische Betrachtung der politischen Erscheinungen. Eine kleine Zusammenstellung der wichtigsten Definitionen, mit welcher zugleich die wichtigste Literatur vorgeführt wird, möge dies erläutern.

Schon Holtzendorff „Die Prinzipien der Politik", Berl. 1869, S. 8 ff. gibt folgende Übersicht über die Begriffsbestimmungen der Politik: 1. Die Politik bedeutet die Theorie des Staatslebens und seiner Veränderungen (Bluntschli, Fröbel u. a.); 2. „Politik bedeutet die Wissenschaft von den Mitteln, durch welche die Zwecke der Staaten so vollständig als möglich in der Wirklichkeit erreicht werden." Danach wäre die Politik „Staatsklugheit" (Mohl); 3. Nach Holtzendorff selbst hat die Politik als Wissenschaft zum Gegenstande „den richtigen Gebrauch und die Wirkungen der außerhalb der Rechtspflege zur Erfüllung der Staatszwecke tatsächlich verfügbaren Mittel" (S. 10). Für Bluntschli wäre danach also Politik einfach Staatstheorie, für Mohl und Holtzendorff Staatskunstlehre oder Staatszweckmäßigkeitslehre. Der letzteren Auffassung schließen sich heute an: H. Rehm, (Handb. d. Pol. I 1912, Politik als Wissenschaft, S. 8 f.) im Grunde auch Berolzheimer (Methodik u. Abgrenzung der Politik, Handb. d. P. I. S. 14 ff.), indem er Politik als Staatsmachtlehre bezeichnet. Überhaupt ist jede Begriffsbestimmung, welche die Staatsleitungstätigkeit in den Vordergrund stellt, auf diesem Boden. Staatsleitung ist aber nichts als Organisationstätigkeit gleich der Vereinsleitung. Erst soferne der Staat als selbständige Partei im Kampfe um die neu zu begründenden organisatorischen Maßregeln auftritt, wird seine Tätigkeit zur Politik. In der inneren Verwaltung ist der Staatsmann lediglich organisatorischer Arbeiter gleich dem Vereinsobmann oder Fabrikdirektor. — Der ersteren Auffassung, die Politik und Staatstheorie gleichsetzt (viel konsequenter!), folgen Treitschke, Roscher, Gierke, (Begriff u. Aufgaben d. staatswissenschaftl. Fortbildung, Internationale Wochenschrift 1910, S. 489). — Vgl. dazu Berolzheimer (Politik, München 1905, 1906), Stier-Somlo (Politik, Lpz. 1907), sowie die oben unter Recht und Staat angegebenen Schriften von Ratzenhofer, Jellinek, Rich. Schmidt, Menzel u. a. — Allgemein vgl. zum System der Gesellschaftwissenschaften G. v. Mayr, Begriff u. Gliederung der Staatsw. 3. A. Tüb. 1910. Indessen kann ich mit dem Standpunkte des geschätzten Verfassers nicht übereinstimmen.

IV. Die Ersatzvorgänge.

Als Ersatzvorgänge lernten wir das Bevölkerungs- und Erziehungswesen kennen (neben der Assimilation, von der wir auch hier absehen wollen). Das Bevölkerungswesen ist Gegenstand einer eigenen Gesellschaftswissenschaft, weil die rein zahlenmäßig zu fassenden Vorgänge eigene, eben zahlenmäßige Beziehungen und Gesetzmäßigkeiten bilden, was auch darin zum Ausdruck kommt, daß die statistische Methode vorherrscht. Statistische Bevölkerungslehre ist daher eine Art von angewandter Mathematik (womit die Streitfrage, welche Berechtigung die mathematische Statistik in ihrem Rahmen habe, natürlich keineswegs entschieden ist). Bevölkerungslehre kann daher nicht in der Gesellschaftslehre aufgehen. — Anders das Erziehungswesen. Erziehen ist nur ein Vergemeinschaftungsvorgang besonderen Inhaltes, daher so weit apriorischer Art, als logische, ästhetische usw. Inhalte in Frage kommen. Aber auch soweit dies nicht der Fall ist, hat die Pädagogik als Normwissenschaft daneben Platz. Wenn Pestalozzi ihre Aufgabe als harmonische Ausbildung aller Geisteskräfte bestimmt, sie im besondern dann auf die Anschauungen und deren Formen gründet, so sind auch damit Normbegriffe, nicht psychologische Gesetzmäßigkeiten des menschlichen Geistes aufgestellt. Experimentelle Pädagogik ist dagegen Psychologie.

Für die Gesellschaftslehre bleibt nur übrig, die Wechselbeziehung zwischen Gemeinschaft und Erziehung zu untersuchen. So hat Natorp richtig die Aufgabe der Sozialpädagogik bestimmt (Sozialpädagogik, 2. A., Stuttgart 1904). Jedoch ist sie keine eigene Wissenschaft, sondern kann nur im Rahmen der Gesellschaftslehre betrieben werden. Als beschreibende Aufgabe fällt ihr dabei die Darstellung des gesamten Unterrichts- und Erziehungswesens zu.

V. Die übrigen Gesellschaftswissenschaften. Die Hilfswissenschaften.

Zu der Summe gesellschaftswissenschaftlicher Disziplinen, die sich bisher ergeben hat, kommen noch hinzu: 1. die beschreibenden Wissenschaften, welche allen Gesellschaftswissenschaften dienen. Es sind dies: die Geschichte in allen ihren Zweigen (Staats-, Kultur-, Wirtschafts-, Rechts-, Erziehungsgeschichte usw.); die Statistik, die aber nur Methode, nicht selbst eine Wissenschaft sein kann, nämlich die Methode der zahlenmäßigen Darstellung gesellschaftlicher Erscheinungen (die Bevölkerungslehre als fast nur statistisch betriebene Wissenschaft bildet wohl die Grundlage für jede weitere Anwendung der statistischen Methode gesellschaftlichen Erscheinungen gegenüber, ist aber nicht selbst Statistik); die Völkerkunde.

2. Zu den beschreibenden kommen die angewandten oder praktischen Wissenschaften: Volkswirtschaftspolitik, Finanzpolitik, Sozialpolitik, Rechts-, Staats-, Verwaltungs-, Kulturpolitik. Diese Zweige der praktischen „Politik" sind mit der theoretischen Politik nicht zu verwechseln, es sind technische Lehren oder Kunstlehren, welche auf Grund der theoretischen Erkenntnisse die besten Mittel für das praktische Handeln in der Politik angeben. Während also die theoretische Politik die politischen Erscheinungen begrifflich-klassifikatorisch untersucht, unterrichtet die angewandte Politik nur über die beste Art oder Technik des politischen Handelns, der „Politik als Praxis".

Von diesen angewandten Gesellschaftswissenschaften sind zu unterscheiden: 3. die Kunstlehren oder Techniken des Zweckhandelns selbst. Ihre Gliederung ist aus dem nachfolgenden tafelförmigen Überblick, welcher das Ergebnis unserer bisherigen Untersuchungen zusammenfaßt, ersichtlich.

VI. Tafel der Gesellschaftswissenschaften.

Wir unterscheiden I. die Gesellschaftswissenschaften, II. ihre Hilfswissenschaften. Die ersteren zeigen folgende Gliederung:

1. allgemeine Gesellschaftslehre. Sie bildet in ihrer Eigenschaft als Theorie des materialen Gesellschaftsbegriffes folgende besonderen Zweige aus: die gesellschaftliche Religionslehre, gesellschaftliche Kunstlehre, gesellschaftliche Wissenschaftslehre, ferner die gesellschaftliche Sprachlehre, die gesellschaftliche Organisations- oder Verbandslehre, darunter besonders die Staatstheorie, welche aber nicht nur Verbands-, sondern auch Ein-

heitstheorie ist; ferner die gesellschaftliche Satzungslehre, insbesondere die gesellschaftliche Rechtslehre, welche gleichfalls nicht nur Gesellschaftslehre der Satzung, sondern zugleich Theorie einer Einheitserscheinung ist; die Lehre von den Bündnissen; die Lehre vom Handeln der Bündnisse oder Politik (theoretische Politik). — Hiermit sind die Kapitel der Gesellschaftslehre nicht erschöpft, es sind nur diejenigen, für die Verselbständigungsansprüche fälschlich erhoben wurden. In welche Hauptkapitel sich die gesamte Gesellschaftslehre gliedert, ist aus dem 2. Buch ersichtlich;

2. die Volkswirtschaftslehre;

3. die Bevölkerungslehre, beide selbständige theoretische Wissenschaften;

4., 5. und 6. die beschreibenden Wissenschaften der Geschichte, Völkerkunde und Statistik (diese als Methode); dazu gesesllt sich noch

7. die darstellende Rechtswissenschaft oder Jurisprudenz, welche nicht bei der bloßen Kenntnisnahme (Beschreibung) des Rechtes stehen bleibt, sondern eine logisch-klassifikatorische Darstellung und begriffliche Durcharbeitung gibt. Hierin sind auch die unmittelbaren Vorstufen des Rechtes: Gewohnheitsrechte, Usancen usw., einzuschließen;

8. eine ähnliche Wissenschaft ergibt sich für die übrigen Satzungen (und ist auch im realistisch-darstellenden Teile mancher Lehrbücher der Ethik bereits angebahnt): die darstellende Moralwissenschaft;

9. die angewandten oder praktischen Gesellschaftswissenschaften, welche in Volkswirtschaftspolitik, Finanzpolitik, praktische Sozialpolitik, praktische Staats-, Kultur-, Erziehungspolitik usw. zerfallen (von der theoretischen Politik als Zweig der Gesellschaftslehre streng zu unterscheiden!).

Zu den Gesellschaftswissenschaften im weitesten Sinne muß man schließlich noch zählen

10. die Kunstlehren oder technischen Lehren des Handelns. Diese haben namentlich auf wirtschaftlichem Gebiete (dem Zweckhandeln) eine intensive Ausbildung gefunden. Sie lehren die praktischen Möglichkeiten der Anwendung bestimmter Mittel (für gegebene Ziele), also die „Kunst“, die Technik des Handelns. Diesen Kunstlehren gehören an: 1. sämtliche technischen Lehren vom Herstellen, Aufbewahren, Verwenden der Güter: mechanische Technologie, chemische Technologie, Eisenbahnbau, Maschinenbaulehre u. dgl.; 2. aber auch

die allgemeine Zusammenstellungen verschiedenartiger Kenntnisse zum praktischen Gebrauche, z. B. Warenkunde, Gesetzeskunde für den Kaufmann, Haushaltungskunde für die Hausfrau, Landwirtschaftskunde für den Landwirt u. dgl.; 3. kann man allgemeine Kunstlehren der Wirtschaftlichkeit des Handelns (also nicht der technologischen Durchführung selbst) unterscheiden: so die Kunst, sämtliche wirtschaftlichen Vorgänge eines Betriebes rechenmäßig darzustellen oder die Buchhaltung, die Kunstlehre der Kostenberechnung (in vielgliedrigen Betrieben sehr schwierig!); 4. endlich Kunstlehren des organisatorischen Handelns im Betriebe (die auch als bloße Besonderungen der Kunstlehren der Wirtschaftlichkeit des Handelns aufgefaßt werden können, weil sie gleichfalls nicht die technologische Durchführung des Handelns selbst betreffen, sondern nur Bedingungen solcher wirtschaftlichster Durchführung): Fabrikorganisationslehre, aber auch Handelsbetriebslehre nebst deren Besonderungen in Bankwesen, Finanzierungswesen, Exportwesen usw. — Gruppe 2 u. 3 heißen auch Privatwirtschaftslehren.

II. Die Hilfswissenschaften.

Diese sind zu gruppieren in normative und kausale Hilfswissenschaften.

1. Die normativen Wissenschaften. Als Logik, Ästhetik, Metaphysik sind sie Hilfswissenschaft für die Behandlung der Gemeinschaften in der allgemeinen Gesellschaftslehre. Als Moralphilosophie (Ethik) und Rechtsphilosophie für die Behandlung der Satzungen ebendort.

Untersuchen die normativen Wissenschaften die apriorischen Bedingungen der Gesellschaft, so untersuchen.

2. die Naturwissenschaften ihre Naturbedingungen. a) Die Psychologie steht in diesem Sinne hinter allen Gemeinschaften, und da diese auch die Bedingungen des Handelns sind, hinter dem Handeln. b) Nur als Abarten der Psychologie können Völkerpsychologie, Massenpsychologie, Sozialpsychologie gelten gelassen werden, denn es handelt sich dabei notwendig nur um psychische Vorgänge, deren Gesetzmäßigkeiten psychologisch, naturkausal zu untersuchen sind, keineswegs um gesellschaftliche Vorgänge als Gesellschaftsbestandteile selbst. (Als solche sind sie Elemente von Gemeinschaften, des Handelns usw.) c) Die Biologie ist insofern von Bedeutung, als ihr Gegenstand, der Organismus, Träger der psychischen Erscheinungen ist. In bezug auf die Gestaltung des physischen und psychischen Lebens überhaupt hat sie Bedeutung namentlich in der Form der Rassenbiologie, in bezug auf das Bevölkerungswesen (oder auf die Ersatzvorgänge überhaupt) in

der Form der sozialen und individuellen Hygiene. („Soziale Medizin".) d) Die Geographie hat Bedeutung als Lehre von den umweltlichen Bedingungen der Gesellschaft. Die Versuche, eine Zwitterwissenschaft als Anthropogeographie aus ihr zu machen und die Gesellschaft möglichst als Ergebnis der Boden- und Klimaverhältnisse zu begreifen, sind zurückzuweisen.

Zum Abschluß.

Unsere Tafel der Gesellschaftswissenschaften stellt, so trocken sie erscheinen mag, doch noch einmal eine Zusammenfassung des Ganzen der Gesellschaft nach der formellen, systematischen Seite hin dar. Wer daher diese Tafel versteht und sich an der Hand dieses Buches liebevoll in das gesetzmäßige Ineinander der menschlichen Gemeinschaften vertieft hat, der erblickt in ihr noch einmal die volle Gestalt der Gesellschaft wie einen Kristall mit all seinem Reichtum an Kanten und Flächen.

Zuerst lehrt ihn diese Tafel eine strenge Einheit der ganzen vielfältigen Welt der Gesellschaft. Die allgemeine Gesellschaftslehre selber faßt beinahe den gesamten Stoff der gesellschaftlichen Wissenschaften in sich. Staatslehre, Politik, theoretische Rechtswissenschaft, sie sind nichts Eigenes, Losgelöstes mehr, nur verschiedene Flächen dieses einigen Körpers. Volkswirtschaftslehre und Bevölkerungslehre allein sind selbständige Gestaltungen, letztere als formal-größenmäßige Messungslehre, erstere als Betrachtung der Welt von Mitteln, welche die geistige Wesenheit der Gesellschaft für ihr reales Dasein sich schaffen muß.

Dieses einheitliche Wesen der Gesellschaft zeigt sich zugleich an ~~der Einheit ihrer Wissenschaften~~ als rein geistiges, daher ist es an Naturbedingungen nur mittelbar gebunden und die Gesellschaftswissenschaften dürfen in keiner Weise als angewandte, erweiterte Naturwissenschaften betrachtet werden. Biologie und Psychologie können nur entfernt und oberflächlich zur Erkenntnis des Gesellschaftlichen beitragen, weil eben der Mensch nicht, insofern er ein Naturwesen ist, in seine großen und bestimmenden Gemeinschaften eingeht, sondern gerade insofern er es nicht ist, insofern er einem eigenen Reiche des Wollens und Sollens angehört und zum Höchsten des Wahren, Guten und Schönen hinanstrebt. Als bloßes Naturwesen wäre er sich selbst genug, wie die Lilie auf dem Felde, die von der bloßen Notwendigkeit der Natur gekleidet und genährt wird.

Das endlich führt, gerade entgegengesetzt, zu einer engen Verbindung mit den Normwissenschaften und, da diese nur Teile der Philosophie sind, zu dieser. Logik, Ästhetik und Ethik, die normativen Wissenschaften, und was an Metaphysik notwendig dahinter steht, sind mit der Gesellschaftslehre aufs engste verbunden. Sie bilden ihre Wurzeln in die innere fehlerlose, abgründige Struktur des Kristalls, von der seine äußeren Flächen schon ein niemals ganz vollkommener Spiegel sind. Das heißt es also, was wir schon eingangs erkannten, daß sich in der Gesellschaft das menschliche Ich selber darstellt, daß sie einen ethischen Körper bildet. Die Wissenschaften von der normativen Natur der Menschenseele sind die Quelle der Gesellschaftswissenschaften; in diesen Wissenschaften stellt sich die Seele als unter den Gesetzen ewig vor ihr glänzender Ideale stehend dar, als eine werdende, emporringende, ethische Kraft. Die Gesellschaftslehre aber ist die Geburtslehre dieser Kraft, sie zeigt, wie alles, was in dem ungeheuren Meere der menschlichen Gesellschaft wogt und rollt, strömt und stürmt, gestaltet und kämpft, liebt und haßt, nur dazu dient, um immer wieder die einzelne Menschenseele, die einzelne Welle, glänzend und rein emporzuheben.

Namenverzeichnis.

Kurzes Sachverzeichnis.

Druck von C. Schulze & Co., G. m. b. H., Gräfenhainichen.

FSC
www.fsc.org
MIX
Papier | Fördert
gute Waldnutzung
FSC® C083411

Kolibri 360 GmbH
Ferdinand-Jühlke-Straße 7
99095 Erfurt, Deutschland
produktsicherheit@kolibri360.de